应用型本科高校"十四五"规划经济管理类专业数字化精品教材

编委会

顾 问

潘 敏

主任委员

张捍萍

副主任委员

黄其新　王 超　汪朝阳

委 员（以姓氏拼音为序）

何 静　李 燕　刘 勋
肖华东　邹 蔚

THE ESSENCE OF SECURITIES INVESTMENT

证券投资学精讲

编　著 ◎ 蔡金汉　刘　源　欧阳伟如

华中科技大学出版社
http://www.hustp.com
中国·武汉

内 容 简 介

本书从中国证券市场的现状及投资者的角度出发,详细阐述了证券投资的基本原理、证券投资分析的方法、证券投资主要技术指标的运用法则,以及证券投资工具的基本特点、证券市场运行的基本规律和证券监管的主要内容。本书在阐述时注重证券市场的最新动态和相关理论,体现了理论与实际紧密结合的特征,具有新颖性、前沿性及实践性的特点。每章开篇有精巧案例紧扣所涉及的知识点,图文并茂,以案例分析、思考题等形式充分引导,大大增强了教材的投资实战指南特点和理性投资的能力要求。

本书主要供高等院校经济管理类本科生、研究生使用,也可作为证券投资研究人员、证券从业人员及个人投资者的参考用书。

图书在版编目(CIP)数据

证券投资学精讲/蔡金汉,刘源,欧阳伟如编著.—武汉:华中科技大学出版社,2022.9
ISBN 978-7-5680-8467-3

Ⅰ.①证⋯ Ⅱ.①蔡⋯ ②刘⋯ ③欧⋯ Ⅲ.①证券投资-高等学校-教材 Ⅳ.①F830.91

中国版本图书馆 CIP 数据核字(2022)第 168130 号

证券投资学精讲

Zhengquan Touzixue Jingjiang

蔡金汉 刘源 欧阳伟如 编著

策划编辑:周晓方 宋 焱
责任编辑:苏克超
装帧设计:廖亚萍
责任校对:张汇娟
责任监印:周治超

出版发行:华中科技大学出版社(中国·武汉) 电话:(027)81321913
　　　　　武汉市东湖新技术开发区华工科技园 邮编:430223
录　　排:华中科技大学出版社美编室
印　　刷:武汉市籍缘印刷厂
开　　本:787mm×1092mm　1/16
印　　张:29.25　　插页:2
字　　数:697 千字
版　　次:2022 年 9 月第 1 版第 1 次印刷
定　　价:69.90 元

本书若有印装质量问题,请向出版社营销中心调换
全国免费服务热线:400-6679-118　竭诚为您服务
版权所有　侵权必究

总 序

在"ABCDE＋2I＋5G"（人工智能、区块链、云计算、数据科学、边缘计算＋互联网和物联网＋5G）等新科技的推动下，企业发展的外部环境日益数字化和智能化，企业数字化转型加速推进，互联网、大数据、人工智能与业务深度融合，商业模式、盈利模式的颠覆式创新不断涌现，企业组织平台化、生态化与网络化，行业将被生态覆盖，产品将被场景取代。面对新科技的迅猛发展和商业环境的巨大变化，江汉大学商学院根据江汉大学建设高水平城市大学的定位，大力推进新商科建设，努力建设符合学校办学宗旨的江汉大学新商科学科、教学、教材、管理、思想政治工作人才培养体系。

教材具有育人功能，在人才培养体系中具有十分重要的地位和作用。教育部《关于加快建设高水平本科教育 全面提高人才培养能力的意见》提出，要充分发挥教材的育人功能，加强教材研究，创新教材呈现方式和话语体系，实现理论体系向教材体系转化、教材体系向教学体系转化、教学体系向学生知识体系和价值体系转化，使教材更加体现科学性、前沿性，进一步增强教材的针对性和时效性。教育部《关于深化本科教育教学改革 全面提高人才培养质量的意见》指出，鼓励支持高水平专家学者编写既符合国家需要又体现个人学术专长的高水平教材。《高等学校课程思政建设指导纲要》指出，高校课程思政要落实到课程目标设计、教学大纲修订、教材编审选用、教案课件编写各方面。《深化新时代教育评价改革总体方案》指出，完善教材质量监控和评价机制，实施教材建设国家奖励制度。

为了深入贯彻习近平总书记关于教育的重要论述，认真落实上述文件精神，也为了推进江汉大学新商科人才培养体系建设，江汉大学商学院与华中科技大学出版社开展战略合作，规划编著应用型本科高校"十四五"规划经济管理类数字化精品系列教材。江汉大学商学院组织骨干教师在进行新商科课程体系和教学内容改革的基础上,结合自己的研究成果,分工编著了本套教材。本套教材涵盖大数据管理与应用、工商管理、物流管理、金融学、国际经济与贸易、会计学和旅游管理7个专业的20门核心课程教材,具体包括《大数据概论》《运营管理》《国家税收》《品牌管理：战略、方法与实务》《现代物流管理》《供应链管理理论与案例》《国际贸易实务》《房地产金融与投资》《保险学基础与应用》《证券投资学精讲》《成本会计学》《管理会计学：理论、实务与案例》《国际财务管理理论与实务》《大数据时代的会计信息化》《管理会计信息化：架构、运维与整合》《旅游市场营销：项目与方法》《旅游学原理、方法与实训》《调酒项目策划与实践》《茶文化与茶艺：方法与操作》《旅游企业公共关系理论、方法与案例》。

  本套教材的编著力求凸显如下特色与创新之处。第一,针对性和时效性。本套教材配有数字化和立体化的题库、课件PPT、知识活页以及课程期末模拟考试卷等教辅资源,力求实现理论体系向教材体系转化、教材体系向教学体系转化、教学体系向学生知识体系和价值体系转化,使教材更加体现科学性、前沿性,进一步增强教材针对性和时效性。第二,应用性和实务性。本套教材在介绍基本理论的同时,配有贴近实际的案例和实务训练,突出应用导向和实务特色。第三,融合思政元素和突出育人功能。本套教材为了推进课程思政建设,力求将课程思政元素融入教学内容,突出教材的育人功能。

  本套教材符合城市大学新商科人才培养体系建设对数字化精品教材的需求,将对江汉大学新商科人才培养体系建设起到推动作用,同时可以满足包括城市大学在内的地方高校在新商科建设中对数字化精品教材的需求。

  本套教材是在江汉大学商学院从事教学的骨干教师团队对教学实践和研究成果进行总结的基础上编著的,体现了新商科人才培养体系建设的需要,反映了学科动态和新技术的影响和应用。在本套教材编著过程中,我们参阅了国内外学者的大量研究成果和实践成果,并尽可能在参考文献和版权声明中列出,在此对研究者和实践者表示衷心感谢。

  编著一套教材是一项艰巨的工作。尽管我们付出了很大的努力,但书中难免存在不当和疏漏之处,欢迎读者批评指正,以便在修订再版时改正。

丛书编委会
2022年3月2日

前 言

全球证券市场发展经历了数百年跌宕起伏的漫长历史,证券市场是一块充满激情、梦想、风雨、贪婪、恐惧、欢乐的热土。从全球范围看,财富有向富人集中、贫富差距加剧的趋势。富人的财富增长主要来自资本的增值,包括公司利润、股价上涨、股利、利息、租金和其他资本收入。从富人的财富分布特征看,其财富大多与证券、证券市场有关,证券市场是催生富人的沃土。

2021年新财富500富人榜的中国富豪中有92.8%参与了证券市场。截至2022年2月25日,中国内地证券投资者已突破2亿人。在此背景下,系统学习、深入研究证券投资的理论与实践知识,学习掌握证券投资的基本方法与技能,对大学生的职业规划具有十分重要的战略意义。

出版一本好教材,帮助更多的人更好地了解中外证券市场过去与现在的全貌,树立正确的投资理念,不盲从不轻信,学会独立思考、独立判断、理性分析,在合理控制和防范风险的前提下,能够最大化享受证券投资成功的喜悦,是本教材作者的长期追求。为了这个追求,作者一直在努力。现在呈现的这本教材,正是多年努力的结果。

证券投资学是一门特别注重实战的学问,在教材的编写中,我们始终坚持实际操作性这一基本原则,尽量做到深入浅出、通俗易懂,避开烦冗的数理模型和理论说教。本教材力争用丰富的图表来讲述专业知识,注重培养学生的职业兴趣与职业素养。

本教材在阐述时注重证券市场的最新动态和相关理论,体现了理论与实际紧密结合的特征,具有新颖性、前沿性及实践性的特点。每章开篇有精巧案例紧扣所涉及的知识点,图文并茂,以案例分析、思考题等形式充分引导,大大增强了本教材的投资实战指南特点和理性投资的能力要求。

本教材作者是在大学一线长期从事证券投资教学的教师,也是武汉市较早的一批证券投资者,具有多年的实战经验,这为编著本教材打下了良好的基础。本教材由蔡金汉拟定写作大纲,全书共11章,分别由蔡金汉(第八章、第九章、第十章、第十一章,以及第三章第五节至第七节)、刘源(第四章、第五章、第六章、第七章)、欧阳伟如(第一章、第二章,以及第三章第一节至第四节)撰写,最后由蔡金汉总纂、定稿。

本教材吸收了大量中外有关证券投资方面的大学教材、专业报刊、学术专著的某些研究成果或观点,特此说明,并向相关作者表示衷心的感谢。本教材受江汉大学"城市圈经济与产业集成管理"学科群经费支持。在写作过程中,还得到江汉大学商学院党委书记张捍萍、副院长汪朝阳等领导的热诚支持,在此谨向他们表示衷心的感谢。

由于作者水平有限,加上时间仓促,书中缺点和错误在所难免,恳请广大读者批评指正。

作　者

2022年6月于武汉

目 录

第一章 导论 ... 1
- 第一节 投资概述 ... 3
- 第二节 资本市场及构成 ... 7
- 第三节 证券与证券市场 ... 14

第二章 证券投资工具 ... 31
- 第一节 债券 ... 33
- 第二节 股票 ... 44
- 第三节 证券投资基金 ... 59
- 第四节 金融衍生工具 ... 74

第三章 证券市场运行 ... 97
- 第一节 股票发行市场 ... 98
- 第二节 股票交易市场 ... 103
- 第三节 证券市场监管 ... 110
- 第四节 我国证券市场的建立和发展 ... 114
- 第五节 我国证券市场现状 ... 130
- 第六节 学习证券投资学的意义 ... 139
- 第七节 证券投资基础知识准备 ... 141

第四章 现值分析理论 ... 149
- 第一节 现值分析理论概述 ... 150
- 第二节 债券定价原理 ... 156
- 第三节 股票定价原理 ... 161

第五章 有效市场假说 ... 174
- 第一节 有效市场假说的前提条件 ... 175
- 第二节 有效市场假说的内容 ... 182
- 第三节 有效市场假说的实证检验 ... 185
- 第四节 有效市场假说的意义 ... 187

第六章 证券组合管理 194
第一节 证券组合管理概述 196
第二节 投资收益率和风险的度量 203

第七章 风险资产的定价与证券组合管理的应用 215
第一节 资本资产定价模型 219
第二节 套利定价理论 223
第三节 因素模型 225

第八章 证券投资的一般分析 235
第一节 证券投资主体 236
第二节 证券投资媒体 240
第三节 证券投资机理 252

第九章 证券投资基本分析 259
第一节 基本分析概述 261
第二节 宏观经济分析 264
第三节 行业分析 274
第四节 公司分析 280
第五节 公司财务状况分析 287

第十章 技术分析的主要理论 309
第一节 道氏理论 310
第二节 K线理论 313
第三节 切线理论 337
第四节 形态理论 349
第五节 波浪理论 376
第六节 量价关系理论 379

第十一章 证券投资主要技术指标分析 396
第一节 证券投资技术分析概述 397
第二节 移动平均线 402
第三节 平滑异同移动平均线 407
第四节 相对强弱指标 410
第五节 威廉指标 413

第六节　随机指标　415
第七节　动向指数　417
第八节　乖离率指标　420
第九节　能量潮指标　421
第十节　布林线指标　423
第十一节　证券投资的心理行为误区与调节　425
第十二节　证券投资策略与技巧　431

参考文献　459

第一章 导 论

◇ 知识目标

通过本章的学习,了解资本的一般属性,重点了解资本市场与证券市场的定义、特征、构成等基本知识,掌握证券市场的层次结构、品种结构,学习我国证券市场产生的背景、历史、现状和未来发展趋势。

◇ 能力目标

掌握证券市场的投资与投机问题,熟悉证券市场与一般市场的区别,对我国证券市场取得的成就和存在的问题有一定了解。

◇ 情感目标

通过本章的学习,了解证券市场基础知识,培养证券投资兴趣与素养,对我国证券市场有初步认识,为后续学习做好铺垫。

◇ 学习重难点

通过本章的学习,应重点掌握:
(1)证券市场的投资与投机问题;
(2)资本市场结构;
(3)证券市场功能。

◇ 基本概念

资本　资产　资本市场　证券市场　直接融资与间接融资

◇ **导入案例**

巴菲特与复利效应——世界第八大奇迹

1941年,11岁的巴菲特看到了一本书——《赚1000美元的1000招》。这很关键,因为这本书告诉他,如果以1000美元起家,每年增长10%,5年内会变成1600多美元,10年会变成2600美元,25年内将超过10800美元。就像雪球滚过雪道而逐渐变大的道理一样,这是巴菲特与复利的第一次亲密接触。

复利把现在嫁给了未来,而11岁的巴菲特宣布,自己要在35岁前成为百万富翁。和一般孩童妄语后不同的是,巴菲特言出必行。他11岁跃身股海,14岁用攒下的1200美元买下了40亩土地,16岁赚到了人生的第一个5万美元,不到35岁,他就真的成了百万富翁。

复利是一个被爱因斯坦称为世界第八大奇迹的东西,它的威力是每个人都向往的。但其像爱情一样,见过、听过,没在自己身上发生过。所谓复利,就是随着时间的推移,本金呈指数形式增长,利率越高,本金翻倍的速度越快。民间有一种关于投资的传说,就是鸡生蛋原理:买一只鸡,让鸡生蛋、蛋生鸡,实现财富增长,一本万利。但这是一种理想状态下的复利模式,没有实体社会的支撑,这种模式是很难成立的。因此,人们需要其他投资模式,来实现财富自由。

■ **点评**:复利告诉我们有关投资与收益的伟大哲理

股市就像一场马拉松比赛,看的不是谁起步早跑得快,而是看谁能跑到终点。"股神"巴菲特的资产雪球之所以越滚越大,是因为其有足够的本金,本金越大,复利的威力越大,收益也越大。当然,巴菲特也不可能仅凭本金多,也是因为其找到了10%以上的年收益率的投资渠道。当然,高收益面临的就是高风险。还有很重要一点就是拥有足够的时间和耐心,这是很多人不能达到理想状态下的复利模式的原因。

第一节 投资概述

一、投资的含义

从金融学角度来讲，投资是指投资者当期投入一定数额的资金而期望在未来获得回报，是货币转化为资本的过程。

在格雷厄姆看来，投资的确切定义应该蕴含着三个彼此关联、密不可分的重要因素。第一，投资必须建立在详尽分析的基础上。所谓详尽分析，是指以既定的安全和价值标准对投资对象进行的研究工作。第二，投资应该具有安全性保障。当然，证券市场上的投资始终充满着和伴随着各种风险，从来也没有绝对的安全。但经过详尽分析以后被选定的投资对象应该具有投资的内在价值，应该存在着相对安全的价值空间，而这正是保障其在通常和可能的情况下没有较大的风险，也是其可以避免意外损失的安全体现。第三，投资的结果是能够得到满意的回报。这种令理性投资者满意的回报，具有更广泛的含义，即不仅包括利息和股息，而且包括资本增值和利润。由此，格雷厄姆得出的定义为："投资是指经过详尽分析后，本金安全且有满意回报的操作。"

投资的基本要求是"物有所值"。"物"即公司，应该有良好的发展前景，有可以信赖的盈利预期。公司现在业绩好固然重要，重要的是未来业绩更加优良。不着眼于未来，光看现在，往往容易掉入陷阱。"值"即价格合适，公司值这么多钱。巴菲特的经验是，以买下整个公司的标准买入公司的部分股票，达到此标准，则股票具备投资价值；达不到此标准，则股票价格被高估。由此方式估算出的投资价值，才是可信的、托底的、货真价实的。用其他方式估算出的股票投资价值，可能都含有水分或别的什么成分。真正的投资人关注的是公司的经营状况，而不是股票价格的日常波动。如果公司状况没有变坏或越来越好，但股票价格出现下跌，真正的投资人会欢欣鼓舞、兴高采烈。因为，他们能够以更低廉的价格买到更多的好股票。

二、投资与投机

投机是指利用市场价差从事买卖（特别是短线买卖）而获利的行为。投机是抓住机会。投机的基本前提是存在机会。"机"即机会、机遇。只有发现了机会，碰到了机遇，才能投入资金。所以，投机操作的重要课题是寻找机会、挖掘机会或者等待机遇。

（一）投资与投机的区别

投资与投机都是证券市场交易活动的一种基本活动形式，两者之间的最基本的区别或核心，就在于能否获得具有安全性的收入。格雷厄姆关于投资的定义与众不同的是，他着重指出投资所特意强调的安全保障，不能建立在市场虚假的信息、毫无根据的臆断、内部小道消息的传播甚至十足的赌性上；投资的安全性必须取决于投资对象是否具备真正的内在价值或存在一个价值变化的空间，而要确切地把握这一关键之处或达到边际安全，只有通过利用客观标准对所能够掌握的信息进行详尽分析。格雷厄姆认为，反思 1929 年前美国股票市场的过热和随之而来的大崩溃，其中的一个重要原因，就在于投资者不能正确区分投资与投机的概念，将这两个截然不同的概念加以混淆，投资操作缺乏理性指导，最终不仅导致投资者金钱上的重大损失，而且实际上促成了市场的整体崩溃。由此，汲取历史的教益，真正认识投资与投机的本质差别，对于投资者树立科学、理性、安全、有效的投资理念，至关重要。

投资是指个人或集团将眼前一部分或全部财富投入所从事的事业的一种经济行为。

投机是指对同一商品便宜时买进、高价时卖出的经济行为。投机在证券市场上是指利用证券价格的波动，以低价买进、高价卖出，以赚取价差为目的的经济行为。

投资是将投入目标锁定在投资对象上，其动机是通过投资对象的生产过程，实现价值创造，使财富增加、资本增值。买价值是投资，表现形式为：货币→物→物（另一物）↑→货币↑。

投机则是将投入目标锁定在投资机会上，其动机是以小博大，获取更多利益。投机的表现形式为：货币→物→物（原来的物）↑→货币↑。

投机没有物质的生产过程，它不创造财富和价值，投机的资本增值只不过是一种价值转移，或是价值的再分配。

投资具有时间和收益的可预测性，而投机则带有很大的不确定性。

（二）证券市场投机活动的意义

投机对于证券市场实现价格发现功能具有重要作用。只有通过投机，才能发现和形成真实的价格，才能使发现真实价格者得到报偿，因为这种投机者对资源配置做出了贡献，其收集、整理、分析、判断了信息。证券定价的一些模型恰恰是建立在所谓的套利行为的基础上，这种套利实质上就是投机。

投机对于分散风险也十分重要，所以市场上出现了专业投机机构，如对冲基金等，其是风险接受者。重要的是，这些风险接受者往往是富裕阶层和专业人员，而且建立在市场专门化的基础上，所以风险被限制在一定范围内。也正因为如此，普通股票市场等基础市场上的风险反而更小了。

投机是股票市场的动力所在。股市的运行没有了投机，就缺少了动力；赚钱是一切经济主体生存与发展的必需。股票市场设计的基本原理在于：它按照企业发展资本社会化和组织形式股份化规律的要求,把无数单个分散的小资本利用资本市场的运作机制集中起来,变成企业发展的大资本,利用人们抓住机会赚钱的投机心理,在股票交易的瞬间把投机变成了投资。投机是股市运行的第一要素,因为它不断地推动股民买进或卖出股票,是货币和资本之间进行转化的动力。赌场是无论如何也做不到把投机转化为投资的,这也是股市与赌场的本质区别。股票市场就是把投机与投资有机地结合在一起的一架设计非常精巧的机器。它的精巧之处就在于:不管你的投机心态多么强烈,无论是想以一赚十,还是想以一赚百、赚千、赚万,一旦你把资金投进股市,购买了股票,那么在客观上就立即变成了投资。股票市场的运作设计正是充分利用了人们投机赚钱的强烈欲望,从心理和企业业绩两个方面吸引了大量的资金,使之变成实体经济发展的资本。

(三) 投资与投机活动的有关理论

投资依据的理论是内在价值理论。内在价值就是未来价值的现值。内在分析理论认为,每一种投资对象,无论是普通股票还是不动产,都有某种称为内在价值的稳固基点,可以通过仔细分析现状和预测未来而确定。当市场价格低于(或高于)这一内在价值时,就会出现买进(或卖出)的机会。因为这一波动最终会被纠正。这个理论的逻辑是:先找到不变的价值,再将变动的价格和其比较。

与投资理论相对应的是投机理论,又称空中楼阁理论。它的源头可追溯到20世纪30年代著名的经济学家和成功的投资家凯恩斯爵士。他的观点是,专业投资者并不愿把精力都花费在估算内在价值上,而愿意分析大众投资者未来可能的投资行为,以及在景气时他们如何在空中楼阁上寄托希望。成功的投资者估计何种投资形式适宜公众建筑空中楼阁,并抢先买进选中的股票成交。

投资的内在价值理论和投机的空中楼阁理论很难分出优劣。学术界也争论不休,由内在分析理论支撑的基础派拿出大量的例证来说明技术指标学说指导的操作与闭眼掷飞镖得到的结果没什么两样,而由投机理论支撑的技术指标派也拿出同样多的历史数据说明股市的行情波动和国家的经济指标多次背道而驰。

(四) 投机与投资的相互转化

投资与投机是一对孪生兄弟,投资中含有投机要素,投机中也含有投资要素。

投资虽然创造财富,但它往往无法实现资源的有效配置,也无法协调价值的分配和再分配。投机虽然不创造价值,却能润滑经济,协调财富创造和价值分配。投机是市场经济中最本质的活动。最小付出、最大获得的投机意识,是人的天性所致。但过度投机会对社会和经济造成较大破坏。

投机过度的失败导致投资机会的到来,投资成功的轰动效应又逐渐导致投机的盛行乃至最终的失败。投资和投机在不断变化的环境下也不断发生着转化,带来机遇,也带来疯狂。

许多投机者有一个误区,以为自己是"投资者",所以经常犯两种错误。一种是没有机会或没有好机会时,也去"投"。那既不是投资,也不是投机,而是赌博,结果是造成资金损失。另一种是不会止损,不愿止损,不能止损。机会就是事情发生的概率,概率的估算带有明显的人为性质。而且机会本身处于变化中,甚至瞬息万变。当估算错误时,当机会消失后,已经无"机"可"投"了,一定要迅速离场,割肉止损在所不惜。投机的本质要求之一,就是止损。明确操作的投机性质后,止损实属自然、必然。一套牢就被迫成为"投资者"的人,几乎必定损失惨重。

在股市操作中,投资和投机经常纠缠在一起,所谓"投资投机两相宜",甚至难解难分。这种"两相宜"应该有前置条件。针对一个投资目标,在其价格处于投资区域时,投资和投机可以混合操作。但在其价格处于投机状态时,其投资和投机是水火不容的,只可以进行投机操作,而绝不能傻乎乎地"投资"。

◇ 知识链接

选美理论、空中楼阁理论与长期友好理论

凯恩斯在《就业、利息和货币通论》中,对人们的心理与投资的关系作了大量论述,归纳起来有以下三大理论。

理论一:选美理论

凯恩斯将参与股票市场的职业投资行为,比作一场选美大赛。例如,从100张照片中选出6张你认为最漂亮的脸蛋,选中有奖。正确的投票方法是猜想得票数高的那个投一票,而不是选自己认为漂亮的那个。这么看来,选美理论实际上更偏向于投机。对于股市而言,盘小、绩优、高成长,加上偏低的估值水平,就符合大众审美的标准。如果再加上行业龙头、科技创新、和谐发展、节能环保、能源资源等光环,就更受众人追捧了。这种理论用于选股,就是研究大众的投资行为,从中获利。敬畏市场,尊重市场,让市场告诉我们答案。选美理论揭示了市场的本质特征,股票天生就带有期权和泡沫的性质,股票投资就是个博弈游戏。无论何人,掌握了这个理论都大有裨益。经过长期的学以致用和投资实践,凯恩斯为他本人和母校剑桥大学国王学院积累了不少财富。

理论二:空中楼阁理论

凯恩斯认为,股票价格是虚拟经济的表现,并不是由其内在价值决定的,而是由投资者心理决定的,所以这个理论被称为空中楼阁理论。他认为,虽然从理论来说股票价值取决于其未来收益,但由于进行长期预测相当困难和不准确,所以建议投资者把长期预测分为若干短期预测。投资者只要相信这条成规不被打破,能及时修改判断,变换投资的机会,就能在投资中获得安全感。空中楼阁理论完全抛弃股票的内在价值,强调内心构造出来的空中楼阁。凯恩斯主张,与其花精力估算并不可靠的内在价值,不如悉心分析投资者们未来可能的投资行为,抢先在大多数人之前,买进或卖出。在其他投资者每天埋头苦算财务数据时,凯恩斯只是在办公室里喝着咖啡,每天操盘半小时,利用空中楼阁理论悠闲地为自己赚了几百万英镑,

并管理他任教的剑桥大学国王学院的捐赠基金,使得基金市值增长9倍。如果说选美理论和空中楼阁理论是短期投机的理论基础的话,那么,凯恩斯的长期友好理论则是长期投资的理论基础。

理论三:长期友好理论

长期友好理论已被世界各国经济事件所证实。凯恩斯认为,世界经济会不断走向繁荣,商品价格会越来越高。相应地,股市会随着世界经济不断向好而保持向上趋势,股价普遍走高。虽然中间会出现市价反复,但就长远而言,长线投资应该以压倒性姿态取胜,低位时吸纳,长期持股的赢利概率将会是很大的。从长远时间而言,看多者的赢面大于看空者也是应该可以预期的。

在所有的股票理论中,最基本的理论就是长期友好理论,该理论的关键是时间。有人计算过美国股市1925—1995年的增值情况,其结果是:股票价格涨幅巨大,大盘股涨幅达1113倍,小盘股涨幅达3822倍。投资股票是需要时间和耐心的,许多股票不涨的重要原因是时间未到,有些是缺少主力庄家而被人遗忘或忽视;有些是不符合当前的市场热点;有些是价格还没有真正调整到位;有些是盘整的时间还不够长。

(资料来源:东方财富网)

第二节 资本市场及构成

一、资本市场含义

资本市场是现代金融体系的核心和基础,是现代金融的一个重要切入点。它催生和促进现代金融体系的形成与发展。资本市场发达是一国金融体系由传统架构走向现代架构的标志。国家振兴、经济复苏、改革与发展的所有指标与实质性内涵,都和资本市场密切相关。

(一)资本市场含义

在中国投资理论中,资本市场理论出现较晚。中国资本市场"不成熟"而又"变幻莫测",许多方面还处在试验、争鸣、探索过程中,对它进行定义是件困难的事。尽管对资本市场的定义见仁见智,但还是有一个确定的内涵。从一般意义上讲,资本市场是全部中长期(一年以上)资本交易活动的总和,其融通的资金主要作为扩大再生产的资本使用。资本市场是通过对收益的预期来引导资源配置的机制。资本市场形成的根本原因在于产权交易,资本市场是产权交易市场。

资本市场有广义和狭义之分。广义资本市场是一种资金交易市场,包括信贷市场、股票市场、债券市场。狭义资本市场是指以中长期金融工具为媒介、融资期限在1年以上的资金交易市场,包括股票市场、债券市场、基金市场和中长期信贷市场,其融通的资金主要作为扩大再生产的资本使用。

在对资本市场进行定义时,之所以强调金融工具的投融资期限在1年以上,是因为只有长达一年以上,筹资者才能运用所筹资金进行诸如建造厂房、购置机器设备等形成固定资产、扩大生产能力的活动。而期限在1年以内的融资活动,通常只能形成企业的流动资金,用于维持现有生产能力,对资本的形成基本上没有贡献。

与货币市场相比较,资本市场具有以下特点:① 交易工具期限长,至少在一年以上。② 交易的目的主要是解决长期投资性资金供求矛盾,充实固定资产。③ 融资数量大,以满足长期投资项目需要。④ 资本市场金融工具既包括债务性工具,如政府债券、公司债券,也包括股权性工具,如股票。⑤ 资本市场的金融工具与短期金融工具相比较,收益高、风险大、流动性差。

(二)资本市场在金融市场中的位置

市场由卖方和买方构成,资本市场只不过是众多市场形态中的一种。

1. 资本市场在现代金融体系中的位置

金融市场并不是一个固定不变的大市场,而是由许多具体的子市场组成的、庞大的金融市场体系,由此便引出金融市场的分类问题。随着金融工具的多样化以及交易方式的复杂化,金融市场也变得日益复杂。依据金融交易的对象、方式、条件、期限、程序、时间及空间的不同,形成了不同类型的金融市场。

图 1-1 是按一般标准,对金融市场作的分类。

图 1-1　金融市场分类

资本市场是金融市场的重要组成部分,是与货币市场相对应的概念。在西方发达资本主义国家,资本市场的交易几乎覆盖了全部金融市场。我们在理解资本市场概念时不能简单化,不能将资本市场等同于证券市场,也不能将资本市场等同于直接融资市场。资本市场除了包括直接融资市场和长期信贷市场外,还包括产权市场等。

2. 直接融资与间接融资

融资方式主要包括直接融资和间接融资(见图1-2)。

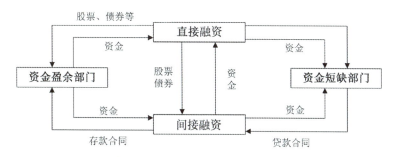

图 1-2 直接融资和间接融资示意图

直接融资与间接融资的主要差别并不在于是否有金融中介机构的介入,而在于金融中介机构作用的差异。直接融资中也有金融中介机构,只不过这类机构不像银行那样成为资金中介,而是成为信息中介和服务中介。间接融资中的资金供求双方不直接构成债权债务关系,而是分别与金融中介机构发生债权债务关系。金融中介机构在间接融资中同时扮演债权人和债务人的双重角色。

间接融资的特点如下。

(1)贷款条件高。需要较硬的抵押条件(土地证、固定资产)。融资成本的高低主要取决于银行利率政策调整,在银行紧缩银根、利率提高的情况下,会使企业的融资成本刚性上涨。

(2)资金使用受限制。银行为了保证贷款及时收回,通常对贷款用途有明确的规定,如流动资金贷款、固定资产贷款等,使企业难以灵活运用资金。资金需求者获得的大多是短期资金来源,新兴产业、高风险项目的融资要求一般难以及时、足量满足。

(3)银行体系具有货币创造功能,对经济增长有切实的促进作用。

(4)社会资金运行和资源配置的效率较多地依赖于金融机构的素质。间接融资即银行贷款进行积累,存在企业产权不清、缺少所有者约束、银行承担的风险过于集中的弊端,难以形成对国有企业的有效监督。

直接融资的特点如下。

(1)产权明晰,有所有者约束,可以形成对企业经营者的有效监督;

(2)风险分散,直接融资是风险分散的重要渠道;

(3)能使资金需求者获得长期资金来源;

(4)受公平原则的约束,有助于市场竞争,引导资金合理流动,推动资金的合理配置;

(5)股票市场的运行便利了收购与兼并,使经营良好的企业具有更大的动力,经营不善的企业面临直接的市场压力,具有加速资本积累的杠杆作用,使社会生产规模迅速扩大,从而推动资本的积累和国民经济的发展。

直接融资与间接融资的优点与缺点如表1-1所示。

表1-1 直接融资与间接融资的优点与缺点

	直接融资	间接融资
优点	(1)资金供求双方联系紧密,有一定的产权约束; (2)风险分散; (3)优化配置; (4)筹资成本较低,投资者回报较高	(1)灵活便利; (2)安全性高; (3)规模经济
缺点	(1)受到融资数量、期限、利率的限制; (2)流动性不足; (3)投资者承担投资风险	(1)割断了资金供求双方的直接联系,减少了资金使用者的压力,无产权约束; (2)增加了筹资者的成本,减少了投资者的收益,风险集中; (3)属于企业普遍存在的短期行为,在报表上显示是金融负债

发达国家的直接融资比重一般要占到整个融资额的50%~80%,我国近年来直接融资比重只维持在10%~15%的水平,"大银行小证券"的格局并没有因为股票市场规模已经名列全球第二而改变。从长期来看,间接融资比重过高会导致不良资产总量上升,威胁金融安全。

◇ 特别提示

《中华人民共和国国民经济和社会发展第十四个五年规划和2035年远景目标纲要》提出,完善资本市场基础制度,健全多层次资本市场体系,大力发展机构投资者,提高直接融资特别是股权融资比重。这意味着,作为股权融资的"主战场",资本市场要进一步深化改革,在提高直接融资比重上承担重任。

相关数据显示,截至2020年9月末,中国直接融资存量达到79.8万亿元,约占社会融资规模存量的29%。其中,"十三五"时期,新增直接融资38.9万亿元,占同期社会融资规模增量的32%。要看到,目前整个金融体系中直接融资特别是股权融资的占比仍然偏低。未来,中国经济高质量发展需要充分发挥直接融资特别是股权融资风险共担、利益共享机制的独特作用,加快创新资本形成,促进科技、资本和产业的紧密融合。

(资料来源:新华网)

二、资本市场结构

所谓资本市场结构,广义上是指资本市场体系架构,狭义上是指资本市场中各构成要素(主要包括中长期借贷市场和证券市场)的相互关系及构成比例。

(一)资本市场分类

依据资本市场结构,可以从不同角度对资本市场进行分类(见图1-3)。

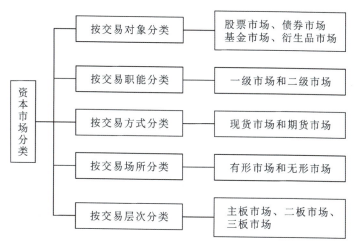

图1-3 资本市场分类

1. 按交易对象分类

按交易对象分类,资本市场可分为股票市场、债券市场、基金市场、衍生品市场。

目前我国资本市场金融产品比较单一,金融产品主要包括股票、债券、基金,其他金融产品有股指期货等,但企业债券市场发展缓慢。

2. 按交易职能分类

按交易职能分类,资本市场可分为一级市场和二级市场。

一级市场又称发行市场,是发行人以筹集资金为目的,按照一定的法律规定和发行程序,向投资者出售新证券所形成的市场。二级市场又称流通市场或初级市场,是已发行证券通过买卖交易实现流通转让的市场。

一级市场和二级市场相互依存、相互制约,是一个不可分割的整体。一级市场是二级市场的基础和前提;二级市场是证券得以持续扩大发行的必要条件。此外,二级市场的交易价格制约和影响着证券的发行价格,是证券发行时需要考虑的重要因素。

 3. 按交易方式分类

按交易方式分类,资本市场可分为现货市场和期货市场。

现货市场是指与期货、期权和互换等衍生工具市场相对应的一个统称。现货市场的交易对象是期货市场的标的资产。期货是相对现货而言的。其交割方式不同。现货是现钱现货,期货是合同的相互转让。期货在到期以前是进行合同交易,而在到期日要兑现合同进行现货交割。所以,期货大户往往现货和期货都做,既可以套期保值也可以价格投机。期货普通投资人往往没有资金到期交割,只是纯粹投机,而商品的投机价值往往和现货走势及商品期限等因素有关。

 4. 按交易场所分类

按交易场所分类,资本市场可分为有形市场和无形市场。

有形市场又称场内市场,是指有固定场所的证券市场。有形市场的诞生是证券市场走向集中化的重要标志之一。无形市场又称场外市场,是指没有固定场所的证券市场。目前,有形市场与无形市场之间的截然划分已经不复存在,出现了多层次的证券市场结构。

 5. 按交易层次分类

按交易层次分类,资本市场可分为主板市场、二板市场、三板市场。

目前,我国证券交易市场体系初步形成了三个层次。

第一层次是由上海、深圳、北京三家证券交易所构成的主板市场。主板市场对发行人的营业期限、股本大小、盈利水平、最低市值等方面的要求较高,上市企业多为大型成熟企业,具有较大的资本规模以及稳定的盈利能力。相对创业板市场而言,主板市场是资本市场中最重要的组成部分,很大程度上能够反映经济发展状况,有"宏观经济晴雨表"之称。

第二层次是中小板、创业板组成的二板市场。与主板市场相比,二板市场具有前瞻性、高风险、监管要求严格、表现出明显的高技术产业导向等特点。国际上成熟的证券市场与新兴市场大都设有二板市场,国际上最有名的二板市场是美国纳斯达克(NASDAQ)市场。二板市场为具有高成长性的中小企业和高科技企业提供融资服务,是针对中小企业的资本市场。与主板市场相比,在二板市场上市的标准和条件相对较低,中小企业更容易上市募集发展所需资金。二板市场具有不同于主板市场的特点,其功能主要包括:一是其承担风险资本的退出渠道的功能;二是其作为资本市场所固有的功能,包括优化资源配置、促进产业升级等作用。

第三层次是"新三板"市场。该市场原指中关村科技园区非上市股份有限公司进入代办股份系统进行转让的试点市场。因该市场转让的高科技企业股票有别于原老三板市场转让的退市企业的股票,故被称为"新三板"市场。

2010年6月初,中国证监会发布信息,称有关部门正在研究将"新三板"市场扩大。"新三板"市场扩容后,试点园区将由目前的中关村科技园区向全国56个国家高新区及苏州工业园区扩展。每年扩容500～1000家,使"新三板"市场成为中国的纳斯达克市场。因此,"新三板"市场是指在科技园区中为高科技企业提供股份转让服务的柜台交易市场。

多层次资本市场的建立,体现了资本市场发展的区域分布、覆盖公司类型、上市交易制度以及监管要求的多样性。

(二)股票市场内部结构及优化

股票市场内部结构主要包括股权结构、市场结构、投资者结构和上市公司结构。

(1)股权结构。我国的股权结构涵盖国有股、法人股、社会公众股。我国的国有股、法人股在相当长时间内是不能上市流通的。国有股、法人股的股权比例较大,大致相当于社会公众股的股权比例的两倍。

(2)投资者结构。根据投资群体的不同属性,可将股票市场投资者划分为机构投资者和个人投资者。我国股票市场的机构投资者,特别是大型机构投资者占比偏低,而中小投资者占比偏高。因此,应重点发展机构投资者。管理层已经推出一系列措施,包括逐步实行基金设立和发行的注册制,拓展基金管理公司业务范围,允许设立私募基金,允许设立中外合资基金公司和中外合资证券公司,创造条件吸引和扩大保险基金和养老基金入市等,提高机构投资者比例。

(3)上市公司结构。上市公司结构主要包括行业结构、地区结构和规模结构。

◇ 知识链接

什么是国有股、法人股、社会公众股?

按投资主体划分,我国上市公司的股份可以分为国有股、法人股和社会公众股。

国有股指有权代表国家投资的部门或机构以国有资产向公司投资形成的股份,包括公司现有国有资产折算成的股份。由于我国大部分股份制企业是由原国有大中型企业改制而来的,因此,国有股在公司股权中占有较大的比重。

法人股指企业法人或具有法人资格的事业单位和社会团体以其依法可经营的资产向公司非上市流通股权部分投资所形成的股份。根据法人股的认购对象,可将法人股进一步分为境内法人股、境外法人股和募集法人股三个部分。

社会公众股是指我国境内个人和机构,以其合法财产向公司可上市流通股权部分投资所形成的股份。我国投资者通过6000多万个股东账户在股票市场买卖的股票都是社会公众股。

我国国有股和法人股目前还不能上市交易。国有股股东和法人股股东要转让股权，可以在法律许可的范围内，经证券主管部门批准，与合格的机构投资者签订转让协议，一次性完成大宗股权的转移。由于国有股和法人股占总股本的比重较大，在大多数情况下，要取得一家上市公司的控股权，收购方需要从原国有股股东和法人股股东手中协议受让大宗股权。近年来，随着兼并收购、买壳、借壳等资产重组活动的展开，国有股、法人股的转让行为也逐渐增多。除少量公司职工股、内部职工股及转配股上市流通受到一定限制外，绝大部分社会公众股都可以上市流通。

第三节 证券与证券市场

一、证券

（一）证券定义

证券是多种经济权益凭证的统称，也指专门的种类产品，是用来证明券票持有人享有的某种特定权益的法律凭证。

广义的证券，根据其所代表的财产所有权的经济性质不同，可分为资本证券、货币证券和商品证券等。

狭义的证券仅指资本证券，即具有一定票面金额，代表资本的所有权或债权，并据此获得一定收益的凭证，主要有债券、股票、基金等有价证券以及衍生市场产品如股票期货、期权、利率期货等。

（二）证券分类

按性质不同，证券可分为有价证券和凭证证券两大类。

有价证券是一种具有一定票面金额，证明持券人有权按期取得一定收入，并可自由转让和买卖的所有权或债权证书，通常简称为证券。主要形式有股票和债券两大类，其中债券又可分为公司债券、公债和不动产抵押债券等。有价证券本身并没有价值，只是由于它能为持有者带来一定的股息或利息收入，因而可以在证券市场上自由买卖和流通。钞票、邮票、印花税票、股票、债券、国库券、商业本票、承兑汇票、银行定期存单等，都是有价证券。证券交易被限制在证券法所规定的有价证券范围之内。凭证证券则为无价证券,包括活期存款单、仓单、借据、收据等。

（三）证券投资

证券投资是指投资者(法人或自然人)买卖股票、债券、基金券等有价证券以及这些有价证券的衍生品,以获取差价、利息及资本利得的投资行为和投资过程,是间接投资的重要形式。

证券投资主要包括以下步骤。

1. 筹措证券投资资金

投资者应根据自身可支配收入情况及风险偏好来决定进行证券投资活动的资金,其数额的多少与投资策略、投资对象息息相关。

2. 进行投资分析

投资者要全面了解证券市场的相关政策、法规以及运行机制。特别要广泛了解各种投资对象的收益、风险情况,对可能影响证券价格走势的因素进行系统分析和学习。

3. 确定投资策略

筹措到足够的资金后,投资者应根据自身资源禀赋、资金规模、收益目标来确定自己的投资目标,建立科学有效的证券组合。

4. 对投资组合进行修正

根据市场走势以及投资策略是否达到预期目标,结合市场信息,对证券组合进行动态调整,从而追求更高的收益。

（四）证券投资的功能

1. 资本集聚功能

通过证券投资活动,可以将个人的资金进行集聚,为企业部门和政府部门的发展提供筹资渠道。

2. 资本优化配置功能

证券投资有利于调节资金投向,证券价格的波动会引导资金和资源的流动,从而提高资金使用效率,实现资本优化配置。

 3. 资本流动全球化功能

证券市场促进资本流动全球化,投资者可以参与不同国家的证券市场投资活动,提高资本周转速度和规模,促进国际经济交流。

二、证券市场结构

证券市场在本质上属于资本市场,是金融市场的一个重要子市场,是资本市场的主要部分和典型形态。证券市场是为解决资本供求矛盾和流动性而产生的市场,是进行资本化有价证券的发行和流通的场所。证券市场以证券发行与交易的方式实现了筹资与投资的对接,有效化解了资本的供求矛盾和资本结构调整的难题。

在中国,资本市场、证券市场这两个概念没有明显的区别。即使在西方,也有许多专家将资本市场界定于证券市场。例如,1995年世界银行发布的专题报告《中国新兴的资本市场》中,相当多的专家认为,证券市场是现代市场经济,同时也是资本市场的最核心部分。图1-4为资本市场与证券市场关系示意图。

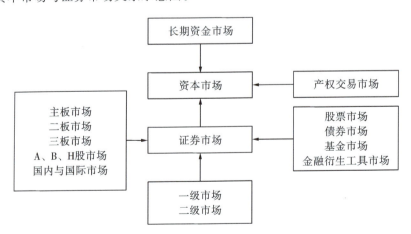

图1-4 资本市场与证券市场关系示意图

由于我国资本市场、证券市场这两个概念区别不明显,因此两个市场按交易职能划分,都可分为一级市场和二级市场;按交易层次分类,都可分为主板市场、二板市场、三板市场;按交易对象分类,都可分为股票市场、债券市场、基金市场、衍生品市场。

（一）商品市场与证券市场的区别

产品市场和要素市场合称商品市场。产品市场是指可供人们消费的最终产品和服务的交换场所及其交换关系的总和。要素市场包括生产资料市场、金融市场（资金市场）、劳动力市场、房地产市场、技术市场、信息市场、产权市场等。

商品市场与证券市场主要存在以下不同。

 1. 交易对象不同

商品市场的交易对象是具有使用价值的商品，人们是为消费其使用价值而购买它。证券市场上的交易对象是各类有价证券，证券本身不能供人们消费，它只是一种定期取得股息或利息的权益凭证，是价值凭证的交易场所。

 2. 交易方式不同

商品市场上的买卖双方一般需要直接见面，不需委托经纪人代为办理。而证券市场上的买卖双方一般不能直接见面，需要委托经纪人代为办理。

 3. 交易价格不同

商品市场上的定价依据是成本＋利润；证券市场上的定价依据是证券发行人的经营状况、前景及社会、政治、经济、心理因素。证券市场上的证券价格通常不是围绕着基本价值上下波动，而经常是在基本价值之上进行波动，这就为证券价格远离基本价值的攀升以及随后的沉重回跌提供了基础，同时也为投机活动提供了高风险和高利润的机会。

商品市场上价格越走低需求量越大，证券市场上价格越走高需求量越大。在股票市场上，价格的上升会推动价格的进一步上升；相反，价格的下跌会导致价格的进一步下跌。换言之，股票市场的内在机制以一种特殊的马太效应方式表现出来，它直接导致股票价格背离基本价值而大升大跌。

 4. 市场风险不同

商品市场风险较小，证券市场是风险转嫁的场所。

 5. 流动性不同

商品市场流动性弱，证券市场流动性强。

6. 资源配置职能不同

商品市场上的交易是产业资本循环中的一个阶段。能够实现商品的价值,使社会资本不断循环下去,促进社会经济增长。证券属于虚拟资本,不直接参与社会资本的循环,但其运行可以引导社会资本流向经济效益高的企业、行业或部门,实现资源优化配置,加快社会经济增长。

7. 体现的交易关系不同

商品市场上购买者和出售者的关系短暂而简单,购买者支付现金领取商品后,通常买卖双方的关系即告终结,购买者也不与商品的生产者发生关系。而证券市场上的交易关系则要复杂得多。如果证券出售者就是证券发行者,在买卖成交后,双方的关系并未终结,证券出售者作为证券发行者,还必须定期向证券购买者支付股息或利息。如果证券出售者不是证券发行者,那么,在买卖成交后,在买卖双方关系终结的同时,新的购买者与发行者的关系就成立了。

8. 交易次数不同

商品市场上的交易多为一次性交易,商品购入后便投入消费。而在证券市场上,证券反映的是一种财产所有权关系,在证券到期前,这种关系始终存在,证券持有者既可保留权利,也可将权利转让出去,证券一般会在证券流通市场上多次易手。

(二)借贷市场与证券市场的区别

1. 交易性质不同

借贷市场上的资金供求交易,只是借与贷的关系,只涉及资金使用权的交易。而证券市场上的资金交易是买与卖的关系,是资金所有权、使用权的交易。

2. 承担的风险不同

借贷市场上的投资者是以存款方式,通过银行向筹资者投资,投资风险由银行承担,资金供求双方形成一种间接的金融关系。而证券市场上的投资者以购买证券的方式向筹资者投资,风险自负,形成一种直接的金融关系。

3. 收益来源不同

借贷市场上的资金供给者的收益来自利息。而证券市场上的资金供给者的收益不仅来自利息或股息,还有可能来自证券价格波动的差价收益。

4. 双方关系的确定性不同

在借贷市场上,借款合同一经签订,债权人与债务人固定不变。而在证券市场上,证券的可转让性导致资本所有者和债权人的可变性大大提高。

三、证券市场功能及其实现条件

证券市场功能,是指证券市场客观具备的功效与能力。证券市场作为市场经济的高级市场组织形态,是市场经济条件下资源合理配置的重要机制。世界经济发展的历史证明,证券市场不仅可以推动本国经济的迅速发展,而且对国际经济一体化具有深远的影响。

(一)证券市场功能的一般理论

经济理论认为,"理性人"的买卖行为,产生证券市场功能。其基本观点是,由于证券市场的投资者理性投资,使证券价格能够正确评估企业的经营水平并与宏观经济运行相协调,因而,证券价格是企业的经营发展状况和实体经济运行周期的反映,证券市场的信息收集传播以及证券价格的变化对上市公司经营者形成外部约束,有助于改善公司治理结构。上市公司经营好坏直接通过证券价格反映出来。经营不善的企业,其证券价格下跌,可能导致收购、兼并或重组行为的发生。证券市场让有能力的管理团队在较短时间内控制大量的资源,表现差的经理将被取代。企业一旦不能为股东利益服务,将会被市场淘汰。同时,证券市场还会通过社会公众及舆论媒体对上市公司经营起监督作用,使企业经营者偏离股东目标的行为受到约束。证券市场通过以下三种机制激励与约束上市公司行为,提高经营绩效。一是价格机制。证券价格是上市公司经营业绩的反映,上市公司要从证券市场获得回报,就必须不断提高经营水平和创新能力,以提高企业的业绩,获得投资者的认可。二是收购机制。在证券市场,一旦上市公司的证券价格降低到一定水平,该公司就存在被其他公司收购的可能。上市公司的管理人员为了不被市场竞争所淘汰,必须提高公司的经营水平,以防被收购而带来损失。三是舆论机制。证券市场具有快速收集企业经营信息并通过证券价格传播的特征,如果上市公司损害投资者利益,就会受到股东及社会的谴责。公司管理人员为了给公众树立良好的形象,必须对投资者负责,规范经营行为。

（二）证券市场的功能

1. 融资、投资功能

融资功能指证券市场能为资金需求者筹集资金。债券、股票及金融衍生品的发行，就是利用证券市场的金融技术将未来收益变现，将财富转化成资本，增加社会财富总量和提高现有的投资能力。

股票市场的融资功能主要体现在一级市场的新股发行融资和二级市场的持续融资上。一级市场的新股发行融资，是上市公司出让自己的一部分股份，将这些股份未来收益的索取权变现，取得一笔巨额的新股发行收入，直接用于公司的生产。这既解决了公司扩大生产的资金瓶颈，增加了上市公司的净资产，扩大了公司的借债能力，又使资金剩余者的消费资金直接转化为生产资金。二级市场的持续融资，包括股票增发、配股等形式。企业在发展过程中，遇到开发新产品、上新项目等有利于迅速增强公司实力的机会，需要在短时间内迅速筹集巨额资金时，显然，证券市场新股发行融资和二级市场的持续融资功能，比从银行融资能显示出更大的优越性。

证券市场提供的是一种直接、高效的融资方式。在证券市场中，联结筹资人与投资人的中介是同一证券，即财产形式本身，而不是第三个经济主体。证券市场的直接融资大大降低了融资费用，这是证券市场融资特色之一。证券流通市场所具有的使证券能够方便地转变为现金的能力以及市场价格波动所提供的赢利机会，使大量的中短期资金有可能投入长期资本市场，其结果是：一方面，大量的短期资金获得了新的投资渠道；另一方面，长期筹资可支付短期筹资水平的利息，从而有可能大大降低筹资成本。这是证券市场融资特色之二。通过发行股票筹集的资金通常无须返还，因而股票市场作为资金来源渠道比其他融资渠道更具长期性和稳定性，这是证券市场融资特色之三。由于这些特色，证券市场的融资功能，无论是在能力或效率上，都有其他金融市场不可比拟的优越性。

证券市场的金融技术和制度，能使以下四大类财富转换成资本：一是土地和自然资源；二是企业财产和未来收入流；三是社会个人和家庭的未来劳动收入；四是政府未来财政收入。

投资功能指投资者在购买股票、成为企业股东后，分享到的企业投资获利收益以及投资后财富的增值效应。购买证券虽然会使投资人遇到风险、蒙受损失，但是，从总体上看，人们在证券市场上的收益大于风险。证券市场的投资功能，主要包括两个方面：一是家庭或个人购买能够带来利息和红利的有价证券，能够实现保值增值，获得比其他市场更大的收益，达到积累财富的目的。二是证券市场为整个社会财富积累创造条件。证券市场可以最大限度地动员社会暂时闲置的资本，并可把短期资本转化为长期资本，为最大限度的资金投入创造条件，促进财富的快速积累。

有了股票市场之后，财富增长的空间发生了根本改变。由于股权价格是未来利润预期的总贴现值,资本也可以瞬间转换出财富,靠股权赚钱远比靠传统商业利润赚钱来得快、来得多。证券市场能巨额地聚财、生财的财富效应,极大地激励人类的发明创造能力,成为高科技的孵化器,推动了一国科技创新和生产力不断发展。

融资和投资是证券市场基本功能不可分割的两个方面。实现资金短缺者筹资和资金盈余者投资的双赢,是证券市场的基本功能。证券市场既要给企业带来低成本的融资,更要给投资人以合理的回报。证券市场既是有效的融资场所,又是有效的投资场所。只顾其中一个方面,或者忽视其中任何一个方面,都会导致证券市场基本功能的严重缺陷。

2. 资源配置功能

资源配置是证券市场最基本的功能。从理论上说,由证券市场所实现的是所有权的直接市场交换,本质上就是资源的配置和再配置。

资源配置功能具有以下两层含义。

第一层含义是指融资功能或资本集中功能,即证券市场在社会金融体系中,通过在投资者和融资者之间架设直接的通道,使储蓄转化为投资,实现社会闲置资金向生产投资领域转移。借助证券市场对生产资金的引导,企业和政府方可通过股票和债券的发行和转让,将消费者手中的闲置资金和企业在社会再生产活动中的闲置资金集中起来,转化为生产资金或政府公用资金。证券作为名义资本的特性,在一级市场上的产权分割和二级市场上产权的不间断分合,使短期资金沉淀为稳定的长期投资,增强了生产的连续性。因此,证券市场有利于资本的积累、流动和集中,为市场经济条件下企业的生产和扩大创造了条件,从而促进社会经济的不断发展。

第二层含义是指证券市场的优化资源配置功能或提高资源配置效率功能。资金资源的相对稀缺性,使得实际的和潜在的筹资者在筹资时存在着直接和间接的竞争关系,这种竞争的结果是:能产生高投资回报的资本,市场的需求就大,证券的价格就高;反之,证券的价格就低。最终只有那些经营良好的筹资者方能从证券市场不断筹集到资金。这一源于投资者自利动机的市场调节机制,通过证券价格的波动,引导资金流向能够提供高收益或高利率的筹资者,促使资金由低效益的部门向高效益的部门流动,流动的本质就是资源或生产要素的优化配置。

进一步看,大量投资者基于证券市场公开信息的共同判断,使得投资决策的成本得以降低,决策的准确性和及时性得以提高,从而促使投资结构得以优化,进而优化产业结构和整个经济结构。证券市场上资金的有效配置,不仅通过证券投资者对各类证券的投资选择来实现,还通过调节社会资金在各个市场间的流动来实现,市场利率的高低调动着资金自发地进出于证券市场和借贷市场。

因此,运作良好的证券市场通过准确的证券定价机制,反映资金供需结构的变动,从而引导资金的合理流动,进而达到优化资源配置的目的。市场给股票的定价准了,证券市场就有了优化资源配置的功能。

证券市场通过以下方式引导资金流向合理化。其一,投资者总是力求把资金投入最有利可图的企业、行业和地区。因此,符合社会经济增长需要、受国家产业政策扶助和经济效益好的企业、行业和地区,就能够比较容易地通过发行新股、债券及配股等方式筹措资金,这就有效地促成社会资金结构向增大社会经济效益的方向调整。其二,财团、实力雄厚的股份有限公司通过股票市场收购低效益企业,以此促成落后企业改变经营方式,调整产品结构,从而实现对社会存量资本的重新优化配置。其三,企业在证券二级市场上既可以作为投资者买入股票,又可以作为资本兑现者卖出股票,这会在一定程度上增强企业资金的流动性和优化企业资本的流向。其四,资金投向合理、运营得法的企业,其股票的市场价格相对较高,从而形成社会示范效应和市场竞争压力,促使其他企业(包括上市企业和非上市企业)积极改善投资结构并努力提高资本运营效率。在这里,股票二级市场提供的价格信号间接地推进了社会资本的合理流动。其五,证券市场还具有调节资金余缺的功能。当银根松动时,社会游资会增加,证券市场就会成为资金流入的场所;当银根紧缩时,证券市场资金有可能转投其他领域。同样,对于居民收入中消费与投资的比例的变动,证券市场也会起到类似的调节作用。此外,证券在异地的发行和流通也会促使资金在不同区域周转。资金余缺的调剂以及资金流动性的相应增强都能提高社会资金的配置效率和使用效率。

证券市场的出现在很大程度上减少了生产要素部门间转移的障碍。在证券市场上,企业产权已证券化,资产取得了有价证券的形式,可以在证券市场上自由买卖,实物资产凝固和封闭的状态被打破,资产具有了较大的流动性。一些效益好、有发展前途的企业可根据市场需要,通过控股、参股方式实行兼并和重组,发展企业集团,开辟新的经营领域。在市场经济条件下,资本存量与增量的配置是以利润率为导向的。利润率高的行业或企业会扩充其资本存量与增量,而利润率低的行业或企业的资本存量会向利润率高的行业或企业转移。其转移机制是,通过股票所有权的转让,使企业的产权从利润率低的行业或企业转向利润率高的行业或企业,从而提高资源的利用效率。另外,在证券市场上,通过发行债券和股票广泛吸收社会资金,其资金来源不受个别资本数额的限制,打破了个别资本难以进入一些产业部门的障碍。这样,证券市场就为资本所有者自由选择投资方向和投资对象提供了十分便利的活动舞台,而资金需求者也冲破了自有资金的束缚和对银行等金融机构的高度依赖,并有可能在社会范围内广泛筹集资金。随着证券市场运作的不断发展,其对产业结构调整的作用将大大加强,同时得到发展的产业结构又成为证券市场组织结构、交易结构、规模结构的经济载体,促进证券市场的发展。这种证券市场与产业结构调整的关系,就在于证券市场使资产证券化,从而有助于生产要素在部门间的转移和重组。

3. 价值发现功能

价值发现功能是指在证券市场上一只股票的价格体现的是企业的现实和潜在的价值,而从社会的角度说,它是将未来企业价值"变现"。这种价值发现使人们能够看到某一行业或某一企业的内在价值。价值发现能帮助企业将未来的价值"变现",这也是股市推动创新的关键所在。

证券交易价格是在证券市场上通过证券需求者和证券供给者的竞争所反映的证券供求

状况最终确定的。这种竞争的结果是:能产生高投资回报的资本,市场的需求就大,证券的价格就高;反之,证券的价格就低。因此,证券市场提供了资本的合理定价机制。

证券市场为经营者的投资决策提供一种信号。也就是说,证券市场的价格波动会影响经营者的投资决策。一方面,证券市场是企业的一个融资来源,股价的变动会影响企业的资本成本;另一方面,如果经营者的目标是股东利益最大化,则证券市场对企业价值的估价变动会影响现有股东的利益。因此,经营者的投资决策必须考虑证券市场投资者的反应。

4. 分配功能

分配功能主要表现在两个方面。

1)财富的再分配

这是通过金融市场价格的波动来实现的。股市涨涨跌跌在很大程度上是一场财富转移的游戏。股票指数从 2000 点涨到 4000 点再回到 2000 点,指数没有变,但参与这个过程的人的财富发生了变化。有的人财富增加,有的人财富减少。财富在上市公司员工、投资者之间重新分配。

2)风险的再分配

证券既是一定收益权利的代表,也是一定风险的代表。证券交换在转让出一定收益权的同时,也把该有价证券的经营风险、价格起伏的风险转让出去。所以,证券市场是风险直接交换场所。

对于上市公司来说,通过证券市场融资可以将经营风险部分地转移和分散给投资者,公司的股东越多,单个股东承担的风险就越小。企业还可以通过出售一定的证券,减少对银行信贷资金的依赖,保持资产的流动性和提高盈利水平,提高企业对宏观经济波动的抗风险能力。

对于投资者来说,可以通过买卖证券和建立证券投资组合来转移和分散资产风险。投资者往往把资产分散投资于不同的对象,证券作为流动性、收益性都相对较好的资产形式,可以有效地满足投资者的需要,投资者还可以选择不同性质、不同期限、不同风险和收益的证券构建证券组合,分散证券投资的风险。风险厌恶程度较高的人,可以利用证券市场上的各种金融工具,把风险转嫁给风险厌恶程度较低的人,从而实现风险的再分配。

证券市场将社会闲散资金集中于此予以沉淀,减少了充裕流动性对商品市场的冲击而形成的物价暴涨;证券市场将银行集中的居民储蓄分流,既化解了银行的集中风险,又减少了银行的利息支出。

分散风险是证券市场的核心功能之一。上市公司从证券市场筹集到资金后,才有可能从事高风险、高收益的业务。

5. 晴雨表功能

证券产品是由信息决定的产品,证券市场是一个信息场。证券市场不仅是一个资本和生产要素的配置场所,而且是一个国家乃至世界政治、经济、军事、文化信息的集散地。股票二级市场的价格与这些信息的质量呈正相关。

进入证券市场的投资者来自四面八方、各行各业,各种有关政治、经济和社会的信息都在证券市场上迅速地扩散传播。这些信息高度灵敏地影响着证券价格,影响着股票市场动态。反过来,人们也根据股票市场观察政治、经济和社会动态。正因为如此,在西方发达国家,人们有时把股票市场看作经济的晴雨表。但是,最近几年新冠肺炎疫情全球蔓延,美国经济数据低迷不振,美国股票却高歌猛进,震荡上扬。股市的晴雨表功能已经丧失了,并成了反向指标。

另外,值得注意的是,股市能否成为经济的晴雨表,还与所在区域的政治制度、公司治理结构密切相关。例如,中国股市表现与宏观经济基本面脱节,股市长期没有体现经济的晴雨表功能,因为一些上市公司高管会在经济走好、股票上涨后大量减持公司股票,阻碍了晴雨表功能的发挥。

一般民众、企业家、政治家、国内各界、国际各方,只要和所在国的利益相关,都会关注这个市场。在市场经济崇尚资本至上的理念下,资本的选择是最敏感的。在市场经济推崇公平、公正、公开的交易准则下,这一信息的反映在理论上说也是比较公平、准确的。

证券市场的风向标和晴雨表功能,表象上是市场经济条件下人们进行交易、判断的重要参照系,实质上则是一个社会政治状况、经济形势的反映。

在成熟的市场经济体系中,资源的配置主要依靠市场体系完成,经济发展的动力与约束力在相当程度上来自市场规模与市场机制的作用。完善的市场体系是经济繁荣的基础。证券市场的重要作用,不仅在于它是资本这一基本生产要素合理流转的通道和场所,也不仅因为它是社会资源有效配置所必不可少的条件,而且因为它是现代市场经济整个制度体系建设的一个必不可少的基础。现代市场经济的微观基础是以公司制度为主体的现代企业制度,公司制度的主体是以有限责任为根本的股份制。因此,没有股份制就不可能建立现代企业制度,没有证券市场就没有完整意义上的股份制。由此可见,证券市场是建立现代企业制度的一个不可缺少的条件。

由于以下原因,证券市场的功能具有双重性:

(1)证券市场是一个虚拟资本市场,投机性强,价格波动幅度大;

(2)证券市场是一个信息不完全市场,投资者具有盲目性,易受操纵,市场失败的概率高;

(3)证券市场交易手段先进,成交迅速,各种金融创新工具层出不穷,市场监管困难;

(4)证券市场的全球化,使各国证券市场相互影响,市场风险和金融危机得以迅速传播。

(三)证券市场的消极作用

证券市场的消极作用,主要体现在以下三个方面。

1. 加剧投机和欺诈行为

对于股票发行者来说,其不仅通过股票价格总额和实际资本之间的差额来获得差额利润,而且利用上市时资本高估等手段掠夺普通股东。在证券市场监管不完善的情况下,市场上可能会出现投机盛行的情况。

 ### 2. 形成金融寡头的统治

证券市场容易成为大财团控制和掠夺中小投资者的工具。在某些情况下,一些人可以运用所掌握的股票控制和支配比自有资本大几倍、几十倍的资本,渗透到交通、能源等各个行业,最终形成金融寡头的统治。

 ### 3. 加剧经济的波动性

证券市场的运行往往受到政治、经济、军事等因素的影响,引起股票市场的大幅涨落。股票市场的剧烈起伏,反过来又会影响经济的稳定。当股票市场涨落失控时,就会引起公众恐慌心理,引发股票市场危机,进而导致经济波动。

因此,在发挥证券市场的积极作用的同时,应注意抑制其消极作用。

(四)实现证券市场功能的条件

公开、公平、公正三原则简称"三公原则"。"三公原则"是证券市场实现其功能的前提条件。公开是实现公平、公正的前提,公平是实现公开、公正的基础,公正是实现公开、公平的保障。证券市场之所以具有资本增值功能并吸引社会资本,其原因是"三公原则"制约下的上市公司能够创造价值。离开了"三公原则"制约下的上市公司,证券市场就成为无水之源,其价值投资功能也就无从体现,更谈不上优化资源配置和促进经济增长功能了。在成熟的市场经济国家,证券市场作为一项制度创新,之所以具有强大的生命力,正是因为上市公司在"三公原则"制约下的规范运作。如果"三公原则"不能严格执行,证券市场的功能就难以实现。"三公原则"的含义如下。

 ### 1. 公开原则

公开原则,又称信息公开原则。其核心是要求市场信息公开化,市场具有充分的透明度,为此,要求信息披露应及时、完整、真实、准确。根据公开原则,筹资者必须公开与证券及其价格有关的各种信息,包括首次发行时的"信息的初期披露"和证券发行后的"信息的持续披露",供投资者参考。根据公开原则,监管者也应当公开有关监管程序、监管身份以及对金融市场的违规处罚,并努力营建一个投资信息系统,为投资者创造一个信息畅通的投资环境。应当说,公开原则是市场经济的基本原则,公开原则是证券市场发挥其功能的核心和精髓所在。

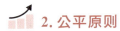
2. 公平原则

公平原则是指在证券发行和证券交易中双方当事人的法律地位平等、法律待遇平等、法律保护平等,以及所有市场参与者的机会平等。

证券市场的公平有两个重要特点。一是证券市场监管对公平性的要求更高。证券市场监管的严与松,所有参与者的地位、权益、责任是否平等,与参与各方的切身利益紧密相关。在这种背景下,如果监管中不能杜绝徇私舞弊行为,不能维护市场参与者的合法权益,就会导致证券市场价格急剧波动,最终使证券市场功能全部落空。二是证券市场监管公平性实现的难度较大。这是由证券市场交易对象具有特殊性所决定的。由于证券市场交易所涉及的环节较多,且受中介的影响颇大,在现实生活中,证券市场监管的更高公平性要求往往与极不公平性现实之间形成鲜明对照。因此,监管机构有责任去努力营造公平的市场气氛。

3. 公正原则

公正原则,即要求监管部门在公开、公平原则的基础上,对一切被监管对象给予公正待遇,不偏袒任何一方。根据公正原则,立法机构应当制定体现公平精神的法律、法规和政策;证券市场监管部门应当根据法律授予的权限履行监管职责,要在法律的基础上,对一切证券市场参与者给予公正的待遇;对证券市场违法行为的处罚,对纠纷或争议事件的处理,都应当公正地进行。不少国家的实践证明,在证券市场监管中树立公正观不仅比其他市场更为重要,而且难度更大。这是因为证券市场是一个收益性较高的市场,在融资活动中,参与各方从各自立场和利益出发,出现越权、越位经营的概率要比其他市场高得多,有时在超高收益的吸引之下,甚至不惜以身试法;另外,由于证券市场是一个风险较大的市场,如果监管机构对频繁出现的违法、违规行为视而不见,轻者会挫伤参与者的积极性,重者会引发金融危机、经济危机乃至引致社会动荡。所以,要求执法者在法律的框架内公正执法。

◇ 本章小结

投资与投机都是证券市场交易活动的一种基本活动形式,两者之间的最基本的区别或核心,就在于能否获得安全性收入。投资是指投资者当期投入一定数额的资金而期望在未来获得回报,是货币转化为资本的过程,投资的基本要求是"物有所值"。投机是指利用市场价差从事买卖(特别是短线买卖)而获利的行为。投机是抓住机会。投机的基本前提是存在机会。"机"即机会、机遇。只有发现了机会,碰到了机遇,才能投入资金。所以,投机操作的重要课题,是寻找机会,挖掘机会,或者等待机遇。

资本市场是金融市场的重要组成部分,是与货币市场相对应的概念。在西方发达资本主义国家,资本市场的交易几乎覆盖全部金融市场。按融资方式来分类,金融市场可分为直接金融市场和间接金融市场。直接金融市场与间接金融市场的差别并不在于是否有中介机构介入,而主要在于中介机构作用的差异。直接金融市场上也有金融中介机构,只不过这类机构不像银行那样成为资金中介,而是成为信息中介和服务中介。间接融资中的资金供求双方不直接构成债权债务关系,而是分别与银行中介机构发生债权债务关系。金融中介机构在间接融资中同时扮演债权人和债务人的角色。

证券是多种经济权益凭证的统称,是用来证明券票持有人享有的某种特定权益的法律凭证。按其性质不同,证券可以分为有价证券和凭证证券两大类。有价证券是一种具有一定票面金额,证明持券人有权按期取得一定收入,并可自由转让和买卖的所有权或债权证书,通常简称证券。有价证券本身并没有价值,只是由于它能为持有者带来一定的股息或利息收入,因而可以在证券市场上自由买卖和流通。钞票、邮票、印花税票、股票、债券、国库券、商业本票、承兑汇票、银行定期存单等,都是有价证券。

证券市场在本质上属于资本市场,是金融市场的一个重要子市场,是资本市场的主要部分和典型形态。其具有融资、投资功能,资源配置功能,价格发现功能,分配功能,晴雨表功能。

◇ 名人名言

投资的成功是建立在已有的知识和经验基础上的。

——罗伊·纽伯格

仅交易活跃的股票,避免介入那些运动缓慢、成交稀少的股票。

——威廉·江恩

你买一种股票时,不应因为便宜而购买,而应该看是否了解它。

——彼得·林奇

决定命运的,不是股票市场,也不是上市公司本身,而是投资者本人。

——约翰·奈夫

股票投资,必须具备正确判断的能力,这样才不至于盲目随从,酿成失败。

——杰姆·罗杰斯

放手让亏损持续扩大,这几乎是所有投资人可能犯下的最大亏损。

——威廉·欧奈尔

图表能反映出一切股市或公司股民的总体心理状况。

——伯妮斯·科恩

在股市投资中,何时买进和卖出的时机把握比买卖何种股票重要。

——米瑟拉·雷克莱

耐心等待确定信号的出现,避免高风险的模糊不清阶段的盲目投资。

——伯妮斯·科恩

股市赢家法则是:不买落后股,不买平庸股,全心全力锁定领导股。

——威廉·欧奈尔

主流类中的股票,常能涨得惊天动地,但平庸个股,连一丝涟漪都不会起。

——威廉·欧奈尔

选择一个行业股票时,要选两家,但不是随便找两家,应选一家最好的和一家最差的。

——乔治·索罗斯

投资不仅仅是一种行为,更是一种带有哲学意味的东西。

——约翰·坎贝尔

不进行研究的投资,就像打扑克从不看牌一样,必然失败。

——彼得·林奇

不要懵懵懂懂地随意买股票,要在投资前扎实地做一些功课,才能成功。

——威廉·欧奈尔

你永远不要犯同样的错误,因为还有好多其他错误你完全可以尝试。

——伯妮斯·科恩

股票市场是有经验的人获得更多金钱、有金钱的人获得更多经验的地方。

——朱·尔

每个笨蛋都会从自己的教训中吸取经验,聪明人则从别人的经验中获益。

——俾斯麦

风险来自你不知道自己正在做什么。

——沃伦·巴菲特

错误并不可耻,可耻的是错误已经显而易见了却还不去修正。

——乔治·索罗斯

◇ 复习题

一、选择题

1. 很多情况下人们往往把能够带来报酬的支出行为称为(　　)。
   A. 支出　　　　　　　　　　　　B. 储蓄
   C. 投资　　　　　　　　　　　　D. 消费
2. 证券投资通过投资于证券将资金转移到企业部门,因此通常又被称为(　　)。
   A. 间接投资　　　　　　　　　　B. 直接投资
   C. 实物投资　　　　　　　　　　D. 以上都不正确
3. 直接投融资的中介机构是(　　)。
   A. 商业银行　　　　　　　　　　B. 信托投资公司
   C. 投资咨询公司　　　　　　　　D. 证券经营机构

4. 投资的特点有（　　）。
A. 投资是现在投入一定价值量的经济活动　　B. 投资具有时间性
C. 投资的目的在于得到报酬　　D. 投资具有风险性

5. 按照投资来源的不同，投资可分为（　　）。
A. 国家投资　　B. 国内投资
C. 国外投资　　D. 企业投资

6. 证券是指（　　）。
A. 各类记载并代表一定权利的法律凭证
B. 权利的凭证
C. 用以证明或设定权利而做成的书面凭证
D. 用以证明持有人或第三方有权取得该证券拥有的特定权益的凭证

7. 有价证券之所以能够买卖是因为它（　　）。
A. 具有价值　　B. 具有使用价值
C. 代表着一定的财产权利　　D. 具有交换价值

8. 资本市场包含以下部分（　　）。
A. 证券市场　　B. 货币市场
C. 长期信贷市场　　D. 保险市场

9. 证券市场的基本功能有（　　）。
A. 融资、投资功能　　B. 定价功能
C. 资本配置功能　　D. 规避风险功能

10. 按投资主体的性质分类，股票可分为（　　）。
A. 普通股　　B. 国家股
C. 法人股　　D. 优先股

11. 公开原则的核心要求是（　　）。
A. 上市公司的信息披露及时　　B. 证券公司公开业务
C. 实现市场信息公开化　　D. 证券交易实现社会化

12. 有价证券是（　　）的一种形式。
A. 真实资本　　B. 虚拟资本
C. 货币资本　　D. 商品资本

二、简答题

1. 投机和投资有什么联系和区别。
2. 什么是资本市场？资本市场有哪些分类？
3. 比较说明直接融资和间接融资的优缺点。
4. 什么是有价证券，有哪些分类？
5. 说明证券市场能够优化资源配置的原因。

三、论述题

1. 人们投资购买股票,对企业有何意义?对个人有何意义?
2. 实际投资与金融投资有何不同?
3. 证券投资的基本功能有哪些?
4. 证券市场的发展对中国经济社会有哪些重要作用?

四、案例分析题

北京时间 2 月 26 日,伯克希尔·哈撒韦(以下简称"伯克希尔")公布 2021 年业绩,"股神"巴菲特致股东信也同时出炉。伯克希尔 2021 年净利润为 897.95 亿美元,较 2020 年的 425.21 亿美元翻倍,也超越 2019 年的 814 亿美元,再次创下历史新高。值得一提的是,苹果仍为"股神"第一大重仓股,比亚迪(002594)为第八大重仓股。

在连续两年跑输市场后,2021 年伯克希尔每股账面价值增长 29.6%,较标普 500 指数 28.7%的增幅高出近 1 个百分点,也创下了 2013 年以来年增幅新高。

从长期表现看,1965 年至 2021 年,伯克希尔复合年增长率为 20.1%,较标普 500 指数 10.5%的复合年增长率高出近 1 倍;1964 年至 2021 年,伯克希尔整体增长率达到惊人的 3641613%,远超标普 500 指数同期 30209%的整体增长率。

截至 2021 年底,伯克希尔所有股权投资总计超过 3507.19 亿美元,并持有 1440 亿美元现金和现金等价物。伯克希尔前十大持股包括苹果、美国银行、美国运通等。其中,中国公司比亚迪位列第八,持股市值约 77 亿美元。

前海开源基金首席经济学家杨德龙表示,伯克希尔第一大重仓股为苹果,持股市值占到总股票持仓的 46%;巴菲特对于看好的公司一直保持重仓的习惯,苹果为伯克希尔贡献近 1000 亿美元的利润。值得关注的是,巴菲特持有的唯一中国股票是比亚迪,达到 76.93 亿美元。巴菲特当年买入的成本仅为 2.32 亿美元,获得了 30 倍以上的投资回报。这无疑是因为"股神"具有比较好的投资理念,获得了比较高的投资回报,这一点值得投资者学习。

(资料来源:《深圳商报》2022 年 2 月 27 日 记者 钟国斌)

问题:
(1)伯克希尔·哈撒韦业绩高成长率的支撑是什么?
(2)巴菲特为什么看好比亚迪?
(3)巴菲特的常胜秘诀是什么?

第一章
复习题
答案解析

第二章　证券投资工具

知识目标

通过本章的学习,了解债券、股票、证券投资基金以及金融衍生工具的概念、特征和基本功能。了解证券投资工具的交易机制和规则,学习最新的市场现状和未来的发展趋势。

能力目标

掌握债券的分类,熟悉债券发行相关知识和我国国债市场的现状,了解证券投资基金、股票的概念及特征,增加金融衍生品基本功能的理解和概括能力,具备基本的实际操作能力。

情感目标

通过本章的学习,对证券市场的投资工具有初步的了解,培养对证券投资工具的兴趣与参与操作的勇气,开始进行系统性的学习。

学习重难点

通过本章的学习,需重点掌握:
(1)债券的分类和特征;
(2)股票的概念和特征;
(3)基金的概念和特征;
(4)期货的交易机制。

基本概念

债券　政府债券　公司债券　金融债券　附息债券　贴现债券　信用债券　抵押债券　私募债券　可转换债券　普通股　优先股　蓝筹股　收入股　成长股　记名股票　无记名股票　国家股　法人股　社会公众股　A股　B股　上证综合指数　深圳综合股票指数　深圳成分股指数　期货合约　期货交易　远期交易　双向交易　对冲机制　保证金交易制度　看涨期权　看跌期权

◇ **导入案例**

神奇的2020，我们和"股神"一起见证历史

2020年3月18日，美股因标普500指数盘中跌超7%，再次触发熔断机制，暂停交易15分钟，为美股史上第五次熔断，10天内第四次熔断。截至发稿时，道琼斯指数报19576.75点，跌7.82%，跌1660.63点；纳斯达克指数报6872.41点，跌6.3%；标普500指数报2351.9点，跌7.01%。此前，3月9日、3月12日、3月16日，美国股市已发生三次暴跌熔断，这三天道琼斯指数的跌幅分别达到7.8%、10.0%、12.9%，一次比一次跌得狠。现在，有人开始绞尽脑汁地想怎么减少熔断次数了。美国芝加哥商品交易所(CME)3月17日对外表示，美国股市的熔断机制可能会调整，建议美国股市的熔断机制调整为只有7%和13%的下跌限制，要求ETF（交易型开放式指数基金）市场遵守相同的熔断规则，缩小ETF市场与其他市场的价格差距，缓解交易日开始时市场交易量激增的状况。

历史上，美股熔断机制就曾修改过。2012年5月31日，纽约证券交易所修改指数熔断机制，一是以标普500指数取代道琼斯指数设置为熔断基准指数；二是将熔断阈值修改为7%、13%和20%三档。美股熔断规则是否修改还没结果，网友们已开启了段子接龙：

3月8日，巴菲特：我活了89岁，只见过一次美股熔断。

3月9日，巴菲特：我活了89岁，只见过两次美股熔断。

3月12日，巴菲特：我活了89岁，只见过三次美股熔断。

3月16日，巴菲特：我活了89岁，只见过四次美股熔断，我太年轻了……

3月18日，某网友："我一辈子就看见五次熔断，我10天就实现了四次，看来我要比'股神'厉害。"

■（资料来源：中国新闻网，2020年3月19日）

■ 点评：

历史总在不断重复上演，没人能准确预测第二天的走势。

第一节 债券

一、债券概述

（一）债券的概念

债券是一种有价证券，是社会各类经济主体为筹集资金而向债券投资者出具的、承诺按一定利率支付利息并到期偿还本金的债权债务凭证。债券所表示的债权债务关系与银行信贷是不同的，债券是一种直接债务关系；而银行信贷通过存款人—银行、银行—贷款人，形成间接的债务关系。

债券的发行者为债务人，债券持有者是债权人。债券的面值一般为100元，虽然债券代表了一定的财产价值，但它是一种虚拟资本，因为债券的本质是证明债权债务关系的证书，在债权债务关系建立时投入的资金已被人占用，债券是实际运用的真实资本的证书。债券的流动并不意味着它所代表的实际资本也同样流动，债券独立于实际资本之外。

债券的基本要素主要包括以下四个方面。

（1）票面价值。票面价值包括币种和票面金额，我国发行债券的票面价值一般是每张面值100元人民币。

（2）债券的到期期限。债券的到期期限是指债券从发行之日起至偿清本息之日止的时间。

（3）债券票面利率。债券票面利率也称名义利率，是债券年利息与债券票面价值的比率，通常年利率用百分比表示。我国债券的票面利率按照单利计息。

（4）债券发行人名称。这一要素指明了债券的债务主体，既明确了债券发行人应履行对债权人偿还本金和利息的义务，也为债权人到期追回本金和利息提供依据。

上述四个要素是债券的基本要素，但在发行时并不一定全部在票面印出来。例如，在很多情况下，债券发行者是以公告或条例形式向社会公布债券的期限和利率。此外，一些债券还包含其他要素，如还本付息方式。

（二）债券的特征

债券体现的是债券持有人与债券发行者之间的债权债务关系，其具有以下特征。

1. 偿还性

债券是一种有约定期限的有价证券。债券代表了债权债务关系，要有确定的还本付息日。当债券到期时，债务人就要偿还本金。

2. 流动性

流动性是指债券可以在证券市场上转让流通。债券具有流动性，持券人需要现金时可以在证券市场上随时卖出债券，或者到银行以债券作为抵押品取得抵押借款。债券的流动性一般仅次于股票。

3. 收益性

债券的收益性并不完全等同于债券的票面收益，还取决于债券的买卖价格。债券的收益性表现在两个方面：一是债券持有人可以定期从债券发行者那里获得固定的债券利息（债券的利率通常高于存款利率）；二是投资者可以利用债券价格的变动，买卖债券赚取差额。

4. 安全性

债券的安全性，表现在债券持有人到期能无条件地收回本金。各种债券在发行时都要规定一定的归还条件，只有满足一定的归还条件才会有人购买。为了保护投资者的利益，债券的发行者都要经过严格审查，只有信誉较高的筹资人才被批准发行债券，而且公司发行债券大多需要担保。当发行公司破产或清算时，要优先偿还债券持有者的债券。因此，债券的安全性还是有保障的，比其他证券的投资风险要小得多。

（三）债券的种类

债券的种类很多，在债券的发展过程中出现过许多不同的债券，不同的债券共同构成了一个完整的债券体系。债券可以依据不同的标准进行分类。

1. 按发行主体分类

按发行主体分类：债券可分为中央政府债券、地方政府债券、金融债券和公司债券。

1）中央政府债券

中央政府债券的发行主体是中央政府，其也称国债或国库券，它是指国家为了筹借资金而向投资者出具的、承诺在一定时期支付利息和到期偿还本金的债权债务凭证。其信誉在所有有价证券中最高,且利率优、风险小,又被称为"金边债券"。在我国,中央政府债券一般由政府财政部门代理发行。各国中央政府发行债券的主要目的通常是为了满足弥补国家财政赤字、进行大型工程项目建设等方面的资金需要。

2)地方政府债券

由各级地方政府发行的债券称为地方政府债券,它是相对国债而言的,发行目的主要是发展区域经济,其利息享受免税待遇。在美国,地方政府债券通常是由州政府、市政府或者其他行政分支机构发行。这些机构通常会将所需资金分散为几期债券连续发行,而每期债券都会根据发行时的市场环境单独设定利率和期限结构。

3)金融债券

金融债券是银行或非银行金融机构作为筹资主体,为筹集长期资金而面向个人发行的一种有价证券,其按法定发行手续发行,承诺按约定利率定期支付利息并到期偿还本金,是债权债务关系的一种凭证。银行和非银行金融机构作为社会信用的中介,它们的资金来源主要靠吸收公众存款和金融业务收入。通过发行金融债券,银行或非银行金融机构能够有效解决资金来源不足和期限不匹配的矛盾,或改变自身的资产负债结构,或筹资用于某种特殊用途。由于金融机构大多信誉较好、资金雄厚,因此,金融债券的安全性、收益性、流动性均较好,其信用仅次于政府债券,利率一般要高于同期银行存款利率,而且持券者需要资金时可以随时转让。

4)公司债券

公司债券是依照法定程序发行、约定在一定期限内还本付息的有价证券。公司债券的发行主体是股份有限公司,但是有些国家也允许非股份制企业发行债券,所以,归类时,可将公司债券和企业发行的债券合在一起。公司发行债券的主要目的是为了筹集中长期资金以满足经营需要。由于公司债券的还本付息依赖公司经营业绩,从理论上讲,其风险相对较高,且企业的资信水平比金融机构和政府低,其利率一般较高。

 2. 按计息方式分类

按计息方式分类,债券可分为附息债券、贴现债券和累进利率债券。

1)附息债券

附息债券是指债券券面上附有息票的债券。息票通常以 6 个月或 1 年为一期,债券到派息日时,持有人从债券上剪下息票并据此领取利息,这类债券每年应计的利息额等于该债券面值和利率的乘积。

2)贴现债券

贴现债券也称贴水债券,是指券面上不附有息票,发行时按一定的折扣率以低于票面价值的价格出售,到期按票面价值偿还本金及利息的一种债券。投资者的利息收入为面值和债券买入价格之间的差额。

3)累进利率债券

累进利率债券是指随着债券发行后的时间推移,债券利率按既定累进利率的档次累进的债券。一般来说,其后期利率比前期利率更高,有一个递增率,呈累进状态。

 3. 按债券利率是否固定分类

按债券利率是否固定分类,债券可分为固定利率债券和浮动利率债券。

1)固定利率债券

固定利率债券指在发行时规定债券利率在偿还期内不发生变化的债券。固定利率债券不考虑市场变化因素,因而其筹资成本和投资收益可以事先预计,不确定性较小。由于通货膨胀等宏观因素的影响,债券发行人和投资者仍然必须承担市场利率波动的风险。

2)浮动利率债券

浮动利率债券是指发行时规定债券利率随市场利率定期浮动的债券,它会在某种预先规定基准上定期调整,作为基准的多是一些金融指数,如伦敦银行间同业拆借利率(LIBOR);也有以非金融指数为基准的,如按照某种初级产品的价格。对投资者和筹资者来说,采取浮动利率债券形式可以有效地规避利率风险。浮动利率债券往往是中长期债券,其种类也较多,如规定有利率浮动上、下限的浮动利率债券,还有规定利率达到指定水平时可以自动转换成固定利率债券的浮动利率债券,或附有选择权的浮动利率债券,以及在偿还期的一段时间内实行固定利率而另一段时间内实行浮动利率的混合利率债券等。

 4. 按偿还期限分类

按偿还期限分类,债券可分为短期债券、中期债券、长期债券和永续债券。

各国对债券的期限划分不完全相同,一般的划分标准为:偿还期限在一年或一年以下的债券为短期债券;偿还期限在一年至十年之间的为中期债券;偿还期限在十年以上的为长期债券;永续债券也叫无期债券,一般仅限于政府债券,它不规定到期期限,持有人不能要求清偿本金,但可以按期取得利息。

 5. 按抵押担保方式分类

按抵押担保方式分类,债券可分为信用债券、抵押债券和担保债券。

1)信用债券

信用债券亦称无担保债券,是仅凭债券发行者的信誉,没有抵押品作担保发行的债券。一般政府债券及金融债券都为信用债券。其发行受相当严格的限制,对发行者的要求相当高,一般只有信誉卓越的大公司才能发行信用债券。

2)抵押债券

抵押债券是以实物资产作抵押而发行的债券,一旦债券发行者出现偿债困难,则以这部分资产清偿债务。可用于抵押的资产包括动产、不动产和信誉较好的证券等。

3）担保债券

担保债券是由发行者之外的其他法人实体提供担保而发行的债券。当发行者在债券到期而不能履行还本付息义务时，担保债券的持有者有权变卖抵押品来清偿抵付或要求担保人承担还本付息的义务。这种债券的担保人一般为非银行金融机构或有良好资信的大公司。

 6. 按是否公开发行分类

按是否公开发行分类，债券可分为公募债券和私募债券。

1）公募债券

公募债券是指按法定手续，经证券主管机构批准在市场上公开发行的债券，债券的认购者可以是社会上的任何人。发行者一般有较高的信誉，除政府机构、地方公共团体外，一般私营企业必须符合规定的条件才能发行公募债券。按照我国《公司法》和《证券法》规定，以下任意一种情况都属于公募债券：一是向不特定的投资者公开募集的债券；二是向特定投资者发行超过200人的债券。

2）私募债券

私募债券是仅以与发行者有特定关系的投资群体为发行对象的债券，其发行和转让均有一定的局限性，流动性较差，但其利率水平一般高于公募债券。按照我国《公司法》和《证券法》规定，其发行对象的人数不能超过200人。私募债券的发行手续简单，其发行后的债券一般不能在证券市场上交易。

 7. 按是否可转换分类

按是否可转换分类，债券可分为可转换债券和不可转换债券。

1）可转换债券

它是可转换公司债券的简称，是一种可以在特定时间、按特定条件转换为其他金融工具的债券。可转换债券兼有债券和股票的双重特点，持有者可按一定条件根据自己的意愿将持有的债券转换成股票。由于可转换债券赋予债券持有人将来成为公司股东的权利，因此其利率通常低于不可转换债券。若将来转换成功，在转换前发行企业达到低成本筹资的目的，转换后又可节省股票的发行成本。根据我国《公司法》的规定，发行可转换债券应由国务院证券管理部门批准，发行公司应同时具备发行公司债券和发行股票的条件。

2）不可转换债券

与可转换债券相对应，不可转换债券就是不能转化为其他金融工具的债券。由于其没有赋予债券持有人将来成为公司股东的权利，所以其利率一般高于可转换债券。

 8. 按债券形态分类

按债券形态分类，债券可分为实物债券、凭证式债券和记账式债券。

1)实物债券

实物债券,又称无记名债券,它是具有标准格式实物券面的债券。在其券面上,一般印制了债券面额、债券利率、债券期限、债券发行人全称、还本付息方式等债券票面要素。不记名,不挂失,可上市流通。实物债券由于其发行成本较高,已被逐步取消。

2)凭证式债券

凭证式债券是债权人认购债券的收款凭证,而不是债券发行人制定的标准格式的债券。例如国家储蓄债——凭证式国债收款凭证,其可记名、可挂失,但不可上市流通。如果在持有期提前支取,则按持有天数支付利息。

3)记账式债券

记账式债券是无实物形态的债券,利用电子账户通过计算机系统完成债券发行、交易及兑付的全过程,它可记名,可挂失,可上市流通,安全性较好。我国于1994年开始发行记账式债券。由于记账式债券的发行和交易均实现无纸化,所以交易效率较高,成本较低,是未来债券发展的趋势。

9. 按发行区域分类

按发行区域分类,债券可分为国内债券和国际债券。

1)国内债券

国内债券是本国政府或本国法人以本国货币为单位在本国金融市场发行、流通的债券。

2)国际债券

国际债券是一国政府、金融机构、工商企业或国际组织为筹措和融通资金,在国外金融市场上发行的,以外国货币为面值的债券。依发行债券所用货币与发行地点的不同,国际债券又可分为外国债券和欧洲债券。

外国债券是指以债券发行地的货币为面值的国际债券。其中,外国发行者在美国发行的以美元为面值的债券称为扬基债券,外国发行者在日本发行的以日元为面值的债券称为武士债券。

欧洲债券是指在欧洲等国债券市场上由外国借款人发行的、以市场所在国以外的货币为面值的债券,如德国在英国发行的以美元为面额的债券。

二、债券发行市场

(一)债券发行的目的

债券发行是发行人以借贷资金为目的,依照法律规定的程序向投资人要约发行代表一定债权和兑付条件的债券的法律行为。不同发行主体的债券的发行目的是不一样的。

1. 国债的发行目的

(1)平衡财政预算。通过发行债券,可以弥补中央政府财政赤字,平衡财政收支。

(2)扩大政府投资。出于宏观经济调控等方面的考虑,政府会不断增加投资。发行国债是保证财政政策实施的重要措施之一。

(3)解决临时性资金需要。在财政预算期内,由于季节性或其他方面的原因,会导致在某几个月内收不抵支,而在另外的时间内则收大于支。为了调剂不同时间内财政收支短暂的不平衡,需要发行国债,以解决临时性资金需要。由于是临时性的,债券期可以很短,如3个月、6个月或9个月。

(4)归还债务本息。当债务规模较大,依靠财政收入无法保证偿债时,需要发行新债筹集资金,偿还已到期债务的本金和利息。这就是所谓的"借新债,还旧债"。

2. 金融债券的发行目的

(1)改善金融机构的负债结构,增强金融机构负债的稳定性。金融机构的资金来源主要是存款。存款无论长期、短期,都具有根据客户提款要求无条件或有条件随时支付的特征。金融债券与存款不同,除非债务人要求提前偿付,债权人一般无权要求债务人在到期日前偿还债务。因此,金融债券比以存款形成的负债具有更高的稳定性。

(2)通过发行金融债券,金融机构可以获得长期资金来源。由于金融债券是一年期以上的金融工具,发行金融债券可以获得长期资金来源。

(3)通过发行金融债券,金融机构可以扩大资产业务。对于金融机构来说,发行金融债券是一种主动负债,不同于吸收存款这种被动负债。因此,金融机构可以根据开展资产业务的需要,灵活地发行金融债券进行融资,改变金融机构以负债结构与规模确定资产结构与规模的传统业务特征。

3. 公司债券的发行目的

(1)多渠道筹集资金。公司筹集资金的途径很多,除了发行股票筹措自由资金,向银行借款取得债务资金,发行商业票据获得短期资金外,还可以通过发行公司债券获得长期债务资金。

(2)调节负债规模,实现最佳资本结构。按照现代公司财务理论,公司可以通过改变负债与资本的比例,使公司的融资成本降低,从而提高公司的价值。通过公司债券这一工具,如改变公司债券的发行规模、期限、种类等,可以有效实现上述目的。

(二)债券发行的条件

我国债券市场的债券品种有国债、地方债、金融债、公司债、企业债等。其中,国债发行和地方债发行由于是国家所主导的,属于国家和政府信用债券,发行条件没有法律规定。而公司债、企业债的发行,其法律规定较多。公司(企业)债券应当由中国证券登记结算有限责任公司负责登记、托管和结算。经批准,中央国债登记结算有限责任公司也可以负责证券公司债券的登记、托管和结算。

根据相关法律规定,公开发行公司债券,公司自身应当符合下列条件:

(1)股份有限公司的净资产不低于人民币三千万元,有限责任公司的净资产不低于人民币六千万元;

(2)累计债券余额不超过公司净资产的百分之四十;

(3)最近三年平均可分配利润足以支付公司债券一年的利息。

符合发行条件的公司,除上述条件外还应符合:

(1)发行人最近1期期末经审计的净资产不低于10亿元;

(2)各项风险监控指标符合中国证监会的有关规定;

(3)最近两年内未发生重大违法违规行为;

(4)具有健全的股东会、董事会运作机制及有效的内部管理制度,具备适当的业务隔离和内部控制技术支持系统;

(5)资产未被具有实际控制权的自然人、法人或其他组织及其关联人占用;

(6)证监会规定的其他条件。

(三)债券发行的流程

 1. 债券发行的审核制度

世界各国证券主管机关对债券发行都采取审核制度。审核方式主要有两种:核准制和注册制。

1)核准制

核准制即按照"实质管理原则",由主管机关规定若干核准条件,主要包括:发行人的性质、管理人员的资格及能力,发行人的资产负债结构,发行中介机构所得报酬,债权人和债务人的权利义务,募集资金投向,资料公开是否充分、真实等。发行人在符合债券发行基本条件的同时,每笔债券发行都需报请主管机关批准,按核准条件审查许可后,债券才能发行。我国的公司债和企业债的发行都采用的是核准制。

2)注册制

注册制即按照公开原则,只要符合由主管机关规定的债券发行的法定条件,并依照法定程序注册的,主管机关就必须认可该债券的发行。等级注册须经主管机关审查,如发现严重失实、遗漏、虚报,则发出终止命令,终止其注册;如属一般情节,则通知发行人加以纠正。未予注册或自动生效日之前,发行人不得发行债券。中国人民银行的银行间债券市场的短期融资券的发行都采用的是注册制。

在证券市场发展初期,多数国家采用核准制来管理证券发行。注册制与核准制分别以美国联邦证券法和欧洲国家的公司法为原则。这两种制度并不是完全对立的,有时可以互相补充。事实上,目前多数国家在证券发行管理上也是综合运用这两种原则,只是侧重点不同而已。目前我国的债券发行制度依然采用核准制。

◇ 知识链接

我国《证券法》规定:公开发行证券,必须符合法律、行政法规规定的条件,并依法报经国务院证券监督管理机构或者国务院授权的部门注册;未经依法注册,任何单位和个人不得公开发行证券……有下列情形之一的,为公开发行:

(1)向不特定对象发行证券;

(2)向特定对象发行证券累计超过二百人,但依法实施员工持股计划的员工人数不计算在内;

(3)法律、行政法规规定的其他发行行为。

非公开发行证券,不得采用广告、公开劝诱和变相公开方式。

发行人申请公开发行股票、可转换为股票的公司债券,依法采取承销方式的,或者公开发行法律、行政法规规定实行保荐制度的其他证券的,应当聘请证券公司担任保荐人。

保荐人应当遵守业务规则和行业规范,诚实守信,勤勉尽责,对发行人的申请文件和信息披露资料进行审慎核查,督导发行人规范运作。

2. 公司债券的发行程序

公司债券的发行程序以发行人与承销商谈判为界,可分为以下两个阶段。

1)公司债券发行的准备阶段

(1)制定发行文件。发行文件主要包括债券发行所筹资金的用途、期限、利率、发行范围、发行方式、公司现有资金、收益分配状况、筹资项目的可行性研究或经济效益预测、还本资金来源等。发行文件是债权发行的实施阶段的基础,尤其是与承销机构进行谈判、确定发行内容的主要依据。制定发行文件是发行的首要环节,需要公司周密研究、科学决策。

(2)董事会决议。发行公司债,需要经董事会通过决议,而且要由 2/3 以上董事出席以及超过半数的出席董事通过方有效。董事会的决议应决定公司债券发行的总额、券面金额、发行价格、利率、发行日、偿还期限和偿还方式等内容。董事会的决议必须在公司债券发行前形成。

2)公司债券发行的实施阶段

发行债券的公司在董事会就发行的主要事项形成原则性决议之后,就进入了债券发行的实施阶段,一般需经过以下几个步骤。

(1)债券的信用评级。公司发行债券首先要由证券评级机构对公司所发行的债券进行评级。债券评级的目的是将发行人的信誉和偿债的可靠程度公诸投资者,保护投资者的利益。对债券的评级主要是评价该种债券的发行质量、发行人的偿债能力与资信状况以及影响投资者承担风险的其他因素。我国债券信用级别的设置如表2-1所示。

表2-1 我国债券信用级别的设置

级别分类	级别划等	级别次序		级别定义
		穆迪公司	标准普尔公司	
投资级	一等	Aaa	AAA	最高级品质,本息具有最大的保障
		Aa	AA	高级品质,对本息的保障条件略逊于最高级债券
		A	A	中上品质,对本息的保障尚属适当,但保障条件不及以上两种债券
投机级	二等	Baa	BBB	中级品质,目前对本息的保障尚属适当,但未来经济情况发生变化时,约定的条件可能不足以保障本息安全
		Ba	BB	中下品质,具有一定的投机性,保障条件属中等
		B	B	具有投机性,而缺乏投资性,未来的本息缺乏适当的保障
	三等	Caa	CCC	两者都具有投机性。CC级比CCC级更差。债息尚能支付,但是经济状况不佳时,债息可能停付
		Ca	CC	
		C	C	债信不佳,本息可能已经违约停付,专指无力支付债息的公司债券

(2)发行人与承销商谈判、确定发行的主要内容。发行人与承销商(在美国多是投资银行,在日本多是证券公司)就承销问题举行各种会议,以决定发行的主要问题。① 决定发行债券的总额。一般由发行公司与承销商协商后确定。② 决定债券的发行方式。决定是公募发行还是私募发行。③ 就发行条件达成协议。承销商与发行人进一步就发行条件协商达成协议,该协议中应包括发行数量、债券到期日、票面利率及承销商的报酬等。④ 确定承销方式。对承销商而言,当债券风险太大时,选择非包销发行更有利;如发行人地位稳固、债券对投资者吸引力大,则选择全额包销方式发行债券更合适。

(3)组织承销团。如果发行债券的数量较大,承销商将组成承销团。在债券发行量非常大时,参加承销团的投资银行可能多达上百家。

(4)申报发行及办理各种发行手续。在多数国家,公司发行债券都须向主管部门申请注册,未经注册不得发行债券。发行申报包括呈报债券发行申报书、印制债券认购申请书、撰写并公布债券发行公告等环节。发行申请手续一般由承销机构办理。

(5)向公众出售债券。在正式销售开始前,承销商可以与一些可能的投资者达成暂时的协定。债券的正式公开出售也称开账。同股票的发行一样,开账后,承销商接受对发行债券的预约。若承销商对市场判断完全错误,或者市场利率在债券票面利率决定后上升,则承销商可能降低债券的发行价格,并承担损失。

三、我国债券市场现状

近年来中国债券市场的发展速度很快,它在服务经济、提升融资比重、支持融资供给侧改革方面发挥了重要作用。2020年,中国债券市场共发行各类债券57.3万亿元,较2019年增加了12万亿元,同比增长26.5%。在具体券种的存量规模中,政府债券的存量规模最大;在交易市场活跃度上,银行间拆借市场的现券成交规模最大,活跃度最高。

(一)政府债券存量规模最大

2014—2020年,我国债券市场存量一直呈增长趋势。中国人民银行数据显示,2020年12月,我国债券市场存量为116.72万亿元。作为直接融资的渠道之一,债券融资规模的增长为实体经济提供更多资金支持。在这背后,是我国债券市场种类更趋齐全,结构更加合理,多个品种债券发力增长。

从我国市场存量结构来看,截至2020年12月底,我国政府债券存量规模最大,为46.09万亿元,占比39%;其次是金融债券,拥有存量41.51万亿元,占比36%;公司信用类债券存量为28.95万亿元,占比25%。另外,国际机构债券和中央银行票据仍有小部分存量,分别为1588亿元和150亿元。

(二)银行间拆借市场的现券交易活跃度最高

从我国现券交易成交量来看,2015—2020年我国债券市场现券成交量呈震荡上涨趋势,仅有2017年出现一定幅度的下滑。2020年,我国债券市场现券成交量再创5年内新高,为253万亿元,较2018年增加了35.6万亿元,增加幅度为16.4%。

从现券交易的结构来看,现券交易最活跃的是银行间拆借市场,交易量达232.8万亿元,日均成交9350.4亿元,同比增长12%。其成交量约占债券市场总交易量的90%以上。2015—2020年,我国银行间拆借市场成交量除了在2017年出现下降外,整体呈上涨趋势。2015—2020年,我国交易所债券市场现券交易量呈现连续上涨趋势。2020年,我国交易所债券市场现券成交量达20.2万亿元,日均成交830.4亿元,同比增长142.6%。

(三)我国债券行业市场发展潜力较大

近年来我国债券市场迅猛发展,债券发行和托管规模均跨入全球前列,我国已成为世界第三大债券市场,但与发达国家债券市场相比,发展潜力还比较大。我国债券市场目前主要表现为绝对规模快速扩大但相对规模尚有发展空间、市场投资者结构较为单一、流动性较低、境外投资者占比较低等特征,我国债券违约处置机制持续完善但仍有不足。

第二节　股　票

◆ **知识链接**

　　股票起源于1602年的荷兰东印度公司。大约在1600年,荷兰一个国家的商船数量就大约相当于英、法两国商船数量的总和,这表明当时荷兰的海运业是多么繁荣。

　　荷兰东印度公司是世界上第一家公开发行股票的公司,它发行了当时价值650万荷兰盾的股票,它在荷兰的6个海港城市设立了办事处,其中最重要的一个是阿姆斯特丹,在这里发行的股票数量占总数的50%以上。当时,几乎每一个荷兰人都去购买这家公司的股票,甚至包括阿姆斯特丹市市长的佣人。

股票的产生源于对财富的渴望和对风险的恐惧。当时荷兰的海上贸易把别国市场上缺少的东西运过去,再把本国市场上缺少的东西运回来,这其中的利润是十分可观的。但是,仅仅凭着一叶轻舟,要在海上航行数万千米,无论前面的利润有多么可观,那些出没无常的狂风巨浪都会给远航贸易带来无法回避的巨大风险。远航带来的超额利润是所有人都希望得到的,而获取它所必须承担的巨大风险又是所有人无法逃避的,那么,有没有一种办法既能获得足够的利润又能把风险控制在一定程度内?

于是,股份制公司、股票以及股票市场就在人们这种分散投资的需求中诞生了。

1611年,荷兰的阿姆斯特丹出现了股票交易所的雏形;1773年,在伦敦柴思胡同的乔纳森咖啡馆,股票商们正式成立了英国的第一个证券交易所,即现在伦敦证券交易所的前身;1792年,24名纽约经纪人在纽约华尔街的一棵梧桐树下订立协定,成立经纪人卡特尔,也就是现在纽约证券交易所的前身。

一、股票的概念

　　股票是股份有限公司发行的用以证明投资者的股东身份和权益,并据以获得股息和红利的一种书面凭证。股份有限公司发行股票进行融资,所筹集到的资金成为股本。公司的股本按相等金额划分为若干单位,成为股份,然后以股票的形式为股东所有。股票是金融市场上主要的长期信用工具之一,也是投资者进行投资的基本选择方式。股票具有以下五个特征。

（一）不可偿还性

股票属于权益证券，代表了投资者作为股东对公司的所有权，它反映的不是债权债务关系，而是所有权关系。因此，股票一经买入，只要股票发行公司存在，任何股票持有者都不能向股票发行公司要求退还股本。投资者可以在金融市场上出售股票，但这只是股权的转让，并不会减少公司的资本。

（二）流通性

股票可以在股票交易市场上随时转让，进行买卖，也可以继承、赠与、抵押，但不能退股。股票是一种具有较强流通性的流动资产，股票的流动性是股票的生命力。

（三）收益性

股票投资者的投资收益来自以下两个方面。一是公司派发的股息和红利。红利是投资者投资普通股的收益，是公司分派优先股股息之后，按持股比例向股东分配的剩余利润。从种类上划分，红利又可分为现金红利和股票红利。二是股票持有者可通过低买高卖赚取价差利润。

> **知识链接**
>
> 上市公司的股利以什么形式进行派发？
>
> 答：实务中，股利主要以以下几种形式进行派发。
>
> (1)派现。派现也称现金股利，指股份有限公司以现金分红方式将盈余公积和当期应付利润的部分或全部发放给股东，股东为此应缴纳所得税。
>
> (2)送股。送股也称股票股利，是指股份有限公司对原有股东采取无偿派发股票的行为。投资者获得上市公司送股时，也需缴纳所得税。
>
> (3)资本公积转增股本。资本公积是在公司的生产经营之外，由于资本、资产本身及其他原因形成的股东权益收入。资本公积转增股本是在股东权益内部，把公积金按照投资者所持有公司的股份份额比例的大小分到各个投资者的账户中，以此增加每个投资者的投入资本。资本公积转增股本同样会增加投资者持有的股份数量。实际上，它不属于利润分配行为，因此投资者无须缴纳所得税。

（四）风险性

任何一种投资都是有风险的，股票投资也不例外。股票的风险性是与股票的收益性相对应的。股票的收益往往具有较大的不确定性,它随公司的经营状况和盈利水平等而波动,公司经营状况较好,投资者获得的股息和红利一般较多;公司经营不善,投资者的收益就会减少;如果公司破产,则投资者甚至可能血本无归。股票的价格除了受制于企业的经营状况外,还受经济的、政治的、社会的乃至人为的等诸多因素的影响,处于不断变化的状态中,大起大落的现象也时有发生。因此,欲入市投资者,一定要谨慎从事。

(五)责权性

股票所有者作为公司的股东,享有对公司的剩余索取权和剩余控制权。所谓剩余索取权,就是对公司净利润的要求权。在公司经营状况良好时,公司有义务向股东分配股息和红利。若公司破产,股东将一无所得,股东应以当初投资入股的那部分资金对公司债务进行清偿,股东的个人财产不受追究,即仅负有限责任。剩余控制权是指对公司经营决策的参与权。股东有权投票决定公司的重大经营决策,如选举公司的董事会、企业并购等。股东参与公司经营决策的权利大小,取决于其所持有股份的多少。

◇ 知识链接

什么是除权、除息?

答:除权,是由于公司股本增加,每股股票所代表的企业实际价值(每股净资产)有所减少,需要在发生该事实之后从股票市场价格中剔除这部分因素,而形成的剔除行为。

除息,是由于公司股东分配红利,每股股票所代表的企业实际价值(每股净资产)有所减少,需要在发生该事实之后从股票市场价格中剔除这部分因素,而形成的剔除行为。

强制除权除息是为了保护投资者利益。因为市场上的股票很多,哪只股票何时送股、转增股本或现金分红,一般投资者可能不清楚。如果没有强行除权除息,当投资者看到股权登记日收盘价是25元,由于其不知道分红的事,可能会于次日以25元为参考价格参与集合竞价。这样,对投资者来说,利益会受到损害。

二、股票的分类

(一)按股东权利划分

按股东权利划分,股票可分为优先股和普通股。

1. 优先股

优先股是股份有限公司发行的在分配红利和剩余财产时比普通股具有优先权的股份。优先股也是一种没有期限的所有权凭证,优先股股东一般不能在中途向公司要求退股(少数可赎回的优先股例外)。

优先股的主要特征如下。

(1)优先股通常预先定明股息收益率。由于优先股股息率事先固定,所以优先股的股息一般不会根据公司经营情况而增减,而且一般也不能参与公司的分红,但优先股可以先于普通股获得股息。对公司来说,由于股息固定,优先股不影响公司的利润分配。

(2)优先股的权利范围小。优先股股东一般没有选举权和被选举权,对股份有限公司的重大经营无投票权,但在某些情况下可以享有投票权。

(3)优先股具有剩余资产分配优先权。股份有限公司在解散、破产清算时,优先股具有剩余资产分配优先权。然而,优先股的分配优先权在债权人之后,在普通股之前。只有还清公司债权人债务之后,有剩余资产时,优先股才具有分配权。只有在优先股索偿之后,普通股才参与分配。

2. 普通股

普通股是优先股的对应称呼,是股份有限公司资本构成中最重要、最基本的股份,也是风险最大的一种股份。普通股的投资收益不像优先股的股息,它不是固定的,而是随企业利润变动而变动。普通股的基本特点是投资收益(股息和分红)不是在购买时约定,而是事后根据股票发行公司的经营业绩来确定。公司的经营业绩好,普通股的收益就高;公司的经营业绩差,普通股的收益就低。

普通股的特点可概括为以下四点。

(1)持有普通股的股东有权获得股利,但必须是在公司支付了债息和优先股的股息之后才能获得。普通股的股利是不固定的,一般视公司净利润的多少而定。当公司经营有方,利润不断递增时,普通股能够比优先股多分得股利,股利率甚至可以超过50%;当公司经营不善的时候,也可能连一分钱也分不到。

(2)当公司因破产或结业而进行清算时,普通股股东有权分得公司剩余资产,但普通股股东必须在公司的债权人、优先股股东之后才能分得财产,是剩余财产最后索取人。剩余财产多时多分,少时少分,没有则只能作罢。由此可见,普通股股东与公司的命运更加息息相关。

(3)普通股股东一般都拥有发言权和表决权,即普通股股东有权就公司重大问题进行发言和投票表决。普通股股东持有一股便有一股的投票权,持有两股者便有两股的投票权。任何普通股股东都有资格参加公司最高级会议——每年一次的股东大会,但如果不愿参加,也可委托代理人来行使其投票权。

◇ **知识链接**

累积投票制是一种选举公司董事的投票制度。股东将其股份数与投票选举的董事职位数相乘得到其选票,他可将全部选票投给一位董事或在所选择的一组董事中分配。例如,一位拥有 10 股股票的股东名义上可以将其 10 张选票投给董事会 12 位提名人的每一位,这样他就拥有了 120 张选票。根据累积投票制的原则,他可以将 120(10×12)张选票全部投给一位提名人,也可以给 2 位提名人每人投 60 票,或给 3 位提名人每位投 40 票,或其他任何一种他所愿意的分配方式。在美国,部分州已将累积投票制写入公司法,并且,这一制度已在多数州得到执行。

(4)普通股股东一般具有优先认股权,即当公司增发新普通股时,现有股东有权优先(可能还以低价)购买新发行的股票。在发行新股票时,具有优先认股权的股东既可以行使其优先认股权,认购新增发的股票,也可以在认为购买新股无利可图时,听任优先认股权过期而失效。公司提供认股权时,一般规定股权登记日期,股东只有在该日期内登记并缴付股款,方能取得认股权而优先认购新股。

◇ **知识链接**

在普通股和优先股向一般投资者公开发行时,公司一般使投资者感到普通股比优先股能获得较高的股利,否则,普通股既在投资上冒风险,又不能在股利上比优先股多得,那么还有谁愿购买普通股呢?一般公司发行优先股,主要是以"保险安全"型投资者为发行对象,对于那些比较富有"冒险精神"的投资者,普通股才更具魅力。总之,发行这两种不同性质的股票,目的在于更多地吸引具有不同兴趣的投资者。

(二)按票面形态划分

按票面形态划分,股票可分为记名股票和无记名股票。

1. 记名股票

记名股票在发行时,票面上记载有股东的姓名,并记载于公司的股东名册上。

记名股票的特点是,除持有者及其正式的委托代理人或合法继承人、受赠人外,任何人都不能行使其股权。另外,记名股票不能任意转让,转让时,既要将受让人的姓名、住址分别记载于股票票面,还要在公司的股东名册上办理过户手续,否则转让不能生效。显然这种股票有安全、不怕遗失的优点,但转让手续烦琐。这种股票如需要私自转让,例如发生继承和赠与等行为时，必须在转让行为发生后立即办理过户等手续。

2. 无记名股票

无记名股票在发行时，在股票上不记载股东的姓名。其持有者可自行转让股票，任何人一旦持有便享有股东的权利，无须再通过其他方式、途径证明自己有股东资格。这种股票转让手续简便，可以通过证券市场的合法交易实现转让。

（三）按股票收益水平和风险特征划分

按股票收益水平和风险特征划分，股票可分为蓝筹股、成长股、收入股和投机股。

1. 蓝筹股

蓝筹股是指历史较长、信誉卓著、资金实力雄厚的大公司发行的股票，这类股票具有稳定的盈余记录，能定期分派较优厚的股息，是市场上的热门股票，又称绩优股。

2. 成长股

成长股是指这样一些公司所发行的股票，它们的销售额和利润额持续增长，而且其增长速度快于整个国家和本行业。虽然这种公司需要大量的留存资金来满足发展需要，股息发放较少，但是其股票极具成长潜力。

3. 收入股

收入股是指当前发放股利较多的股票，特点是稳定性较好，受股价涨跌的影响相对较小。发行收入股的公司一般是有较好盈利能力的公司。收入股留存较少，大量利润被用于股利分配，较受妇女、老人欢迎。

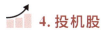 4. 投机股

投机股是指一些盈利情况极不稳定且未来收入难以确定的公司发行的股票。这类股票易被投机者操纵，价格暴涨暴跌，风险较大，适合偏好高风险的投资者。

（四）按股票投资主体划分

按股票投资主体划分，股票可分为国有股、法人股和公众股。

 **1. 国有股**

国有股是指有权代表国家投资的部门或机构以国有资产向公司投资形成的股份,包括公司现有国有资产折算成的股份。在我国企业股份制改造中,原来一些全民所有制企业改组为股份有限公司,从性质上讲,这些全民所有制企业的资产属于国家所有,因此在改组为股份有限公司时,就折成国有股。另外,国家对新组建的股份有限公司进行投资,也构成了国有股。国有股由国务院授权的部门或机构持有,或根据国务院决定,由地方人民政府授权的部门或机构持有,并委派股权代表。

国有股的资金来源主要包括三个方面:第一,现有国有企业整体改组为股份有限公司时所拥有的净资产;第二,现阶段有权代表国家投资的政府部门向新组建的股份有限公司的投资;第三,经授权代表国家投资的投资公司、资产经营公司、经济实体性总公司等机构向新组建股份有限公司的投资。

 **2. 法人股**

法人股是指企业法人或具有法人资格的事业单位和社会团体以其依法可支配的资产向股份有限公司非上市流通股权部分投资所形成的股份。法人股是法人经营自身财产的一种投资行为。法人股以法人记名。

如果是具有法人资格的国有企业、事业及其他单位以其依法占用的法人资产向独立于自己的股份有限公司出资形成或依法定程序取得的股份,则可称为国有法人股。国有法人股也属于国有股。

作为发起人的企业法人或具有法人资格的事业单位和社会团体,在认购股份时,可以用货币出资,也可以用其他形式资产,如实物、工业产权、土地使用权作价出资。

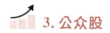 **3. 公众股**

公众股也可称为个人股,它是指社会个人或股份有限公司内部职工以个人合法财产投入公司形成的股份。社会公众股是指股份有限公司采用募集设立方式设立时向社会公众(非公司内部职工)募集的股份。在社会募集方式下,股份有限公司发行的股份,除了由发起人认购一部分外,其余部分应该向社会公众公开发行。因此,公司内部职工以外的个人认购的股份,就构成社会公众股。我国相关法律规定,社会募集公司向社会公众发行的股份,不得少于公司股份总数的25%,公司股本总额超过人民币 4 亿元的,向社会公众发行的股份的比例为 15% 以上。

(五)按上市地点划分

按上市地点划分,我国上市公司的股票可分为 A 股、B 股、H 股等。

这一划分主要依据股票的上市地点和所面对的投资者而定。

1. A 股

A 股的正式名称是人民币普通股票。它是由我国境内的公司发行,供境内机构、组织或个人(不含港、澳、台地区的投资者)以人民币认购和交易的普通股股票。

2. B 股

B 股的正式名称是人民币特种股票,它是指由境内注册和上市的公司发行的,投资者主要在外国和我国香港、澳门、台湾地区的人民币特种股票。该种类型的股票是以人民币标明面值,以外币认购和买卖,其在我国境内的上海证券交易所、深圳证券交易所上市交易。在上海证券交易所的 B 股以美元计价和交易,在深圳证券交易所的 B 股以港元计价和交易。经国务院批准,中国证监会决定自 2001 年 2 月下旬起,允许境内居民以合法持有的外汇开立 B 股账户,交易 B 股股票。

> **◇ 知识链接**
>
> B 股于 1992 年建立,2001 年 2 月 19 日前,投资者包括外国的自然人、法人和其他组织,我国香港、澳门、台湾地区的自然人、法人和其他组织,定居在国外的中国公民,中国证监会规定的其他投资人。2001 年 2 月 19 日后,B 股市场对境内投资者开放,中国内地居民如果持有外汇,也可以开设 B 股账户,投资 B 股股票。

3. H 股

H 股即注册地在我国内地,股票发行和上市地在我国香港地区的股票。因香港的英文是 Hong Kong,取其首字母,故我国公司在我国香港地区上市的股票称作 H 股。

依此类推,纽约的第一个英文字母是 N,新加坡的第一个英文字母是 S,我国公司在纽约和新加坡上市的股票就分别称作 N 股和 S 股。

三、股票的价格

(一)股票面值

在我国,法律规定股票面值都为 1 元。我国发行的每股股票的面额均为 1 元,股票的发行总额为上市的股份有限公司的总股本数。

◆ **知识链接**

什么是股票面值？

答：股票面值是指股票的票面价值，即在股票票面上标明的金额。该种股票被称为有面额股票。

股票面值有什么作用？

答：股票面值的作用主要体现在以下两个方面。

(1) 股票面值在初次发行时有一定的参考意义。如果以面值作为发行价，则称为平价发行；如果发行价格高于面值，则称为溢价发行。募集的资金中等于面值总和的部分计入资本账户，溢价发行时股份有限公司实际收到的款项超过发行股票面值总额的数额作为股本溢价列入公司资本公积。如果发行价格低于面值，则称为折价发行。我国不允许股票折价发行。

(2) 票面价值代表了每一股份占总股份的比例，在确定股东权益时具有一定的意义。

（二）股票净值

股票净值又称账面价值，也称每股净资产。由于账面价值是财务统计的结果，数据较精确且可信度较高，所以它是股票投资者评估和分析上市公司实力的重要依据之一。

（三）股票发行价

股票发行价是指股票发行后第一次卖给投资者的价格。

（四）股票市价

股票市价是指股票在二级市场交易的成交价。股票市价直接反映股票市场的行情。受众多因素的影响，股票市价每天处于变化之中。股票市价是股票市场价值的集中体现，因此这一价格又称股票行市。

（五）股票清算价格

股票清算价格是指股份有限公司破产或倒闭后进行清算时，每股股票所代表的实际价值。从理论上讲，股票的每股清算价格应与股票的账面价值相一致，但企业在破产清算时，其财产价值是以实际的销售价格来计算的。在进行财产处置时，其售价一般会低于实际价值。因此,股票清算价格会与股票净值不一致。股票清算价格只是在股份有限公司因破产或其他原因丧失法人资格而进行清算时才被作为确定股票价格的依据,在股票的发行和流通过程中没有意义。

四、股票价格指数

股票价格指数是由证券交易所或金融服务机构编制的、表明某一种股票平均价格变动的参考指标。

由于股票价格起伏不定,投资者必然面临市场价格风险。对于具体某一种股票的价格变动,投资者容易了解,而对于多种股票的价格变动,要逐一了解,既不容易,也不胜其烦。投资者有市场价格变动指标的需要,一些金融服务机构就利用自己的业务知识和熟悉市场的优势,编制出了反映市场价格变动的股票价格指数并公开发布。投资者可以此为参考指标,结合社会政治、经济发展形势,预测股票市场的未来动向。

(一)股票价格指数的计算方法

编制股票价格指数,通常以某年某月为基础,以这个基期的股票价格为100,用以与各时期的股票价格和基期价格比较,即以计算期样本股市价总值除以基期市价总值再乘上基期指数而得到股票价格指数。

股票价格指数一般有三种计算方法:简单算术股价平均数、修正股价平均数、加权股价平均数。

1. 简单算术股价平均数

简单算术股价平均数是将样本股票每日收盘价之和除以样本数得出的,即:

$$简单算术股价平均数 = (P_1 + P_2 + P_3 + \cdots + P_n)/n$$

世界上第一个股票价格平均数——道琼斯股价平均数在1928年10月1日前就是使用简单算术平均法计算的。

现假设从某一股市采样的股票为A、B、C、D四种,在某一交易日的收盘价分别为10元、16元、24元和30元,计算该股市的股价平均数。将上述数据代入公式,即得:

$$\begin{aligned}股价平均数 &= (P_1 + P_2 + P_3 + P_4)/n \\ &= (10 + 16 + 24 + 30)/4 \\ &= 20(元)\end{aligned}$$

简单算术股价平均数虽然计算较简便,但它有以下两个缺点。

一是它未考虑各种样本股票的权数,从而不能区分重要性不同的样本股票对股价平均数的不同影响。

二是当样本股票发生股票分割、增资、派发红股等情况时,股价平均数会产生断层而失去连续性,使时间序列前后的比较发生困难。例如,上述 D 股票发生以 1 股分割为 3 股时,股价势必从 30 元下调为 10 元,这时股份平均数就不是按上面计算得出的 20 元,而是(10+16+24+10)/4＝15(元)。也就是说,由于 D 股分割技术上的变化,导致股价平均数从 20 元下跌至 15 元(这还未考虑其他影响股价变动的因素),显然不符合股份平均数作为反映股价变动指标的要求。

2. 修正股价平均数

修正股价平均数的计算方法有以下两种。

一是除数修正法,又称道式修正法。这是道琼斯公司在 1928 年创造的一种计算股价平均数的方法。该法的核心是求出一个常数除数,以修正因股票分割、增资、派发红股等因素造成的股价平均数的变化,以保持股价平均数的连续性和可比性。具体做法是以新的股价总额除以旧的股价平均数,求出新的除数,再以报告期的股价总额除以新除数,从而得出修正股价平均数。即:

$$新除数 = 变动后的新股价总额 / 旧的股价平均数$$

$$修正股价平均数 = 报告期的股价总额 / 新除数$$

前面的例子中除数是 4,经调整后的新除数应为:

$$新除数 = (10+16+24+10)/20 = 3$$

将新除数代入公式中,可得:

$$修正股价平均数 = (10+16+24+10)/3 = 20(元)$$

得出的平均数与未分割时计算的一样,股价水平不会因股票分割而变动。

二是股价修正法。股价修正法就是将股票因分割等变动后的股价还原为变动前的股价,使股价平均数不会因此变动。《纽约时报》编制的 500 种股价平均数就是采用股价修正法算出的。

3. 加权股价平均数

加权股价平均数是根据各种样本股票的相对重要性进行加权平均计算出的股价平均数,其权数可以是成交股数、股票总市值、股票发行量等。

以基期成交股数(或发行量)为权数的指数称为拉斯拜尔指数;以报告期成交股数(或发行量)为权数的指数称为派许指数。目前,世界上大多数股票指数都是派许指数。

（二）世界著名的股票指数

1. 道琼斯股票指数

道琼斯股票指数是世界上历史最为悠久的股票指数。最初的道琼斯股票指数是根据 11 种具有代表性的铁路公司的股票，采用算术平均法编制而成。其计算公式为：

股票价格平均数 ＝ 入选股票的价格之和／入选股票的数量

2. 纽约证券交易所股票价格指数

纽约证券交易所股票价格指数，是由纽约证券交易所编制的股票价格指数。它起初是普通股股票价格指数，后来改为混合指数。其计算方法是将纽约证券交易所的股票按价格高低分开排列，分别计算工业股票、金融业股票、公用事业股票、运输业股票的价格指数。

3. 纳斯达克股票价格指数

纳斯达克股票价格指数是以公司市值（最新的股票卖价×发行的股票股数）占整个市场总体市值的比重为加权数来汇总计算的。这就意味着每个公司的股票都以其在整个市场中所占市值比重的大小为权数来影响股指的走向。

纳斯达克股票价格指数的计算公式为：

纳斯达克股票价格指数 ＝（最新整个市场市值／基期调整的市场市值基数）× 纳斯达克股票价格指数基数

4. 日经道琼斯股票价格指数

日经道琼斯股票价格指数是由日本经济新闻社编制并公布的反映日本股票市场价格变动的股票价格平均数。该指数从 1950 年 9 月开始编制。最初根据东京证券交易所第一市场上市的 225 家公司的股票算出修正平均股价。按计算对象的采样数目不同，该指数分为两种：一种是日经 225 种平均股价；另一种是日经 500 种平均股价。

5.《金融时报》股票价格指数

《金融时报》股票价格指数，是由英国《金融时报》公布的。该指数包括三类股价指数：① 30 种股票的指数；② 100 种股票的指数；③ 500 种股票的指数。通常所说的《金融时报》股票指数是指第一种指数，由 30 种有代表性的工业和商业股票组成。它以 1935 年 7 月 1 日作为基期,其基点为100点。在交易所营业时,每小时计算一次,下午5时再计算一次收盘指数。该股票价格指数以能够及时显示伦敦股票市场动态而闻名于世。

 6. 香港恒生指数

香港恒生指数是香港股票市场上历史较久、影响较大的股票价格指数,由香港恒生银行于1969年11月24日开始发布。香港恒生指数包括从香港500多家上市公司中挑选出来的33家有代表性且经济实力雄厚的大公司股票作为成分股,分为四大类——4种金融业股票、6种公用事业股票、9种地产业股票和14种其他工商业(包括航空业和酒店业)股票。这些股票约占香港股票市值的63.8%。香港恒生指数涉及香港的各个行业,具有较强的代表性。香港恒生指数的编制是以1964年7月31日为基期,基点确定为100点。其计算公式为:

香港恒生指数=(计算日股票总市值/基期股票总市值)×100

(三)我国主要的股票指数

 1. 上证综合指数

上证综合指数是上海证券交易所股票价格综合指数的简称,由上海证券交易所编制,该指数的前身为上海静安指数,是由中国工商银行上海市分行信托投资公司静安证券业务部于1987年11月22日开始编制的,于1990年12月19日正式开始发布。该股票指数的样本为所有在上海证券交易所挂牌上市的股票,其中新上市的股票在挂牌的第二天纳入股票指数的计算范围。该股票指数的权数为上市公司的总股本,所以总股本较大的股票对股票指数的影响较大。其计算公式为:

上证综合指数=(当日股票市价总值/基日股票市价总值)×100

上证综合指数的发布几乎与股票行情的变化同步,它是我国股民和证券从业人员研判股票价格变化趋势必不可少的参考依据。

◇ 知识链接

为什么10多年过去了,大盘还是3000多点?

每当A股表现不力的时候,股民们经常会喊出那句:"A股永远3000点,永远热泪盈眶。"我们通常以大盘,也就是上证综合指数,来代表A股的表现。上证综合指数是A股最早发布的指数,由在上海证券交易所(简称"上交所")上市的、符合条件的股票与存托凭证组成样本,反映上交所上市公司的整体表现。除掉两段大牛市,十多年以前,大盘就到了3000点。但这么多年过去了,大盘依然在3000多点徘徊。而美股的纳斯达克和标普500,却是节节升高。这难道真的是A股不争气吗？其实不是，究其根本，还是与上证综合指数的编制方式、选股范围等原因有关。

（1）传统行业拖累上证综合指数表现。上证综合指数采用的是全市值加权计算方式，市值越大的企业，对指数的影响越大。金融行业占比最高，其次是石油石化。金融股近年来业绩增速缓慢，长期是盘整小涨，比如工商银行；石油石化是周期股，要承担社会责任，长期也容易盘整，比如中国石油，有近10年的时间是横盘状态。也就是说，十多年来，虽然中国经济高速发展，但金融、石油石化这些权重偏大的行业，并没有为上证综合指数做出积极的贡献，上证综合指数涨不起来也就不足为怪了。

（2）次新股拖后腿。在2014年IPO重启后，绝大多数新股的发行价被设置了23倍市盈率的"价格上限"。这个政策的初衷是让所有打到新股的投资者都赚到钱，利于新股发行大局。但是旧的上证综合指数编制规则里有一条是：新股于上市第十一个交易日开始计入上证综合指数。发行价人为设置天花板以后，中签上市之后往往会连续涨停，甚至会涨到令人瞠目结舌的价格。但是好景不长，随着新股"变老"，原始股股东限售股接近解禁，资金会抛弃它们，转而追求更年轻的新股，老一点的次新股往往会经历漫长的向下价值回归之路。而当这些次新股计入上证综合指数时，股价已经开始回落，对指数的贡献是负的。

（3）上证综合指数含有风险警示股。一只股票之所以成为ST股，是因为出现了重大经营风险或者违法违规行为，从质地上讲更加倾向于"垃圾股"。ST股的价格波动与企业经营创造的内在价值关系较小，而更加体现为"壳价值"。2017年之前，我国的新股发行保持了较慢的节奏，上市门槛较高、上市资源稀缺，因此"壳价值"升值，ST股表现出色，不乏各种投资者"一夜暴富"的故事。2017年之后到2020年，新股发行速度加快，注册制稳步推进，退市数量大幅增加，"壳价值"和ST股价格也一路走低，连跌4年。而这些ST和*ST股依然躺在指数里，对指数没有正向贡献。所以大盘十年不涨是有原因的，并不代表中国股市十年不涨。

针对上述缺陷，2020年7月，上海证券交易所和中证指数有限公司修订了上证综合指数的编制方案。

修订一：上海证券交易所上市的红筹企业发行的存托凭证、科创板上市证券将依据修订后的编制方案计入上证综合指数。在制度成熟后，上证综合指数将这些科技、消费、互联网股票纳入成分股，会改善目前金融股、周期股占比过高的局面，对我国的优质资产会有更强的代表性，对长期年化收益率也会有提升作用。

修订二：日均总市值排名在沪市前10位的新上市证券，于上市满三个月后计入指数，其他新上市证券于上市满一年后计入指数。这个规则让绝大多数次新股先"退个烧""凉一凉"，冷静1年后再纳入上证综合指数，对指数有提振作用。

修订三：指数样本被实施风险警示的，从被实施风险警示次月的第二个星期五的下一交易日起将其从指数样本中剔除。被撤销风险警示的证券，从被撤销风险警示次月的第二个星期五的下一交易日起将其计入指数。修订后，风险警示股（ST和*ST股）对上证综合指数的影响也会大幅减少。

除上述缺陷外,上证综合指数的另外一个问题是,只代表上交所企业的整体表现。而深交所主板、中小板、创业板等市场,不在统计范围内。换言之,上证综合指数虽然是衡量 A 股的一个指标,但已经不能完全代表 A 股的表现了。如果要更客观地评价 A 股,或许可以通过万得全 A 指数或者沪深 300 指数。

总体来说,因为指数编制、行业权重等问题,上证综合指数确实存在十年不涨的问题。但对于整个 A 股而言,过去十多年,很多优质个股已经涨了很多倍,回报非常不错。

相信在指数编制规则的不断修正、A 股结构不断调整下,未来上证综合指数的表现应该会脱离这个魔咒,走出更健康的走势。正如经济学家高善文所说:在未来 10 年,A 股为投资者创造回报的能力将比过去 10 年大幅上升。

(资料来源:腾讯网,2021 年 12 月 13 日)

2. 深证综合指数

深证综合指数是由深圳证券交易所编制的股票指数,以 1991 年 4 月 3 日为基期。深证综合指数的计算方法基本与上证综合指数相同,其样本为所有在深圳证券交易所挂牌上市的股票,权数为股票的总股本。由于以所有挂牌的上市公司为样本,其代表性比较广泛,且与深圳股市的行情同步发布,是股民和证券从业人员研判股票价格变化趋势必不可少的参考依据。前些年,深圳证券交易所的股票交易不如上海证券交易所那么活跃,深圳证券交易所已改变了股票指数的编制方法,采用成分股指数,其中只有 40 只股票入选并于 1995 年 5 月开始发布。现在,深圳证券交易所并存着两种股票指数:一种是深证综合指数;另一种是成分股指数。从近年来的运行态势看,两种指数间的区别并不是特别明显。

3. 创业板指数

创业板指数,就是以 2010 年 6 月 1 日为一个基准点,按照创业板所有股票的流通市值,分别计算当天的股价,再加权平均,与开板之日的基准点比较。该指数的编制参照深证成分股指数和深证 100 指数的编制方法和国际惯例(包括全收益指数和纯价格指数),全面地反映创业板市场情况,向投资者提供更多可交易的指数产品和金融衍生工具的标的物,推进指数基金产品的发展并丰富证券市场产品品种。其计算方法如下。

首先,指数选样以样本股的"流通市值市场占比"和"成交金额市场占比"两个指标为主要依据,体现深圳股市流通市值比例高、成交活跃等特点。

其次,指数计算以样本股的"自由流通股本"的"精确值"为权数,消除了因股份结构而产生的杠杆效应,使指数表现更灵敏、准确、真实。

最后,指数样本股调整每季度进行一次,以反映创业板市场快速成长的特点。

4. 科创板指数

科创板指数是指科创 50 指数,代码为 000688,启用日期为 2020 年 7 月 23 日,指数基点为 1000 点,成分股数量 50 只。科创板指数由上海证券交易所科创板中市值较大、流动性较好的 50 只股票组成,反映最具市场代表性的一批科创企业的整体表现。科创板指数行业权重分布主要集中在信息技术、工业、医药卫生、电信业务、原材料、可选消费行业,其中信息技术占比 54.24%,工业占比 20.08%,医药卫生占比 12.27%。

科创板指数十大权重股分布是中芯国际(688981)、金山办公(688111)、中微公司(688012)、传音控股(688036)、容百科技(688005)、澜起科技(688008)、天奈科技(688116)、嘉元科技(688388)、晶晨股份(688099)、天合光能(688599)。科创板指数的成分股并不会一直不变,上交所会根据具体情况每个季度调整一次股票样本。如果想参与科创板指数交易,可以关注一下科创 50ETF 基金。科创板指数是目前市场上唯一表征科创板整体走势的指数,科创板 50ETF 紧密跟踪该指数,能够较好地反映科创板的总体表现,具有稀缺性和代表性。

科创板是中国最早实施注册制改革的证券市场,随后注册制铺开到创业板,再扩展到北交所。

第三节 证券投资基金

一、证券投资基金的概念与特征

(一)证券投资基金的概念

证券投资基金是一种利益共享、风险共担的集合投资方式,即通过发行基金券,集中投资者的资金,交由专家管理,以资产保值增值等为根本目的,根据投资组合的原理,从事股票、债券等金融工具投资,投资者按投资比例分享收益并承担风险的一种间接投资方式。

在不同的国家,投资基金的称谓有所区别,英国称之为"单位信托投资基金",美国称之为"共同基金",日本称之为"证券投资信托基金"。这些不同的称谓在内涵和运作上无太大区别。投资基金在西方国家早已成为一种重要的融资、投资手段,并在当代得到了进一步发展。20 世纪 60 年代以来,一些发展中国家积极效仿,愈来愈运用投资基金这一形式吸收国内外资金,促进本国经济的发展。在我国,随着金融市场的发展,在20世纪80年代末出现了投资基金,并于90年代以后得到了较快发展,这不仅支持了我国经济建设和改革开放事业,而且为广大投资者提供了一种新的金融投资选择,活跃了金融市场,丰富了金融市场的内容,促进了金融市场的发展和完善。

◆ 知识链接

证券投资基金的起源与发展

证券投资基金作为社会化的理财工具,起源于英国。1868年,当时的英国经过第一次产业革命之后,工商业发展速度快,殖民地和贸易遍及世界各地,社会和个人财富迅速增长。由于国内资金积累过多,投资成本日渐升高,于是,许多商人便将私人财产和资金纷纷转移到劳动力价格低廉的海外市场进行投资,以谋求资本的最大增值。但由于投资者缺乏国际投资知识,对海外的投资环境缺乏应有的了解,加上地域限制和语言不通,无力自行管理。在经历了投资失败、被欺诈等惨痛教训之后,人们便萌发了集合众多投资者的资金,委托专人经营和管理的想法,并得到了英国政府的支持。

1868年,英国成立的海外及殖民地政府信托基金在《泰晤士报》刊登招股说明书,公开向社会个人发售认股凭证,这是公认的设立最早的投资基金。该基金以分散投资于国外殖民地的公司债为主。其投资地区,远及南北美洲、中东、东南亚及意大利、葡萄牙、西班牙等国,投资总额48万英镑。该基金与股票类似,不能退股,亦不能将基金兑现,认购者的权益仅限于分红和派息两项。因为其在许多方面为现代基金的产生奠定了基础,金融史学家将其视为证券投资基金的雏形。

另一位投资信托的先驱是苏格兰人富来明,1873年,富来明创立了苏格兰美国投资信托,开始计划代替中小投资者办理新大陆的铁路投资。1879年,英国股份有限公司法公布,投资基金脱离了原来的契约形态,发展成为股份有限公司的组织形式。证券投资基金的初创阶段,主要投资于海外实业和债券,在类型上主要是封闭式基金。

证券投资基金起源于英国,却盛行于美国。第一次世界大战后,美国取代英国成为世界经济的新霸主,一跃从资本输入国变为主要的资本输出国。随着美国经济的大幅增长,日益复杂化的经济活动使得一些投资者越来越难以判断经济动向。为了有效促进国外贸易和对外投资,美国开始引入投资信托基金制度。

1921年至20世纪70年代是证券投资基金的发展阶段。1921年4月,美国设立了第一家证券投资基金组织——"美国国际证券信托基金",标志着证券投资基金发展中的"英国时代"结束而"美国时代"开始。1924年3月21日,"马萨诸塞投资信托基金"设立,意味着美国式证券投资基金的真正起步。这一基金也是世界上第一个公司型开放式投资基金。在此后的几年中,基金在美国经历了第一个辉煌时期。到20世纪20年代末,所有的封闭式基金总资产已达28亿美元,开放型基金的总资产只有1.4亿美元,但后者无论在数量上还是资产总值上的增长率都高于封闭型基金。20世纪20年代每年的资产总值都有20%以上的增长,1927年的成长率更超过100%。

(资料来源:多智教育,2010年3月)

(二)证券投资基金的特征

证券投资基金作为一种现代化的投资工具,其特征如下。

1. 集合理财,专业管理

基金将众多投资者的资金集中起来,委托基金管理人进行共同投资,有利于发挥资金的规模优势,降低投资成本。此外,基金管理公司配备的投资专家一般都具有较好的投资理论功底,较丰富的投资经验及技巧,能取得较好的投资收益。

2. 组合投资,分散风险

证券投资基金在法律规定的投资范围内进行科学的组合,分散投资于多种证券,通过投资组合,能有效分散并降低投资风险。

3. 资本金小,费用较低

证券投资基金是一种集合投资的方式,其最低投资额往往很低,投资者只需提供较少的资本金就可以达到分散投资的目的。证券投资基金的投资费用在众多投资者之间分摊,降低了投资成本;此外,根据国际市场惯例,基金管理公司收取的管理费一般为基金资产净值的1%~2.5%,而投资者购买基金需缴纳的费用通常是认购总额的0.25%,低于购买股票的费用。

4. 严格监管,信息透明

为切实保护投资者的利益,增强投资者对基金投资的信心,中国证监会对基金业实行比较严格的监管,对各种有损投资者利益的行为进行严厉的打击,并强制基金进行较为充分的信息披露。

5. 独立托管,保障安全

为了保证基金资产的安全,基金管理人员只负责基金的投资操作,为投资者提供买卖与咨询服务,下达投资决策指令。基金资产的保管工作则由基金托管人执行,基金托管公司依据基金管理公司的指示保管和处分基金资产,即使基金管理公司或托管公司倒闭,它们的债权方也不能动用基金资产。这种管理和保管分离的原则极大地保障了广大投资者的利益。

6. 方便投资,流动性强

证券投资基金的最低投资额起点较低,能满足广大中小投资者的投资需求,其买卖程序也十分简便,使得投资者收回投资时非常便利。

二、证券投资基金当事人

(一)投资者、基金管理人及基金托管人

(1)投资者,即基金份额持有人。投资者依照自己所持基金份额来按比例分享基金财产及其收益。

(2)基金管理人,即经中国证监会批准设立的基金管理公司。基金管理人依照法律法规负责组织基金的募集、运营管理、信息披露、赎回或清算等活动。基金管理人最大的作用在于聘用基金经理来管理基金资产。

(3)基金托管人,即取得托管资格的商业银行。基金托管人的主要功能在于保管基金资产,并以基金的名义开立用于投资的证券买卖交易账户和用于资金清算的资金账户。

除了以上三方当事人以外,还有同基金投资者利益直接相关的第四方,即协助基金管理公司向投资者发售基金份额的银行、证券商、投资咨询公司等基金销售人。

(二)证券投资基金当事人之间的关系

在证券投资基金当事人中,基金管理人与基金托管人互相制约,两者互相制约的前提是基金托管人与基金管理人必须严格分开,由不具有任何关联的不同机构或公司担任,两者在财务、人事、法律地位上应该完全独立。当基金托管人发现基金管理人的投资指令违反法律、行政法规和其他有关规定,或者违反基金合同约定,应当拒绝执行,立即通知基金管理人,并及时向国务院证券监督管理机构报告。

基金托管人职责终止的,应当妥善保管基金财产和基金托管业务资料,及时办理基金财产和基金托管业务的移交手续,新基金托管人或者临时基金托管人应当及时接收。基金份额持有人大会应当在6个月内选出新的基金托管人;新基金托管人产生前,由国务院证券监督管理机构指定临时基金托管人。基金三方当事人之间的关系如表2-2所示。

表 2-2 基金三方当事人之间的关系

项目	投资者	基金管理人	基金托管人
身份	基金的实际所有者	专业经营机构,本身不实际接触和拥有基金资产	保管基金资产,依据管理人指令处置基金资产,监督管理人投资运作的合规性
基金管理人	所有者与经营者关系	—	经营与监管关系
基金托管人	委托与受托关系	经营与监管关系	—

三、证券投资基金的分类

（一）按投资基金组织形式划分

按投资基金组织形式划分,证券投资基金可分为公司型基金和契约型基金。

 1. 公司型基金

公司型基金是指依公司法成立,通过发行基金股份集中资金投资进行证券投资的基金。公司型基金本身就是一家投资型的以投资营利为目的的股份有限公司。基金公司以发行股份的方式募集资金,投资者购买基金公司的股份,成为基金公司的股东,凭其持有的股份依法享有投资收益。基金公司要设立董事会,重大事项由董事会讨论决定。

基金公司的设立程序类似于一般股份有限公司,基金公司本身依法注册为法人,不同于一般股份有限公司的是,基金公司委托专业的财务顾问或管理公司来进行经营与管理。基金公司的组织结构与一般股份有限公司类似,设有董事会和股东大会,基金资产归基金司所有,投资者是基金公司的股东,承担风险并通过股东大会行使权利。

 2. 契约型基金

契约型基金是基于契约原理而组织起来的代理投资行为,没有基金章程,也没有董事会,由基金管理人、基金托管人和基金投资者三方订立信托契约,通过信托契约来规范三方当事人的行为。在契约型基金中,基金管理人设立基金,负责基金的管理操作;基金托管人负责基金资产的保管和处置;投资成果由投资人分享。

契约型基金起源于英国,后在新加坡、印度尼西亚等国家和地区十分流行。英国、日本等地的单位信托基金即为契约型基金。

3. 契约型基金与公司型基金的区别

契约型基金与公司型基金的区别如表2-3所示。

表2-3 契约型基金与公司型基金的区别

区别方面	契约型基金	公司型基金
管理体系	没有章程和董事会,有持有人大会	有董事会和股东大会
资金性质	信托资产	公司法人的资本
投资者地位	契约当事人之一,受益人	基金公司的股东,通过股东大会行使权利
基金营运依据	基金契约	基金公司章程
经营与管理	由基金管理人管理	委托财务顾问或管理公司管理

（二）按能否赎回划分

按能否赎回划分,证券投资基金可分为封闭式基金和开放式基金。

1. 封闭式基金

封闭式基金是指资本总额及发行份数在设立基金时就已经限定,基金在发行期满后就封闭起来,不再追加发行新的基金单位或股份的投资基金。尽管在封闭的期限内不允许投资者要求退回资金,但是基金可以在市场上流通,投资者可以通过市场交易套现。

封闭式基金的存续期,即基金从成立起至终止之间的时间,它是有期限的。一般封闭式基金的存续期为10～15年。封闭式基金到期后,通过召开基金持有人大会,来决定该基金的未来。当然,在现实中,封闭式基金期限届满一般都会"封"转"开",即封闭式基金转为开放式基金。

如果基金在运行过程中,因为某些特殊情况,使得基金的运作无法进行,报经主管部门批准,可以提前终止。提前终止的一般情况有：

(1)国家法律和政策的改变使得该基金的继续存在为非法或者不适宜；
(2)管理人因故退任或被撤换,无新的管理人承继的；
(3)托管人因故退任或被撤换,无新的托管人承继的；
(4)基金持有人大会上通过提前终止基金的决议。

2. 开放式基金

开放式基金指基金发行总额不固定,而可以随时根据市场供求状况发行新份额或被投资人赎回的投资基金。为了应付投资者中途抽回资金,实现变现的要求,开放式基金一般都从所筹资金中拨出一定比例,以现金形式保持这部分资产。

开放式基金的规模是不受限制的,其规模的大小取决于该基金业绩的好坏。基金业绩好会引发投资者的认购,基金公司追发更多的基金份额,募集更多的资金,基金规模不断扩张;反之,基金业绩不好会引发投资者的抛售,基金份额遭到赎回,基金份额减少,基金规模不断缩小。开放式基金的交易价格以基金份额净资产值为参考,其在二级市场和柜台都可以交易。

3. 封闭式基金与开放式基金的比较

封闭式基金与开放式基金的比较如表 2-4 所示。

表 2-4 封闭式基金与开放式基金的比较

项目	封闭式基金	开放式基金
期限	通常有固定的期限(一般为 10 年或 15 年)	没有固定期限,投资者可随时赎回基金
发行规模	事先确定基金规模,非经法律程序不能增发	没有发行规模限制,基金规模随投资者认购或赎回而变化
交易方式	通过中介机构认购和买卖	通常不上市交易,可随时向基金管理人认购或赎回(多为 3 个月后)
交易价格	受市场供求因素影响大	以基金单位净资产值为基础,不直接受市场供求影响
投资策略	可进行长期投资,计划性强	有相对较好的流动性,能满足投资者赎回的需要

(三)按投资标的划分

按投资标的划分,证券投资基金可分为股票基金、债券基金、货币市场基金、指数基金、混合基金。

1. 股票基金

股票基金是以股票为主要投资对象的基金。股票基金在各类基金中历史最为悠久,也是各国广泛采用的一种基金类型。股票基金的投资目标侧重于追求资本利得和长期资本增值。基金管理人拟定投资组合,将资金投放到一个或几个国家,甚至全球的股票市场,以达到分散投资、降低风险的目的。

投资者之所以钟爱股票基金,主要原因在于可以有不同的风险类型供选择,而且可以克服股票市场普遍存在的区域性投资限制的弱点。此外,还具有变现性强、流动性强等优点。

由于聚集了巨额资金,几只甚至一只基金就可以引发股市动荡,所以各国政府对股票基金的监管都十分严格,不同程度地规定了基金购买某一家上市公司的股票总额不得超过基金资产净值的一定比例,防止基金过度投机和操纵股市。

2. 债券基金

债券基金是一种以债券为主要投资对象的证券投资基金。由于债券的年利率固定,因而这类基金的风险较低,适合稳健型投资者。通常债券基金收益会受货币市场利率的影响,当市场利率下调时,其收益会上升;反之,其收益会下降。除此以外,汇率也会影响基金的收益,管理人在购买非本国货币的债券时,往往还在外汇市场上做套期保值。根据中国证监会对基金的分类指标,80%以上的基金资产投资于债券的为债券基金。

3. 货币市场基金

货币市场基金是以货币市场为投资对象的一种基金,其投资期限在一年内,包括银行短期存款、国库券、公司债券、银行承兑票据及商业票据等。通常,货币市场基金的收益会随市场利率的下跌而降低,与债券基金正好相反。货币市场基金通常被认为是无风险或低风险的投资。根据中国证监会对基金的分类标准,仅投资于货币市场的为货币市场基金。

4. 指数基金

指数基金是20世纪70年代以来出现的新的基金品种。为了使投资者能获取与市场平均收益相接近的投资回报,产生了一种功能上近似或等于所编制的某种证券市场价格指数的基金。其特点是:其投资组合等同于证券市场价格指数的权数比例,收益随着当期的价格指数上下波动。当价格指数上升时基金收益增加,反之则基金收益减少。指数基金因始终保持当期的市场平均收益水平,因而收益不会太高,也不会太低。指数基金一般选取特定的指数作为跟踪对象,因为其不主动寻求取得超越市场的表现,而是试图复制指数的表现,因此又被称为被动型基金。

指数基金的优势如下。第一,费用低廉。指数基金的管理费较低,尤其交易费用较低。第二,风险较小。指数基金的投资非常分散,可以完全消除投资组合的非系统风险,而且可以避免由于基金持股集中带来的流动性风险。第三,以机构投资者为主的市场中,指数基金可获得市场平均收益率,可以为股票投资者提供更好的投资回报。第四,指数基金可以作为避险套利的工具。对于投资者尤其是机构投资者来说,指数基金是他们避险套利的重要工具。指数基金由于收益率的稳定性和投资的分散性,特别适用于社保基金等数额较大、风险承受能力较低的基金。

5. 混合基金

混合基金同时以股票、债券等为投资对象,以期通过在不同资产类别上的投资,实现收益与风险之间的平衡。

(四)按投资目标划分

按投资目标划分,证券投资基金可分为成长型基金、收入型基金、平衡型基金。

 1. 成长型基金

成长型基金是基金中较常见的一种,它追求的是基金资产的长期增值。为了达到这一目标,基金管理人通常将基金资产投资于信誉度较高、有长期成长前景或长期盈余的所谓成长公司的股票。成长型基金又可分为稳健成长型基金和积极成长型基金。成长型基金以追求资产增值为基本目标,较少考虑当期收入,主要以具有良好增长潜力的股票为投资对象。

 2. 收入型基金

收入型基金主要投资于可带来现金收入的有价证券,以获取当期的最大收入为目的。收入型基金资产成长的潜力较小,损失本金的风险相对较低,一般可分为固定收入型基金和股票收入型基金。固定收入型基金的主要投资对象是债券和优先股,因而尽管收益率较高,但长期成长的潜力很小,而且当市场利率波动时,基金净值容易受到影响。股票收入型基金的成长潜力比较大,但易受股市波动的影响。收入型基金是以追求稳定的经常性收入为基本目标的基金,主要以大盘蓝筹股、公司债券、政府债券等稳定收益证券为投资对象。

 3. 平衡型基金

平衡型基金将资产分别投资于两种不同特性的证券上,并在以取得收入为目的的债券与优先股及以资本增值为目的的普通股之间进行平衡。这种基金一般将25%~50%的资产投资于债券及优先股,将其余资产投资于普通股。平衡型基金的主要目的是从其投资组合的债券中得到适当的利息收益,同时可获得普通股的升值收益。投资者既可获得当期收入,又可得到资金的长期增值,通常是把资金分散投资于股票和债券。平衡型基金的特点是风险比较低,缺点是成长的潜力不大。平衡型基金是既注重资本增值又注重当期收入的基金。

（五）按发行的公开程度划分

按发行的公开程度划分，证券投资基金可分为公募基金和私募基金。

1. 公募基金

公募基金是受政府主管部门监管的，向不特定投资者公开发行受益凭证的证券投资基金。公募基金在法律的严格监管下，有着信息披露、利润分配、运行限制等行业规范。

2. 私募基金

私募基金是指通过非公开方式向少数特定投资者募集资金并成立、运作的投资基金，具有监管相对宽松、投资策略灵活、信息披露要求较低、高风险和高收益等特点。但在2008年金融危机之后，各国的金融监管改革方案中对私募基金（PE）的监管趋于严格，提出了一些新的思路和法案，如鼓励 PE 注册，对 PE 注册的关注从客户数量转移到管理的资产规模，并拟在托管人、信息披露等方面加强监管。

> **◇ 知识链接**
>
> 近年来，中国私募基金行业迎来了前所未有的黄金发展期。数据显示，截至2010年底，我国私募基金管理公司共242家，资产管理总规模超过2000亿元，同比增长150%。自2020年以来，国内私募基金行业迎来蓬勃发展。截至2021年7月底，私募基金管理规模增长至18.98亿元，是2015年底的3.77倍。管理人数量自2018年以来趋于稳定，截至2021年7月底，私募基金管理人数量2.43万家。在管理人数量方面，自2015年底以来，股权及创投私募基金管理人数量增长最快，管理人数量增长至2021年7月底的14886家，数量占比高达61.2%，为私募基金管理人数量最多的领域。其次为证券私募基金管理人，管理人数量从2015年的10965家下降至2021年7月的8863家，可见证券私募基金管理人之间竞争之大，同时也反映了我国证券市场创收之难。私募基金规模方面，其中同样以股权及创投私募基金管理规模最大，管理规模于2021年7月底达到12.59万亿元，超过2015年底的4倍。证券私募基金管理规模下降至28.7%，管理规模是2015年的3倍。

（六）按基金资本来源和投资区域划分

按基金资本来源和投资区域划分，证券投资基金可分为国内基金、国际基金、离岸基金和海外基金。

1. 国内基金

国内基金是指资金来源于国内并投资于国内金融市场的证券投资基金。一般而言,国内基金在一国基金市场上应占主导地位。

2. 国际基金

国际基金是指资金来源于国内但投资于国际金融市场的证券投资基金。通过国际基金的跨国投资,可以为本国资本带来更多的投资机会以及在更大范围内分散投资风险,但国际基金的投资成本和费用一般也较高。

3. 离岸基金

离岸基金是指一国的证券基金组织在他国发行证券基金份额,并将募集的资金投资于本国或第三国证券市场的证券投资基金。离岸基金的资产注册登记不在母国,为了吸引全球投资者的资金,离岸基金一般都在便于避税的地方注册,如卢森堡、开曼群岛、百慕大等,因为这些国家和地区对个人投资的资本利得、利息和股息收入都不收税。

4. 海外基金

海外基金是指资金从国外筹集并投资于国内金融市场的基金。利用海外基金,通过发行受益凭证,把筹集到的资金交由指定的投资机构集中投资于特定国家的股票和债券,把所得收益作为再投资或作为红利分配给投资者,其所发行的受益凭证则在国际知名的证券市场挂牌上市。

(七)特殊类型的基金

除以上各类划分方法外,还有特殊类型的基金,如交易型开放式指数基金、上市开放式基金、基金中的基金等。

1. 交易型开放式指数基金

交易型开放式指数基金,通常又称交易所交易基金(ETF),是在交易所上市交易的、基金份额可变的开放式指数基金。一般地,ETF 采用被动式投资策略跟踪某一标的市场指数,因此具有指数基金的特点。ETF 综合了封闭式基金与开放式基金的优点,投资者既可以在交易所买卖 ETF,又可以申购、赎回,不过申购赎回是以一篮子股票换取基金份额,或者以基金份额换回一篮子股票。由于同时存在二级市场交易和申购赎回机制，投资者可以在 ETF 二级市场交易价格与基金单位净值之间存在差价时进行套利交易。

> ◇ **知识链接**
>
> 世界上第一只 ETF 是 1993 年在美国上市的 SPDR，是由美国证券交易所的子公司 PDR Services LLC 和标准普尔存托凭证信托，以单位投资信托的形式发行的一个基于 S&P500 指数的 ETF。SPDR 上市之后，迅速赢得了市场的追捧，并使 ETF 在欧美得到蓬勃发展。继此之后，又逐渐出现了一些新的 ETF，如 OPALS、MidCap SPDRs、WEBS、Diamond、Select Sector SPDRs、QQQ、iShares 等。

2. 上市开放式基金

上市开放式基金（LOF）是一种既可以在场外市场进行基金份额申购赎回，又可以在交易所进行基金份额交易的开放式基金，它是我国对证券投资基金的一种本土化创新。

3. 基金中的基金

基金中的基金（FOF）是一种专门投资于其他证券投资基金的基金，其投资组合由各种各样的基金组成，是结合基金产品创新和销售渠道创新的基金新品种。FOF 通过对基金的组合投资，大幅度降低了证券投资基金的风险。其优势在于收益较高并有补偿机制，但投资成本较高。

四、证券投资基金的费用与收益

（一）证券投资基金的费用

封闭式基金是在深、沪证券交易所挂牌上市交易的基金，投资者只要到各个证券公司的证券营业部就可以进行买卖。买卖过程与股票买卖一样，只是买卖基金的手续费较低，买入和卖出一般只用缴纳 0.25% 的交易佣金，无须支付印花税。

开放式基金的费用由直接费用和间接费用两部分组成。直接费用包括交易时产生的认购费、申购费和赎回费，这部分费用由投资者直接承担。间接费用是从基金净值中扣除的法律法规及基金契约所规定的费用，包括管理费、托管费和运作费等其他费用。

1. 直接费用

(1)认购费。认购费指投资者在基金发行募集期间购买基金时所缴纳的手续费。其计算公式为：

$$认购费用 = 认购金额 \times 认购费率$$
$$净认购金额 = 认购金额 - 认购费用$$

认购费率通常在1.2%左右，并随认购金额的大小有相应的减让。

(2)申购费。申购费是指投资者在基金存续期间向基金管理人购买基金时所支付的手续费。其计算公式为：

$$申购费用 = 申购金额 \times 申购费率$$
$$净认购金额 = 申购金额 - 申购费用$$

(3)赎回费。赎回费是指在开放式基金的存续期间，已持有基金的投资者向基金管理人卖出基金时所支付的手续费。赎回费设计的目的主要是对其他基金持有人安排一种补偿机制，通常赎回费计入基金资产。

2. 间接费用

(1)基金管理费。基金管理费是指支付给实际运用基金资产、为基金提供专业化服务的基金管理人的费用，也就是管理人为管理和操作基金而收取的报酬。基金管理费逐日计提，月底由基金托管人从基金资产中一次性支付给基金管理人。

(2)基金托管费。基金托管费是指基金托管人为基金提供服务而向基金收取的费用，比如银行为保管、处置基金信托资产而提取的费用。托管费通常按照基金资产净值的一定比例提取，目前其费率通常为0.25%，逐日累计计提，按月支付给托管人。此费用也是从基金资产中支付，不须另向投资者收取。

(3)基金运作费。基金运作费包括支付注册会计师费、律师费、召开年会费用、中期和年度报告的印制费，以及买卖有价证券的手续费等。这些费用是作为基金的运营成本支出的。基金运作费占资产净值的比率较小，通常会在基金契约中事先确定，并按有关规定支付。

（二）证券投资基金的收益

1. 基金收益的来源

基金收益包括基金投资所得红利、股息、债券利息、买卖证券差价（资本利得）、存款利息以及其他收入。基金收益的来源如图2-1所示。

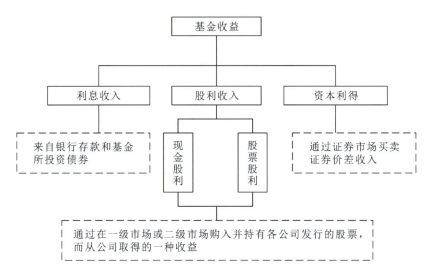

图 2-1 基金收益的来源

2. 基金收益的分配原则

(1)基金收益分配应当采取现金形式,每年至少分配一次;
(2)基金当年收益应当弥补上一年亏损后,才可进行当年收益分配;
(3)基金投资当年亏损,则不应当进行收益分配;
(4)基金收益分配比例不得低于基金净收益的 90%;
(5)基金收益分配方案中应载明基金收益的范围、基金净收益,以及基金收益分配的对象、原则、时间、数额、比例、方式等;
(6)基金收益分配方案由基金管理人拟定,由基金托管人核实,公告前报中国证监会备案。

◇ 案例分析

私募基金——量子基金

1. 量子基金概述

量子基金的前身是双鹰基金,它是索罗斯旗下经营的五个对冲基金中最大的一个,由乔治·索罗斯和吉姆·罗杰斯于 1969 年创立,资本额为 400 万美元;1973 年改名为索罗斯基金,资本额约 1200 万美元;1979 年,索罗斯将其更名为量子基金。更名后的量子基金设在纽约,基金的出资人主要是非美国籍的境外投资者,从而避开美国证券交易委员会的监管。量子基金主要投资于商品、外汇、股票和债券,并大量运用金融衍生产品和杠杆融资,从事全方位的国际性金融操作。

索罗斯凭借其过人的分析能力和胆识,引导着量子基金在世界金融市场一次又一次的攀升和破败中逐渐成长壮大。经过不到 30 年的经营,1997 年末量子基金已增值为资产总值近 60 亿美元的巨型基金。

量子基金成为国际金融界的焦点,是由于索罗斯凭借该基金在20世纪90年代所发动的几次大规模货币狙击战。这一时期,量子基金以其强大的财力和凶狠的作风,在国际货币市场上兴风作浪,对基础薄弱的货币发起攻击并屡屡得手。量子基金虽只有60亿美元的资产,但由于其在需要时可通过杠杆融资等手段取得相当于几百亿甚至上千亿美元资金的投资效应,因而成为国际金融市场上一股举足轻重的力量。同时,由于索罗斯的声望,量子基金的资金行踪和投注方向无不为规模庞大的国际游资所追随。因此,量子基金的一举一动常常对某个国家货币的升降走势起关键的影响作用。对冲基金对一种货币的攻击往往是在货币的远期和期货、期权市场上通过对该种货币大规模卖空进行的,从而造成该种货币的贬值压力。对于外汇储备窘困的国家,在经过徒劳无功的市场干预后,所剩的唯一办法往往是任其货币贬值,从而使处于空头的对冲基金大获其利。在20世纪90年代发生的几起严重的货币危机事件中,索罗斯及其量子基金都负有直接责任。

2.量子基金引发的危机

20世纪90年代初,为配合欧共体内部的联系汇率,英镑汇率被人为固定在一个较高水平,引发国际货币投机者的攻击。量子基金率先发难,在市场上大规模抛售英镑而买入德国马克。英格兰银行虽下大力抛出德国马克购入英镑,并配以提高利率的措施,仍不敌量子基金的攻击而退守,英镑被迫退出欧洲货币汇率体系而自由浮动。短短1个月内,英镑汇率下挫20%,而量子基金在此英镑危机中获取了数亿美元的暴利。在此后不久,意大利里拉亦遭受同样命运,量子基金同样扮演主角。

1994年,索罗斯的量子基金对墨西哥比索发起攻击。墨西哥在1994年之前的经济良性增长,是建立在过分依赖中短期外资贷款的基础之上的。为控制国内的通货膨胀,墨西哥比索汇率被高估并与美元挂钩浮动。由量子基金发起的对墨西哥比索的攻击,使墨西哥外汇储备在短时间内告罄,不得不放弃与美元的挂钩,实行自由浮动,从而造成墨西哥比索和国内股市的崩溃,而量子基金在此次危机中收入不菲。

1997年下半年,东南亚发生金融危机。与1994年的墨西哥一样,许多东南亚国家如泰国、马来西亚和韩国等长期依赖中短期外资贷款以维持国际收支平衡,汇率偏高并大多维持与美元或一篮子货币的固定或联系汇率,这给国际投机资金提供了一个很好的捕猎机会。量子基金扮演了狙击者的角色,从大量卖空泰铢开始,迫使泰国放弃维持已久的与美元挂钩的固定汇率而实行自由浮动,从而引发了一场泰国金融市场前所未有的危机。危机很快波及所有东南亚实行货币自由兑换的国家和地区,迫使除了港币之外的所有东南亚主要货币在短期内急剧贬值。东南亚各国货币体系和股市的崩溃,以及由此引发的大批外资撤逃和国内通货膨胀的巨大压力,给该地区的经济发展蒙上了一层阴影。

3.量子基金的终结

1998年8月,索罗斯联手多家巨型国际金融机构试图狙击港元,但香港金融管理局拥有大量外汇储备,加上当局大幅调高息率,使对冲基金的计划没有成功,量子基金损失惨重。据悉,在这场狙击战中,仅索罗斯个人就损失了8亿美元。1998年以后,量子基金开始遭遇"滑铁卢":先是索罗斯对1998年俄罗斯债务危机及对日元汇率走势的错误判断使量子基金遭受重大损失,之后投资于美国股市的网络股也大幅下跌。至此,索罗斯的量子基金损失总数达近50亿美元,元气大伤。2000年4月28日,索罗斯不得不宣布关闭量子基金。

举世闻名的量子基金至此寿终正寝。此后,索罗斯宣布将基金的部分资产转入新成立的量子捐助基金继续运作。该基金一改此前量子基金的彪悍凶猛,主要从事低风险、低回报的套利交易。

■ 评析:

量子基金倒闭的主要原因之一是杠杆率过高。为了追求短期暴利,量子基金的资金杠杆率通常在8倍以上,这是其在1997年亚洲金融危机、1998年俄罗斯金融危机和2000年美国股市网络股泡沫破灭中损失惨重的主要原因。

量子基金作为私募基金,因其监管相对宽松、信息披露要求较低、投资策略灵活及较高的获利水平等特点,而受到许多投资者,尤其是机构投资者的青睐。但宽松的监管也带来了很大的投资风险,这是其倒闭的根本原因。

在当今世界加强金融监管的大背景下,对冲基金的自由空间多少会受到挤压,但监管有利于行业的健康发展,可以减少量子基金那样滥用自由而产生的金融风险。我国在发展私募基金时应借鉴国际经验,将金融监管放在首位,监管的核心目标应当是信息充分披露和反欺诈,以保护投资人利益,防范系统性风险,维护市场的稳定。

第四节 金融衍生工具

一、金融衍生工具概述

(一)金融衍生工具的概念及特征

金融衍生工具(又称"金融衍生品")是指一种根据事先约定的事项进行支付的双边合约,其合约价格取决于或派生于原生金融工具的价格及其变化,它是相对于原生金融工具而言的。

这些相关的或原生的金融工具一般指股票、债券、存单、货币等。金融衍生工具是金融创新的产物，其目的是满足不同类型投资者对金融工具的安全性、盈利性和流动性的不同要求。

金融衍生工具主要具有以下基本特征。

1. 跨期交易

金融衍生工具的交易由交易双方通过对利率、汇率、股价等因素变动趋势的预测，约定在未来某一时间按照一定条件进行交易或选择是否交易。

2. 杠杆效应与高风险性

金融衍生工具的交易者只需少量甚至不用资金即可进行数额巨大的金融交易。例如，如果某期货交易保证金是5%，期货投资者就可以控制20倍所投资金额的合约资产，实现以小博大。当金融衍生工具交易引发金融市场风险时，金融衍生工具往往具有风险放大器的作用。如果金融衍生工具被集中发行或过度衍生，就可能将风险集中于某些机构，并通过市场传导引发系统性崩溃。

次贷危机爆发时，花旗集团、摩根大通集团、美国银行等金融机构的平均杠杆率约为35倍，而欧洲的德意志银行、巴克莱、汇丰、法兴等金融机构的平均杠杆率约为55倍。杠杆率约为35倍，意味着金融机构只用4美元本钱就可以做140美元的投资，只要投资损失3%，投资主体就损失42美元。高杠杆率是2008年全球金融危机的主要原因之一。

> **◇ 知识链接**
>
> CDS，即信用违约互换，是一种以金融产品与金融机构的信用作为交易基础的金融衍生工具，其本质是一种金融资产的违约保险。在一份标准CDS合约中，买方通过购买合约，将自身拥有债权的违约风险转移，合约的卖方为买方提供这种保障。一旦发生违约，则卖方承担买方的资产损失。CDS创立之初是为了对冲债务的违约风险，随着CDS市场的发展，越来越多的投资者开始利用CDS进行投机与套利交易。2007年以来的国际金融危机中，大规模的CDS合约交易起到了推波助澜的作用，放大了实际风险。

3. 套期保值与套利共存

金融衍生工具产生的直接动因是规避风险、套期保值，然而，要求保值的交易者不可能都恰好相互达成协议。金融衍生工具在集中了各种风险后，需要得到释放，而金融衍生工具的杠杆效应吸引了大量投机者，其投机活动承担并分散了市场所集中的风险，有利于投资者转移风险。

（二）金融衍生工具市场的基本功能

1. 规避风险

金融衍生工具市场的首要功能是规避风险，这是金融衍生工具市场赖以存在和发展的基础。规避风险的主要手段是套期保值，即利用现货市场和期货市场的价格差异，在现货市场上买进或卖出基础资产的同时，在期货市场卖出或买进相同数量的该商品的期货合约，从而在两个市场之间建立起一种互相对冲的机制，达到保值的目的。

2. 价格发现

金融衍生工具市场集中了各方面的参加者，带来了成千上万种关于金融衍生工具基础资产的供求信息和市场预期，通过交易所类似拍卖方式的公开竞价，形成市场均衡价格。金融衍生工具的价格形成有利于提高信息的透明度，金融衍生工具市场与基础市场的高度相关性，提高了整个市场的效率。

3. 优化资源配置

金融衍生工具市场的价格发现机制有利于全社会资源的合理配置。一方面，金融衍生工具市场近似于完全竞争市场，其价格接近供求均衡价格，这一价格用于配置资源的效果，优于用即期信号安排下期生产和消费。所以，金融衍生工具市场形成的价格常常成为一个国家甚至全世界范围内的价格。另一方面，金融衍生工具市场的价格是基础市场价格的预期，能反映基础市场预期收益率。当基础市场预期收益率高于社会资金平均收益率时，社会资金就会向高收益率的地方流动。

4. 调控价格水平

期货交易价格能准确反映市场价格水平，对未来市场供求变动有预警作用。如果某一金融衍生工具价格下跌，则表明其市场需求疲软；反之，则表明其市场需求旺盛。投资者可根据不同金融衍生工具的市场价格水平变化，选择投资策略。

5. 提高交易效率

在很多金融交易中，金融衍生工具的交易成本通常低于直接投资标的资产，其流动性（由于可以卖空）也比直接投资标的资产相对强得多，而交易成本和流动性正是提高市场交易效率不可缺少的重要因素。所以,许多投资者以金融衍生工具取代直接投资标的资产,在金融市场开展交易活动。

6.容纳社会游资

金融衍生工具市场的出现为社会游资提供了一种新的投资渠道,不仅使一部分预防性货币需求转化为投资性货币需求,而且产生了新的投资性货币需求。在经济货币化、市场化、证券化、国际化日益提高的情况下,不断增加的社会游资有了容身之处,并通过参与金融衍生工具市场而发挥作用。

二、期货市场

期货交易的产生,是在现货远期合约交易发展的基础上,经过广泛商业实践而产生的。1848年3月13日,第一个近代期货交易所——芝加哥期货交易所成立,芝加哥期货交易所成立之初,还不是一个真正现代意义上的期货交易所,只是一个集中进行现货交易和现货中远期合约转让的场所。在期货交易发展过程中,出现了两次重要变革:一是合约的标准化;二是结算制度的建立。1865年,芝加哥期货交易所实现了合约标准化,推出了第一批标准期货合约。标准期货合约使得市场参与者能够非常方便地转让期货合约,也使市场制造者能够方便地参与交易,大大提高了期货交易的市场流动性。芝加哥期货交易所在合约标准化的同时,还规定了按合约总价值的10%缴纳交易保证金。

(一)期货交易概述

期货交易是指集中在法定的交易所内以公开竞价方式进行期货合约的买卖,并以获得合约价差为目的交易活动。其中期货合约是标准化的远期合约。该合约不仅约定了未来买卖商品和该商品未来某一时点买卖的价格,还严格规定了商品的买卖数量、价格的变动幅度,以及商品的规格、等级、交割地点和交割方式。

我们所俗称的期货交易就是指期货合约交易。购买期货合约,即同意合约标的资产的买入方,也被称为多头;卖出期货合约,即同意合约标的资产的卖出方,也被称为空头。

期货交易具有以下基本特征。

1.能够实现以小博大

进行期货交易时,投机者只需根据市场风险程度缴纳一定数量的保证金,其数额通常仅为期货合约价值的5%~18%。期货交易保证金数量不大,却能够推动相当于自身5~20倍的合约总值。这一特点如同在杠杆力臂一端施加较小的力就能抬起较重的物体一样。正是由于以较小资金即可控制期货合约总值,使利润与保证金相比可高出几倍,所以期货投机对投资者的诱惑力极大。

2. 高报酬率和高风险

期货投机之所以有较高的报酬率,关键在于它的杠杆作用。例如,假设合约总值为 1 万元,保证金为 5%,即 500 元。如果期货价格朝投机者者预想的方向变动了 5%,即 500 元,那么投机者就获利 500 元。相对于其保证金来说,盈利率达到 100%,所以说期货投机的高报酬率来自保证金制度。当然,高报酬必然伴随着高风险。如果价格变化方向与投机者预期的相反,则亏损率同样也是经过杠杆作用放大的。

3. 获利方式较多,且操作比较简单

期货交易在期限上种类繁多,远期、近期及现货间价格变化复杂,利用各种价格差额谋取利润的方法多种多样,这就使得投机者有了充分施展才能的天地。尤其是期货投机中可以卖空,而股票市场就不行。在期货市场中进行空头交易并不需要借用商品,因为它并非出售实际商品,而只是做出在未来某一时间出售并交付某种商品的承诺。如果在该项期货合约最后交易日之前将它平仓,就不必交付现货。这样,投机者在市场看跌的时候也可以进场卖空获利。

4. 合约标准化

期货交易是通过买卖期货合约进行的,而期货合约是标准化的。期货合约标准化指的是除价格外,期货合约的所有条款都是预先由期货交易所规定好的,具有标准化的特点。期货合约标准化给期货交易带来极大便利,交易双方不需对交易的具体条款进行协商,有助于节约交易时间,减少交易纠纷。

5. 交易集中化

期货交易必须在期货交易所内进行。期货交易所实行会员制,只有会员方能进场交易。那些处在场外的广大客户若想参与期货交易,只能委托期货经纪公司代理交易。所以,期货市场是一个高度组织化的市场,并且实行严格的管理制度,期货交易最终在期货交易所内集中完成。

6. 结算统一化

期货交易具有付款方向一致性的特征。期货交易是由结算所专门进行结算的,所有在

交易所内达成的交易,必须送到结算所进行结算,经结算处理后才算最后达成,才成为合法交易。买卖双方都只以结算所作为自己的交易对手,只对结算所负财务责任,而不是买卖双方之间互相往来款项。这种付款方向的一致性大大地简化了交易手续和实货交割程序,而且为交易者通过"对冲"操作而免除到期交割义务创造了可能。

(二)期货交易的分类

国际期货交易市场的发展,大致经历了由商品期货到金融期货,交易品种不断增加,交易规模不断扩大的过程。

 1. 商品期货

商品期货是指标的物为实物商品的期货合约。商品期货历史悠久,种类繁多,主要包括农产品期货、金属期货和能源期货等。

1)农产品期货

1848年芝加哥期货交易所诞生及1865年标准化期货合约被推出后,随着现货生产和流通的扩大,不断有新的期货品种出现。除小麦、玉米、大豆等谷物期货外,从19世纪后期到20世纪初,随着新的交易所在芝加哥、纽约、堪萨斯等地出现,棉花、咖啡、可可等经济作物,黄油、鸡蛋,以及后来的生猪、活牛、猪腩等畜禽产品,木材、天然橡胶等林产品期货也陆续上市。

2)金属期货

最早的金属期货交易诞生于英国。1876年成立的伦敦金属交易所,开金属期货交易之先河,起初主要从事铜和锡的期货交易。1899年,伦敦金属交易所将每天上下午进行两轮交易的做法引入铜、锡交易。1920年,铅、锌两种金属也在伦敦金属交易所正式上市交易。工业革命之前的英国原本是一个铜出口国,但工业革命成为其转折点。由于从国外大量进口铜作为生产资料,所以需要通过期货交易转移铜价波动带来的风险。伦敦金属交易所自创建以来,一直生意兴隆,至今伦敦金属交易所的期货价格依然是国际有色金属市场的晴雨表。目前主要交易品种有铜、锡、铅、锌、铝、镍、白银等。

美国金属期货的出现晚于英国。19世纪后期至20世纪初以来,美国经济从以农业为主转向建立现代工业生产体系,期货合约的种类逐渐从传统的农产品扩大到金属、贵金属、制成品、加工品等。纽约商品交易所由经营皮革、生丝、橡胶和金属的交易所合并而成,交易品种有黄金、白银、铜、铝等。其中1974年推出的黄金期货合约,在20世纪70—80年代的国际期货市场上具有较大影响。

3)能源期货

20世纪70年代初发生的石油危机,给世界石油市场带来巨大冲击,石油等能源产品价格剧烈波动,直接导致石油等能源期货的产生。目前,纽约商业交易所和伦敦国际石油交易所是世界上最具影响力的能源产品交易所,上市的品种有原油、汽油、取暖油、天然气、丙烷等。

2. 金融期货

随着第二次世界大战后布雷顿森林体系的解体，20世纪70年代初国际经济形势发生急剧变化，固定汇率制被浮动汇率制取代，利率管制等金融管制政策逐渐取消，汇率、利率频繁剧烈波动，促使人们重新审视期货市场。1972年5月，芝加哥商业交易所设立了国际货币市场分部，首次推出包括英镑、加拿大元、法国法郎、日元和瑞士法郎等在内的外汇期货合约。1975年10月，芝加哥期货交易所上市国民抵押协会债券期货合约，从而成为世界上第一个推出利率期货合约的交易所。1977年8月，美国长期国债期货合约在芝加哥期货交易所上市，是迄今为止国际期货市场上交易量较大的金融期货合约之一。1982年2月，堪萨斯期货交易所开发了价值综合指数期货合约，使股票价格指数也成为期货交易的对象。至此，作为金融期货三大类别的外汇期货、利率期货和股指期货均上市交易，并形成一定规模。进入20世纪90年代后，在欧洲和亚洲的期货市场，金融期货交易占据市场的大部分份额。金融期货的出现，使期货市场发生了翻天覆地的变化，彻底改变了期货市场的发展格局。在国际期货市场上，金融期货也成为交易的主要产品。

金融期货主要包括外汇期货、利率期货、股指期货和股票期货。

1）外汇期货

外汇期货又称货币期货，是指交易双方约定在未来特定日期进行外汇交割，并限定标准币种、数量、交割月份及交割地点的标准化合约。它是金融期货中最先产生的品种，主要用于规避外汇风险。外汇期货交易则是指在期货交易所中通过喊价成交的外汇合约买卖，自20世纪70年代初在芝加哥商业交易所所属的国际货币市场率先推出后，得到了迅速发展。

目前，外汇期货的交易币种主要包括美元、日元、英镑、瑞士法郎、加拿大元、澳大利亚元与墨西哥比索等可自由兑换的、在国际上接受程度较高的货币。

2）利率期货

利率期货产生于人们管理利率风险的需要。所谓利率风险，是指人们在经济活动中因市场利率不确定变动而遭受损失的可能性。

利率期货是指标的资产价格依赖利率水平的期货合约。利率期货交易是指在有组织的期货交易所中通过喊价成交的、在未来某一时期进行交割的债券合约买卖。

3）股指期货

股指期货（SPIF），全称是股票价格指数期货，也称股价指数期货、期指，是指以股价指数为标的物的标准化期货合约，双方约定在未来的某个特定日期，可以按照事先确定的股价指数的大小，进行标的指数的买卖，到期后通过现金结算差价来进行交割。作为期货交易的一种类型，股指期货交易与普通商品期货交易具有基本相同的特征和流程。

股指期货交易的标的物是货币化的股票价格指数，合约的交易单位是以一定的货币与标的指数的乘积来表示，以各类合约的标的指数的点数来报价。股指期货的交易主要包括交易单位、最小变动价位、每日价格波动限制、合约期限、结算日、结算方式及价格等。以香港恒生指数交易为例，交易单位是50港元×恒生指数，最小变动价位是1个指数点（50港元),即恒生指数每降低一个点,则该期货合约的买者(多头)的每份合约就亏 50 港元,卖者(空头)的每份合约赚 50 港元。

股指期货的主要用途之一是对股票投资组合进行风险管理。其可以通过分散化投资组合来化解风险。另一个主要用途是可以利用股指期货进行套利。套利机制可以保证股指期货价格处于一个合理的范围内,一旦偏离,套利者就会入市以获取无风险收益,从而将两者之间的价格拉回合理的范围内。

股指期货与股票相比有三个特点:一是实行当日无负债结算制度,即每天根据期货交易所公布的结算价格对投资者持仓的盈亏状况进行资金清算和划转;二是到期必须履约,股指期货合约不能像股票一样长期持有;三是从理论上讲,如果上市公司能够持续盈利,股票投资者有可能长期获得投资收益,而股指期货只是将风险进行转移。

◇ 知识链接

> 沪深 300 指数是股指期货重要的标的指数,它是对沪市和深市 4000 多只个股按照日均成交额和日均总市值进行综合排序,选出排在前 300 名的股票作为样本,以 2004 年 12 月 31 日这 300 只成分股的市值作为基点 1000 点,实时计算的一种股票价格指数。截至 2019 年 12 月 31 日,沪深 300 指数为 4096 点,意味着 15 年里这 300 只股票平均股价上涨了约 3 倍。沪深 300 指数的总市值约占沪深两市股票总市值的 50%,代表了大盘股的走势。沪深 300 指数权重相对分散,不易被人为操纵。比如中国石油在沪深 300 指数里的权重为 0.4%,即便涨停也只能使指数上涨 1.4 点,几乎可以忽略。另外,中证 500 指数和上证 50 指数也是股指期货的标的指数,中证 500 指数由日均交易额和日均总市值排在沪深 300 指数之后的 500 只个股组成,约占沪、深两市股票总市值的 16%,代表的是中盘股的走势。上证 50 指数代表超大型蓝筹股的走势,像 2017 年 A 股就表现出蓝筹股强势、中小盘股偏弱的特点。虽然 A 股相较于成熟市场波动会更大一些,但总体上随着经济稳定发展长期是看涨的。A 股中位数市盈率在 18 至 90 之间波动,因此当中位数市盈率低于 30 时对国内相应指数基金进行定投,高于 60 时停止定投并不断减仓,获得年均 10% 甚至 20% 以上的回报率都是可以预期的。

4)股票期货

股票期货是以某种具体的股票为标的物的标准化期货合约的交易方式。事实上,股票期货均实行现金交割,买卖双方只需要按规定的合约乘数乘以价差,盈亏以现金方式进行交割。

(三)期货交易与现货交易、远期交易的比较

期货交易作为一种特殊的交易方式,它的形成经历了从现货交易到远期交易,最后到期货交易的复杂演变过程,它是人们在贸易过程中不断追求交易效率、降低交易成本与风险的

结果。在现代发达的市场经济体系中,期货市场作为重要的组成部分,与现货市场、远期市场共同构成了一个各有分工而又密切联系的多层次的市场。

 1. 期货交易与现货交易的区别

1)买卖的直接对象不同

现货交易买卖的直接对象是商品本身,有样品、有实物、看货定价。期货交易买卖的直接对象是期货合约,是买进或卖出多少手或多少张期货合约。

2)交易的目的不同

现货交易是一手交钱、一手交货,马上或在一定时期内获得或出让商品的所有权,是满足买卖双方需求的直接手段。期货交易的目的一般不是到期获得实物,套期保值者的目的是通过期货交易转移现货市场的价格风险,投资者的目的是为了从期货市场的价格波动中获得风险利润。

3)交易和结算方式不同

现货交易一般是一对一谈判签订合同,具体内容由双方商定,签订合同之后不能兑现,就要诉诸法律,一般在两个工作日内完成实物和全额现金的交割。期货交易是以公开、公平竞价的方式在法定场所进行集中交易,采用的是保证金的交易方式,即只要付一定比例的钱就可以获得合约,且实行每日无负债结算制度,必须每日结算盈亏。

4)交易场所不同

现货交易一般不受交易时间、地点、对象的限制,交易灵活方便,随机性强,可以在任何场所与对手交易。期货交易必须在法定的交易所内依照法规进行公开、集中交易,不能进行场外交易。

5)商品范围不同

现货交易的品种是一切进入流通的商品,而期货交易品种是有限的,主要是农产品、石油、金属商品以及一些初级原材料和金融产品。

 2. 期货交易与远期交易的区别

1)交易对象不同

期货交易的对象是标准化合约,远期交易的对象主要是实物商品。

2)功能作用不同

期货交易的主要功能之一是发现价格,远期交易中的合同缺乏流动性,所以不具备发现价格的功能。

3)履约方式不同

期货交易有实物交割和对冲平仓两种履约方式,远期交易最终的履约方式是实物交收。

4)信用风险不同

期货交易实行保证金交易制度,且实行每日无负债结算,一方亏损低至最低保证金,如果不追加保证,就会被强行平仓,因而违约的风险小,即信用风险很小;远期交易从交易达成到最终实物交割有很长一段时间,其间市场会发生各种变化,任何不利于履约的行为都可能出现,信用风险很大。

(四)期货交易制度

期货交易制度一般由期货交易所制定,经上级监管部门核准后实行,其主要目的是实现期货交易、控制市场风险。

1. 双向交易和对冲机制

双向交易,也就是期货交易者既可以买入期货合约作为期货交易的开端(买入建仓),也可以卖出期货合约作为交易的开端(卖出建仓),也就是通常所说的"买空卖空"。与双向交易的特点相联系的还有对冲机制。期货交易中大多数交易并不通过合约到期进行实物交割来履行合约,而是通过做一笔与建仓交易方向相反的交易来解除履约责任。期货交易双向交易和对冲机制的特点,吸引了大量期货投机者参与交易。期货市场上,投机者有双重获利机会。期货价格上升时,可以通过高卖来获利;价格下降时,可以通过低买来获利。投机者的参与大大增加了期货市场的流动性。

2. 杠杆机制

期货交易实行保证金制度,也就是说交易者在进行期货交易时只需缴纳少量的保证金,一般为成交合约价值的 $5\%\sim15\%$,就能完成数倍乃至数十倍的合约交易,期货交易的这种特点,被形象地称为杠杆机制,期货交易的杠杆机制使期货交易具有高收益高风险的特点。

3. 结算所和每日无负债结算制度

结算所是期货交易的专门清算机构,通常附属于交易所,但又以独立的公司形式组建。所有的期货交易都必须通过结算会员由结算机构进行,而不是由交易双方直接交收清算。

结算所实行无负债的每日结算制度,又称逐日盯市制度,就是以每种期货合约在交易日收盘前最后 1 分钟或几分钟的平均成交价作为当日结算价,与每笔交易成交时的价格做对照,计算每个结算所会员账户的浮动盈亏,进行随市清算。逐日盯市制度以 1 个交易日为最长结算周期,对所有账户的交易头寸按不同到期日分别计算,并要求所有的交易盈亏都能及时结算,从而能及时调整保证金账户,控制市场风险。

4. 涨跌停板制度

期货交易市场是一个高风险市场，为了有效防范风险，一般期货交易市场都将期货价格的波动控制在一定范围内，此即期货的涨跌停板制度，也称每日价格最大波动限制。期货合约在一个交易日中的交易价格波动不得高于或者低于规定的涨跌幅度，超过该涨跌幅度的报价将被视为无效，不能成交。我国期货的涨跌幅度控制在3％～5％，从而保证期货市场的正常运转。

5. 持仓限额制度

持仓限额制度，是指期货交易所为了防范操纵市场价格的行为和防止期货市场风险过度集中于少数投资者，对会员及客户的持仓数量进行限制的制度。超过限额，期货交易所可按规定强行平仓或提高保证金比例。

6. 大户报告制度

大户报告制度，是指当会员或客户某品种持仓合约的投机头寸达到交易所对其规定的投机头寸持仓限量80％以上时，客户应向交易所报告资金、头寸等情况。

7. 强行平仓制度

强行平仓制度，是指当会员或客户的交易保证金不足且未在规定时间内补足，或者当会员或客户的持仓数量超出规定的限额时，期货交易所或期货经纪公司为了防止风险进一步扩大，强制平掉会员或客户相应的持仓。

8. 风险准备金制度

风险准备金制度，是指期货交易所从自己收取的交易手续费中提取一定比例的资金，作为确保交易所担保履约的备付金的制度。通常，交易所按照手续费收入的20％提取风险准备金。

三、期权市场

18世纪，英国南海公司的股票价格飞涨，股票期权市场也有了发展。南海"气泡"破灭后，股票期权曾一度因被视为投机、腐败、欺诈的象征而被长期禁止交易。早期的期权合约于18世纪90年代被引入美国,当时美国纽约证券交易所刚刚成立。19世纪后期,被喻为"现代期权交易之父"的拉舍尔·赛奇在柜台交易市场组织了一个买权和卖权的交易系统,并引入了买权、卖权平价概念。然而,由于场外交易市场上期权合约的非标准化、无法转让、采用实物交割方式以及无担保,使得这一市场的发展非常缓慢。

1973年4月26日,芝加哥期权交易所成立,开始了买权交易,标志着期权合约标准化、期权交易规范化。20世纪70年代中期,美国证券交易所、费城股票交易所和太平洋证券交易所等相继引入期权交易,使期权交易获得了空前的发展。1977年,卖权交易开始了。与此同时,芝加哥期权交易所开始了对非股票期权交易的探索。

1982年,芝加哥商品交易所开始进行S&P 500期权交易,它标志着股票指数期权的诞生。同年,芝加哥期权交易所首次引入美国国库券期权交易,成为利率期权交易的开端。同在1982年,外汇期权也产生了,它首次出现在加拿大蒙特利尔交易所。该年12月,费城股票交易所也开始了外汇期权交易。1984年,外汇期货期权在芝加哥商品交易所的国际货币市场登台上演。随后,期货期权迅速扩展到欧洲美元存款、90天短期及长期国库券、国内存款证等债务凭证期货,以及黄金期货和股票指数期货上面,几乎所有的期货都有相应的期权交易。

20世纪90年代以来,这一势头已大为减弱。20世纪90年代,金融期权的发展出现了另一种趋势,即期权与其他金融工具的复合物越来越多,如与公司债券、抵押担保债券等进行"杂交",与各类权益凭证复合,以及与保险产品相结合等,形成了新的金融期权产品。

(一)期权的概念

期权,又称选择权,是指持有者能在规定的期限内按交易双方商定的价格购买或出售一定数量的基础工具的权利。期权交易就是对这种选择权的买卖。期权交易实际上是一种权利的单方面有偿让渡。期权的买方以支付一定数量的期权费为代价而拥有一种选择权,但不承担必须买进或卖出的义务;期权的卖方在收取了一定数量的期权费后,在一定期限内无条件服从买方的选择并履行成交时的允诺。

为了更好地理解期权的基本含义,首先对期权的几个基本要素作比较具体的说明。

 1. 期权的购买者与期权的出售者

期权的购买者与期权的出售者是期权交易的主体。期权的购买者也称期权的持有者,是指支付期权费以获得期权合约所赋予的权利的一方;期权的出售者也称期权的签发者,是指收取期权费而履行期权合约所规定的义务的一方。在金融期权的交易中,期权购买者(或出售者)可在期权合约所规定的某一特定时间,以事先确定的价格买进(或卖出)一定数量的产品或衍生产品。

2. 期权费

根据定义,期权交易实际上是一种权利的交易,而期权费就是这种权利的价格。所谓期权费,是指期权购买者为获得期权合约所赋予的权利,向期权出售者支付的费用。这种费用一经支付,不管期权购买者是否执行该期权,该期权费均不予退还。

3. 协定价格

协定价格,又称执行价格,是指期权合约所规定的,期权购买者在执行期权时买进或卖出标的物的价格。在金融期权交易中,协定价格是指期权购买者向期权出售者买进或卖出一定数量的某种金融商品或金融衍生品的价格。这种价格一经确定,则在期权合约的有效期内,无论期权合约的标的物价格涨到什么水平或跌到什么水平,只要期权购买者要求执行期权,期权出售者必须以此价格履行其义务。

◆ **知识链接**

我国已经上市期权产品,相关交易所及期权产品如下。
(1)2015 年 2 月 9 日,上海证券交易所正式挂牌交易"上证 50ETF 期权"。
(2)2017 年 3 月 31 日,大连商品交易所正式挂牌交易"豆粕期货期权"。
(3)2017 年 4 月 19 日,郑州商品交易所正式挂牌交易"白糖期货期权"。

(二)期权的种类

根据不同的分类标准,可以将期权划分为很多类别。

1. 按选择权的性质划分

按选择权的性质划分,期权可分为看涨期权和看跌期权。

看涨期权是指期权的买方享有在规定的有效期限内按某一具体的敲定价格买进某一特定数量的相关商品期货合约的权利,但不负有必须买进的义务。期权购买者购进这种买进期权,是因为其对股票价格看涨,将来可获利。购进期权后,当标的商品的市价高于协议价格加期权费用之和时(未含佣金),期权购买者可按协议规定的价格和数量购买该标的商品,然后按市价出售,或转让买进期权,获取利润;当股票市价在协议价格加期权费用之和之间波动时,期权购买者将受一定损失;当股票市价低于协议价格时,期权购买者的期权费用将全部消失,并放弃买进期权。因此,期权购买者的最大损失不过是期权费用加佣金。

2. 按执行时间划分

按执行时间划分,期权可分为欧式期权和美式期权。

1)欧式期权

欧式期权是指只有在合约到期日才被允许执行的期权,它在大部分场外交易中被采用。

2)美式期权

美式期权是指可以在成立后有效期内任何一天被执行的期权,多在场内交易中被采用。

3. 按期权合约上的标的划分

按期权合约上的标的划分,期权可分为股票期权、股指期权、利率期权、商品期权和外汇期权。

1)股票期权

股票期权是指买方在交付了期权费后即取得在合约规定的到期日或到期日以前按协议价买入或卖出一定数量相关股票的权利。

2)股指期权

股指期权又称指数期权,是指以股票指数为行权品种的期权合约。股指期权可分为宽幅指数期权和窄幅指数期权两种。宽幅指数期权涵盖数个行业的多家公司,而窄幅指数期权仅涵盖一个行业的数家公司。投资股指期权只需购买一份合约,即拥有该行业所有公司涨跌收益的权利。其行权过程为使用现金对盈亏进行结算。

3)商品期权

商品期权是指标的物为实物的期权,如农产品中的小麦、大豆,金属中的铜等。商品期权是一种很好的用于商品风险规避和管理的金融工具。商品期权作为期货市场的一个重要组成部分,是当前资本市场较具活力的风险管理工具之一。

4)外汇期权

外汇期权也称货币期权,是指合约购买方在向出售方支付一定期权费后,所获得的在未来约定日期或一定时间内,按照规定汇率买进或者卖出一定数量外汇资产的选择权。外汇期权是期权的一种,相对于股票期权、指数期权等其他种类的期权来说,外汇期权买卖的是外汇,期权买方在向期权卖方支付相应期权费后获得一项权利,即期权买方在支付一定数额的期权费后,有权在约定的到期日按照双方事先约定的协定汇率和金额同期权卖方买卖约定的货币,同时权利的买方也有权不执行上述买卖合约。

（三）期货和期权的区别

 1. 基础资产不同

凡可用于期货交易的金融工具都可用于期权交易，可用于期权交易的金融工具却未必可用于期货交易。只有金融期货期权，而没有金融期权期货。一般而言，金融期权的基础资产多于金融期货的基础资产。

 2. 交易者权利与义务的对称性不同

期货交易双方的权利与义务对称，而期权交易双方的权利与义务存在着明显的不对称性。对于期权的买方只有权利没有义务，对于期权的卖方只有义务没有权利。

 3. 履约保证不同

期货交易双方均需开立保证金账户，并按规定缴纳履约保证金。在期权交易中，只有期权出售者，尤其是无担保期权的出售者才需开立保证金账户，并按规定缴纳保证金，因为其有义务没有权利。而期权的买方只有权利没有义务，其不需要缴纳保证金，其亏损最多就是期权费，而期权费其已付出。

 4. 现金流转不同

期货交易双方在成交时不发生现金收付关系，但在成交后，由于实行逐日结算制度，交易双方将因价格的变动而发生现金流转。在期权交易中，在成交时，期权购买者为取得期权合约所赋予的权利，必须向期权出售者支付一定的期权费，但在成交后，除了到期履约外，交易双方将不发生任何现金流转。

 5. 盈亏特点不同

期货交易双方都无权违约，也无权要求提前交割或推迟交割，而只能在到期前的任一时间通过反向交易实现对冲或到期进行实物交割。其盈利或亏损的程度决定于价格变动的幅度。因此，期货交易双方潜在的盈利和亏损是有限的。在期权交易中，期权的购买者与出售者在权利和义务上不对称，期权购买者的损失仅限于其所支付的期权费，而其可能取得的盈利是无限的；相反，期权出售者在交易中所取得的盈利是有限的，仅限于其所收取的期权费，而其可能造成的损失是无限的。

6. 套期保值的作用和效果不同

利用期权进行套期保值,若价格发生不利变动,套期保值者可通过执行期权来避免损失;若价格发生有利变动,套期保值者可通过放弃期权来保护利益。利用期货进行套期保值,在避免价格不利变动造成的损失的同时,必须放弃价格有利变动可能获得的利益。

◇ **知识链接**

期货与期权的区别

期货:A 以 3000 元/吨的价格,卖给 B 10 吨螺纹钢,明年 1 月交货;交货前,B 可以把这个关系转让给别人,否则 B 必须到期收货交货款。

期权:A 以 30 元/吨的价格(权利费),卖给 B 明年 1 月以 3000 元/吨购买 10 吨螺纹钢的权利;到期前 B 可以将这个权利转让给别人,或者到期凭这个权利,购买螺纹钢;到期后 B 也可以浪费这个权利,仅损失 30 元/吨的权利费。

(四)权证

权证是指发行人所发行的,持有人有权在特定期间以特定价格买进或卖出特定数量标的证券的凭证。从定义上看,权证类似于期权,但权证与期权并不是同一种产品。期权是一种在交易所交易的标准化合约,只要能成交就会产生一份期权合约,理论上供给量是无限的。期权合约条款是由交易所制定的,在标的物的选择上比较有限。权证是由上市公司或券商等金融机构发行的,可以在交易所交易,也可以在场外交易,供给量是有限的。就相同点来说,权证中的基本要素如履约条款等与期权中的选择权概念十分相似。

权证实质上反映的是发行人与持有人之间的一种契约关系,持有人向发行人支付一定数量的价金之后,就从发行人那里获取了一种权利。这种权利使得持有人可以在未来某一特定日期或特定期间内,以约定的价格向权证发行人购买或出售一定数量的资产。

 1. 权证的分类

1)根据所行使权利的不同分类

根据所行使权利的不同,权证可以分为认购权证和认沽权证。

认购权证是指权证持有人有权在一定时间内,以事先约定的价格向发行人购买特定数量的标的证券,其实质是一种看涨期权。

认沽权证是权证指持有人有权在一定时间内,以事先约定的价格向发行人出售特定数量的标的证券,其实质是一种看跌期权。

2）根据行权时间的不同分类

根据行权时间的不同，权证可以分为欧式权证、美式权证和百慕大式权证。

欧式权证指持有人只可以在权证到期日行权。

美式权证指权证持有人可以在权证到期前的任何交易日行权。

百慕大式权证介于欧式权证和美式权证之间，指权证持有人有权在到期日之前的一个或多个交易日行权。深沪股市多数权证即为百慕大式权证。

3）根据发行人的不同分类

根据发行人的不同，权证可以分为股本权证和备兑权证。

股本权证是由权证标的资产发行人（一般为上市公司）发行的一种认股权证，持有人有权在约定时间内按照约定价格向上市公司认购股票，上市公司必须向股本权证持有人发行股票。

备兑权证是由权证标的资产发行人之外的机构发行的一种认股权证，持有人有权在约定时间内按照约定价格购入发行人持有的股票。备兑权证是以已经存在的股票为标的，所认购的股票不是新发行的股票，而是已经在市场上流通的股票。

4）根据执行价格的不同分类

根据执行价格的不同，权证可分为价内权证、价外权证和平价权证三种。

价内权证是标的资产价格高（低）于履约价格的认购（沽）权证。

价外权证是标的资产价格低（高）于履约价格的认购（沽）权证。

平价权证是标的资产价格等于履约价格的认购（沽）权证。

5）根据结算方式的不同分类

根据结算方式的不同，权证可分为现金结算权证和实物交割权证。

现金结算权证是指在权证持有人行权时，发行人仅对标的证券的市场价格与行权价格的差额部分进行现金结算。

实物交割权证是指在权证持有人行权时，标的证券会发生实际转移，发行人要按约定的价格购入或售出约定数量的标的证券。

2. 权证投资与股票的区别

（1）权证是有一定存续期限的，到期则终止交易，一般存续期限为一年到两年，也有三年的，但不多。所以权证是不能"长期投资"的。

（2）权证实行当日回转交易，即当日买进的权证，当日可以卖出，也就是俗称的"T+0"交易制度。权证市场实行这种制度并非鼓励参与者频繁操作，实际上是对投资者权益的一种保护。

（3）与股票涨跌幅采取的10%的比例限制不同，权证涨跌幅是以涨跌幅的价格而不是百分比来限制的，具体按下列公式计算：

权证涨幅价格＝权证前一日收盘价格＋（标的证券当日涨幅价格－
标的证券前一日收盘价格）×125%×行权比例

权证跌幅价格＝权证前一日收盘价格－(标的证券前一日收盘价－标的证券当日跌幅价格)×125％×行权比例。

当计算结果小于等于零时,权证跌幅价格为零。假如某日权证的收盘价是2元,标的股票的收盘价是10元。第二天,标的股票涨停至11元,如果权证也涨停,按上面的公式计算,权证的涨停价格为

$$2+(11-10)\times 125\% = 3.25(元)$$

此时权证的涨幅百分比为

$$(3.25-2)/2\times 100\% = 62.5\%$$

所以,权证投资的杠杆效应明显,但风险也很大。

(4)权证交易成本低廉,和基金一样,佣金不超过交易金额的0.3％,并免收印花税。行权时向登记公司按股票过户面值缴纳0.05％的股票过户费,暂不收行权佣金。

上述特点,也正是权证产品吸引投资者和市场交投活跃的一个重要原因。

3. 我国境内曾经出现过的主要权证

认购权证:钢钒GFC1、深发SFC1、深发SFC2、国安GAC1、马钢CWB1、中化CWB1、云化CWB1、武钢CWB1、深高CWB1、五粮YGC1。

认沽权证:华菱JTP1、五粮YGP1、南航JTP1等。

4. 我国权证的命名规则

沪市认购——B(buy warrant);

深市认购——C(call warrant);

沪市认沽、深市认沽——P(put warrant)。

最后一位,即数字或字母一般表示标的证券发行的第几只权证,当超过9只时用A到Z表示第10只至第35只。

权证中的CW是"company warrant"的缩写;

权证中的JT是"jituan"的缩写。

5. 权证价值

权证价值由两部分构成:时间价值和内在价值。

时间价值随着接近权证到期日而趋于零,离到期日越远,权证的时间价值越大。

内在价值是指相关资产价格与行使价的差额,亦即行使认股证时所得的利润。由此亦引申出"平价""价内""价外"的概念。内在价值等于在考虑转换比率后,行使价与相关资产现价的正数差距。

每一单位认购证的内在价值＝(相关资产价格－行使价)/转换比率

每一单位认沽证的内在价值＝(行使价－相关资产价格)/转换比率

由于认股证的内在价值不可能是负数,如果计算出的是负数,则以0来代替。

◇ 本章小结

债券是一种有价证券,是社会各类经济主体为筹集资金而向债券投资者出具的、承诺按一定利率支付利息并到期偿还本金的债权债务凭证。债券的基本要素主要包括票面价值、债券的到期期限、债券票面利率和债券发行人名称。债券具有偿还性、流动性、安全性和收益性等特征。世界各国证券主管机关对债券发行都采取审核制度。审核方式主要有两种:核准制和注册制。

股票是股份有限公司发行的用以证明投资者的股东身份和权益,并据以获得股息和红利的一种书面凭证。股票是金融市场上主要的长期信用工具之一,也是投资者进行投资的基本选择方式。它具有不可偿还性、流通性、收益性、风险性、责权性等特征。按不同的划分标准,股票可以分为不同的种类。

证券投资基金是一种利益共享、风险共担的集合投资方式,即通过发行基金券,集中投资者的资金,交由专家管理,以资产保值增值等为根本目的,根据投资组合的原理,从事股票、债券等金融工具投资,投资者按投资比例分享其收益并承担风险的一种间接投资方式。证券投资基金当事人包括投资者、基金管理人和基金托管人。其中,投资者与基金管理人是所有者与经营者的关系,投资者与基金托管人是委托与受托关系,基金管理人与基金托管人互相制约。

金融衍生工具(又称"金融衍生品")是指一种根据事先约定的事项进行支付的双边合约,其合约价格取决于原生金融工具的价格及其变化,它是相对于原生金融工具而言的。这些相关的或原生的金融工具一般指股票、债券、存单、货币等。金融衍生工具产生于满足不同类型投资者对金融工具的安全性、盈利性和流动性的不同要求。它具有跨期交易、杠杆效应与高风险性、套期保值与套利共存等基本特征。其基本功能包括规避风险、价格发现、优化资源配置、调控价格水平、提高交易效率、容纳社会游资等。

期货交易是指集中在法定的交易所内以公开竞价方式进行期货合约的买卖,并以获得合约价差为目的的交易活动。期权,又称选择权,是指持有者能在规定的期限内按交易双方商定的价格购买或出售一定数量的基础工具的权利。期权交易就是对这种选择权的买卖。期权交易实际上是一种权利的单方面有偿让渡。根据不同的分类标准,可以将期权划分为很多类别。权证是指发行人所发行的,持有人有权在特定期间以特定价格买进或卖出特定数量标的证券的凭证。权证实质上反映的是发行人与持有人之间的一种契约关系,持有人向权证发行人支付一定数量的价金之后,就从发行人那里获取了一种权利。权证价值由两部分构成:内在价值和时间价值。

◇ **名人名言**

如果你没有做好承受痛苦的准备,那就离开吧,别指望会成为常胜将军,要想成功,必须冷酷。

——乔治·索罗斯

反向投资是孤单寂寞的旅途,但在旅途的终点有利润等着你。

——安东尼·贾利亚

成功的投资所需要的,只是分析今天的事实的普通常识以及执行你的信念。

——麦克·劳尔

如果你的表现不如人意,首先要采取的行动是以退为进,而不是铤而走险。

——乔治·索罗斯

我们可以损失钱——甚至是很多钱。但是,我们不能失掉名声——哪怕是一点点名声。

——沃伦·巴菲特

假如你因预期会发生某种事情而买进股票,当预期落空,就应该卖出股票。

——彼得·林奇

如果某样东西大受推崇,它通常已无价值,保证赚钱的东西,往往变成保证赔钱的东西。

——肯尼斯·费雪

价值投资的关键不仅仅在于寻找便宜货,而且要判断它们是否有翻身的一天。

——麦克·喜伟

顺应趋势,花全部的时间研究市场的正确趋势,如果保持一致,利润就会滚滚而来。

——江恩

经验显示,市场自己会说话,市场永远是对的,凡是轻视市场能力的人,终究会吃亏。

——威廉·欧奈尔

股票市场最惹人发笑的事情是,每一个同时买和同时卖的人都会自认为自己比对方聪明。

——费瑟

始终遵守你自己的投资计划的规则,这将加强良好的自我控制。

——伯妮斯·科恩

承担风险,无可指责,但同时记住千万不能孤注一掷。

——乔治·索罗斯

从短期来看,市场是一架投票计算器,但从长期看,它是一架称重器。

——沃伦·巴菲特

股市下跌就像科罗拉多一月的暴风雪一样平常,如果你有准备,它并不能伤害你。下跌正是好机会,去捡那些慌忙逃离风暴的投资者丢下的廉价货。

——彼得·林奇

对于糟糕的公司,先看资产负债表,搞清该公司是否有偿债能力,然后再投钱冒险。

——彼得·林奇

复习题

一、选择题

1. ( )是由中央政府为筹集资金而公开发行的债务凭证。
   A. 地方债券　　　　　　　　　　B. 国家债券
   C. 金融债券　　　　　　　　　　D. 企业债券

2. 某可转换债券面额为 5000 元,规定转换价格为 25 元,则可转换为( )股普通股票。
   A. 200　　　　　　　　　　　　B. 100
   C. 50　　　　　　　　　　　　　D. 400

3. 每股股票所代表的实际资产的价值是股票的( )。
   A. 票面价值　　　　　　　　　　B. 账面价值
   C. 清算价值　　　　　　　　　　D. 内在价值

4. 上海证券交易所综合股价指数简称( ),是国内外普遍采用的反映上海股市总体走势的统计指标。
   A. 上证 30 指数　　　　　　　　B. 上证成指
   C. 上证综合指数　　　　　　　　D. 上证 A 指

5. 境内公司发行的以人民币标明面值,供境外投资者用外币认购,在香港联合交易所上市的股票称为( )。
   A. B 股　　　　　　　　　　　　B. H 股
   C. A 股　　　　　　　　　　　　D. N 股

6. 体现股票生命力所在的是它的( )。
   A. 不退还性　　　　　　　　　　B. 流通性
   C. 风险性　　　　　　　　　　　D. 权益性

7. 世界上最早、最享盛誉和最有影响的股价指数是( )。
   A. 道琼斯股票指数　　　　　　　B.《金融时报》股票价格指数
   C. 日经道琼斯股票价格指数　　　D. 香港恒生指数

8. 在上海的 B 股是以( )交易和结算的。
   A. 人民币　　　　　　　　　　　B. 港元
   C. 美元　　　　　　　　　　　　D. 欧元

9. 以下不属于证券投资基金特点的是( )。
   A. 专业理财　　　　　　　　　　B. 分散风险
   C. 集合投资　　　　　　　　　　D. 稳定市场

10. 基金管理人与基金托管人之间的关系是( )。
    A. 相互制衡的关系　　　　　　　B. 委托与受托的关系
    C. 受益人与受托人的关系　　　　D. 监管人与被监管人的关系

11.可以同时在场外市场进行基金份额申购、赎回,在交易所进行基金份额交易,并通过份额转托管机制将场外市场与场内市场有机地联系在一起的基金运作方式是(　　)。
   A.开放式基金　　　　　　　　B.股票基金
   C.ETF　　　　　　　　　　　　D.LOF
12.看涨期权的卖方预期该种金融资产的价格在期权有效期内将会(　　)。
   A.上涨　　　　　　　　　　　B.下跌
   C.不变　　　　　　　　　　　D.难以判断
13.期权交易是对(　　)的买卖。
   A.期货　　　　　　　　　　　B.股票指数
   C.某现实金融资产　　　　　　D.一定期限内的选择权
14.为规避利率风险而产生的是(　　)。
   A.利率期货　　　　　　　　　B.外汇期货
   C.市场利率期货　　　　　　　D.固定利率期货
15.可在期权到期日或到期日之前的任一个营业日执行的期权是(　　)。
   A.欧式期权　　　　　　　　　B.美式期权
   C.看涨期权　　　　　　　　　D.看跌期权

二、简答题

1.简述债券的概念及特点。
2.债券发行的条件有哪些?
3.简述股票的定义与特征。
4.简述股票发行的目的。
5.简述证券投资基金的收益来源及分配原则。
6.什么是股指期货?与股票相比,其特点是什么?
7.期货交易的制度有哪些?
8.简述期货与期权的区别。

三、论述题

1.证券投资基金有哪些特征?它与股票、债券有何区别?
2.开放型基金与封闭型基金有哪些区别?
3.试析我国金融衍生工具的最新发展趋势。

四、案例分析题

　　1672年5月,法国和荷兰的"冷"战转成"热"战。两国都做出最大努力,顽强地将战争进行到底。为了保卫国家,荷兰人把拦海大坝凿穿,这样就使他们的国家耸立于水中。这样,一场与时间的竞跑开始了,因为荷兰军队必须考虑到被水淹没的地区有可能会完全结冰,因此,在法国军队跨过冰面进攻之前,荷兰必须赶紧与其他国家缔结同盟。不久,德国皇帝就答应提供援助了。

德国皇帝从军事援助中捞取大量的酬劳,荷兰向其支付国家债券。这样,这种国家债券的行情对于荷兰和德国来说就显得极其重要。毫无疑问,行情会按照战事的发展而上升或下跌。如果行情上扬,那么这一联盟就是非常值得的,因为德国人除了收取利息外还能够从证券行情走势中获利。但是如果行情下跌,联盟就会在亏损的威胁下不得不经受巨大的考验。在可能获得这种额外利润的同时,一个非常重要的诱惑还在吸引着德国人:如果他们帮助荷兰人取得战争的胜利,荷兰人还会支付他们额外的丰富钱财。于是,德国皇帝通过参与这种用国家债券作为支付手段的冒险行为,卷入了一场利用战争走势来谋取利益的投机活动。这是否荷兰人的战略考虑呢?

国债行情波动随着战事进程在交易所上涨和下跌。国债行情波动之剧烈,足以令每一个身临其境者震惊不已。然而,也正是由于这一空前的获取利润的机会吸引了无数投机商,才使得数额巨大的国家债券的销路畅通无阻,而这些债券正是资助战争所必备的。德国皇帝的代理商们正好利用这一点,他们总是不断往市场上抛售这种德国皇帝从荷兰人那里获得的、用以帮助其自己进行远征的债券。像阿姆斯特丹这种具备国际关系网络的世界交易所,即使是在战争进行期间也能将债券销售出去。

问题:
(1)分析债券在战争中所扮演的角色,债券能在多大程度上决定一场战争的胜负?
(2)联系滑铁卢战役中英国发行的债券在战争中所扮演的角色,人们是如何利用债券大发其财的?

第二章
复习题
答案解析

第三章　证券市场运行

◇ 知识目标

通过本章的学习,了解股票发行市场及股票流通市场相关知识,熟悉股票的交易程序。了解我国证券市场产生的背景、历史、现状和未来发展趋势,以及发展阶段和经历的重大事件。

◇ 能力目标

了解股票发行目的及条件,掌握股票发行定价的基础,理解股票流通市场的分类,对我国证券市场成立的背景、取得的成就和存在的问题有一定了解。

◇ 情感目标

通过本章的学习,可以初步尝试交易股票,理论学习与实践操作相结合,更快地了解证券投资。

◇ 学习重难点

通过本章的学习,需重点掌握:
(1)股票发行的目的和条件;
(2)股票流通市场的概念及分类;
(3)股票交易程序——开户、委托、竞价成交、清算交割、股票过户;
(4)证券市场监管内容;
(5)我国证券市场的发展方向和前景。

◇ 基本概念

股票发行询价制　场内交易市场　场外交易市场　创业板市场　第三方存管　清算　交割　股票过户　证券市场监管

◇ **导入案例**

2018年11月5日,习近平总书记在首届中国国际进口博览会开幕式上宣布设立科创板,独立于现有主板市场新设板块,并在该板块内进行注册制试点。

在上交所新设科创板,坚持面向世界科技前沿、面向经济主战场、面向国家重大需求,主要服务于符合国家战略、突破关键核心技术、市场认可度高的科技创新企业。重点支持新一代信息技术、高端装备、新材料、新能源、节能环保以及生物医药等高新技术产业和战略性新兴产业,推动互联网、大数据、云计算、人工智能和制造业深度融合,引领中高端消费,推动质量变革、效率变革、动力变革。

2019年7月22日,科创板正式开市,中国资本市场迎来了一个全新板块。截至当日上午9时31分,科创板首批上市的25家公司全线上涨。截至2021年7月21日,上市公司已达311家,总市值突破4.7万亿元。311家科创板公司集中于重点支持的六大产业领域,具体来看,新一代信息技术领域108家(34.7%),生物医药领域71家(22.8%),高端装备领域61家(19.6%),新材料领域33家(10.6%),节能环保领域26家(8.4%),新能源领域12家(3.9%)。

■ 思考:注册制将会给我国证券市场带来怎样的改变。

第一节 股票发行市场

一、股票发行目的

股票发行目的比较复杂,除了筹集资金、满足企业发展需要这一主要目的以外,其他的一些原因如调整公司的财务结构、进行资产重组、维护股东利益等都可引起股票发行。概括起来主要有以下几个目的。

（一）新建股份有限公司筹集资金，满足企业经营需要

股份有限公司的设立有两种形式。一种是发起设立，即由公司发起人认购全部股票。发起设立程序简单，发起人出资后公司设立即告完成。另一种是募集设立，即除发起人本身出资外，还需向社会公开发行股票，募集资金。我国公司法规定，以募集设立方式设立股份有限公司的发起人，认购的股份不得少于股份总额的35%。

（二）现有股份有限公司为了改善经营而发行新股

其主要目的如下。
(1)增加投资，扩大经营。
(2)调整公司财务结构，保持适当的资产负债比率，优化资本结构。
(3)满足证券交易所的上市标准。
(4)维护股东的直接利益。
(5)其他目的。比如当可转换优先股或可转换公司债的转换请求权生效后，股份有限公司须承诺办理、发行新股来注销原来的可转换优先股或可转换公司债；又如为了争取更多投资者而降低每股股票价格并进行股票分割，或在公司吸收合并时，需要发行新股票来替换原来发行的老股票等。

（三）改善公司财务结构，保持适当的资产负债比例

当公司负债率过高时，通过发行股票增加公司资本，可以有效地降低负债比例，改善公司财务结构。

（四）满足证券上市标准

股票在证券交易所上市需要满足的条件很多，其中一个重要的方面就是股本总额。我国公司法规定，股份有限公司的股票要在证券交易所上市，其股本总额不得少于5000万元。因而有些公司为了争取股票在证券交易所挂牌上市，就要通过发行新股票的方式来增加股本总额，满足上市标准。

（五）公积金转增股本及股票派息

当股份有限公司的公积金累计到一定的水平时，在留足了法律规定的比例以后，可以将其余的公积金转为资本金，向公司现有股东按比例无偿增发新股。另外，当公司需要资金用于扩大投资时，会选择将未分配利润以股票的形式送股而不是以现金的形式来分红派息。

◇ **知识链接**

中国A股上市公司非常多,按照上市的板块不同,主板、创业板、科创板等,每一个板块都有大量的股票。截至2021年4月,A股上市公司数量有4300家左右。随着注册制改革的推进,股票数量也会持续增长。据统计,2011—2020年,A股IPO(首次公开募股)共2149家,平均每年增加200多家,A股IPO受政策影响很大,各年份数量有明显差别。

二、股票发行条件

在我国,股票发行在不同板块同时实行核准制与注册制。我国相关法律法规对首次公开发行股票并在主板上市的条件,首次公开发行股票并在创业板上市的条件,以及上市公司公开发行股票的条件等分别做出规定。

(一)首次公开发行股票并在主板上市的条件

2020年修订的《首次公开发行股票并上市管理办法》规定:首次公开发行的发行人应当是依法设立并合法存续的股份有限公司;持续经营时间应当在3年以上,但经国务院批准的除外;有限责任公司按原账面净资产值折股整体变更为股份有限公司的,持续经营时间可以从有限责任公司成立之日起计算;注册资本已足额缴纳;生产经营合法;最近3年内主营业务、高级管理人员、实际控制人没有重大变化;股权清晰;发行人应资产完整、人员独立、财务独立、机构独立、业务独立;发行人应规范运行。

发行人的财务指标应满足以下要求:

(1)最近3个会计年度净利润均为正数且累计超过3000万元,净利润以扣除非经常性损益后较低者为计算依据;

(2)最近3个会计年度经营活动产生的现金流量净额累计超过5000万元,或者最近3个会计年度营业收入累计超过3亿元;

(3)发行前股本总额不少于3000万元;

(4)最近一期末无形资产(扣除土地使用权、水面养殖权和采矿权等后)占净资产的比例不高于20%;

(5)最近一期末不存在未弥补亏损。

(二)首次公开发行股票并在创业板上市的条件

按照2009年3月发布的《首次公开发行股票并在创业板上市管理暂行办法》(以下简称

《管理办法》),首次公开发行股票并在创业板上市主要应符合如下条件。

(1)发行人应当具备一定的盈利能力。为适应不同类型企业的融资需要,创业板对发行人设置了两项定量业绩指标,以便发行申请人选择:第一项指标要求发行人最近两年连续盈利,最近两年净利润累计不少于1000万元,且持续增长;第二项指标要求发行人最近1年盈利,且净利润不少于500万元,最近1年营业收入不少于5000万元,最近两年营业收入增长率均不低于30%。

(2)发行人应当具有一定的规模和存续时间。根据《证券法》关于申请股票上市的公司股本总额应不少于3000万元的规定,《管理办法》要求发行人具备一定的资产规模,具体规定最近一期末净资产不少于2000万元,发行后股本不少于3000万元。发行人具备一定的净资产和股本规模,有利于控制市场风险。《管理办法》规定发行人应具有一定的持续经营记录,具体要求发行人应当是依法设立且持续经营3年以上的股份有限公司。有限责任公司按原账面净资产值折股整体变更为股份有限公司的,持续经营时间可以从有限责任公司成立之日起计算。

(3)发行人应当主营业务突出。创业企业规模小,且处于成长发展阶段,如果业务范围分散,缺乏核心业务,既不利于有效控制风险,也不利于形成核心竞争力。因此,《管理办法》要求发行人集中有限的资源主要经营一种业务,并强调符合国家产业政策和环境保护政策。同时,要求募集资金只能用于发展主营业务。

(4)对发行人公司治理提出从严要求。根据创业板公司特点,在公司治理方面参照主板上市公司从严要求,要求董事会下设审计委员会,强化独立董事职责,并明确控股股东责任。

(5)发行人应当保持业务、管理层和实际控制人的持续稳定,规定发行人近两年内主营业务和董事、高级管理人员均没有发生重大变化,实际控制人没有发生变更。

(6)发行人应当资产完整,业务及人员、财务、机构独立,具有完整的业务体系和直接面向市场独立经营的能力。发行人与控股股东、实际控制人及其控制的其他企业间不存在同业竞争,以及严重影响公司独立性或者显失公允的关联交易。

(7)发行人及其控股股东、实际控制人最近3年内不存在损害投资者合法权益和社会公共利益的重大违法行为。发行人及其控股股东、实际控制人最近3年内不存在未经法定机关核准,擅自公开或者变相公开发行证券,或者有关违法行为虽然发生在3年前,但目前仍处于持续状态的情形。

(三)上市公司公开发行股票的条件

为规范上市公司证券发行行为,中国证监会于2006年5月发布《上市公司证券发行管理办法》,对上市公司发行证券的一般性条件及上市公司配股、增发,发行可转换债券、认股权证和债券分离的可转换公司债券,以及非公开发行股票的条件做出了规定。

(1)上市公司公开发行证券条件的一般规定。主要包括:上市公司组织机构健全、运行良好;上市公司最近36个月内财务会计文件无虚假记载、不存在重大违法行为;上市公司募集资金的数额和使用符合规定;上市公司不存在严重损害投资者的合法权益和社会公共利益的违规行为。

(2)向原股东配售股份(配股)的条件。除一般规定的条件以外,还有以下条件:① 拟配售股份数量不超过本次配售股份前股本总额的 30%;② 控股股东应当在股东大会召开前公开承诺认配股份的数量;③ 采用《证券法》规定的代销方式发行。

(3)向不特定对象公开募集股份(增发)的条件。除一般规定的条件以外,还有以下条件:① 最近3个会计年度加权平均净资产收益率平均不低于6%,扣除非经常性损益后的净利润与扣除前的净利润相比以较低者为计算依据;② 除金融类企业外,最近一期末不存在持有金额较大的交易性金融资产和可供出售的金融资产、借予他人款项、委托理财等财务性投资的情形;③ 发行价格应不低于公告招股意向书前 20 个交易日公司股票均价或前一交易日的均价。

(4)非公开发行股票的条件。上市公司非公开发行股票应符合以下条件:① 发行价格不低于定价基准日前 20 个交易日公司股票均价的 90%;② 本次发行的股份自发行结束之日起,12 个月内不得转让,控股股东、实际控制人及其控制的企业认购的股份,36 个月内不得转让;③ 募集资金的使用符合规定;④ 本次发行导致上市公司股权发生变化的,还应当符合中国证监会的其他规定;⑤ 非公开发行股票的发行对象不得超过 10 名;⑥ 发行对象为境外战略投资者的,应当经国务院相关部门事先批准。

三、股票发行定价

2004 年 12 月,中国证监会发布《关于首次公开发行股票试行询价制度若干问题的通知》。我国股票的发行定价采用股票询价制度,即股票发行申请经中国证监会核准后,发行人应公告招股意向书,开始进行推介和询价。询价分为初步询价和累计投标询价两个阶段。发行人及其保荐机构应通过初步询价确定发行价格区间,通过累计投标询价确定发行价格。

初步询价是指新股发行的公司及保荐机构应通过向询价对象询价的方式确定股票发行价格区间。询价对象是指符合中国证监会规定条件的证券投资基金管理公司、证券公司、信托投资公司、财务公司、保险机构投资者和合格境外机构投资者等。初步询价相当于机构定价,其中发行人及其保荐机构应向不少于 20 家询价对象进行初步询价,并根据询价对象的报价结果确定发行价格区间及相应的市盈率区间。询价对象应在综合研究发行人内在投资价值和市场状况的基础上独立报价,并将报价依据和报价结果同时提交给保荐机构。初步询价和报价均应以书面形式进行。公开发行股数在 4 亿股及以上的,参与初步询价的询价对象应不少于 50 家。

累计投标询价是指事先不固定发行价格,而是由发行者、承销商与投资者进行充分信息交流,从而根据投资者的价格意愿和需求信息确定发行价格和发行数量。基本流程是初步询价确定一个发行的价格区间之后,承销商继续推销、宣传、披露公司的基本信息,要求投资者在设定的价格区间内申报其意愿价格和相应认购数量;承销商收集完所有投资者的认购信息后,将所有投资者在不同价格上的申购量累计标出,从而得出不同价格下的相应认购数量,按照总申购金额超过发行额的倍数确定发行价格并相应配售股份。如果投资者的有效申购总量大于本次股票发行量,但超额认购倍数小于5倍时,以询价下限为发行价;如果超额认购倍数大于5倍时,则从申购价格最高的有效申购开始逐笔向下累计,直至超额认购倍数首次超过5倍为止,以此时的价格为发行价。累计投标询价相当于在机构询价的基础上让市场定价。

根据累计投标询价结果确定发行价格,发行人及其保荐机构应向参与累计投标询价的询价对象配售股票:公开发行数量在4亿股以下的,配售数量应不超过本次发行总量的20%;公开发行数量在4亿股及以上的,配售数量应不超过本次发行总量的50%。累计投标询价完成后,发行价格以上的有效申购总量大于拟向询价对象配售的股份数量时,发行人及其保荐机构应对发行价格以上的全部有效申购进行同比例配售。配售比例为拟向询价对象配售的股份数量除以发行价格以上的有效申购量,询价对象应承诺将参与累计投标询价获配的股票锁定3个月以上,锁定期自向社会公众投资者公开发行的股票上市之日起计算。

第二节　股票交易市场

股票交易市场是为已经公开发行的股票提供流通转让和买卖机会的市场。股票交易市场也称股票流通市场,通常分为场内交易市场和场外交易市场。其中,在证券交易所上市交易的股份有限公司称为上市公司,上市公司的股票在证券交易所交易买卖;符合公开发行条件、但未在证券交易所上市交易的股份有限公司称为非上市公众公司,非上市公众公司的股票将在柜台市场转手交易,也就是在场外交易市场交易。

一、股票交易市场的分类

(一)场内交易市场

场内交易市场又称证券交易所市场,是指在一定的场所、一定的时间,按一定的规则集中买卖已发行证券而形成的市场。

我国《证券法》规定,证券交易所是为证券集中交易提供场所和设施,组织和监督证券交易,实行自律管理的法人。证券交易所的设立和解散,由国务院决定。证券交易所作为进行证券交易的场所,其本身不持有证券,也不进行证券的买卖,当然更不能决定证券交易的价格。证券交易所应当创造公开、公平、公正的市场环境,保证证券市场的正常运行。

我国在以上海证券交易所、深圳证券交易所作为证券市场主板市场的基础上,又在深圳证券交易所设置中小企业板块市场和创业板市场,从而形成交易所市场内的不同市场层次。

(二)场外交易市场

场外交易市场(OTC)是指证券交易所以外的证券交易市场。场外交易市场,又称柜台交易市场或店头交易市场,是在交易所以外由证券买卖双方直接议价成交的市场。

在早期银行业与证券业未分离时,由于证券交易所尚未建立和完善,许多有价证券的买卖是通过银行进行的,投资者直接在银行柜台上进行证券交易,所以称为柜台交易。实行分业制后,这种通过柜台进行的证券交易转由证券公司承担。随着通信技术的发展,目前许多场外交易市场并不直接在证券公司柜台上进行,而是由客户与证券公司通过电话与电传进行业务接洽,故又称为电话市场。

场外交易市场是进行分散、个别交易的流通市场,它在市场的组织方式、市场管理架构、交易方式和交易品种等方面,都有着与证券交易所不同的特点。场外交易市场,最初形成于欧美国家。在证券交易所产生与发展过程中,欧洲的许多国家逐步取消了场外交易市场,但在美国等,场外交易市场依然十分活跃并不断扩大,其证券交易量甚至远远超过证券交易所的交易量。

与证券交易所相比,场外交易市场具有以下五个主要特点。

1. 非集中市场

场外交易市场是一个分散的、无固定交易场所的抽象市场或无形市场。它既没有一个供交易的集中固定的场所,也没有统一的交易时间、交易规则和交易秩序,它是由众多彼此独立经营的证券公司分别通过电话、电报、电传和计算机网络进行联系和交易的。

2. 开放式市场

与证券交易所只有会员才能进入场内交易不同,场外交易市场是任何投资者都能进入的开放式市场。实际上,证券交易所采取的交易方式主要是经纪制,即证券交易主要是通过交易双方的经纪人进行的;而场外交易采取的交易方式主要是自营制,投资者买进卖出证券无须通过经纪人,而是直接和证券公司进行交易,证券公司通过自营买卖,实现证券的交易转让。

3. 证券种类繁多

与证券交易所相比,场外交易市场对挂牌证券的限制条件相对较少,这在相当大程度上满足了众多难以在证券交易所上市的公司及其证券的交易需求。仅股票一项就足以反映场外交易的证券种类繁多,而且数量极大。

4. 议价方式

在场外交易市场上,每笔交易都是由投资者与证券公司之间通过协商议价进行的,证券买进或卖出采用的是"一对一"交易方式,这样对同一种证券的买卖就不可能同时出现众多购买者或出售者,也就不存在竞争性的要价和报价机制。因此,场外交易市场的证券交易价格不是以拍卖的方式竞价确定的,而是由证券公司同时挂出同种证券的买进价与卖出价,并根据投资人是否接受加以调整而形成的。

5. 特殊的管理模式

场内交易的管理,主要借助证券交易所的自律管理和国家证券监管机构的强制管理来完成,证券交易所对证券商和交易活动享有很大的管理权。场外交易的管理相对比较宽松,监管机构通常只就交易中的违法行为加以处理,日常的交易活动由证券公司在法律规定的范围内实施,或由证券业协会加以适度监督。

二、股票交易程序

股票交易程序,主要是指投资者通过经纪人在证券交易所买卖股票的交易程序,包括开户、委托、竞价成交、清算交割、股票过户五个方面。我国有 A 股和 B 股两类股票交易,这里主要介绍 A 股的相关交易程序。

(一)开户

投资者买卖股票首先要开设证券账户和资金账户,只有在开设了证券账户和资金账户之后,才能进行股票买卖。

1. 证券账户

证券账户卡相当于投资者的证券存折,用于记录投资者所持有的证券种类和数量。除了国家法律法规禁止的一些自然人和法人之外,其他任何自然人或法人持有效证件,到证券登记机构填写证券账户申请表,经审核后即可领取证券账户卡,这个过程俗称"办股东代码卡"。证券账户卡一般经中国证券登记结算有限责任公司授权,由投资者所选择的证券公司营业部代为办理。在我国,投资者开立的证券账户包括上海证券账户和深圳证券账户。

2. 资金账户

投资者在开立证券账户后,就可以在所选的证券公司办理资金账户。资金账户是投资者进行证券交易的一个必需账户。投资者通过资金账户进行证券的买入或卖出。现在开立资金账户都采用交易结算资金的第三方存管制度,这里的第三方是指除了证券公司、投资者以外的第三方——银行。引入交易结算资金的第三方存管意味着投资者进出资本市场的所有资金的进入和提取都要通过资金托管银行,从而保证了投资者资金的安全性。

证券公司将客户证券交易结算资金交由银行等独立第三方存管。实施客户证券交易结算资金第三方存管制度的证券公司将不再接触客户证券交易结算资金,而由存管银行负责投资者交易清算与资金交收。实行客户证券交易结算资金第三方存管制度能确保客户证券交易结算资金不被证券商挪用,该制度有效地在证券公司与所属客户证券交易结算资金之间建立隔离墙。该制度遵循"证券公司管交易,商业银行管资金、登记公司管证券"的原则,由证券公司负责客户证券交易买卖、登记公司负责交易结算并托管股票;由商业银行负责客户证券交易结算资金账户的转账、现金存取以及其他相关业务。

(二)委托

投资者买卖股票不能亲自到交易所办理,必须通过证券交易所的会员(证券商)进行。委托是指投资者决定买卖股票时,以申报单、电话、电报或信函等形式向证券商发出买卖指令。委托的内容包括证券名称、代码、买入或卖出的数量、价格等。现在,许多证券商为投资者开办了电话委托、触摸屏委托、电脑终端委托等多种自助委托方式。

(三)竞价成交

证券商在接受委托后,将股民的买卖委托指令通过"红马甲"(有形市场)或者直接(无形市场)输入证券交易所的电脑终端机,每一笔买卖委托由五项信息组成:① 委托序号;② 买卖区分;③ 证券代码;④ 买卖股权;⑤ 买卖价格。由于买卖同种证券的客户很多,成交价格和数量需通过买卖双方竞价形成。竞价成交机制的主要内容如下。

1. 竞价原则

证券交易的竞价原则是价格优先和时间优先。价格优先原则为:较高价格买进申报优于较低价格买进申报,较低价格卖出申报优于较高价格卖出申报。时间优先原则为:同价位申报时,按照时间的先后顺序进行申报。

2. 竞价方式

证券交易所的竞价方式有两种,即集合竞价和连续竞价。这两种方式是在不同的交易时段上采用的。集合竞价是在开盘前一段时间内确定一个开盘价,而连续竞价是在开盘价确定后的时间内进行的。集合竞价不完全是按照价格优先和时间优先的原则,我国深、沪两地参考价(开盘价)的确定原则是:① 高于此价的买入申报和低于此价的卖出申报必须全部成交;② 与参考价相同的一方(卖方或买方)必须全部成交;③ 参考价还必须能使前两条实现的成交量最大;④ 如果有两个价位满足上述条件,则取其中间价作为参考价;⑤ 如果上述原则不能产生参考价时,则用前一个交易日的收盘价作为参考价。

目前,上海证券交易所、深圳证券交易所同时采用集合竞价和连续竞价两种竞价方式,即对每个交易日上午9:15至9:25电脑撮合系统接收的全部有效委托进行集合竞价处理,对其余交易时间的有效委托进行连续竞价处理。

◇ 知识链接

集合竞价是这样确定成交的:① 系统对所有买入有效委托按照委托限价由高到低的顺序排列,限价相同者按照进入系统的时间先后排列;对所有卖出有效委托按照委托限价由低到高的顺序排列,限价相同者按照进入系统的时间先后排列。② 系统根据竞价规则自动确定集合竞价的成交价,所有成交均以此价格成交。集合竞价的成交价的确定原则为:以此价格成交,能够得到最大成交量。③ 系统依序逐步将排在前面的买入委托与卖出委托配对成交,即按照"价格优先,同等价格下时间优先"的顺序一次成交,直到不能成交为止,所有买委托的限价均低于卖委托的限价。未成交的委托排队等待成交。

集合竞价后的新委托逐步进入系统,与排队的委托进行连续竞价撮合。连续竞价是这样确定成交价的:对新进入的一个买进有效委托,若不能成交,则进入卖委托队列排队等待成交;若能成交,即其委托买入限价高于或等于卖委托队列的最低卖出价,则与卖委托队列顺序成交,其成交价格取卖方叫价。对新进入的一个卖出有效委托,若不能成交,则进入卖委托队列排队等待成交;若能成交,即其委托卖出限价低于或等于买委托队列的最高买入限价,则与买卖委托队列顺序成交,其成交价格取买方叫价。这样循环往复,直至收市。

3. 竞价结果

竞价结果有三种:全部成交、部分成交、不成交。

全部成交是指委托买卖全部成交,证券经营机构应及时通知委托人,并按规定的时间办理交割手续。部分成交指委托人的委托如果未能全部成交,证券经营机构在委托有效期内应继续执行,直到有效期结束。不成交指委托人的委托如果未能成交,证券经营机构在委托有效期内应继续执行,等待机会成交,直到有效期结束。

(四)清算交割

1. 清算与交割的含义

清算是指证券买卖双方进行证券买卖成交以后,通过证券交易所将证券商之间买卖的数量和金额分别予以抵消,计算应收应付证券及应收应付金额的一种程序。清算包括资金清算和股票清算。

证券清算后,可办理交割手续。证券交易中的交割是指证券买卖成交后,买主支付现金得到证券,卖主交出证券换回现金。由于证券的买卖双方都是通过证券代理商进行的,买卖双方并不直接交割,证券的成交和交割等均由证券商代为完成,所以证券的交割分为证券商与委托人之间的交付和证券商之间的交付两个阶段。证券商与委托人之间的交付应该在证券商之间的交付之前进行。证券买方通常在委托证券商买进证券时,就已将其要买进证券的价款存入其交易账户;证券卖方同样是在卖出证券时先将其证券交给证券商,以避免不能交割的危险。证券商之间的交割一般应当是在证券成交的当日收市后并在证券交易所主持下进行。我国证券市场自1992年开始实行无纸化制度,实物股票不再流通。投资者所持证券体现为其证券账户中的电子数据记录。因此,交割只是投资者证券账户中证券数据和资金账户中资金数据的账面记加记减。

2. 清算与交割的原则

(1)净额交收原则。净额交收又称差额清算,就是在一个清算期中,对每个证券商价款的清算只计其各笔应收应付款项相抵后的净额及对每一种证券的清算只计应收应付后相抵的净额。这种清算方式的主要优点是可以简化操作手续,提高清算效率。在清算价款时,同一清算期内不同证券的买卖价款可以合并计算,但不同清算期发生的价款不能合并计算;而在清算证券时,只有在同一清算期内且同种证券才能合并计算。

(2)钱货两清原则。在证券交易中的钱货两清又称款券两讫、货银对付,就是在办理交收的同时完成证券的交割,这是清算交割业务中的基本原则。钱货两清的主要目的是为了防止买空卖空行为的发生,维护交易双方正当权益,保持市场正常运行。

3. 交割的方式

(1)当日交割(T+0)。买卖双方成交后当天即办理证券与价款的转移。

(2) 次日交割(T+1)。在证券买卖双方交易达成后的下一个营业日进行证券和价款的收付。

(3) 例行日交割。证券买卖双方在交易达成后,按所在交易所的规定,在成交日后的某个营业日进行交割。

(4) 特约日交割。证券交易的双方在达成交易后,由双方根据具体情况商定,在从成交日算起15天以内在某一特定契约日行交割。这种交割方式是为了方便那些无法进行例行交割的客户而设立的。

(5) 发行日交割。证券买卖双方对那些已确定发行日但尚未发行的新股在交易所完成买卖后,待发行日进行证券和价款的收付。其目的是给予那些尚未发行但已确定要发行的新股股东以卖出的自由,并将其买卖置于交易所的管理监督之下。

目前,中国证券市场A股采用"T+1"交收制度,即当天买卖,次日交割。投资者T+1日可在证券商处打印交割清单,以核对其T日的买卖活动。若有疑问,亦可向证券结算公司及证券登记机构查证。

(五) 股票过户

股票过户是指投资者买入股票后,办理变更股东名称的手续。我国股票交易是在电脑自动化基础上的无纸化交易。股票成交时,卖出方的股票同时就划进了买入方的名下,至此,一次股票买卖的全过程就完成了。目前我国股票过户是由证券登记结算公司来完成的。

◇ 知识链接

股权登记日这一天,登记在册的股东享有优先配股和出席股东大会的权利,这一天又称过户截止日。上市公司宣布送配方案后,在方案实施之前,这种股票被称为含权股票。除权基准日是指从此日起买入股票的投资者不能享受送股、配股的权利,沪市用XR表示。除息基准日是指从此日起买入股票的投资者不能享受现金股息,沪市用XD表示。若既除权又除息,沪市用DR表示。除权后的股票不再享有相关权益,除权后股票交易的价格会降低。除权价的计算公式为:

除权价＝(除权前市价＋配股价×配股比例－现金红利)/
(1＋送股比例＋配股比例)

贴权是指除权后股票市价或股价走势低于除权价,即参与送配的股东受到损失。填权是指除权日股票市价或股价走势高于除权价,即参与送配的股东可以获利。

第三节　证券市场监管

证券市场监管是指证券管理机关运用法律的、经济的以及必要的行政手段,对证券的募集、发行、交易等行为以及证券投资中介机构的行为进行监督与管理。各国对证券市场的监管模式大体分为三种:一是政府集中管理型,即由政府依据法律法规对证券市场加以全面监管,其代表是美国;二是自律性管理型,主要由证券交易所及证券交易商协会等机构管理证券市场,政府较少干预,其代表是英国;三是中间性管理型,它既强调立法管理,又注重自律性管理,其代表是德国。

证券市场监管的目标在于:运用和发挥证券市场机制的积极作用,限制其消极作用;保护投资者合法权益,保障合法的证券交易活动,监督证券中介机构依法经营;防止人为操纵、欺诈等不法行为,维持证券市场的正常秩序;根据国家宏观经济管理的需要,运用灵活多样的方式,调控证券发行与证券交易规模,引导投资方向,使之与经济发展相适应。

一、证券市场监管主体

证券市场监管机构包括证监会和证券交易所。其中证监会是主要监管机构,国务院证券委员会是监管执行机构。证监会负责制定证券期货市场的重大政策和发展规划,为市场指明前进方向。同时,证监会还起草与证券、期货市场相关的法律法规,并制定相关的法规、规章和办法。证券交易所不仅为证券的交易提供场所和设施,还对其中的证券交易承担一定的监管职能。实时监控权和信息披露监督权是监管职能的重要组成部分。

除了监管机构,还有自律组织,即中国证券业协会。中国证券业协会是根据《证券法》《社会团体登记管理条例》相关规定成立的证券自律组织,是非营利性社会组织,接受中国证监会和民政部的业务指导、监督管理。

◆ 知识链接

2020年,瑞幸咖啡发布公告承认虚假交易22亿元,证监会派驻调查组进驻瑞幸咖啡进行调查。这是《证券法》修改之后证监会首次实施长臂管辖权的案件,意味着我国证券执法进入了新的历史阶段,开启了证券监管新时代。以往国内企业在美国上市或在其他境外地区挂牌,由于证监会不具有长臂管辖权,即使企业存在违规违法行为,即使是在国内,即使是发生在证监会的眼皮底下,证监会也往往是鞭长莫及,不能有所作为。而在《证券法》赋予其长臂管辖权后,这一格局无形中发生了改变。证监会行使长臂管辖权,将有利于打击在境外上市企业的违法违规行为。对于境外上市的其他企业将产生震慑作用,警示意义不言而喻。行使长臂管辖权是适应中国金融对外开放之需要,既是出于监管的需要,也有利于维护中国概念股的声誉。

二、证券市场监管内容

(一)对证券发行上市的监管

1. 证券发行核准制

对证券发行上市的监管的核心是发行决定权的归属,我国目前对证券发行实行的是核准制。核准制是指发行人申请发行证券,不仅要公开披露与发行证券有关的信息,符合《公司法》和《证券法》所规定的条件,而且要求发行人将发行申请报请证券监管部门决定的审核制度。

2. 证券发行注册制

证券发行注册制是指证券发行申请人依法将与证券发行有关的一切信息和资料公开,制成法律文件,送交主管机构审查,主管机构负责审查发行申请人提供的信息和资料是否履行了信息披露义务的一种制度。

3. 信息披露制度

制定证券发行信息披露制度的目的是通过充分公开、公正的制度来保护公众投资者,使其免受欺诈和不法操纵行为的损害。各国均以强制方式要求信息披露。信息披露的意义如下。

(1)有利于价值判断,防止信息滥用,有利于监督经营管理,防止不正当竞业,提高证券市场效率。

(2)规定信息披露的基本要求:全面性、真实性、时效性。

(3)规定证券发行与上市的信息公开制度:证券发行信息公开制度,证券上市信息公开制度。

(4)规定持续信息公开制度。

(5)规定信息披露的虚假或重大遗漏的法律责任。

4. 证券发行上市保荐制度

对保荐人和保荐代表人的违法违规行为,除进行行政处罚和依法追究法律责任外,证券监管机构还将引进持续信用监管和"冷淡对待"的监管措施。

(二) 对交易市场的监管

1. 证券交易所的信息公开制度

我国《证券法》规定,证券交易所应当为组织公平的集中交易提供保障,公布证券交易即时行情,并按交易日制作证券市场行情表,予以公布。未经证券交易所许可,任何单位和个人不得发布证券交易即时行情。证券交易所对证券交易实行实时监控,并按照国务院证券监督管理机构的要求,对异常的交易情况提出报告。证券交易所应当对上市公司及相关信息披露义务人披露信息进行监督,督促其依法及时、准确地披露信息。证券交易所根据需要,可以对出现重大异常交易情况的证券账户限制交易,并报国务院证券监督管理机构备案。

2. 对操纵市场行为的监管

事前监管是指在发生操纵行为前,证券监管机构采取必要手段以防止损害发生。为实现这一目的,各国证券立法和证券监管机构都在寻求有效的约束机制。我国《证券法》规定,操纵证券市场的,责令依法处理非法持有的证券,没收违法所得,并处以违法所得一倍以上五倍以下的罚款;没有违法所得或者违法所得不足三十万元的,处以三十万元以上三百万元以下的罚款。单位操纵证券市场的,还应当对直接负责的主管人员和其他直接责任人员给予警告,并处以十万元以上六十万元以下的罚款。操纵行为受害者可以通过民事诉讼获得损害赔偿。

3. 对欺诈行为的监管

(1) 欺诈客户,指证券经营机构或其工作人员在履行职责时实施的故意诱骗投资者买卖证券的行为。

(2) 虚假陈述,指具有信息公开义务的单位或个人,违反证券市场中的信息分开制度,在有关文件中对重要事实作虚假的陈述或者有重大遗漏的行为,是发生在证券发行、交易过程中的一种特殊欺诈行为。

(3)财务造假,指造假行为人违反国家法律法规及制度的规定,采用各种欺诈手段在会计账务中进行弄虚作假,伪造、变造会计事项,掩盖企业真实的财务状况、经营成果与现金流量情况,从而为小团体或个人谋取私利的违法犯罪行为。

4. 对内幕交易的监管

(1)内幕人员利用内幕信息买卖证券或者根据内幕信息建议他人买卖证券。
(2)内幕人员向他人泄露内幕信息,使他人利用该信息进行内幕交易。
(3)非内幕人员通过不正当的手段或者其他途径获得内幕信息,并根据该信息买卖证券或者建议他人买卖证券等。

◇ **知识链接**

证监会通报 2021 年 20 起典型违法案例 财务造假成"重灾区"

美国遭遇 1929 年全球股市的大崩盘,使刚刚兴起的美国基金业遭受了沉重的打击。随着全球经济的萧条,大部分投资公司倒闭,残余的也难以为继。但比较而言,封闭式基金的损失要大于开放式基金。4 月 1 日,证监会官网通报 2021 年 20 起证监稽查典型违法案例,案件涉及财务造假、欺诈发行、虚假陈述、操纵市场、内幕交易、中介机构未勤勉尽责、私募违法违规以及对抗执法等;违法违规主体涉及个人、上市公司、券商、私募、审计机构等,亚太药业、海通证券等被点名。

证监会表示,监管部门持续严厉打击资本市场财务造假等信息披露违法行为,依法严肃追究大股东、实际控制人和上市公司及其董事、监事、高级管理人员的违法责任。此次通报中有 6 起是财务造假典型案例,例如:2016 年至 2019 年,宜华生活实际控制人指使上市公司通过虚构销售业务等方式,累计虚增收入 71 亿元,累计虚增利润 28 亿元;2018 年至 2019 年,广州浪奇通过虚构大宗商品贸易、虚增存货等方式,累计虚增收入 129 亿元,虚增资产 20 亿元。

2021 年证监会稽查 20 起典型违法案例:
(1)宜华生活信息披露违法违规案。
(2)广州浪奇信息披露违法违规案。
(3)年富供应链、宁波东力信息披露违法违规案。
(4)龙力生物信息披露违法违规案。
(5)亚太药业信息披露违法违规案。
(6)蓝山科技欺诈发行及相关中介机构未勤勉尽责案。
(7)科迪乳业信息披露违法违规案。
(8)正中珠江未勤勉尽责案。
(9)瑞华所未勤勉尽责案。
(10)海通证券未勤勉尽责案。

(11)华晨集团债券信息披露违法违规案。
(12)永煤控股债券信息披露违法违规案。
(13)胜通集团债券信息披露违法违规案。
(14)陈某等人操纵中昌数据股票价格案。
(15)李某等人操纵"金逸影视"股票价格案。
(16)黄某等人操纵"纤维板1910合约"价格案。
(17)中程租赁内幕交易*ST新海股票案。
(18)杨某等人内幕交易鲁商置业股票案。
(19)广州基岩违法违规案。
(20)朱某拒绝、阻碍调查案。

(资料来源:人民网,2022年4月2日)

第四节 我国证券市场的建立和发展

一、我国建立证券市场的背景

西方发达国家的股票市场,是遵循股票市场发展的自然规律,在市场经济的土壤里生成的"天然产品"。而中国的股票市场,则是在中国经济体制转轨时期,在以社会主义公有制经济为主体、同时探讨公有制经济多种实现形式的土壤里,在既要学习借鉴西方发达国家股票市场发展的自然规律,又要考虑中国国情、遵循中国经济发展的自然规律,在不断摸索的过程中催生的"人工产品"。这就决定了中国股票市场是中国特色的股票市场。

中国的股票市场是国有企业股份制改革的产物。经过30多年的国家投资、国家重建,到20世纪80年代,中国已经形成了覆盖各个领域的庞大的国有企业体系。并在以国家独资为资本组织形式的制度基础上,形成了对应的社会分配机制、储蓄和投资运行机制。20世纪80年代中期,中国经济体制改革和机制转换过程中产生的各种问题和矛盾也日趋突出地显现出来,具体表现为:一方面,国有企业因传统的计划运行机制的弊端和改革没能取得根本性的突破,面临着经营困难、亏损面增大、负债率过高、资产结构不合理的困境;另一方面,在金融领域,因长期实行单一的银行信用体制和国有企业普遍存在的"预算软约束",使得国家银行独自承受的金融风险日渐增大,其他国家不时爆发的区域性金融危机也一再为中国敲响警钟。为了解决这些矛盾和问题,中国先后进行了一系列改革尝试:在国有企业领域,先后推行放权让利、租赁制、承包制、转换国有企业经营机制等多项改革措施;在国有银行领域,先后推行中央银行与专业银行分离、对国有银行进行企业化改革等多种尝试。但是这些改革效果都不太理想。在这种情况下,处于改革开放前沿阵地的经济特区先行尝试进行了股份制改革。

◇ 背景链接

改革开放初期,国家对国有企业在资金、利润分配方面作了以下两项改革:一是对企业放权让利,实行利润按比例分成的分配制度,以改变国有企业在统收统支的传统体制下没有任何资金使用自主权的状况;二是将原来对企业的财政拨款(包括固定资产投资和流动资金)改为银行贷款,以改变企业无偿占用国家资金的状况。但是,改革没有收到预定的效果。国有企业按一定比例留下来的资金,由于失去了所有者的约束,企业管理者更倾向于将其作为工资和奖金分配给个人,而企业扩大生产所需要的资金主要依靠银行的贷款。但银行本身的改革滞后,致使银行的债权对企业的财务约束也并不像期望的那么强。企业普遍负债过高。各级政府再也不给原有的国有企业注入资本金,在确定建设项目时,也没有能力给新建企业注入资本金。地方政府靠指令银行和其他金融机构给这些项目贷款。这些企业从建立之日起就处于所谓无本经营的状况。国有商业银行和其他金融机构无权参与项目的确定,只是奉命给没有资本金、因而没有任何资产担保的企业提供贷款。在这种情况下,既然是奉命贷款,就没有理由让银行和其他金融机构完全承担回收贷款的责任。其实,银行和其他金融机构一般也很少考虑去履行这种责任,因此,银行和其他金融机构的风险日积月累,呆账和坏账不断增加,资产质量日渐下降。事实上,银行和其他金融机构对企业的债权约束很弱的原因,是相当多的企业认为项目是政府定的,项目是否有效益责任在政府,一旦项目不成功,企业既无力也不想归还银行的本金和利息。对于完全靠银行贷款建立的企业,企业经理人员会认为企业并不属于没有实际投入资金的政府,也不属于最终要求企业归还贷款的银行。他们也许认为企业应该属于企业全体员工。所以企业产权关系很不清楚。结果企业经理人员实际掌握了企业利润分配的权力,却把企业负债的风险扔给了银行,这当然既不利于企业改革,也不利于银行体制改革。

对于国有企业来说,靠国家的所有权约束和靠国有商业银行的债权约束,都无法转变国有企业的经营机制。要改变国有企业无本经营的状况,在国民收入分配格局已经发生很大变化的情况下,靠国家财政也无可能。

当传统计划经济体制下主要依靠政府进行社会积累的机制被打破以后,应当建立怎样的有利于社会发展的积累机制这个问题就凸显出来了。靠间接融资即银行贷款进行积累,除了存在着企业产权不清、缺少所有者约束、银行承担的风险过于集中的弊端之外,由于银行本身机制转换的滞后而难以形成对国有企业的有效监督。在这种背景下,我国经济学界普遍达成共识,即应该发展直接融资,通过证券市场融资的方式将社会储蓄转化为投资,同时促使上市公司建立有效的治理结构。可以说,中国证券市场是改革发展到一定阶段形成的必然产物。

◇ 背景故事

1990年1月,为进一步推动改革开放,邓小平同志在上海过春节期间提出:"请上海的同志思考一下,能采取什么大的动作,在国际上树立我们更加改革开放的旗帜。"邓小平同志此番讲话后,经过近一年的准备,上海证券交易所成立了。

(一)意识形态上还受到很大的约束

20世纪80年代,当时的计划经济体制是排斥股票市场的。在公有制经济占主导地位、寻求扩大发展非公经济的股份有限公司、促进所有制体制改革的经济框架中,才对股票市场"不争论,大胆试"。

(二)市场的形成,规则的制定具有自发性

深圳、上海两个市场开始时是地方性的市场,上市公司都是当地的企业,股票面额的额度,发行价的高低(平价),回报率的匹配(不低于一年期存款利率),上市公司的确定,交易规则的制定,股权结构制度的设计(全流通、半流通、各种所有制都有)等,都带有自发的性质。

◇ 知识链接

新兴股市发展的几个阶段

美国学者安托尼·阿格迈依尔把发展中国家股票市场划分为以下几个阶段。

1. 休眠阶段

股票市场发育初期,仅有少数人知道股票市场的存在,交易缓慢,上市挂牌的公司极少,价格保持在票面价水平,股价被低估。随后,当一般的投资者发现股息收益超过其他投资形式的收益时,开始较踊跃但谨慎地购买股票。

2. 操纵阶段

一些证券经纪商和交易商发现,由于股票不多,流动性有限,只要买进一小部分股票就能哄抬价格。只要价格持续高涨,就会吸引其他人购买,这时操纵者抛售股票就能获取暴利。因此,他们开始哄抬或打压市价,操纵市场,获取暴利,获利后迅速离开市场。

3. 投机阶段

由于操纵的作用,股价常常被哄抬至超过基本价位,并开始波动。于是出现人为制造价位差价的投机现象。此阶段由于投资者迅速增加,股票价格大大超过实

际价值，交易量扶摇直上。新发行的股票也往往被超额认购，吸引了许多公司都来发行股票，原来惜售的持股者也出售股票以获利，于是扩大了上市股票的供应。

4. 萧条阶段

投机发展到一定程度，可用于投资的资金枯竭，新发行的股票已无法被充分认购。投资者开始认识到股价升得太高，已与其基本价值失去联系了，于是价格开始下跌，进入了调整。如果股票价格调整幅度过大，时间过长，股市就会崩溃。

5. 成熟阶段

随着股票市场调整的稳定，公众开始对股票市场重新恢复信心，更多的个人和机构投资者加入市场活动，交易量稳定增长，股票供给范围增大。价格尽管有波动，但幅度较小。至于调整时期的长短，视价格跌落的幅度、购买新股票的刺激、机构投资者的行为等因素而定。股市的暴跌使有些投资者损失惨重，他们只得做长期投资，寄希望于未来股票价格的回升，投资者开始变得谨慎。一些没有经历过崩溃阶段的新的投资者开始加入进来，机构投资者的队伍也扩大了，这样成熟阶段就开始了。成熟阶段的特点是股票供应增加，流动性更大，投资者更有经验，交易量更稳定，股价不像以前那样激烈波动了，而是随着经济和企业的发展上下波动。

阿格迈依尔的理论具有一定的普遍性，在许多国家和地区股票市场的实践中得到了多次证实，用该理论来看我国股票市场，有一定的指导意义。

（资料来源：安托尼·阿格迈依尔：《发展中国家和地区的证券市场》，中国人民银行金融研究所、外国金融研究室译，中国金融出版社 1988 年版。）

二、我国证券市场发展阶段和经历的重大事件

中国股票市场作为新兴市场，也会表现出股票市场发展的阶段性规律。中国社会主义市场经济的发育、发展过程的特点，使中国股票市场发展呈现出两大时期七个阶段的特征。

第一时期为 1990 年末至 2001 年底，从 1990 年末，沪、深证券交易所相继建立，到 2001 年底中国加入 WTO（世界贸易组织），是新兴市场的发育时期；第二时期为 2002 年至今，是更加开放、规范和国际化的发展时期。在这两大时期，中国股票市场发展可以划分为七个阶段。

（一）1990—1991 年：股市的初创阶段

1. 起止的标志性事件

1990 年末，沪、深证券交易所相继建立，股票集中交易市场正式宣布成立。

2. 这一阶段的特点

(1)受到所有制问题的困扰,对中国发展资本市场存在思想认识上的分歧。分歧点在于:资本市场这个资本主义有的东西,社会主义制度能不能拿过来用?

(2)资本市场在自发状态中,搭建资本市场体系,探索建立各项基本制度。市场规模较小,以分隔的局部试点为主;发行和交易缺乏全国统一的法律法规依据;缺乏统一规范和集中监管。

3. 这一阶段的突出事件

(1)只有13只股票,即所谓的老八股、老五股。上海八只股票分别为延中实业、真空电子、飞乐音响、爱使股份、申华实业、飞乐股份、豫园商城和浙江凤凰。深圳五只股票分别为深发展、深万科、深金田、深安达、深原野。这些股票在沪、深证券交易所试行流通。

(2)试行1%～10%涨跌幅限制或放开涨跌幅限制,上证指数从96点开始,经过两年到达1429点,后来从1429点跌到386点。

(二)1992—1997年:股市的试验阶段

1. 起止的标志性事件

(1)1992年1月19日开始,邓小平同志对深圳进行了为期4天的考察,在了解了深圳股市的情况后,他指出:有人说股票是资本主义的,我们在上海、深圳先试验了一下,结果证明是成功的。看来资本主义有些东西,社会主义制度也可以拿过来用,即使错了也不要紧嘛!错了关闭就是,以后再开,哪有百分之百正确的事情。邓小平同志的讲话一锤定音,为当时蹒跚学步的股市定了调。打开了资本市场进一步发展的空间。

(2)1997年9月,中共十五大第一次认可"股份制是公有制的一个特殊形式",股票市场的地位正式确立。

2. 这一阶段的特点

(1)中国确立经济体制改革的目标是建立社会主义市场经济体制,股份制成为国有企业改革的方向,更多的国有企业实行股份制改造并开始在资本市场上市。

(2)1993年,股票发行试点正式由上海、深圳推广至全国。地方性的市场试验成为全国性的市场试验。试行有国有股、法人股、社会公众股股权分置的制度,新股网上发行制度,按市盈率溢价审核发行的制度,发行指标额度制等。

(3)1992—1997年由中央与地方、中央各部门共同参与管理向集中统一管理过渡。股市监管机制开始形成,监管体系初具雏形,规定了涨跌幅及交易量限制。

(4)1996年5月迎来了大牛市行情。

(5)在供求机制和市场监管机制尚未成形与完善之时,高速发展的股市出现了股市价格暴涨暴跌、投机之风盛行、黑市行为大量滋生等诸多问题。

 3. 这一阶段的突出事件

(1)1992年5月21日,上海取消了涨跌幅限制。当天,大盘高开,涨幅高达100%,指数从600点涨到1200点,其中,几个新股的发行狂升3000%左右。

(2)1992年,发生"8·10事件"。

(3)1993年,发生宝延风波。

(4)1994年,发布三大救市政策。

(5)1995年2月23日,发生"327风波"。

(6)1995年,发生"5·18井喷"。

(7)1996年12月16日,发生《人民日报》以社论形式干预股市。

◇ **知识链接**

"8·10事件"

1992年8月6日,深圳对外公布将发售500万张共5亿元额度的新股认购抽签表,一张抽签表的价格100元,每张身份证限购一张抽签表,每人限持10张身份证,每10张抽签表可认购1000股股票。当时在一级市场申购到新股,就意味着在二级市场财富的成倍增值。

8月8日起,超过120万名当地及全国各地的准股民在全市302个发售网点前排起长龙。排队的人不管是男是女、是老是少、已婚还是未婚,都无所顾忌地前胸与后背紧紧贴在一起。尽管有时烈日暴晒,有时大雨倾盆,但人们被巨大的财富梦鼓舞着,千辛万苦不在话下。

8月10日上午,原本准备发行三天的抽签表,居然半天就卖完了。经历两天两夜排队的投资者只有极少数人买到了抽签表,事后查实共有4180名干部职工私自截留抽签表达10多万张。这天傍晚,数千名没有买到抽签表的股民在深圳市深南中路游行,打出反腐败和要求公正的标语,并对市政府和中国人民银行进行围攻。这就是震惊全国的"8·10事件"。

"8·10事件"是人们渴求财富天真又疯狂的写照,也是投资者对中国股票发行行政管制不严导致腐败的一次宣泄;更是为我们提出了到底应当如何发展证券市场的问题。"8·10事件"之后直至今日,我国新股发行仍然没有放开行政管理。此事件对中国股市发展影响之深,由此可见。

(资料来源:根据尚晓娟《中国证券市场20年大事记》改写)

宝延风波

1993年9月的上海,本是绵绵秋雨一片,沉淹于几个月凄迷市道中的上海股市却隐隐有走强的态势,上海新发布通知允许机构入市。于是仿佛有一只"手",一只无形无影的"手",在慢慢拉动大盘上升,其中的个股——延中实业(以下简称"延中")表现得最为突出。

9月6日,延中开盘9.20元,收盘9.45元,成交量371600股,价升量增,走出长期低迷徘徊的8.8元局面,而且明显有庄家进驻迹象,吸筹建仓明显。

9月17日,延中股价最高摸至9.89元,成交量异常放大,达1020900股。此后,主力机构加快购买速度,在10元以下大量吸进筹码。

9月21日,延中股价突破10元大关,当日成交量达1304400股。

9月24日,延中股价飙升,摸高11.88元,成交量达5057900股,创短期内新高。延中的走强,引起了所有投资者的关注,大批炒手和机构也开始大举入市,将价位不断拉升,29日收盘价为12.05元。

9月30日,延中以12.11元开盘,10时过后即升至12.58元,11时跃过13元。11时15分,市场传出消息,由于机构持有的延中普通股已超过5%,上交所令延中暂时停牌,延中股价瞬间跌至12.92元。

"犹抱琵琶半遮面,千呼万唤始出来。"9月30日中午,宝安集团上海公司第一次正式公告,该公司已持有的延中普通股占5%以上。下午开盘后,延中股价开始疯涨,最高达19.99元,成交量为9663600股,再创近期天量。

10月4日,宝安集团上海公司再次公告,宣称宝安已实际持有延中总股本的16%,成为延中的第一大股东,而且该公司将继续购进并长期持有延中股票。10月5日,宝安集团上海公司在上海举行新闻发布会,重申宝安无意与延中发生对立,宝安收购延中的目的是要做延中的第一大股东,参与延中的经营管理。

10月6日,宝安集团上海公司与延中公司领导层首次面对面接触。宝安集团上海公司总经理何彬表示,作为第一大股东,宝安要求参与延中的管理和决策,并提出首先要了解延中的经营和财务状况。延中董事长则认为,此次收购"是一件对股份制有贡献的事情",但必须在法律规定的范围内进行,延中公司将不排除通过诉讼程序来维护自身权益。另外,延中公司已聘请香港宝源投资有限公司有关专家作为公司的反收购顾问,谋划反击行动。

10月7日,延中态度明朗的第一个交易日,股价从21.98元飙升到42.20元。8日,出现大幅震荡,收市大幅回落至24.00元。

10月22日,轰动全国的"宝延事件"终于有了结果。中国证监会官员宣布:经调查,宝安集团上海公司通过在股票市场买入延中股票所获得的股权是有效的,但宝安集团上海公司及其关联企业在买卖延中股票的过程中存在违规行为,为此,中国证监会对宝安上海集团公司进行了惩戒。

"宝延大战"开辟了中国证券市场收购与兼并的先河,成为中国证券市场首例通过二级市场收购达到成功控制一家上市公司的案例,也为后来中国产权市场日趋活跃的兼并重组打响了"第一枪"。

"5·18井喷"

1995年5月18日起,沪市指数仅用3天时间就从582点冲到900点,成交金额从1.5亿元到突破100亿元,这就是著名的"5·18井喷"。

《人民日报》以社论形式干预股市

1996年12月16日,《人民日报》发表特约评论员文章《正确认识当前股票市场》,以社论形式对疯狂投机的股市行为予以打压。该社论将股市的暴涨定性为"机构大户操纵市场、银行违规资金入市、证券机构违规透支、新闻媒介推波助澜、误导误信股民跟风"等。此文一出,股市暴跌,沪、深股市大幅跳空低开,绝大部分股票收在跌停板。

(三)1998—2001年:股市的规范阶段

 1. 起止的标志性事件

1998年4月起,建立了全国集中统一的证券监管体制,国务院确定中国证监会作为国务院直属单位,成为全国证券期货市场的主管部门,同时其职能得到了加强。

2001年底,中国证券期货市场初步形成以《公司法》《证券法》为核心,以行政法规为补充,以部门规章为主体的系统的证券期货市场法律法规体系。

 2. 这一阶段的特点

启用法律法规手段规范管理股票市场。

 3. 这一阶段的突出事件

(1)1999年,发生"5·19行情"。1999年至2001年,股市出现长达2年的牛市行情。
(2)1999年7月,《证券法》实施。
(3)股市的作用被定义为"国企解困"的一个重要途径。
(4)股市严重脱离基本面的支持,市盈率奇高,大量违规行为不断暴露出来。
(5)出现银广夏事件、蓝田事件、水仙退市等重大事件,以及"赌场论"与"推倒重来论"的争论。

◇ **知识链接**

"5·19行情"

1999年5月18日,证监会开会转达了朱镕基总理包括基金入市,降低印花税等8条利好消息。中国股市启动了一轮壮观的牛市行情。5月19日,沪市上涨51点,深市上涨129点。随后,在网络股的带领下,沪、深股市一扫低迷,走出大幅攀升行情,30个交易日内股指上涨65%,其中相当多的个股股价翻了一倍。这就是一直为股民所津津乐道的"5·19行情"。

1999年6月15日,《人民日报》再次发表特约评论员文章,重复股市是恢复性上涨,对当年的牛市起到了推波助澜的作用。此后,这种方式被多次运用,但效应已经逐渐递减。

水仙退市

2001年2月,中国证监会紧急出台《亏损上市公司暂停上市和终止上市实施办法》,对连续3年亏损的上市公司,就暂停上市、恢复上市和终止上市的条件、法律程序、信息披露、处理权限等事宜做了详细规定,这为退市机制的建立提供了政策环境,标志着证券市场的退市通道正式开启。同年4月23日,PT水仙在沪市消失了。PT水仙成为中国证券市场上第一只被摘牌的股票。这是我国规范和发展证券市场历程中的一个重大成果,具有重大而深远的意义。

"赌场论"与"推倒重来论"

2001年初,经济学家吴敬琏在接受《经济半小时》采访时称,中国股市很像一个赌场,甚至还不如赌场,因为赌场里面也有规矩,比如你不能看别人的牌。而中国的股市有些人可以看到别人的牌,可以作弊和操纵。这就是著名的"赌场论"。此外,中国国际金融股份有限公司的经济学家许小年因对股市严厉批判,被人扣上了要把股市"推倒重来"的帽子。"赌场论"和"推倒重来论"的舆论和市场压力,推进了证券行业立法和规范化的进程。

(四)2002—2004年:股市的转轨阶段

 1. 起止的标志性事件

(1)股票价值被严重低估,价格甚至一度低于面值,股市不仅没有达到资源优化配置功能要求,甚至连最基础的融资功能也无法实现。

(2)2004年1月,国务院发布《关于推进资本市场改革开放和稳定发展的若干意见》(简称"国九条"),表明了政府推进资本市场改革发展的决心,以促使资本市场的运行更加符合市场化规律。

2. 这一阶段的特点

(1)中国股票市场运行中的不健康因素得到集中反映,社会各界对中国股票市场功能发挥的现状有颇多不满。

(2)股票市场的地位被提升到改革与发展全局的高度来考虑。中央高层领导提出股票市场不仅要为国有经济改革服务,而且要为国家的经济结构战略性调整服务。中国股票市场被赋予了新的功能,它不仅是筹资的工具,股指的上涨还能带来财富效应、刺激消费增长,有助于改善公司治理结构等。要促使中国股票市场发挥经济结构优化调整、资源优化配置的高层次、综合性作用。

3. 这一阶段的突出事件

(1)新一届中国证监会着手制定解决股权分置问题的方案。

(2)2003年底至2004年上半年,南方证券、闽发证券等证券公司长期积累的问题和风险集中爆发。

◇ 背景链接

南方证券等 21 家券商倒闭

2006年8月16日,负债高达228亿元的南方证券资不抵债正式破产。由此,持续5年的券商清理整顿告一段落。伴随五年熊市,曾经在股市上纵横驰骋的大鹏证券,以及闽发证券、汉唐证券等21家券商都先后退出了证券舞台,这意味着以"坐庄"为主要盈利模式的时代的终结。

这21家券商倒闭的原因,是千方百计地套取资金,如向社会集资、挪用股民账户上的保证金、假委托理财延揽资金等,然后利用资金优势肆无忌惮地操纵股票价格,结果被严重套牢,导致资金链断裂,被迫走上倒闭或被接管之路。此后,券商不再是股市主力,基金等新的机构开始登场。

德隆事件

2004年4月,中国最大民营企业德隆国际战略投资有限公司(以下简称"德隆")轰然倒下,成为资本市场乃至中国经济史上的一个重要事件。

1996年至1997年,实业起家的德隆相继入主屯河股份、合金投资和湘火炬,并陆续在3只股票上建仓,开始了疯狂操纵股票。其间,德隆还收购新疆金新信托,并进而控制多家金融机构,最多时德隆旗下拥有177家子公司和19家金融机构,被称为"股市第一强庄"。2004年4月14日,德隆系股票湘火炬、合金投资和屯河股份首度全面跌停,德隆危机全面爆发。2004年8月26日,新疆德隆、德隆国际、屯河集团被中国华融托管,旗下金融机构也相继被托管经营,其负责人唐万新锒铛入狱。

德隆事件,成为中国民营企业发展与金融机构经营的一个分水岭。此后,民营企业被严格限制染指金融机构。

(五)2005—2007年:股市的重塑阶段

1.起止的标志性事件

2005年5月,开始股权分置改革。

2.这一阶段的特点

中国股市进入了蓬勃发展的阶段,正在承担分流银行资金和加快直接融资步伐的功能。尤为重要的是,股权分置改革以后,资本市场的融资和资源配置功能得以实现。

3.这一阶段的突出事件

(1)股权分置改革基本完成,进行了提高上市公司质量、大力发展机构投资者、改革发行制度等一系列改革。
(2)人民币不断升值。
(3)出现了2005—2007年的大牛市行情。
(4)顺利发行一大批超级大盘股,如中国银行、工商银行、中国国航等,中国资本市场进入了蓝筹时代。

从我国股票市场发展的过程来看,我国股票市场的功能经历了从国有企业改革试点,建立直接融资渠道、促进储蓄向投资转化的基础性功能,到促进国有企业转机建制、为搞活国有经济服务,再到促进经济结构战略性调整这样一个逐步演进的过程。

(六)2008—2014年:股市的修复阶段

1.起止的标志性事件

2014年,IPO重启。

2. 这一阶段的特点

上证指数从 6124 点跌至 1664 点,下跌 72.8%,大量个股跌至一折,随后经历了 6 年的震荡修复过程。

3. 这一阶段的突出事件

(1)2009 年 10 月 30 日,中国创业板正式上市。创业板市场是与主板市场不同的证券市场,专为暂时无法在主板市场上市的创业型企业提供融资途径和成长空间。创业板市场是对主板市场的重要补充,在资本市场占有重要的位置。中国创业板上市公司股票代码以"300"开头。

(2)从 2009 年 8 月开始,A 股、B 股一路下跌,连续 3 年成为主要经济体最衰市场。中国股市连续下跌,直到 2012 年 12 月一度跌破 2000 点,跌到 IPO 被迫暂停方才开始反弹。2014 年 1 月 17 日,新股 IPO 在时隔一年多后重启,1—2 月共发行 48 只股票,随后因发行中存在问题暂停 5 个月。其间,沪、深交易所修改 IPO 网上按市值申购实施办法,中国证券业协会修订《首次公开发行股票承销业务规范》等,IPO 配套措施落地,于 6 月 18 日再次重启。

(七)2015 年至今:股市的杠杆阶段

1. 起止的标志性事件

2015 年中期,上证指数达到 5178 点后引发连续"股灾"。

2. 这一阶段的特点

在金融杠杆的驱动下,股指暴涨暴跌,资金去杠杆引发多轮"股灾"。"国家队"救市维持股价,缓解市场恐慌情绪。

3. 这一阶段的突出事件

(1)"千股跌停"。2014—2015 年的杠杆大牛市以及随之而来的股灾,屡次出现"千股跌停"的惨烈局面。

(2)A 股市场向下熔断。从 2016 年开始正式实施熔断机制,结果 A 股在 1 月 4 日政策落实后连续两天出现了下跌熔断,再现"千股跌停"。A 股市场的熔断机制只实施了 4 天就被废止。

(3) 2019年7月22日,科创板正式开市,中国资本市场迎来了一个全新板块。科创板是独立于现有主板市场的新设板块,并在该板块内进行注册制试点。

(4) 2021年9月3日,北京证券交易所注册成立,是经国务院批准设立的中国第一家公司制证券交易所,受中国证监会监督管理。其经营范围为,依法为证券集中交易提供场所和设施,组织和监督证券交易及证券市场管理服务等业务。设立北京证券交易所,打造服务创新型中小企业主阵地,继续支持中小企业创新发展,深化新三板改革。

◇ 背景链接

2014年7月至2015年4月,上证指数从2100点一路飙升到4300点,经历了一轮波澜壮阔的行情,场内赚钱效应显著,股民情绪高涨。2015年4月22日,当时连人民网也发表署名文章《4000点才是A股牛市的开端》。由于行情火爆,证券营业部门口再次排起了长队,2006—2007年的开户场景再现,人们蜂拥入市,街头巷尾纷纷在议论股市,有人卖了深圳7套房再借款杀入股市,大家都在想尽办法凑钱,都怕错过这千载难逢的赚钱机会。之后的一个多月,沪指继续飙升,到2015年6月12日,沪指最高涨到了5178.19点。其中5月28日,两市成交额达到了惊人的2.3万亿元,创造了新的世界纪录。此时各路股市专家也纷纷出来唱多:"牛市万点不是梦。"

这轮大牛市,杠杆是重要的驱动因素。2014年7月份,A股场内融资余额只有4000亿元左右,到了2015年3至6月份,融资余额快速飙升,直接创出了2.27万亿元的峰值;而场外配资,则在1万亿至2万亿元,这样融资加上场外配资,总额在4万亿元左右。

1. 2015年5月开始,管理层开始清查场外配资,暴跌开始

第一轮下跌(2015年6月15日—6月19日)。周一沪指下跌2%,接近5000点大关,创业板失守3900点、3800点、3700点三个整数关。周二下跌3.47%,周四下跌3.67%,周五更是大跌6.42%。一周内沪指下跌13.32%、深指下跌13.11%、创业板下跌14.99%。这周监管层没有任何表态,显然认为这是正常调整。

第二轮下跌(2015年6月23日—6月26日)。周一端午假期休市,周二、周三有所反弹后,周四指数下跌3.46%,"百股跌停"走势再现;周五沪指直接低开低走暴跌7.4%,走势令人极度失望,两市超过2000只股票跌停,深证和创业板跌幅达到8.91%。面对股市危机,央行在27日实施定向降准,存贷款基准利率下调了0.25个百分点。证监会认为这是市场过快上涨造成的自发调整。

第三轮下跌(2015年6月29日—7月3日)。周一沪指因为周五降准的影响高开低走,当日上证出现了巨大振幅,两市超过1500只股票跌停,沪指下跌3.34%;周二在密集利好下出现上涨5%的走势回到4200点。不过周三、周四以及周五继续下跌破位走势,"千股跌停"趋势延续。

从 6 月 15 日开始至 7 月 3 日,上证指数下跌了 28.4%,深证和创业板更是惨淡,分别暴跌 32.34% 和 33.19%。杠杆资金出现爆仓,形成强平—股价下跌—再强平的负反馈,局面难以控制,多数个股出现腰斩走势,暴跌已经达到"股灾"的程度。监管部门采取措施来稳定市场,7 月 4 日,证监会组织券商召开会议,商议救市策略,以上市券商为主的 21 家证券公司发出联合公告,将以 2015 年 6 月底净资产的 15% 出资,合计不低于 1200 亿元,用于投资蓝筹股 ETF。证监会同时要求 4500 点以下券商自营盘不减持,"国家队"正式进场。

第四轮下跌(2015 年 7 月 6—10 日)。这一周的运行非常惊心动魄,多空双方激战足以载入中国资本市场史册。由证金公司、中央汇金公司和以中信证券为首的券商组成的救市团队开启救市模式。周一因为周末利好频发,上证指数高开 8%,"国家队"通过拉升银行股和"两桶油"保障指数安全,空方在中小创股票以及股指期货市场卖空。盘中一度高开近 8% 的中证 500 期指最后跌了 9%,上证指数收涨 2.4%,不过依然是上千个股票从开盘涨停到收盘跌停。投资者对救市结果非常失望,毕竟不会有人相信中石油能挽救大盘。交易所盘后数据显示,证金公司首次出现在龙虎榜上,耗资逾 58 亿元买入 30 只个股,其中半数资金买入中国石油。

7 月 7 日周二,股市继续下行,国家队救市资金依然在蓝筹股上进行,创业板几乎全部跌停,陷入了整个市场的流动性危机中。事实上,由于拉抬大盘权重股效果不佳,"国家队"此时已经开始在中小盘股上出手,大量的股票在跌停板上不断出现有规律的机器单。整齐划一的成交量,563 手的买单反复出现。7 月 8 日周三,救市资金开始集中扫货中小创股,在西部证券、美邦服饰、长盈精密等 22 股净买入金额超过 10 亿元,合计动用资金接近 700 亿元,榜单上几乎清一色是中小创股。2293 手、2294 手、2295 手的买单很有规律,不少中小创的流通盘几乎被"国家队"买光。以良信电器为例,中信北京金融大街、中信北京望京、中信北京呼家楼等 3 家营业部在 7 月 8 日合计净买入 9.32 亿元,该股当日基本全天维持在一字跌停,按照跌停价格 52.81 元计算,"国家队"买入良信电器股票超过 1700 万股,占流通盘超 50%。

"千股停牌"。为了保证自身安全,两市超过二分之一的上市公司停牌,周三的时候沪市跌了 5.9%。两市除了 1400 余家停牌公司之外,超过 1300 只股票跌停。当时哪只股票不停牌,就会遭到股民围攻。

"千股涨停"。7 月 9 日周四,开盘后"千股跌停",随后指数全线反攻,"国家队"继续出手,大量的机器数字买单继续不停地在跌停板上出现,很多中小市值股票上演"地天板",买入当天即可获利 20%。盘中成功收复了 3700 点,沪指上涨 5.76%,两市千余个股涨停。7 月 10 日周五的时候,三大股指继续上涨,到收盘,沪指上涨了 4.54%,两市超过 1300 个股票涨停,板块集体飘红。持续三周多的暴跌被扭转。7 月 13 日至 8 月 14 日,大盘暂时企稳,这一段时间告别连续暴涨暴跌的走势,出现企稳走势,由于暴跌出现的"股灾",得到了暂时的平息。

2. 第二次暴跌

2015年8月18日—8月26日,因为多重利空消息的影响,比如"国家队"救市退出计划,8月14日,证金公司宣告退出,由此开始了第二波暴跌。在短短一周的时间内,上证从4000点下跌了1000多点,跌幅达到25%。8月26日,上证最低跌至2850.71点后,救市行动再次出现。随后大盘出现了超跌反弹的走势,重回3000点。在之后的一个月内,基本上稳定在3000点,2015年"股灾"得到了平息。

三、宏观经济政策对我国股市影响的历史考察

(一)相对宽松的财政货币政策对股市的影响(1990年4月—1993年6月)

1990年4月实行了改革开放以来的第一次利率下调,1990年8月、1991年4月又连续两次下调利率,货币供应量加大。1992年春邓小平南方谈话和1992年10月中共十四大提出"建设有中国特色的社会主义市场经济",宏观政策进入相对宽松的阶段。投资和出口扩张,1992年经济增长率达14.2%。

上述宏观背景造就和延续了股市的牛市行情。股市在此期间迎来了第一次和第二次大涨。上证指数从1991年1月2日的128.84点飙升至1992年5月26日的1429点的第一次大涨后,出现了1992年10月期间的第一次大跌,回落至386点;随后,上证指数呈明显的上升趋势,于1993年2月16日达到1558.95点。

(二)治理整顿对股市的影响(1993年6月—1996年4月)

1993年6月至1996年4月是治理整顿时期,在恶性通胀环境下,市场利率高达20%以上。中央政策宏观调控的中心是严控通胀,投资、消费全面紧缩,财政、货币政策都"适度从紧",经济增长率持续回落。1995年的GDP增长率由11.8%回落到10.2%,通胀率则由21.7%回落到14.8%;1996年GDP增长率为9.8%,通胀率下降到6.1%。GDP在1993—1996年平均每年下降1个百分点左右。

这段时期,沪、深股市经历了较长时间的调整,其间虽有1994年7月底政府推出的稳定股市的"三大政策"措施,但股指只是维持了一个半月的反弹,改变不了股指的运行趋势,股指继续呈下降趋势。直至1996年初,宏观经济形势才开始缓慢恢复。股市于1996年1月见底后,开始走出低谷。

(三)积极财政政策对股市的影响(1996年4月—2004年4月)

从紧的财政政策使经济增长率不断下滑,这促使宏观政策由紧向松转变。1996年5月,

央行第二次下调利率,于是大批资金向股市回流,形成了 1996 年 4 月—1997 年 5 月的大涨行情,上证指数重新回到 1500 点。但是,当时股市投机现象比较严重,国务院从 1997 年 5 月 10 日起,将证券交易印花税从原来的 3‰ 调整到 5‰,股指由此一路下滑,在 40 个交易日内下跌将近 400 点,跌幅达 27% 左右。1997 年 5 月,发生东南亚金融危机,为了大力支持香港特别行政区的同时防止金融风暴波及内地,央行于 1997 年 10 月第三次下调利率。1998 年,央行将商业银行法定准备金由 13% 降至 8%。1998 年 3 月、7 月、12 月,央行共计 3 次降低利率。1998 年下半年,启用以增发国债、扩大基础设施建设投资为主的财政政策。1999 年,两次下调利率,开征利息税,并于 11 月将法定存款准备金率由 8% 下调至 6%。2000 年,央行继续执行"稳健的货币政策",配合积极的财政政策以拉动内需,启动国民经济。由于上述宏观政策环境,2003 年底 2004 年初,中国经济出现了投资过快、局部过热、通胀压力加大的新情况,宏观政策又开始由松向紧转变。

这个时期股指的总体运行呈上升趋势,造就了 1999 年 5 月至 2001 年 6 月长达两年的牛市行情。上证指数曾上涨到 2245.43 点。

(四)双稳健的财政、货币政策对股市的影响(2004 年 4 月—2007 年 10 月)

2004 年 12 月的中央政治局会议为 2005 年定下双稳健的财政、货币政策基调。积极财政政策正式淡出。

2005 年 5 月,股权分置改革试点工作正式启动。6 月 6 日,上证指数探底 998.23 点后企稳。7 月 21 日,人民币汇率形成机制改革确立,人民币开始不断升值。11 月,中央经济工作会议明确提出,继续加强和改善宏观调控。2006 年 4 月,央行全面上调各档次贷款利率 0.27 个百分点。此次加息是针对经济运行中投资增长过快、货币信贷投放过多、外贸顺差过大等矛盾做出的调控,有助于经济运行的稳定,拉开了股市随后的主升行情的序幕,股市走出长达 4 年的熊市行情。2007 年,人民币升值速度加快(2006 年升幅为 3.35%,2007 年升幅达 6.9%),股市的牛市行情愈加火爆。2007 年,中国基金业也爆炸式增长,基金开户数超过 1 亿。股指不断被推高。至 2007 年 10 月 16 日,上证指数上涨至 6124.04 点的历史最高点,相对于 2005 年 6 月 998.23 点的底部,最大涨幅达 513%。

(五)"积极"财政政策、"适度宽松"货币政策对股市的影响(2007 年 10 月—2008 年 12 月)

2007 年 11 月,美国次贷危机开始向全球蔓延,中国经济下行的不确定因素显著增加。12 月,中央经济工作会议明确了 2008 年要"实施稳健的财政政策和从紧的货币政策"。这是中国 10 年来首次提出从紧的货币政策。2007 年内,中国 6 次上调存贷款基准利率。此外,央行还连续 10 次上调存款准备金率,使其达到历史最高——14.5%。2008 年 1 月,央行再次上调存款准备金率 0.5%。上证指数在此后短短一周之内下跌了近千点。

中国政府根据国际金融危机影响持续加深、外部需求显著减少、中国传统竞争优势逐步减弱等形势,将 2008 年宏观调控的任务定位为"双防"(防通胀和防经济过热)。2008 年 7 月,中央政治局会议将下半年宏观调控任务定位为"一保一控"(保增长和控通胀)。央行连续 4 次下调金融机构人民币存款准备金率,5 次下调存贷款基准利率。9 月,美国金融危机全面恶化,中国经济也同样受到波及出现了快速下滑。11 月,国务院常务会议对宏观政策进行重大调整,保持经济平稳较快发展成为宏观调控的首要任务。财政政策从"稳健"转为"积极",货币政策从"从紧"转为"适度宽松"。公布了今后两年总额达 4 万亿元的庞大投资计划,并出台 10 项强有力的扩大内需举措。12 月,中央经济工作会议将宏观政策基调完善为"保增长、扩内需、调结构"。2008 年中国政府的宏观调控政策及手段,具有频次快、范围广、力度大的特点。

由美国次贷危机引发的全球金融危机的外部环境,使世界各大重要市场股指"跌跌"不休,政府宏观经济政策对证券市场的运行产生了影响。中国股市自身的问题,如"大小非"解禁等问题考验着市场的承受力。所有这些因素,促使股指出现恐慌性下跌。2008 年 10 月 28 日,上证指数创出本轮下跌的历史新低——1664.93 点。2008 年 12 月底,上证指数收于 1820.81 点。

从 2007 年底的 5261.56 点跌至 2008 年底的 1820.81 点,上证指数全年下跌了 65.39%,创同年世界跌幅之最和中国证券市场历史跌幅之最。

通过对中国股市历次大涨大跌的梳理,不难看出,股市的大涨大跌和国家政策因素密切相关。

第五节 我国证券市场现状

一、我国证券市场取得的成就

(一)我国在旧经济体制的荒漠上建立起了一个初具规模的证券市场

30 多年前的中国,资本还非常贫乏,除了一些外资和外商,中国境内真正具备资本属性的企业与资源还相当匮乏。这种匮乏主要表现在以下两个方面。一是资本数量太少。资金不能转化为资本,资产不能转化为资本,资源不能转化为资本,资信也不能转化为资本。二是资本机制缺失。资本的生成机制、资本的组合机制、资本的竞争机制与资本的增值机制都很难产生,也不具备发挥作用的土壤和条件。我国在旧经济体制的荒漠上建立起了一个初具规模的证券市场。

（二）在资本观念较弱的国度培育了整个社会的金融意识

这对中国经济和社会的长远发展意义深远。投资意识、利率意识、风险意识和信用意识已经在整个社会大为普及，投资者已经成为现代市场经济体制的重要支撑与稳定力量。股票现货市场与期货市场的同时存在使得市场的价值发现功能和套期保值功能初步形成，市场与社会对资本市场特别是股票市场的认识也有了更进一步的提高与深化。资本市场促进了中国企业的发展，尤其是促进了中国现代公司制度的建设，不仅促进了国有企业的发展，而且促进了民营企业的发展。

（三）促进了企业家队伍的形成和发展，培育了大量懂市场、会经营、具有国际视野的企业家、金融家、风险投资家

形成了包括银行、证券公司、基金管理公司、投资公司、资产管理公司等比较完善的金融机构体系。发展了其他金融中介机构，包括为资本市场服务的会计师事务所、律师事务所、评估机构等专业机构，这些专业机构对中国经济的发展、中国资本市场的发展起了较大作用。

（四）改变了人们的观念，形成了资本市场文化

人们懂得了什么是投资，如何投资，懂得了什么是风险，如何防范风险，形成了庞大的投资者队伍。我国已经有了《公司法》《证券法》等一系列法律法规，有了"国九条"这一发展股份经济的纲领性文献，并且进行了具有深远意义的股权分置改革。如果说，股权分置的形成为中国股市取得了生存权的话，那么，股权分置改革就为中国股市取得了发展权，使得中国股市在与国际惯例接轨和完善整个市场的运行机制上迈进了一大步，并且为中国股市的进一步发展奠定了客观而必要的体制基础。

中国股市经历了多次大起大落，但中国股市作为市场经济大厦的基石，已经使现代市场经济取向的改革具有了完全不可逆转的功能，这是中国股市对中国改革与发展的重大贡献。

二、我国证券市场存在的问题

市场经济的精髓，是多元的逐利主体，在没有垄断的环境中依靠平等竞争，自发地达到生产要素的优化配置。因此，一个市场要有效和有序运行，必须具备"多元主体逐利的市场灵魂、平等竞争的主导机制、优化资源配置的目标"三个条件。政府的职责不在于去市场参与逐利，而在于限制和防止垄断，维护竞争的公平性，保障市场有效和有序运行的三个条件的实现。我国证券市场对投资者而言，还有一些亟待解决的重要问题。

（一）上市企业质量普遍较低，具有价值投资标的的数量不及5％

在今天的A股市场，很多人自我标榜为"价值投资者"。虽然价值投资理念深入人心，但是在市场当中真正能运用价值投资赚到钱的投资者少之又少。这是一个令人尴尬的状况，原因在于：一是投资者对价值投资本身存在广泛的误解；二是对于价值投资所隐含的前提缺乏了解。

按照公司的价值增长曲线，可以将所有的公司分为四类：价值长期增长型、价值阶段增长型、价值稳定型、价值破坏型。不同类型的公司在市场中的比例是不一样的。有的A股上市公司能增长3～5年就已经很不错，这种公司所占的比例较高，真正属于价值长期增长型的公司所占的比例可能不到5％。

一般来说，价值投资者心目当中似乎都存在一个幻象，即认为其所投资的公司应该存在一条持续上升的价值线，它的价格不过是在围绕这条长期价值线波动。所以，如果我们能够忽略这些短期波动的话，我们就可以凭借价值线的持续上升而获得比较高的长期回报率。这就是以选股穿越周期的概念，或者像有人说的所谓做时间的朋友。一旦投资这样的公司，时间就似乎永远站在投资者这边。

为了达到这一点，首先要选对公司。由于适合做价值投资的公司本身非常少，选对公司是很难的。此外，即便选对了公司，其股价也可能在相当长一段时间内都是不涨的。一旦投资者确立了价值投资的理念和方法，最先应该意识到的事实就是：这是一个基于小概率的投资，而不是一个基于大概率的投资。这也是很少有人依靠价值投资赚到钱的原因。

投资是长跑。市场并非线性演进，而是在周期往复中以似曾相识的模样不断重现，认识周期、驾驭周期是在这场长跑中获胜的关键。

（二）上市公司的市值管理水平欠佳，中美公司高管收入来源有很大区别

市值管理是2005年股权分置改革后提出的，2014年出台的"新国九条"鼓励上市公司建立市值管理制度。市值管理是指运用多种科学、合规的价值经营方法及手段，以达到公司价值创造最大化、价值实现最大化的企业管理行为。业内人士表示，市值管理的方法有很多：若某一上市公司股价被低估了，股东拿现金买回股票来注销，提高每股收益，增长每股价值；提高公开信息披露的质量也是其中的一种，加强合规合法的披露和沟通，公司不容易出现股价的暴涨暴跌。遗憾的是，我国上市公司高管相对缺乏做大市值的动力。

美国公司高管收入主要来自股价的增值，而中国A股国企高管股权薪酬占比仅为20％左右，回购动力较弱。

从回购目的的比较来看，中证金融研究院数据显示，美国、我国香港地区的上市公司以市值管理为主，而A股上市公司更多是出于股权激励的需求，三地上市公司回购目的呈现明显差异。2009—2020年上半年，美国与我国香港地区上市公司回购目的以市值管理为主，

占比分别为45%和72%。同时,美股公司通过回购来调整资本结构、增强控制权,进而抵御敌意收购的需求也很大,直接用于股权激励的占比仅为0.5%。然而,A股上市公司中出于市值管理目的的回购占比仅为4.3%,73%的回购以股权激励目的为主。

实际上,市值管理的做法在国外市场很常见。相比海外成熟市场,国内市场中的公司市值与其内在价值的偏离现象时有发生。即使在回购股票方面,相较于国外的"回购并注销"模式,国内普遍是"回购不注销",从一定程度上说,这需要适当的市值管理使两者相匹配。

从A股上市公司的回购来看,哪怕是百亿级的,也普遍用于高管的股权激励,而不是提供给大众股东。而美国很多公司进行市值管理时是回购自家股票并注销,例如伯克希尔长期注销股票,该公司利润增长不多,但其股价增长实际上远高于利润增长,投资人从该股获利十分巨大。

(三)上市公司信息披露不规范,内幕交易、操纵股市的行为时有发生

中国证券市场在发展的过程中,无论是上市质量较差还是证券交易速度较慢等现象的出现很大一部分原因是中国证券市场中存在着大量的不规范的现象。具体而言,中国证券市场操作不规范的出现首先表现为市场上的资本流入证券市场的渠道是非法的,出现了大量的非法资本流通的现象。其次,在证券资本流通的过程中,不透明的方式已经存在很多年,但是证券市场正式、强有力的监管是比较缺乏的。最后,某些上市企业为了转移风险、获得资本的支撑,在将资金转移到股市中的整个过程的实现,没有与招股说明书的相关规定相符合。

此外,内幕交易、操纵股市的行为仍旧时有发生。证监会表示,2020年以来,依法启动操纵市场案件调查90起、内幕交易160起,合计占同期新增案件的52%;做出操纵市场、内幕交易案件行政处罚176件,罚没金额累计超过50亿元;向公安机关移送涉嫌操纵市场犯罪案件线索41起、内幕交易123起,合计占移送案件总数的76%,移送犯罪嫌疑人330名。

(四)证券公司新股发行定价过高,套牢了大批二级市场的投资者

以两只跌破发行价的新股为例。截至2022年4月29日收盘,海力风电(301155)自2021年11月24日上市以来,高开低走,5个月以来,总成交金额为670亿元。寒武纪-U(688256)2020年7月20日上市,两年多总成交金额为1243亿元。仅这两个新股如今套牢的资金就高达1913亿元。

针对上述问题,通过对比中美两国股市具有代表性的股票指数(见图3-1至图3-7),不难发现,中国股市牛市时间往往比熊市时间要短很多,即"牛短熊长",通常熊市股价下跌速度大约是牛市股价上升速度的两倍左右。而美国股市往往长时间处于"牛长熊短"之中。例如,中国上证指数从2005年的998.23点快速上涨至2007年的6124.04点,随后在一年的时间内跌回1664.93点。而美国各大指数均在2009年3月触及最低点后便稳步上涨,其中

道琼斯指数截至 2022 年初，上涨达 5.7 倍。如何才能不断优化证券市场的投资环境，是中国证券市场亟待解决的战略任务。

图 3-1　上证指数(季线)1990 年 12 月 31 日—2022 年 4 月 29 日牛熊更替

图 3-2　沪深 300(月线)2005 年 1 月 31 日—2022 年 4 月 29 日牛熊更替

图 3-3　科创 50(周线)2020 年 1 月 3 日—2022 年 4 月 29 日牛熊更替

图 3-4　创业板综(月线)2010 年 6 月 30 日—2022 年 4 月 29 日牛熊更替

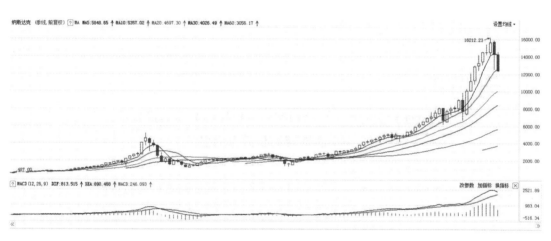

图 3-5　纳斯达克(季线)2002 年 9 月 30 日—2022 年 4 月 29 日牛熊更替

图 3-6　道琼斯(季线)1990—2022 年 4 月 29 日牛熊更替

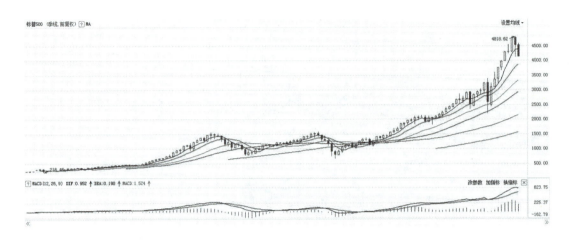

图 3-7 标普 500(季线)1986 年 3 月 31 日—2022 年 4 月 29 日牛熊更替

◇ 知识链接

北京证券交易所上市公司和新三板挂牌公司年报显示：
中小企业韧性与活力增强

截至 2022 年 4 月 30 日，全部 89 家北京证券交易所(简称"北交所")上市公司均披露了 2021 年年报。截至 2022 年 4 月 30 日，6061 家新三板挂牌公司披露了 2021 年年报，披露率 90.73%，尚有部分挂牌公司因近期新冠肺炎疫情等因素影响未按期披露 2021 年年报。

北交所与新三板坚持服务创新型中小企业，打造服务创新型中小企业主阵地，成为创新型中小企业聚集地。从年报数据可以窥见我国中小企业发展状况。

1. 龙头企业发挥作用

2021 年，新三板 6061 家挂牌公司全年共实现营业收入 14573.31 亿元，同比增长 17.31%；净利润 606.21 亿元，同比增长 14.74%，较 2019 年增长 22.08%。超七成公司实现盈利，超五成公司实现净利增长。挂牌公司平均净资产收益率 6.84%，提高 0.53 个百分点；实现经营现金流量净额 1098.55 亿元，有 4040 家公司经营现金净流入，均高于上年同期。

龙头企业发挥"领头雁"作用，356 家公司净利润超 5000 万元，共创造净利润 409.85 亿元，占盈利公司的 45.61%，平均净资产收益率 13.35%，平均净利润增速 45.05%，均高于市场整体水平。

披露海外实绩的挂牌公司全年境外营业收入较上年增长 28.14%，近两年复合增长率为 18.24%。其中，机动车零配件、家电及休闲等可选消费品出口金额涨幅最大，达 47.49%。

北交所89家上市公司共实现营业收入668.9亿元,净利润72.5亿元,同比分别增长31.1%、23.8%,净利润中位数4629万元。88家上市公司2021年实现盈利,盈利面达99%。整体上看,面对复杂严峻的国内外形势和诸多风险挑战,经营保持稳健,创新驱动作用增强。

创新层公司充分发挥了新三板市场的"中坚力量"。1197家创新层公司2021年共实现营业收入6718.10亿元,净利润316.73亿元,分别占全市场总额的46.10%、52.25%,盈利面超八成,平均净资产收益率9.07%,高出市场水平2.23个百分点。

基础层4864家公司共实现营业收入7855.20亿元,净利润289.48亿元,分别同比增长17.40%、33.21%,净利润近两年复合增长率为16.62%;平均净利率、净资产收益率分别较上年提高0.44个、1.20个百分点。

2.创新驱动成主流

北交所定位于服务创新型中小企业的主阵地,已初步形成聚集效应。北交所89家上市公司公开发行融资188.9亿元,平均每家2.1亿元,上市公司营业收入大幅增长的同时,期间费用率同比下降1.2个百分点。54家上市公司净利润同比正增长,17家公司净利润增幅超过30%,净利润5000万元以上的公司占近半数。全球锂电池负极材料龙头贝特瑞实现净利润14.4亿元,同比增长191.4%,碳纤维原丝国内龙头吉林碳谷实现净利润3.1亿元,同比增长126.1%。19家公司属于工信部专精特新"小巨人",9家公司参与国家、行业标准制定,2家公司获得国家科技进步奖。电池生产企业长虹能源采用"碱电+锂电"双核心布局,建成目前西部最大的"高倍率圆柱锂电池"生产基地。军民伺服器供应商星辰科技产品多次服务于"天宫""神舟"系列飞船测控等国家航天工程。

2021年,北交所上市公司研发支出合计30.4亿元,研发强度达4.7%,是规上企业平均水平的3.3倍。22家上市公司实施股权激励或员工持股计划,合计对1880名员工进行激励,授予或行权价格平均为市场参考价的67%,有效调动了员工积极性,激发上市公司创新活力。2021年北交所上市公司实现境内收入541.8亿元,同比上升29.5%;实现境外收入127.1亿元,同比上升38.5%。

随着新三板改革的深入推进,新三板市场呈现出对优质中小企业吸引力更强、覆盖面更广的良性市场生态。2021年,挂牌公司累计研发投入492.11亿元,同比增长15.69%,近六成公司研发投入增长,近两成公司研发强度超过10%,科研技术人员数量较上年增长2.91%,多家公司研发项目取得突破性进展。2275家高技术制造业、服务业成为推动挂牌公司创新发展的生力军,研发强度达5.51%,研发投入241.49亿元,占全市场比例为49.07%。

目前,新三板战略性新兴行业超七成公司从事集成电路、5G应用、物联网、人工智能等热点行业,近两年吸收投资及资本性支出年均复合增长率均超10%。

全国股转公司相关部门负责人表示,近一年来新挂牌的116家公司中,有6家在挂牌的同时进入创新层。新挂牌公司业绩较好、盈利能力较强,净利润中位数为1026.77万元,平均净资产收益率14.05%,均优于存量挂牌公司;具有较为鲜明的创新属性,近半数属于先进制造业,专注于新材料、关键工业零部件及汽车零部件等领域,有39家入选国家级、省市级"专精特新"企业名单。

2022年首批40家公司适用修订后的《全国中小企业股份转让系统分层管理办法》进入创新层,平均净利润3237.58万元、平均净资产收益率15.69%、净利润复合增长率40.94%,多项指标可媲美上市公司水平。

创新层公司里,筹备在北交所上市的企业实力突出,营业收入、净利润中位数分别为2.67亿元、3441.63万元,近两年净利润平均复合增长率达23.68%,较北交所存量上市公司高出0.91个百分点,成长速度保持高位。平均研发支出1932.44万元,其中有50家公司研发强度高于10%,主要集中在医药制造、软件开发、集成电路制造等行业。

3. 发展环境不断优化

全国股转公司相关负责人告诉记者,2021年,挂牌公司融资环境进一步改善,全年融资现金流入合计3892.30亿元,较上年增长9.02%;累计完成定向发行557次,平均单次募集资金3694.46万元,较上年增长7.09%,其中,中小微企业融资次数占比超过九成。

2021年,国家减税降费政策聚焦支持中小企业。2021年,北交所上市公司共获得政府补助7.1亿元,同比增长35.7%;受益于灵活精准的货币政策,上市公司长期有息负债占有息负债比重达21.8%,同比上升5.8个百分点,企业负债结构明显改善。

挂牌公司全年税费合计497.20亿元,税费占营业收入的比重为3.41%,较上年下降0.26个百分点。受益于制造业企业研发费用加计扣除比例的影响,制造业挂牌企业增加研发投入的同时全年累计减税约39.23亿元,带动制造业整体税负同比下降超10%。在各项金融政策支持下,挂牌公司间接融资成本降低,有息负债利息率5.42%,同比下降0.14个百分点。

在回馈股东方面,超八成北交所上市公司发布现金分红方案,拟分红金额达19.5亿元,同比增长11.2%,34家公司现金分红率超过40%。

已有1332家新三板挂牌公司披露2021年度分红方案,现金分红总额达187.70亿元;2021年披露股份回购方案69次,拟回购总金额超15.50亿元,较上年增加0.95亿元,为投资者带来真金白银的获得感。

(资料来源:《经济日报》2022年5月6日 记者 祝惠春)

第六节 学习证券投资学的意义

一、证券投资是一条凭个人聪明才智即可获取丰厚回报的投资渠道

中国证券市场上的优秀上市公司存在着一些投资机会,如果投资成功,投资者可以获得丰厚回报,体现个人价值。

表 3-1 列出了中国股市 2021 年最牛 20 股。

表 3-1　中国股市 2021 年最牛 20 股

证券代码	证券简称	涨幅(%)	首发上市日期
605117	德业股份	736.26	2021-04-20
000422	湖北宜化	565.94	1996-08-15
003035	南网能源	492.14	2021-01-19
300343	联创股份	488.93	2012-08-01
603098	森特股份	477.03	2016-12-16
003040	楚天龙	469.70	2021-03-22
002176	江特电机	456.57	2007-10-12
003031	中瓷电子	448.72	2021-01-04
002432	九安医疗	440.35	2010-06-10
603032	*ST 德新	439.45	2017-01-05
003039	顺控发展	429.52	2021-03-08
000408	藏格矿业	411.86	1996-06-28
002356	*ST 赫美	387.74	2010-02-09
002006	精功科技	386.96	2004-06-25
000980	*ST 众泰	370.37	2000-06-16
002374	中锐股份	365.81	2010-03-18
002326	永太科技	364.70	2009-12-22
002147	*ST 新光	352.83	2007-08-08
600071	凤凰光学	351.01	1997-05-28
600860	京城股份	349.77	1994-05-06

(资料来源:雪球)

我国股市有投资价值的股票,绝对不止这 20 股。只要投资者能准确选股并长期持股,就一定能分享中国经济高速发展的成果,享受到投资中国股市的快乐。

中国证券市场存在大量的投机机会,即使是股市中走势很弱的熊股,也存在一些投机机会。

◇ **特别提示**

重视投资,学习投资,不断努力付诸实践,你的命运也许会因此在这里转弯。

二、证券投资可以抵御温和的通货膨胀

在通货膨胀早期,证券投资是可以抵御通货膨胀的。因此,世界级财富人物最近纷纷购入股票。2022 年 5 月 1 日,巴菲特在股东大会上强调,通胀"欺骗了几乎所有人",抵御通胀的最佳保护措施是提高自己的投资技能。

三、证券投资有利于提高理财水平,避免投资陷阱,减少损失,少走弯路

参与证券市场投资的操作实践,能深刻理解中国经济运行的本质,是个人、家庭理财避免风险、少走弯路的必需。

证券市场是各种经济主体利益纷争的场所。不进入其中进行投资操作实践,就很难深刻理解中国经济运行的本质。家庭理财要避免风险,首先要在实践中了解风险。不经历实践,在家庭理财中减少损失、少走弯路往往会成为空话。

四、学习证券投资学可以帮助投资人找到低买高卖的方法和时机

通过了解证券投资市场,可以形成对证券投资风险和证券投资收益的理性判断;了解各种证券投资产品的特性,知晓证券投资产品的交易规则和证券投资市场的运行规则,可以不断提高证券投资技能。

五、证券投资理论有助于不断提高证券投资的收益率

通过对证券投资理论进行深入学习与思考,投资者可以重新认识证券投资市场,更好地将理论应用于证券投资实践,不断提高证券投资的收益率。

第七节　证券投资基础知识准备

一、认识大盘分时图

大盘分时图如图 3-8 所示。

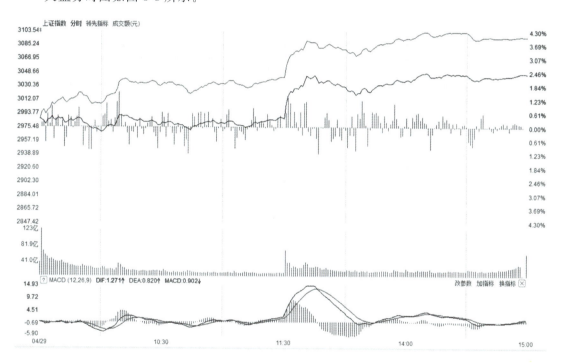

图 3-8　大盘分时图

大盘分时图中有一种称为股指领先指标图,该图上有两条曲线,一条为白线,是大盘加权指数曲线(证交所公布的股价指数曲线);一条为黄线,是不含加权的大盘指数。其意义为:① 白线显示大盘股价的基本走势,供投资人进行形态分析;② 黄、白线的相对位置显示小盘股与大盘股涨跌的差距,黄线在白线之上,表示小盘股涨幅较大或跌幅较小,黄线在白线之下,表示大盘股涨幅较大或跌幅较小。在黄、白线附近还有红、绿柱线,表示指数上涨或下跌强弱程度。当红柱线逐渐增长时,显示指数上涨力量逐渐增强;当绿柱线增长时,显示指数下跌力量增强。在走势图的下方,设有黄色柱线,表示每一分钟内的成交量。

委买手数是指所有个股现在委托买入的前五档的总和(由高到低排序)。

委卖手数是指所有个股现在委托卖出的前五档的总和(由低到高排序)。

委比＝(委买手数－委卖手数)/(委买手数＋委卖手数)×100%

当委比数值为正值时,表明买盘强于卖盘,当正委比值较大时,预示股指上涨概率大;当委比数值为负值时,情况相反。

二、认识个股分时图

个股分时图如图 3-9 所示。

图 3-9　个股分时图

(一)个股分时图相关概念的含义

卖盘:委托卖出的五档价格及委托数量。

买盘:委托买进的五档价格及委托数量。

成交:现在即时成交的价格,红色代表现成交价格高于上一交易日的收盘价,绿色则正好相反,白色则为持平。

均价:当时的平均价格。

升跌:当时价格与上一交易价格相比的升跌的价差。

总手:表示当日该时刻为止的成交总手数,其中一手等于 100 股。目前国内的买入股票交易最少单位为一手,卖出则不限制。

现手:表示当前成交的手数。

内盘：以买入价成交的交易，买入量统计加入内盘，一般以红色来标识。

外盘：以卖出价成交的交易，卖出量统计加入外盘，一般以绿色来标识。

内盘、外盘这两个数据大体可以用来判断买卖力量的强弱。若外盘数量大于内盘，则表明买方力量较强；若内盘数量大于外盘，则表明卖方力量较强。通过外盘、内盘数量的大小和比例，投资者通常可以发现主动性的买盘多还是主动性的抛盘多，并在很多时候可以发现庄家动向，外盘、内盘是较有效的短线指标。但外盘、内盘的数量并不是在所有时间都有效。

（二）换手率计算公式

换手率，也称周转率，指在一定时间内市场中股票转手买卖的频率，是反映股票流通性强弱的指标之一。其计算公式为：

$$换手率 = \frac{某一时期内的成交量}{发行总股数} \times 100\%$$

例如，某只股票在一个月内成交了3000万股，而该股票的总股本为1亿股，则该股票在这个月的换手率为30%。

换手率的高低往往意味着以下几种情况。

(1)股票的换手率越高，意味着该只股票的交投越活跃，人们购买该只股票的意愿越高，属于热门股；反之，股票的换手率越低，则表明该只股票少人关注，属于冷门股。

(2)换手率高一般意味着股票流通性好，进出市场比较容易，不会出现想买买不到、想卖卖不出的现象，具有较强的变现能力。然而值得注意的是，换手率较高的股票，往往也是短线资金追逐的对象，投机性较强，股价起伏较大，风险也相对较大。

三、认识板块行情图

当我们想查看某一行业股票的行情时，可以调看板块行情图。图3-10是房地产板块个股行情图。

几个相关概念的含义。

(1)量比。量比是衡量相对成交量的指标。它是开市后每分钟的平均成交量与过去5个交易日每分钟平均成交量之比。其计算公式为：

量比＝现成交总手/[(过去5个交易日平均每分钟成交量)×当日累计开市时间(分)]

当量比大于1时，说明当日每分钟的平均成交量大于过去5日的平均值，交易比过去5日火爆；当量比小于1时，说明当日成交量小于过去5日的平均水平。

(2)委比。其计算公式如下：

$$委比 = (A - B)/(A + B) \times 100\%$$

$A =$ 某股票当前委托买入下五档手数之和

$B =$ 某股票当前委托卖出上五档手数之和

序号	房地产*	今开盘	代码	昨收盘	总金额	外盘	内盘	外内比	振幅%	委比	委量差	换手率%	市盈率
1	房地产*	392696	991007	390891	953240	-	-	-	0.93	-	-	-	-
2	万 科A*	937	000002	928	39315	225606	194972	1.16	0.65	-17.32	-8908	0.44	20.37
3	世纪星源	535	000005	531	5043	43262	51815	0.83	1.69	-24.05	-1707	1.04	1337.50
4	深振业A	1018	000006	1013	4197	20537	20877	0.98	1.09	-7.13	-284	0.84	23.69
5	ST零七	704	000007	694	2301	21314	10667	2.00	3.89	-88.54	-6055	1.73	21.13
6	中国宝安	1065	000009	1058	19160	99048	78300	1.26	3.78	-14.67	-690	1.79	36.20
7	深物业A	940	000011	938	2374	12275	12911	0.95	2.03	12.09	206	1.80	24.08
8	沙河股份	1313	000014	1300	2550	8010	11659	0.69	2.31	71.23	1124	0.98	41.54
9	招商地产*	2281	000024	2270	16690	35417	37906	0.93	1.32	58.29	2334	1.13	40.30
10	深深房A	633	000029	630	2200	18702	16026	1.17	1.27	43.96	2386	0.39	416.45
11	中粮地产	947	000031	943	7536	39301	39993	0.98	1.91	10.70	829	0.44	-2387.50
12	*ST华控	574	000036	570	2475	24047	18916	1.27	1.23	-33.10	-1691	0.38	17.43
13	深长城	1953	000042	1940	2720	7985	5955	1.34	1.55	-74.63	-647	0.58	16.51

图 3-10 房地产板块个股行情图

当委比数值为正时,表示委托买入之手数大于委托卖出之手数,换言之,买盘比卖盘大,股价上涨概率较大;当委比数值为负时,表示委托卖出之手数大于委托买入之手数,换言之,卖盘比买盘大,股价下跌概率较大。

(3)市盈率。市盈率指股票价格与该股上一年度每股税后利润之比(P/E),该指标为衡量股票投资价值的一种动态指标。理论上,股票的市盈率愈低,愈值得投资。比较不同行业、不同国家、不同时段的市盈率是不大可靠的。比较同类股票的市盈率较有实用价值。

◇ 本章小结

股票发行的目的比较复杂,除了筹集资金、满足企业发展需要这一主要目的以外,还有其他目的,如调整公司财务结构、进行资产重组、维护股东利益等。在我国,股票发行在不同板块同时实行核准制与注册制。我国《公司法》《证券法》及相关法律法规对首次公开发行股票、上市公司配股、增发、发行可转换债券、非公开发行股票,以及首次公开发行股票并在创业板上市的条件分别做出规定。

股票流通市场是为已经公开发行的股票提供流通转让和买卖机会的市场。股票流通市场也称股票交易市场,其通常分为场内交易市场和场外交易市场。场内交易市场又称证券交易所市场,是指在一定的场所、一定的时间,按一定的规则集中买卖已发行证券而形成的市场。场外交易市场是指证券交易所以外的证券交易市场,又称柜台交易市场或店头交易市场,是在交易所以外由证券买卖双方直接议价成交的市场。股票的交易程序,主要是指投资者通过经纪人在证券交易所买卖股票的交易程序,包括开户、委托、竞价成交、清算交割、股票过户五个方面。

证券市场监管是指证券管理机关运用法律的、经济的以及必要的行政手段,对证券的募集、发行、交易等行为以及证券投资中介机构的行为进行监督与管理。第一类对证券发行上市的监管包括证券发行核准制、证券发行注册制、信息披露制度、证券发行上市保荐制度。第二类对交易市场的监管包括证券交易所的信息公开制度、对操纵市场行为的监管、对欺诈行为的监管、对内幕交易的监管。

我国证券市场的建立和发展部分,主要介绍了我国建立证券市场的背景、新兴股市发展的阶段理论、我国证券市场发展阶段与经历的重大事件、宏观经济政策对我国股市影响的历史等知识。我国证券市场现状主要介绍我国证券市场的成就及其问题,我国需要一个健康强大的证券市场的原因以及我国证券市场发展方向和前景,其目的是让读者对我国证券市场历史、现状、前景有一个清晰、客观、全面的了解。

◇ 名人名言

向后看得越远,那么向前看得也越远。投资对于每一个中国人都十分重要。

——成思危

中国经济在一段时间内还会高速增长。中国人已经迎来最好的投资时代。

——沃伦·巴菲特

中国的各项发展令人激动。虽然中国还有很长的道路要走,但中国人口基数庞大,新的事物正层出不穷,毋庸置疑,中国将迎来最好的投资时代。

——比尔·盖茨

我认为中国的经济还是能够继续保持良好的发展势头。2010年中国发生了很多大事件,比如股指期货的推出、房地产新政,这些都会给中国带来深远的变化,当然,都是有益的。

——吉姆·罗杰斯

一般消息来源者所讲的与他实际知道的中间有很大的差异,因此,在对投资方向做出选择之前,一定要深入了解并考察公司,做到有的放矢。

——彼得·林奇

你的投资才能不是来源于华尔街的专家,你本身就具有这种才能。如果你运用你的才能,投资你所熟悉的公司或行业,你就能超过专家。

——彼得·林奇

除非你真的了解自己在干什么,否则什么也别做。

——吉姆·罗杰斯

我往往采取逆向思维的方法去判断大势。

——杨怀定

投资股票的全过程,就是不断地被套住、不断地解套的全过程。

——李双成

资产运用的最佳对策乃是"火力集中"。

——邱永汉

避开热门行业里的热门股票。被冷落、不再增长的行业里的好公司总会是大赢家。

——彼得·林奇

股票市场是有经验的人获得更多金钱,有金钱的人获得更多经验的地方。

——朱尔

每个新手都会从自己的教训中吸取经验,聪明人则从专业团队的帮助中获益。

——俾斯麦

如果你没有持有一种股票十年的准备,那么连十分钟都不要持有这种股票。

——沃伦·巴菲特

我既没有突出的理解力,也没有过人的机智。只在观察那些稍纵即逝的事物并对其进行精细观察的能力上,我可能在名人之上。

——查尔斯·达尔文

复习题

一、选择题

1. 上海证券交易所和深圳证券交易所先后于（　　）年和（　　）年正式开业。
A. 1990 1991　　　　　　　　　　B. 1991 1990
C. 1991 1992　　　　　　　　　　D. 1992 1991

2. 证券市场属于（　　）。
A. 货币市场,与资本市场无关　　　B. 货币市场,与资本市场有关
C. 资本市场,与货币市场无关　　　D. 资本市场,与货币市场有关

3. 在发达的市场经济国家,资金的融通主要通过（　　）来完成。
A. 商品市场　　　　　　　　　　B. 货币市场
C. 技术市场　　　　　　　　　　D. 资本市场

4. 在股价既定的条件下,股票市盈率的高低,主要取决于（　　）。
A. 每股税后盈利　　　　　　　　B. 投资项目的优劣
C. 资本结构是否合理　　　　　　D. 市场风险大小

5. 股票市场供给方面的主体是（　　）。
A. 证券交易所　　　　　　　　　B. 证券公司
C. 上市公司　　　　　　　　　　D. 准备出售股票的投资者

6. 每股股票所代表的实际资产的价值是股票的（　　）。
A. 票面价值　　　　　　　　　　B. 账面价值
C. 清算价值　　　　　　　　　　D. 内在价值

7. 股票与其他证券交易的最基本原则是双优先原则,即（　　）的原则。
A. 时间优先、客户优先　　　　　B. 客户优先、时间优先

C. 时间优先、价格优先　　　　　　D. 价格优先、时间优先

8. 目前,证券交易所在每日开盘时采用(　　)方式,在日常交易中采用(　　)方式。

A. 集合竞价　连续竞价　　　　　　B. 集合竞价　集合竞价

C. 连续竞价　连续竞价　　　　　　D. 连续竞价　集合竞价

9. (　　)是股票买卖过程的最后一道手续。

A. 报单　　　　　　　　　　　　　B. 托管

C. 清算交割与过户　　　　　　　　D. 竞价

10. 上海证券交易所综合股价指数简称(　　),是国内外普遍采用的反映上海股市总体走势的统计指标。

A. 上证 30 指数　　　　　　　　　B. 上证成指

C. 上证综合指数　　　　　　　　　D. 上证 A 指

二、简答题

1. 简述股票发行的目的。
2. 简述我国股票发行定价的机制。
3. 简述我国证券交易所市场的层次结构。
4. 什么是杠杆牛市?

三、讨论题

1. 目前中国所采取的询价制度有什么弊端?
2. 你认为影响我国证券市场发展的最主要问题是什么?
3. 你认为我国证券市场存在"政策市"问题吗? 表现在哪些方面?

四、案例分析题

创业板注册制改革来了! 2020 年 4 月 27 日,中央全面深化改革委员会第十三次会议审议通过了《创业板改革并试点注册制总体实施方案》。记者了解到,此次创业板改革在试点发行注册制的同时,推出了包括发行、上市、交易、退市、信息披露等内容在内的一揽子改革。

创业板于 2009 年设立,近年来逐步发展壮大,聚集了一批优秀企业。统计显示,截至 2020 年 4 月 24 日,创业板公司共有 807 家,占全市场的 21%。总市值 6.8 万亿元,占全市场的 12%,创业板运行以来累计实现股权融资 8000 亿元。

证监会副主席李超认为,一直以来,创业板与深主板、中小板存在一定同质化的情况,发行上市条件包容性不足,要用改革方法来破解难题。他表示,此次创业板改革主要解决三方面的问题:在科创板基础上,扩大注册制试点范围,为其他存量板块推广注册制积累经验;进一步增强资本市场对创新创业企业的包容性,突出不同市场板块的特色;推进基础制度改革,增强资本市场的基础性功能和作用。

李超将此次创业板改革的总体思路概括为"一条主线,三个统筹"。

"一条主线"是以信息披露为核心的股票发行注册制,提高透明度真实性,由投资者自主判断投资价值,真正把选择权交给市场。

"三个统筹"包括:统筹推进创业板改革与多层次资本市场体系建设,坚持板块错位发展,形成各有侧重、相互补充、适度竞争的格局;统筹推出一揽子改革措施,健全创业板改革的配套制度;统筹增量改革和存量改革,包容存量,稳定存量公司的预期,平稳实施改革。

(《深圳商报》2020 年 4 月 28 日 记者 钟国斌 陈蓝清)

结合以上材料,回答下列问题:
(1)创业板注册制的交易规则相比之前有何改变?
(2)创业板注册制的推出可能对 A 股市场产生什么影响?

第三章
复习题
答案解析

第四章　现值分析理论

◇ 知识目标

了解现值分析的概念及其定价方式、优缺点,现值分析在证券市场价值判断依据方面的决定性作用。熟悉现值分析的相关内容,重点掌握现值分析的理论基础和计算公式。

◇ 能力目标

有对收入资本化透彻理解的能力,有理解自由现金流概念的能力,有计算折现值的能力。能够正确理解影响债券的各种因素,分析股票价格影响因素,解决实际问题。

◇ 情感目标

通过本章的学习,认识现值分析对证券投资分析的重要性,激发学生学习定价理论的兴趣,掌握现值分析在证券投资中的具体运用。

◇ 学习重难点

通过本章的学习,需重点掌握:
(1)货币的时间价值;
(2)债券的定价方法;
(3)股票价格的确定。

◇ 基本概念

现值　收益资本化　货币时间价值　零增长模型　固定增长模型　市盈率

◇ **导入案例**

时隔两年,股神再次跑赢大盘

股神巴菲特一年一度的股东信与伯克希尔哈撒韦的四季度及全年财报一道如约而至。2021年,巴菲特在信中表示永远不要做空美国。而在2021年,在伯克希尔盈利回报再次跑赢标普500指数之际,巴菲特的投资大智慧再次赢得市场瞩目。

股东信的开篇是伯克希尔的业绩与标普500指数表现的比较。2021年,伯克希尔全年累计涨幅为29.6%,跑赢同期标普500指数28.7%的增幅。2022年,受到美国紧缩政策影响,美股成长股和价值股板块轮动,使得高估值科技股集体缩水,而巴菲特凭借其价值投资理念屹立不倒。截至周五美股收盘,伯克希尔日涨幅3.73%,收盘于479345美元,年初至今以5.51%的累计涨幅稳稳跑赢同期三大指数,以约7150亿美元的市值成为全球第七大高市值公司。年初至今,91岁的巴菲特也是资产唯一正向增长的全球前十大富豪。

长期来看,1965—2021年,伯克希尔每股市值的复合年增长率为20.1%,明显超过标普500指数的10.5%,而1964—2021年伯克希尔的市值增长率是令人吃惊的3641613%,标普500指数为30209%。巴菲特在信中称,伯克希尔将始终持有超过300亿美元的现金和等价物。伯克希尔在2021年增加其股票的内在价值方面取得了"合理的进展"。巴菲特说:"57年来,这一直是我的主要任务,并将继续如此。"

(来源:华尔街见闻,2022年2月27日)

■ 点评:

追求公司内在价值,重视公司分析,敢于低位大量买入,做长线投资,同时又敬畏市场,手持巨额现金。

第一节 现值分析理论概述

现值分析理论是基于货币的时间价值原理,对企业未来的投资活动、筹资活动产生的现金流量进行贴现分析,以便正确地衡量投资收益、计算筹资成本、评价企业价值。

债券、股票的价值主要通过收益来表现,现值分析理论是一种基于资产内在价值的价值投资理论。价值投资就是在一家公司的市场价格相对于它的内在价值大打折扣时买入其股票。

内在价值是一个非常重要的概念,它为评估投资和企业的相对吸引力提供了唯一的逻辑手段。内在价值在理论上的定义很简单:它是一家企业在其余下的寿命中可以产生的现金的折现值。虽然内在价值的理论定义非常简单也非常明确,但要精确或大概地计算一家公司的内在价值是很困难的。

(1)"一家企业在其余下的寿命中可以产生的现金"本身就是一个难以琢磨的概念,这完全依赖于对公司未来的预期。

(2)影响折现值的另一个重要因素就是贴现率,在不同的时点、针对不同的投资人会有相差悬殊的选择,这也是一个不确定的因素。

不确定性就是风险,对风险的应对之道就是"安全空间",它的内涵就是投资的目标不仅仅是价值而是被低估的价值。市场价格相对于它的内在价值大打折扣的公司才有吸引力,简而言之,这个被加大的折扣就是"安全空间",它让我们在对内在价值的评估中即使犯错也不会有重大损失。

如果投资者对一家上市公司在二级市场上股票的投资不带有股权控制和关联发展等外部因素,那么在理论上股票的价值应该是由其内在价值来决定的。按照收入的资本化定价方法,这个内在价值就是该股票的持有者在未来时期中所得到的分红派息、优惠配股等收益的现值。

一、收益资本化

收益资本化,又称现金流贴现法(DCF),股票相当于一笔资产,收益资本化法,即通过求取股票资产在将来所能产生的预期纯收益折算现价的总和,是以贴现利率将预期纯收益进行贴现,求得股票价格的一种估算方法。或者说,在知道收益额和无风险利率水平的条件下,求带来这笔收益的本金额的计算,就是收益的资本化。

收益资本化指利息转化为收益的一般形态,即任何有收益的事物,都可以通过收益与利率的对比算出其相当于多大的资本金额,使一些本身无内在规律可以决定其价格的资产,也可取得资本价格。收益资本化的概念就是资金等值的概念。资金等值就是指在不同的时点,两笔不同的资金具有相等的价值。

收益资本化是商品经济的规律,只要利息成为收益的一般形态,这个规律就起作用。收益资本化公式,是从收益、利率、本金三者的关系中套算出来的。即知道收益(i)、利率(r),求本金(P)。相关计算公式为:

$$P = i/r$$

预期收益=无风险利率+风险报酬率,再考虑投资者资金的机会成本。预期收益是市场客观能够实现的收益,它的存在是以市场的标准来确定的,任何主观的预期均无效。

股票的预期收益,按照银行利率获得的利息相当于股息收入,这是股票价格的形成基础。股票价格是股息收入的资本化,取决于两个因素:一是股息收入;二是存款利息率。股票价格与股息收入正相关,与存款利息率负相关。股息收入和存款利息率是决定股票价格的两个基本因素。现金流贴现法包括股息贴现法和自由现金流贴现法。

股息贴现法是指把股票每期的分红按照市场利率贴现到起点,然后把各次的贴现值求和所得的现值。

自由现金流也称净现金流量(FCF),指扣除税收、必要的资本性支出和营运资本增加后,能够支付给所有的清偿者的现金流量。现金是企业流动性最强的资产,它的有无、多少直接关系到企业的存亡。自由现金流是衡量企业支付、周转能力的一个重要指标,它被广泛应用于企业价值评估领域。

自由现金流贴现即指将未来预期的净现金流折现到现今时点所得的值。

无论是股息贴现还是自由现金流贴现,对投资者来说,都是考量公司的最直接的财务指标。判断一个公司是否具有投资价值,首先要看这个公司折现值的大小。一般认为,折现值越大的公司越具有投资价值,因为这表明公司未来的现金含量高,能够持续盈利。

二、货币的时间价值

对于投资者来说,考虑货币的时间价值非常重要。货币之所以具有时间价值,是因为使用货币按照无风险利率投资能够带来收益,这种投资收益就是持有该货币所带来的时间价值。对于无风险投资来说,投资收益会随着时间的延长而递增。货币的时间价值的表现形式是单利和复利。

单利的计算仅在原有本金上计算利息,对本金所产生的利息不再计算利息。单利的计算公式为:

$$利息 = 本金 \times 利率 \times 时期$$

以符号 P 代表本金,n 代表期限,i 代表利率,S 代表本利和,则有

$$S = P(1 + ni) \tag{4-1}$$

复利的计算是对本金及其产生的利息一并计算,也就是利上有利。复利的计算公式为:

$$S = P(1 + i)^n \tag{4-2}$$

(一)现值

现值又称贴现值,指将未来的一笔钱按照某种利率折合为现值,具体而言,就是将来的一笔资产或负债折算到现在,值多少。这是考虑了两个时间点上现金或资产的时间价值。相同数目的资金,时间越长的,价值愈大。投资者在进行投资决策时,需要对手中现有的货币和这些货币未来的市场价值进行比较,并从中得出自己的投资决策。具体地说,如果现值通过投资者的努力能够比终值大,则投资者选择持有现值;反过来,如果终值折成现值后更

大,则投资者选择持有终值。投资者通过对现值和终值的比较,选择持有现值还是终值,从而确定自己的投资方式。

现值(单利)的计算公式为:
$$P_0 = P_n/(1+nr) \tag{4-3}$$
式中:P_0 为现值;P_n 为终值;n 为期限;r 为利率。

现值(复利)的计算公式为:
$$P_0 = \frac{P_n}{(1+r)^n} \tag{4-4}$$

由上述公式可知,现值的确定是由终值来体现的。

◆ **特别提示**

按照现代金融学的实际运用情况,如果不是特别指明,一般采用复利的形式进行计算。

计算现值的过程在经济学上称为贴现,这就是现值又被称为贴现值的原因。公式中的 r 被称为贴现率。

图 4-1 形象地描述了现值大小随贴现时间的快速变动,图中 $r_1 < r_2 < r_3$。贴现率越大,则其现值下降得越快。

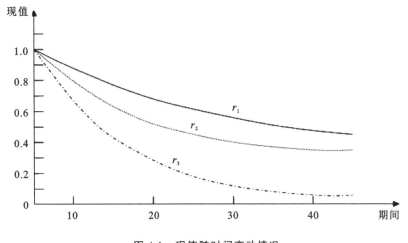

图 4-1 现值随时间变动情况

若投资者预期 5 年后投资收益为 1000 万元,同时他预期市场未来 5 年的年均投资收益率为 6%,那么该投资者现在应该至少准备多少现金作为初始资金?

根据现值(复利)的计算公式,
$$P_0 = \frac{1000}{(1+6\%)^5} = 747.26(万元)$$

通过计算,该投资者现在应该至少准备 747.26 万元现金作为初始资金。按照投资者的预期,经过 5 年,他的货币资金将增加到 1000 万元。

从式(4-1)可知,投资者的收益是与投资者的预期密切相关的,如果投资者提高他的预期收益,则该投资者获得相同的投资收益的年限将会缩短;反之,他的投资年限将会延长。

货币的价值虽然随时间是可变的,但一个投资者不可忽视的问题是:投资者的投资收益即预期收益在特定的环境下具有客观性,投资者的预期收益只有在客观的预期之下才有可能实现。如果忽视了这种客观性的存在,则预期的投资收益很难达到。

(二)终值

终值又称将来值或本利和,是指一笔资金在经过一定时期后所能达到的最终数值,其间伴随着投资者的投资行为。终值(单利)的计算公式为:

$$P_n = P_0(1+nr) \tag{4-5}$$

终值(复利)的计算公式为:

$$P_n = P_0(1+r)^n \tag{4-6}$$

式中,P_0 为初始资金;P_n 为终值;n 为时间期限,一般以年度作为计算单位;r 为年利率。

设某投资者购买某种有价证券,约定的年利率为 8%,为期 6 年,该投资者的初始资金为 200 万元。经过 6 年之后,投资者的终值(单利)为:

$$P_6 = 200 \times (1 + 6 \times 8\%) = 296(万元)$$

投资者的终值(复利)为:

$$P_6 = 200 \times (1 + 8\%)^6 = 317.37(万元)$$

投资者的终值大小受初始资金量、持有期限和利率水平影响。初始资金量越大、持有期限越长、利率水平越高,则投资者的终值越大。

◇ 投资故事

一个佛教故事

佛下山说佛法,在一家店铺里看到一尊释迦牟尼像,青铜所铸,形体逼真,神态安详,佛大悦。若能带回寺里,开启其佛光,世代供奉,真乃一件幸事。可店铺老板要价 5000 元,分文不能少,加上见佛如此钟爱它,更加咬定原价不放。

佛回到寺里对众僧谈起此事,众僧很着急,问佛打算以多少钱买下它。佛说:"500 元足矣。"众僧无法理解:"那怎么可能?"佛说:"天理犹存,当有办法,万丈红尘,芸芸众生,欲壑难填,得不偿失啊,我佛慈悲,普度众生,当让他仅仅赚到这 500 元!"

"怎样普度他呢?"众僧不解地问。

"让他忏悔。"佛笑答。众僧更不解了。佛说:"只管按我的吩咐去做就行了。"

第一个弟子下山去店铺里和老板砍价,弟子咬定 4500 元,未果回山。

第二天,第二个弟子下山去和老板砍价,咬定 4000 元不放,亦未果回山。

就这样，直到最后一个弟子在第九天下山时所给的价已经低到了 200 元。眼见一个个买主一天天下去、一个比一个价给得低，老板很是着急，每一天他都后悔不如以前一天的价格卖给前一个人了，他深深地埋怨自己太贪心。到第十天时，他在心里说，今天若再有人来，无论给多少钱我也要立即出手。

第十天，佛亲自下山，说要出 500 元买下它，老板高兴得不得了——竟然反弹到了 500 元！当即出手，高兴之余另赠佛龛台一具。佛得到了那尊铜像，谢绝了龛台，单掌作揖笑曰："欲望无边，凡事有度，一切适可而止啊！善哉，善哉……"

三、评估资产内在价值的方法

某资产到底值多少钱，实际上就是对相关收益性资产的评估。应如何评估资产内在价值到底是多少？从理论上讲，评估方法无外乎以下三种。

（一）重置成本法

重置成本法也称成本法，是指在资产评估时按被评估资产的现时重置成本扣除其各项损耗来确定被评估资产价值的方法。市场上重新制造或购得此资产所花费的最低费用，就是该资产的评估值。

比如，某汽车是 1 年前花 13 万元买的，从没开过，目前市场同样的新车价格为 10 万元，而该车现在属于八成新，则该汽车目前的内在价值 $=10\times0.8=8$ 万元。

同理，一个企业或一个上市公司，它的总价值到底是多少，假设该公司可以再造，则再造所需要花费的全部费用，就是该企业或上市公司按重置成本法评估出的理论价值。当然，很多收益性资产、公司往往是不能再造的，而对它们的价值评估，最科学实用的方法就是收益现值法。

（二）市场法

市场法也称市场价格比较法，是指在正常的市场情况下，用类似的正常交易的资产的价格来作为评估资产的价值参考，并进行适当修正，从而确定被评估资产价值的一种资产评估方法。

比如要评估中石油股票的内在价值是多少，我们可以在市场上寻找特点相似的股票进行比较，然后修正。而中石油的相似对象就是港股中石油。港股中石油目前折合成人民币在 10～11 元，我们就可以大致认为，中石油股票在目前市场环境下的内在价值是 10～11 元。

（三）收益现值法

收益现值法又称收益还原法，是指通过估算被评估资产的未来预期收益并折算成现值，借以确定被评估资产价值的一种资产评估方法。对于有收益或者能够产生收益的资产，其价值评估主要是用收益现值法，特别是上市公司的内在价值评估或股票的内在价值评估。对以产生收益为主的收益性资产，收益现值法（即现值分析理论）应该说是最合理、最适用的方法。现值分析理论是从理论上对债券、股票的内在价值进行分析。现值分析理论的主要内容包括债券定价原理和股票定价原理等。

第二节　债券定价原理

一、债券的价格决定

（一）债券的理论价格

债券的理论价格即债券的内在价值，是指将未来收益按一定条件贴现成现在的价值。换言之，就是投资者为了得到未来收益而在今天愿意付出的价格。

1. 一次性还本付息债券的价值

一次性还本付息债券只有一次现金流动，也就是到期日的本息之和。

如果按单利计算，且一次还本付息，其价值为：

$$V = \frac{A(1+in)}{1+r_n n} \tag{4-7}$$

式中，V 为债券的价值；A 为债券的面值；i 为债券的票面利率；n 为债券的到期时间；r_n——投资者要求的收益率。

如果按复利计算，且一次还本付息，其价值为：

$$V = \frac{A(1+i)^n}{(1+r_n)^n} \tag{4-8}$$

[**例 4.1**] 某面值 1000 元的 5 年期债券的票面利率为 8%，2019 年 1 月 1 日发行，2021 年 1 月 1 日买入。假定当时债券的必要收益率为 6%，试求该债券买卖的均衡价格。

解：

$$V = \frac{A(1+i)^n}{(1+r_n)^n} \times 100\%$$

$$= \frac{1000(1+8\%)^5}{(1+6\%)^3}$$

$$= 1233.68(元)$$

2. 一年付息一次债券的价值

债券按期（一般每年或每半年）支付利息，也称定息债券，是最常见的一类债券。

如果按单利计算，其价值为：

$$V = \sum_{t=1}^{n} \frac{C}{1+t \times r} + \frac{A}{1+n \times r} \tag{4-9}$$

如果按复利计算，其价值为：

$$V = \sum_{t=1}^{n} \frac{C}{(1+r)^t} + \frac{A}{(1+r)^n} \tag{4-10}$$

式中，V 为债券的价值；A 为债券的面值；C 为每年支付的利息；n 为债券的到期时间；t 为第 t 次发放利息；r 为投资者要求的收益率。

[**例 4.2**] 某一附息债券的面值为 1000 元，有 5 年剩余期限，票面利率为 8%，每年付息一次，若投资者的必要收益率为 10%，按复利贴现，试求该债券的理论价值。

解：

$$V = \sum_{t=1}^{n} \frac{C}{(1+r)^t} + \frac{A}{(1+r)^n}$$

$$= C \times \frac{1-(1+r)^{-n}}{r} + \frac{A}{(1+r)^n}$$

$$= 80 \times \frac{1-(1+10\%)^{-5}}{10\%} + \frac{1000}{(1+10\%)^5}$$

$$= 924.18(元)$$

3. 贴现债券的价值

贴现债券也称贴息债券、零息债券，它是指以低于债券面值发行，不支付利息，到期按面值支付的债券。债券按付息方式分类，可分为贴现债券、息票累积债券、附息债券。债券按照利率是否固定，可分为固定利率债券、浮动利率债券。

债券按单利贴现的价值为：

$$V = \frac{A}{1+nr} \tag{4-11}$$

债券按复利贴现的价值为：

$$V = \frac{A}{(1+r)^n} \tag{4-12}$$

式中：V 为债券的价值；A 为债券的面值；r 为投资者要求的收益率；n 为债券到期时间。

需要注意的是，债券的实际价格往往与理论价格发生偏离，债券被低估和高估的现象经常发生。投资者通过价值分析判断某债券是否存在低估或高估，从而做出正确的投资决策。

（二）债券价格的决定因素分析

债券价格的决定因素包括两类：一类是内部因素，即债券本身的属性；另一类是外部因素，即外部市场对债券的影响。对债券价格的决定因素分析，有助于分析债券是否存在高估或低估的现象，这有利于判断债券未来的价格走势，从而做出正确的投资决策。

1. 影响债券定价的内部因素

1）债券期限

一般来说，债券期限越长，偿本付息的不确定性越大，其市场价格变动的可能性越大，从而风险也就越大。因此，投资者要求的收益率也越高。

2）票面利率

债券的票面利率越低，其价格的波动性越大。在市场利率提高的时候，票面利率较低的债券价格下降较快；当市场利率下降时，其增值的潜力也很大。

3）提前赎回条款

提前赎回条款是指可赎回债券的发行人拥有的一种选择权，它允许发行人在市场利率降低时发行较低利率的债券，取代原先发行的利率较高的债券，从而降低融资成本。如果市场利率上升了，公司可以不执行赎回规定，债券投资人得不到利率上升带来的好处。因此，具有较高提前赎回可能性的债券应具有较高的票面利率，其内在价值较低。

4）税收待遇

债券的税收待遇是指债券的利息收入是否需要纳税。一般来说，免税债券的到期收益率比类似的应纳税的债券的到期收益率低，其内在价值较高。另外，税收还以其他方式影响债券的价格和收益率。例如，任何一种以折扣方式出售的低利率附息债券提供的收益都有两种形式：息票利息和资本收益。在美国，这两种收入都被当作普通收入进行征税，但是对于后者的征税可以等到债券出售或到期时才进行。这种推迟表明大额债券具有一定的税收利益。

5）发债主体的信用

发债主体的信用是指债券发行人按期履行合约规定的义务，足额支付利息和本金的可靠程度。一般来说，除政府债券以外，一般债券都有信用风险，只不过风险大小不同而已。信用等级越低的债券，其债券收益率越高，债券的内在价值越低。

2. 影响债券定价的外部因素

1）市场利率

市场利率的变动，甚至人们对利率的心理预期的变动，都会对债券价格产生较大影响。市场利率是投资于债券的机会成本，与债券价格成反比。在市场利率上升时，债券的收益率也上升，从而使债券的内在价值下降；反之，当市场利率下降时，债券的收益率也下降，从而使债券的内在价值上升。

2）物价

当物价上涨的速度较快时，人们出于保值的目的，纷纷投资于房地产或其他可以保值的物品，债券供过于求，从而导致债券价格下跌。

3）货币政策

央行具有宏观调控的重要功能，如果央行实施紧缩的货币政策，提高法定准备金率、提高再贴现率或者在公开市场上出售政府债券，导致资金减少、利率上升，那么债券价格就会下降；反之，会导致债券价格上升。例如，2003年9月和2004年4月，中国人民银行两次提高准备金率，导致面值为100元的国债有的跌至70多元。

4）社会经济发展状况

当经济发展呈高速上升趋势，生产对资金的需求量增加，往往通过发行债券筹措资金，必然导致市场利率上升，债券价格下降；反之，当经济处于衰退阶段，债券的价格会上升。

5）债券市场供求关系

债券价格主要受市场供求关系的影响。当供给大于需求时，债券价格会下降；反之，当需求大于供给时，债券价格会上升。因此，控制新发债券的发行量对稳定债券价格是至关重要的。

6）国际利息差别和汇率

当本国货币升值时，国外资金会流入本国市场，会增加对本国债券的需求从而影响债券的价格。当本国市场的利率高于外国市场的利率时，资金也会流入本国市场，使国内债券市场的供求关系发生变化。汇率的变动对债券市场行情的影响很大。当某种外汇升值时，就会吸引投资者购买以该种外汇为标值的债券，使债券价格上涨；反之，当某种外汇贬值时，人们纷纷抛出以该种外汇为标值的债券，债券价格就会下跌。

二、债券定价的分类

在给债券定价时，一般考虑的是债券的分红模式。面对不同的现金流构成，通常把债券分为以下三种进行定价：一是零息票债券，该债券不支付利息，到期偿还本金，其未来现金流实际上是一种到期偿还的本金；二是永续债券，没有期限，不偿还本金，未来现金流是一种无穷的利息年金；三是一般债券，按照票面金额计算利息。

（一）零息票债券

零息票债券，是指一般以低于面值的贴现方式发行，不支付利息，到期按债券面值偿还的债券。债券发行价格与面值之间的差额就是投资者的利息收入。由于面值是投资者未来唯一的现金流，所以贴现债券的内在价值，可用折现公式进行计算（见式 4-12）。

（二）永续债券

永续债券，又称无期债券，是非金融企业（发行人）在银行间债券市场注册发行的无固定期限、内含发行人赎回权的债券。永续债券的每个付息日，发行人可以自行选择将当期利息以及已经递延的所有利息，推迟至下一个付息日支付，且不受任何递延支付利息次数的限制。永续债券的内在价值的计算公式为：

$$p = \frac{C}{1+y} + \frac{C}{(1+y)^2} + \cdots + \frac{C}{(1+y)^n} + \cdots \quad (4\text{-}13)$$

式中，p 为债券的现值；C 为债券每年支付的利息；F 为债券的面值；y 为必要收益率；n 为无限期。

（三）一般债券

一般债券即一般责任债券，按照票面金额计算利息，分为附息票债券和不附息票债券。债券期满时收回本金（面值），定期获得固定的利息收入。投资者的未来现金流包括本金与利息两部分。直接债券的内在价值的计算公式为：

$$p = \frac{C}{1+y} + \frac{C}{(1+y)^2} + \cdots + \frac{C}{(1+y)^n} + \frac{F}{(1+y)^n}$$

如果债券每半年支付一次利息，则债券的现金流和贴现率将在每年付息一次的基础上进行相应的调整：一是每次支付的利息为 $C/2$；二是贴现率为 $y/2$；三是时期的个数为 $2n$。每半年付息一次的债券的定价公式为：

$$p = \frac{C/2}{1+y/2} + \frac{C/2}{(1+y/2)^2} + \cdots + \frac{C/2}{(1+y/2)^{2n}} + \frac{F}{(1+y/2)^{2n}} \quad (4\text{-}14)$$

注意：在使用上述公式时，y 的确定有一定难度，因为它取决于投资者对债券的主观评价和市场环境因素的影响。因此，债券分析的关键是合理确定 y 的大小。

第三节 股票定价原理

一、贴现现金流模型

股票理论价格由其预期收入和当时的市场利率决定,其计算公式为:

$$\text{股票理论价格} = \frac{\text{预期股息收入}}{\text{市场利率}} \tag{4-15}$$

某种股票,当其预期年收入每股为 10 元(不论其面值多少)、市场利率为 10% 时,其价格为 $100\left(\frac{10}{10\%}\right)$ 元。如果预期收入为 20 元,市场利率不变,则其价格为 $200\left(\frac{20}{10\%}\right)$ 元。如果预期收入为 20 元,市场利率只有 5%,则其价格可达 $400\left(\frac{20}{5\%}\right)$ 元。

股票贴现现金流模型最一般的形式为:

$$V = \sum_{t=1}^{\infty} \frac{D_t}{(1+k)^t} \tag{4-16}$$

式中,V 为股票内在价值;D 为股票预期股利现金流;k 为贴现率;t 为时间(年)。

(一)股票静态价格确定

股票一般是永久性投资,没有偿还期限,因此其价格确定主要取决于收益与利率,与收益成正比,而与利率成反比。股票价格的计算公式为:

$$V = \frac{D_0}{k} \tag{4-17}$$

[例 4.3] 某只股票年末每股税后利润为 0.40 元,市场利率为 5%,则该只股票价格为多少?

解:

$$V = \frac{D_0}{k} = \frac{0.40}{5\%} = 8 \text{ 元}$$

由此可得出以下结论:

(1)当该只股票市价低于 8 元时,投资者可买进或继续持有该只股票;

(2)当该只股票市价高于 8 元时,投资者可卖出该只股票;

(3)当该只股票市价等于 8 元时,投资者可继续持有或抛出该只股票。

(二)股票动态价格确定

股票交易在二级市场是不断易手的过程,属于动态交易的过程。因而股票动态价格主要指股票持有期间的价格,其确定方法与分期付息、到期还本债券价格的确定方法基本相同。

二、市盈率估值模型

市盈率也称本益比,是公司每股价格与每股收益(即税后利润)的比值。其计算公式为:

$$市盈率 = \frac{股票价格}{每股收益}$$

市盈率反映了不同股票之间进行比较的一种相对价格,即以每股盈利能力作为衡量标准时的股票的价值所在,从而把股票价格和公司盈利能力紧密结合在一起,综合反映了上市公司股价的相对高低或者股票市场价值的相对高低。股票静态价格亦可通过市盈率推算得出,即股票价格=每股收益×市盈率。

市盈率又可分为静态市盈率和动态市盈率两种。

(一)静态市盈率

静态市盈率又称当期市盈率,它等于股价与公司过去 12 个月每股收益的比值。股价可以为计算当日的收盘价或者某一时期的平均价格。

(二)动态市盈率

动态市盈率的计算公式是在静态市盈率的基数上,乘以一个动态系数。该系数为 $1/(1+g)^n$,g 为企业每股收益的增长率,n 为企业可持续发展的存续期。动态市盈率揭示了成长性公司市盈率较高的原因。

[例 4.4] 假设 A 公司过去一年的每股收益为 1.2 元,且未来 5 年每年可以维持 20% 的增长率,目前股票价格为每股 20 元。A 公司静态市盈率与动态市盈率分别是多少?

A 公司的静态市盈率为:

$$20/1.2 = 16.67(倍)$$

A公司根据未来5年每股收益增长率计算的动态市盈率为：
$$16.67 \times [1/(1+20\%)^5] = 6.7(倍)$$

（三）市盈率的零增长模型

市盈率的零增长模型意味着公司的派息比率$b=1$，且$g=0$。市盈率的零增长模型可以表示为：
$$\frac{P_0}{E_0} = \frac{1}{y}$$

（四）市盈率的固定增长模型

假定公司过去一年的每股收益与每股股息分别为E_0与D_0，预期年增长率保持固定比率g的增长，派息比率为b，即$D_0 = E_0 \times b$。相应地，留存收益比率或再投资率为$d=1-b$，派息比率与再投资率保持不变。由此可以推导出市盈率的固定增长模型为：
$$\frac{P_0}{E_0} = \frac{1-b}{y-g} = \frac{1-b}{y - \text{ROE} \times b}$$

式中，y表示投资者的必要收益率即市场资本化比率，股息每年按照一个固定的比率g增长；同时，股息增长率g来源于留存收益再投资的回报率ROE，即$g = \text{ROE} \times b$。

（五）市盈率的影响因素

市盈率的影响因素包括：派息比率b、必要收益率y和股息增长率g。其中，必要收益率y与市盈率呈负相关。但是，股息增长率g和派息比率b与市盈率的关系，还取决于ROE与y之间的对比。当ROE大于y时，市盈率将随b的增加而上升；当ROE小于y时，市盈率将随b的增加而下降。

（六）市盈率模型的优点与缺点

在运用当中，市盈率模型与股息贴现模型相比，除了历史更为悠久外，市盈率模型具有以下优点。

（1）市盈率是股票价格与每股收益的比率，数据简单易得。所以，市盈率模型可以应用于不同收益水平的股票之间相对价格的比较，包括横向比较与纵向比较。

（2）对于那些在某段时间内没有支付股息的股票，市盈率模型同样适用，而股息贴现模型却不适用。

（3）虽然市盈率模型同样需要对有关变量进行预测，但其所涉及的变量预测比股息贴现模型要简单易行。

市盈率模型也有以下缺点。

(1)市盈率模型只表明不同股票市盈率的相对大小,不能决定股票绝对的市盈率水平。

(2)由于周期性公司的每股收益波动很大,这些公司的每股收益在景气时会较高,而在萧条时就会较低,因而不同时期的市盈率表现出较大的差异。

(3)当某家公司的收益为负时,市盈率没有意义,无法反映出公司的相对价值。

(4)市盈率的合理倍数很难主观断定。因而在运用市盈率指标时不能将其作为唯一参考,还需要结合其他影响因素,如行业地位、市场占有率、公司成长性等,对这些因素进行综合分析。

一般来说,公司股票的市盈率较高,表明两种可能性:一是股票价格被高估,存在泡沫;二是市场对公司未来的成长潜力有一个良好的预期。公司股票的市盈率低,也表明两种可能性:一是股票价格被低估;二是市场预期公司面临的风险比较大,前景不好,因而要求更高的必要收益率。在具体运用时,要对比分析这两种可能性的大小。

三、股息贴现模型

(一)基本贴现模型

根据现值贴现理论,投资者只要把股票各个时期所获得的收入按一定比率贴现,就可以得到这些收益的现值之和,也称股票的内在价值。基本贴现模型有以下几种。

1. 永久持有的股票估值模型

相关计算公式如下:

$$V = \frac{D_1}{1+y_1} + \frac{D_2}{(1+y_2)^2} + \cdots + \frac{D_n}{(1+y_n)^n} \quad (n \to \infty) \tag{4-18}$$

式中,V 为股票的内在价值;D_n 为股票第 n 期支付的股息和红利;y_n 为第 n 期的贴现率。

如果考虑每年的增长率 $g_n = \dfrac{D_n - D_{n-1}}{D_{n-1}}$,则式(4-18)可以转化为:

$$V = \sum_{t=1}^{n} \frac{D_t}{(1+y)^t} = \sum_{t=1}^{n} \frac{D_0(1+g_1)(1+g_2)\cdots(1+g_t)}{(1+y)^t} \tag{4-19}$$

2. 固定持有期的股票估值模型

考虑到投资者对股票投资的偏好转移程度发生变化,投资者不太可能永久持有某只股票,而只会持有某只股票一段时间,这时式(4-18)可以改写为:

$$V = \frac{D_1}{1+y_1} + \frac{D_2}{(1+y_2)^2} + \cdots + \frac{D_n}{(1+y_n)^n} + \frac{P_n}{(1+y_n)^n} \tag{4-20}$$

式中，P_n 为第 n 期末股票的出售价格。

根据对股息增长率的不同假设，股息贴现模型可分为零增长模型、固定增长模型和多元增长模型。

1）零增长模型

所谓零增长，是指在投资者持有期内，股票对应的股息固定不变。增长率为零（$g=0$），可表示为：

$$D_0 = D_1 = D_2 = \cdots = D_n$$

或者

$$g_t = 0$$

将股息不变的条件代入式(4-19)可得：

$$V = \sum_{t=1}^{n} \frac{D_t}{(1+y)^t} = D_0 \sum_{t=1}^{n} \frac{1}{(1+y)^t}$$

进一步将上式简化为：

$$V = \frac{D_0}{y} \tag{4-21}$$

假设投资者持有的某只股票在持有期间每个分红期支付的股息为 1 元/股，贴现率为 5%，则该股票的内在价值等于 20 元，计算过程如下：

$$V = \frac{1}{1+5\%} + \frac{1}{(1+5\%)^2} + \cdots + \frac{1}{(1+5\%)^n} = \frac{1}{5\%} = 20(元)$$

注意，投资者在持有该股票期间的时间长短不定，只要投资者在持有该股票的时间内其内在增长确定为零，就可以利用本公式进行计算。

零增长模型在特定的情况下，对于决定普通股票的价值是有用的，特别是在决定优先股的内在价值时，因为优先股的股息是固定的。

假定某公司在未来无限时期支付的每股股息为 4.5 元，必要收益率为 10%，运用零增长模型，该公司股票的价值为：$4.5 \div 10\% = 45$（元）。若股票价格为 50 元，则每股股票净现值为：$45 - 50 = -5$（元）。这说明该股票被高估 5 元，因此应抛售该股票。

2）固定增长模型

如果增长率为某个确定的值（$g>0, g=C$），C 为常数。

则现值公式演变为：

$$V = \sum_{t=1}^{n} \frac{D_0(1+g)^t}{(1+y)^t} = \sum_{t=1}^{n} \frac{D_0(1+C)^t}{(1+y)^t} \tag{4-22}$$

当 $n \to \infty$ 时，公式变为：

$$V = \frac{D_1}{y - C}$$

3）多元增长模型

零增长模型和固定增长模型在上市公司中经常出现，但更为普遍的现象是公司的增长会随着经济环境的变迁而发生较大变化，有时还会发生负增长的现象。这就需要引入多元增长模型。

多元增长模型又可分为许多种形式,最为普遍的是二阶段增长模型(见图 4-2)和三阶段增长模型(见图 4-3)。

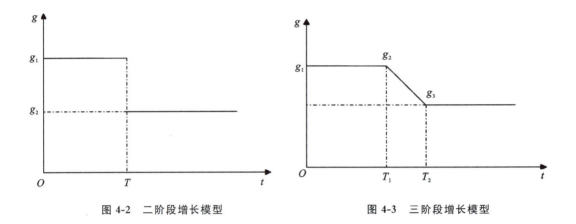

图 4-2　二阶段增长模型　　　　图 4-3　三阶段增长模型

二阶段增长模型将股息的增长分为两个阶段:在第一阶段(时间期限为 T),股息的增长率是一个常数 g_1;在第二阶段,股息的增长率也是一个常数 g_2,但 $g_1 \neq g_2$(假定 $g_1 > g_2$)。

式(4-22)可改写为

$$V = \sum_{t=1}^{T} \frac{D_0(1+g_1)^t}{(1+y)^t} + \frac{D_T(1+g_2)}{(1+y)^T(y-g_2)} \tag{4-23}$$

三阶段增长模型将股息的增长分为三个阶段:在第一阶段,期限为 T_1,股息的增长率为常数(C_1);在第二阶段,期限为 (T_1+1) 到 (T_2-1),股息的变化以线性的方式从(C_1)变化到(C_3);在第三阶段,股息的增长率也是一个常数(C_3),该阶段被视作公司在经过一个时期的强有力的增长之后的稳定增长期,能够给投资者带来长期的增长率。

在满足三阶段增长模型的假设条件下,三阶段增长模型的计算公式为:

$$V = D_0 \sum_{t=1}^{T_1} \left(\frac{1+C_1}{1+y} \right)^t + \sum_{t=T_1+1}^{T_2-1} \left[\frac{D_{t-1}(1+g_t)}{(1+y)^t} \right] + \frac{D_{T_2-1}(1+C_3)}{(1+y)^{T_2-1}(y-C_3)} \tag{4-24}$$

(二)利用股息贴现模型指导投资

股息贴现模型可以帮助投资者判断某股票的价格属于低估还是高估,判断股票价格属于高估还是低估的方法主要有以下两种。

 1.计算股票投资的净现值

如果净现值大于零,说明该股票被低估;反之,则该股票被高估。用公式可表示为:

$$\text{NPV} = V - P = \left[\sum_{t=1}^{\infty} \frac{D_t}{(1+y)^t} \right] - P \tag{4-25}$$

式中,NPV 为净现值;P 为股票的市场价格。

2. 比较贴现率与内部收益率的差异

如果贴现率小于内部收益率(IRR),则表明该股票的净现值大于零,即该股票被低估;反之,当贴现率大于内部收益率时,则表明该股票的净现值小于零,即该股票被高估。内部收益率是当净现值等于零时的一个特殊的贴现率,即:

$$\text{NPV} = V - P = \left[\sum_{t=1}^{\infty} \frac{D_t}{(1+\text{IRR})^t}\right] - P = 0 \tag{4-26}$$

(三)内在价值与市场价格比较法

股票有两种比较方法来预计股票是否被高估或低估。

1. 比较持有预期收益率与必要收益率的差异

将公司作为持续经营实体的最常用的估价模型来源于对一个事实的观察:股票投资者期望有包括现金红利和资本利得或损失在内的收益。根据给定的信息,投资者可以计算出期望收益率,然后将其与均衡水平下的必要收益率进行比较。

资本资产定价理论告诉我们,在满足该理论假设条件下,投资者持有股票的期望收益率为 $R_i = Y = rf + (R_m - rf)$。用 y 表示必要收益率,如果股票定价"准确无误",其预期收益率应等于必要收益率;否则,表示股票定价"存在偏差"。

判断错误定价的规则为:如果 $R_i > Y$,则股票价格被低估;如果 $R_i < Y$,则股票价格被高估。

2. 比较股票内在价值与市场价格

如果股票的每股内在价值用 V_0 表示,表示投资者从股票上所能得到的全部现金回报(包括红利和资本利得)反映了风险调整的利率 k 贴现所得的现值。不论何时,如果内在价值或投资者对股票实际价值的估计超过市场价格,则这只股票可被认为低估了,因而具有投资价值。在均衡市场中,市场价格将反映所有市场参与者对内在价值的估计,即投资者对 V_0 的估计与现价 P 相同。

案例分析

案例一

长江电力(600900)股利贴现法的应用

长江电力是中国三峡集团控股的上市公司,主要从事水力发电业务。现拥有三峡、葛洲坝、溪洛渡和向家坝四座电站的全部发电资产,是大型电力上市公司。长江电力年年分红,平均分红率为当年净利润的70%左右,公司平均分红较为稳定。长江电力2016—2020年的平均分红增长率为1.3%,2020年扣除所得税后,实际每股送0.63元。无风险收益率采用5年期国债到期收益率3.07%。Wind给出的长江电力的β系数是0.2,市场收益率是4.68%,对应的风险溢价是1.61%。

按照资本资产定价模型 $E(r_1) = r_f + (r_m - r_f) \times \beta_i$,贴现率 $= 3.07\% + (4.68\% - 3.07\%) \times 0.2 = 3.4\%$。

长江电力年年分红且平均分红较为稳定,故可以采用不变增长模型 $V = \dfrac{D_0 \times (1+C)}{v-C}$,$D_0 = 0.63$,$C = 1.3\%$,$v = 3.4\%$。可得:

$$V = \frac{0.63 \times (1+1.3\%)}{3.4\% - 1.3\%} = 30.39(元)$$

长江电力此时的股价是30.39元/股。

案例二

佛山照明(000541)股利贴现法的应用

佛山照明2019年以来净利润的平均增长率为9.62%,2019年以来净利润平均增长速度为3.3%。公司年年分红,平均分红率为当年净利润的71%,且一直比较稳定。所以我们可以用不变增长模型来计算佛山照明的股票价值。由于公司分红稳定,且净利润增长率为3.30%~9.62%,所以取中间值6%为红利增长率。需要另外计算的是贴现率。

无风险收益率 r_f 以过去6年平均的10年期国债收益率代替,为4.42%;过去6年两市综合指数平均股指收益率为9.82%,风险溢价为:9.82% - 4.42% = 5.4%。考虑到市场未来发展前景很好,风险溢价以6%计算。1997年以来公司股票的β系数为0.7562。这样,根据资本资产定价模型,公司股权收益率即贴现率为:$K = E = 4.42\% + 6\% \times 0.7562 = 8.9572\%$。

这样,根据不变增长模型,$V = 0.32 \times (1+6\%)/(8.9572\% - 6\%) = 11.47(元)$。如果对公司的红利增长率取值更保守,假使未来公司分红增长率为5%,即 $g = 5\%$,则 $V = 0.32 \times (1+5\%)/(8.9572\% - 5\%) = 8.49(元)$

◇ 本章小结

货币的时间价值表明,从投资的角度出发,投资者手中的货币能够随着持有货币时间的延长而增加。这也是货币储蓄之所以能够带来利息的依据之一。

债券的定价原理虽然简单,但是,除了需要考虑基本的计算方法外,更需要考虑的是影响债券定价的其他因素。有时其他因素的影响更能左右债券的定价,尤其是债券的短期定价方式。

零增长模型、固定增长模型和多元增长模型揭示出投资者对于投资行为的态度,更揭示出投资者对于预期收益的差异性。

股票的定价方式在本章中只是讲解了基本原理,市盈率反映股票的一般价值规律。在具体的股票投资方式上,市盈率只能作为参考,更多的是考虑其他影响因素。

◇ 名人名言

巴菲特常常提到现金流量,但我从未看到他做过什么计算。

——查利·芒格

一切的数字与资料都存在我的脑子里,若某些投资需要经过复杂的运算,那它就不值得投资。

——沃伦·巴菲特

一个股票型的多元化资产配置方案最有可能为取得较长时期内的成功提供框架。投资期限较长的投资者接受了风险资产投资组合所固有的更高的重大风险和金融风险,因而有机会获得更高的收益。

——大卫·斯文森

如果对自己所持有的头寸漫不经心,随时进行变动,那么这些摇摆不定的投资者将不得不承受市场波动带来的昂贵代价。

——大卫·斯文森

好企业受制于市场逆转、股价不合理下跌,大好的投资机会即将来临。我更愿意看到市场下跌,大跌的时候更容易买到好货,更容易把钱用好。

——沃伦·巴菲特

投资企业而不是股票。拥有一只股票,期待它明天早晨就上涨是十分愚蠢的。一家有实力的大公司遇到一次巨大但可以化解的危机时,一个绝好的投资机会就悄然来临。

——沃伦·巴菲特

世上本没有一夜暴富的方法,往往最简单的方法就是最好的方法。

——本杰明·格雷厄姆

一个投资者必须既具备良好的企业分析判断能力,又具备一种能把自己的思想行为和那些在市场上盘旋的情绪隔绝开来的理性能力,才能取得投资成功。

——本杰明·格雷厄姆

关注一定数量的企业,并把自己的交易限制在该股票上面是一种很好的策略。每买进一种股票,你应当对这个行业以及该公司在其中的地位有所了解,对它在经济萧条时的应对、影响收益的因素都要有所了解。

——彼得·林奇

守信念跟选股不应该相提并论,但后者的成功领带前者。你也许是世上最好的财务分析专家,或者精于市盈率的分析,但如果没有信念,你也会相信带有很多消极因素的报道。

——彼得·林奇

◇ 复习题

一、单项选择题

1. 货币的时间价值是指(　　)。
A. 货币的价值会随着时间而增加　　　B. 货币价值是变动的
C. 只有投资才能带来时间价值　　　　D. 货币价值的增加并不需要特别的理由

2. 自由现金流是指(　　)。
A. 企业可以自由支配的现金流　　　　B. 净现金流
C. 未来的净现金流　　　　　　　　　D. 扣除管理费以后的现金流

3. 投资者之所以要考量货币的时间价值在于(　　)。
A. 控制风险　　　　　　　　　　　　B. 建立基准收益底线
C. 寻找投资机会　　　　　　　　　　D. 作为投资参考

4. 复利是指(　　)。
A. 高利贷利率　　　　　　　　　　　B. 每天计算一次利息
C. 每个利率周期计算一次利息　　　　D. 以上说法均不正确

5. 零增长模型表明(　　)。
A. 股票的内在价值不增加　　　　　　B. 股息固定不变
C. 公司缺乏活力　　　　　　　　　　D. 公司比较稳定

6. 固定增长模型表明(　　)。
A. 公司经营稳健　　　　　　　　　　B. 公司增长平稳
C. 股息固定　　　　　　　　　　　　D. 以上说法均不正确

7. 有关债券的说法正确的是(　　)。
A. 一次付息的债券优于零息债券　　　B. 债券的利率是可变的
C. 债券的期限是可变的　　　　　　　D. 以上说法均不正确

8. 股票定价(　　)。
A. 与股息有关　　　　　　　　　　　B. 与市场利率无关
C. 与投资者的期望值有关　　　　　　D. 以上说法均全对

9. 市盈率等于(　　)。
A. 股票价格/收益率　　　　　　　　 B. 股票价格/利率

C. 股票价格/预期收益率 D. 股票价格/每股收益

10. 某只股票每股税后利润为 0.8 元,市场利率为 3%,则这只股票合理的市场价格为( )。

A. 25.67 元 B. 26.67 元
C. 27.67 元 D. 28.67 元

二、多项选择题

1. 股票的预期收益取决于( )。

A. 股息 B. 存款利息率
C. 基准利息率 D. 投资者个人的期望值

2. 复利大小与( )有关。

A. 本金 B. 期限
C. 利率 D. 投资者心理预期

3. 终值与( )有关。

A. 本金 B. 期限
C. 利率 D. 投资者心理预期

4. 多元增长模型表明( )。

A. 企业保持增长 B. 企业增长率保持不变
C. 每个财务年度增长有差异 D. 以上说法均正确

5. 现值分析理论可以( )。

A. 为投资者提供投资参考 B. 对股票进行估值
C. 确定投资安全边际 D. 提供买卖机会

6. 有关债券的说法正确的是( )。

A. 债券面值一般是固定的 B. 债券面值大小与债券的收益率无关
C. 债券的收益率一般事先确定 D. 债券的期限一般是确定的

7. 债券的价值与( )有关。

A. 面值 B. 票面利率
C. 到期日 D. 预期收益率

8. 影响债券定价的内部因素有( )。

A. 赎回条款 B. 税收待遇
C. 流动性 D. 发债主体的信用

9. 影响债券定价的外部因素有( )。

A. 物价水平 B. 货币政策
C. 社会经济发展状况 D. 债券的供求关系

10. 影响股票价格的因素有( )。

A. 货币供应量 B. 股票供应量
C. 投资者情绪 D. 偶然因素的影响

三、简答题

1. 简述二元增长模型和多元增长模型之间的关系。
2. 投资者应该如何看待股票动态价格确定方法和静态价格确定方法？

四、计算题

1. 某投资者持有永久持有的股票，已知该股票第一年持有时的股息是 0.5 元，公司给投资者每年的股息增长率为 3%，无风险利率为 5%。求该永久持有的股票的内在价值。
2. 假设投资者面对市场中的某种债券，其价格为 98 元。该债券一年付一次利息，其面值为 100 元，每年支付的利息为 3.5 元，债券的有效期限为 2 年。求该债券的必要收益率。
3. 已知某股票的市盈率为 25，该股票近 5 年的平均每股收益为 0.86 元。求该股票的平均市场价格。
4. 某股票年度每股税后利润为 1.50 元，市场无风险利率为 2.75%，则该股票价格为多少时适合进行投资？

五、案例分析题

案例一

表 4-1 是华新水泥(600801)的财务数据。

表 4-1　华新水泥的财务数据

项目	2019 年	2020 年	2021 年
资产总额(万元)	1071635.36	1458416.27	1656140.99
负债总额(万元)	580391.06	919615.76	1144071.62
货币资金(万元)	98671.78	133829.71	153370.44
应收账款(万元)	14432.16	29776.03	56992.77
股东权益(万元)	406776.70	455494.07	452313.40
资产负债率(%)	54.1593	63.0557	69.0800
每股收益(元)	1.18	1.24	0.22

已知华新水泥现价为 45 元，一年期的无风险利率为 2.25%。根据本章所学估值方法计算，投资者的投资策略是买进还是卖出？

案例二

表 4-2 是药明康德(603259)的财务数据。

表 4-2 药明康德的财务数据

项目	2021 年	2020 年	2019 年	2018 年	2017 年
资产总额(亿元)	551.3	531.7	521.8	486.1	462.9
负债总额(亿元)	163.7	135.7	118.3	45.02	58.42
货币资金(亿元)	82.39	102.4	52.27	57.61	24.72
应收账款(亿元)	46.20	36.65	29.37	19.95	15.97
股东权益(亿元)	387.6	327.2	174.1	181.7	67.38
资产负债率(%)	29.69	25.52	22.67	9.26	12.62
每股收益(元)	1.75	1.06	0.81	1.59	1.31

已知药明康德现价为 109 元,一年期的无风险利益率 3.14%。根据本章所学估值方法计算,投资者的投资策略是买进还是卖出?

第四章
复习题
答案解析

第五章 有效市场假说

◇ **知识目标**

了解有效市场假说的有关概念,熟悉有效市场假说的基本内容,把握有效市场假说在证券市场中的具体应用及局限性。

◇ **能力目标**

了解有效市场假说的影响因素,以及应用环境、约束机制、应用范围等,并学会利用该假说来判断证券价格的有效性,从而合理利用该假说分析、解决证券投资中的实际问题。重点把握内在效率、外在效率的概念及二者之间的区别;熟悉弱式有效市场、半强式有效市场和强式有效市场的能力,熟悉这三个概念的区别和联系。

◇ **情感目标**

通过本章的学习,掌握有效市场假说对证券投资分析的重要性,鼓励学生主动掌握理论与实践相结合的必要性;理解完全理性假设条件的应用。

◇ **学习重难点**

通过本章的学习,需重点掌握:
(1)有效市场假说的基本概念;
(2)有效市场假说在证券市场中的具体应用;
(3)有效市场假说的应用场景和局限性。

◇ **基本概念**

有效市场假说　外在效率　内在效率　效率市场　弱式有效市场　半强式有效市场　强式有效市场　无效率市场

◆ 导入案例

一个有趣的投资故事

　　A君和B君在街上卖烧饼,假设这个世界只有他们两个人卖烧饼;假设每个烧饼只卖一块钱就可以保本;最后假设他们的烧饼数量一样多。

　　可能是因为他们选择的地段不理想,也可能是当地的居民不喜欢吃烧饼,A君和B君的生意很不好,辛辛苦苦站了一天,也没有一个人买他们的烧饼。

　　为了不让大家无聊,A君对B君说:"要不,咱们来玩个游戏?"B君说,"好"。故事就此展开……

　　A君花一块钱跟B君买了一个烧饼,B君也花一块钱跟A君买了一个烧饼,现金交割。

　　A君再花两块钱跟B君买了一个烧饼,B君也再花两块钱跟A君买了一个烧饼,现金交割。

　　A君再花三块钱跟B君买了一个烧饼,B君也再花三块钱跟A君买了一个烧饼,现金交割……

　　于是在整个市场的人看来(包括各位读者朋友),烧饼的价格飞速上涨,不一会烧饼的价格就涨到了20元/个,如果每个烧饼的收益是0.2元,那么就意味着最初只有5倍市盈率的烧饼瞬间变成了100倍市盈率了。不得了,在烧饼交易过程中产生了巨大的泡沫,令人意想不到的是,A君和B君两个人的烧饼数量仍然一样多,他们钱包里的钱也分文没有改变,然而他们的烧饼价格的确是上涨了啊,这到底是为什么呢?

■ **点评:市场效率是如何产生的**

　　市场效率是一个需要认真体会的概念。读者在阅读以上故事后,请思考:在该故事中市场是否具有效率?如何正确理解效率的概念?

第一节　有效市场假说的前提条件

　　20世纪60年代,美国芝加哥大学金融学教授法玛提出了著名的有效市场假说(EMH)概念:在法律健全、功能良好、透明度高、竞争充分的股票市场,一切有价值的信息已经及时、准确、充分地反映在股价走势中,其中包括企业当前和未来的价值,除非存在市场操纵,否则投资者不可能通过分析以往价格获得高于市场平均水平的超额利润。

法玛认为,在一个充满信息交流和信息竞争的社会里,由于信息能够迅速、完整、准确地被关注它们投资者得到,投资者就能够根据这些信息准确判断投资价值,并以适当的价格进行投资。

根据有效市场假说(又称"有效市场理论"),在有效市场上,某一时点的资产价格的全部信息都充分反映在资产价格上,投资者的资金会被有效地配置在投资者认为可投资的地方,于是资本的有效配置就能够通过市场来完成。

如果某个证券市场具备上述条件,这个证券市场就是有效证券市场。

1976年,韦斯特和惕尼克在有效市场假说的基础上将证券市场效率划分为两种:外在效率和内在效率。

外在效率是指证券市场的资金分配效率,即市场上证券的价格能否根据有关信息做出及时、快速的反应,它反映了证券市场调节和分配资金的效率。一个富有效率的市场,证券的价格调节充分地反映了所有相关的信息,并能够根据新的信息做出快速反应。内在效率是指证券市场本身的运行效率,即证券市场能否在较短时间内以较小成本为交易者完成每一笔交易。若证券市场是有效的,则交易者能以最低成本在最短时间内完成交易。

外在效率有两个明显的标志,其一是证券价格能充分根据有关信息变动,其二是证券市场中有关资产的信息能够充分披露和均匀分布,使每一个投资者在同一时间得到等量同质的信息。显然,价格的变动方式和信息的完整性、时效性影响着证券市场的资金调配效率。证券价格被人为操纵和控制,或证券价格被误导,都会阻碍资金流向最急需且使用效率最好的企业。

内在效率是指证券市场的交易运营效率,即证券市场能否以最短的时间、最低的交易成本为交易者完成一笔交易,它反映了证券市场的组织功能和服务功能的效率。

内在效率也有两个明显的标志:其一是每笔交易所需时间短;其二是每笔交易费用低。显然,交易时间和交易费用决定了证券市场的流动性。若每笔交易所需时间太长或所需交易费用较高,或两者兼而有之,则证券市场的流动性会受阻,从而影响投资者根据市场信息改变投资组合的速度和能力。

总之,证券市场的外在效率,是指证券市场的资金分配效率,即证券价格是否能根据有关信息做出快速反应,是高效媒体导向下的群体行为。

所谓证券市场的内在效率,是指证券市场的交易运营效率,即证券市场能否在最短的时间,以最低的交易费用为投资者完成一笔交易,也即交易成本最低。

一、有效市场的含义

有效市场是指在证券市场上证券价格能充分、及时地反映当前情况下的全部(完全)信息。也就是说,如果证券市场是有效的,市场价格就能反映投资者的知识和拥有的信息。在

法玛看来,有效证券市场应满足以下条件:

(1)投资者都可以利用可获得的信息力图获得更高的报酬;

(2)证券市场对新的市场信息的反应迅速而准确,证券价格能完全反映全部信息;

(3)市场竞争使证券价格从旧的均衡过渡到新的均衡,而与新信息相应的价格变动是相互独立的或随机的。

总之,有效市场是资产的现有市场价格能够充分反映所有有关、可用信息的资本市场。

二、有效资本市场的前提条件

有效资本市场建立在完全理性和完全信息的基础上,这是完全市场研究的前提。所谓完全市场,是指市场本身与投资者之间在信息公开和资源享用等方面具有同等性,投资者能够从公开信息中及时得到所有信息、享用公共资源。

换言之,在完全市场中,如果市场中买者和卖者的数量都足够多,每个参与者与市场相比都足够小,没有任何一个单独的市场机构能够影响商品价格,就会形成一个完全市场。

(一)完全信息的假设条件

(1)所有的信息都必须是公开和透明的,即将信息无偿地提供给所有的投资者,所有的投资者对信息的解释和判断不存在任何分歧,信息传递渠道畅通,不存在任何阻隔。

(2)价格已经反映了所有可以得到的信息,并且具有高度的灵敏性和传导性。

(3)所有投资者只能根据市场价格做出投资抉择,而不能支配和影响价格的形成,价格变化是市场信息变化调节的结果。

(二)完全理性的假设条件

(1)市场是理性的,即市场是完全竞争的市场和公平与效率统一的市场,不存在资本过剩和资本短缺的问题,资本可以自由流出流入,交易过程是在瞬间完成的,既不存在虚假交易也不存在时间和数量调整。

(2)投资者是理性的,收益最大化是所有投资者从事证券交易的唯一动机。投资者必须根据理性原则进行投资决策,调整投资组合,规范交易行为。

(3)市场运行是均衡的,能根据市场的外部宏观环境和市场本身的微观变化及时调整,维持市场的长期动态均衡。

不难看出,在上述假设条件中,市场均衡假设是从理性市场假设中推导出来的,而理性市场假设又是以完全信息假设作为前提的。由于这些假设条件之间存在着互为前提、循环证明的关系,只要人们对其中的一个假设条件证伪,上述假设条件形成的逻辑链条就会即刻断裂,市场有效性理论的基石就会因此而崩塌。

在以上完美市场中,所有有关信息对每个投资者来讲都是均等的,投资者能够对证券的内在价值做出正确判断,及时进行理性的投资决策,从而形成均衡的证券价格。在这样的"讨价还价"过程中,竞争机制和价格机制会将稀缺的资本分配给那些边际效率高的企业和项目,社会资本在追逐价值的过程中得到有效的配置,从而实现资源的优化配置。

信息传递方式如图 5-1 所示。

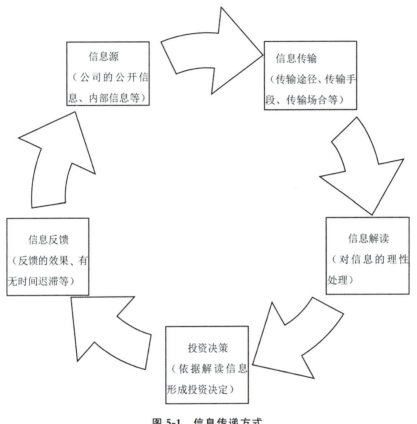

图 5-1　信息传递方式

(三)假设前提条件的现实约束

1. 信息公开的有效性

证券发行者在发行证券时,总是希望投资者能够购买自己发行的证券,因此,难免向投资者宣传企业或者证券的优点,而对其存在的问题进行适当的掩饰或者避而不谈,甚至有的发行者刻意误导投资者。对于一些公司内部信息,由于这些信息对公司本身在市场竞争中的决定意义,这些公司也不愿意完全对外公开,或者根本不能公开;对于某些公司来说,公开自己的信息会给公司增加不必要的经营成本,出于保护本公司利益的需要,他们也不愿意及时公开公司的内部信息,而只有在这些信息不再重要后,才有可能予以公开。对于投资者来说,要想及时得到这些信息来提供投资参考无疑是不现实的。

2. 信息在传递中的有效性

受主客观因素的影响,信息在传递过程中也不是一帆风顺的,受渠道、技术、条件等因素的影响,不是所有的投资者都能够对相同的信息全面接收,总有一些信息在传递过程中被丢失、缺损或者产生歧义,这使得信息本身在传递过程中的有效性受到质疑。

3. 投资者对信息反应的有效性

由于投资者的投资风格千差万别,同时投资者的个人能力不尽相同,对于相同的信息,不同的投资者处理的结果可能会有所不同。同时,投资者的投资习惯也会对投资行为产生深刻的影响,这些都会影响投资者对相同信息处理的差异性,导致信息反应的有效性大大降低。

4. 投资者投资结果的有效性

信息公开、信息传递和信息处理等方面的差异,必然导致不同的投资者对不同的投资局面产生不同的投资策略,进而影响到投资结果。如果投资者在整个投资过程中的效率都比较低,则其投资结果的有效性会受到质疑。

◇ **案例分析**

康美药业财务造假案件

康美药业曾经是A股市场上有名的绩优白马股,在经历了几年的高速发展以后,由于管理层的原因,公司内部财务管理混乱,并且在公司法人的精心策划下,导演了一场有预谋、有组织、长期系统实施的财务造假,且涉案金额创下A股历史之最。

据中国证监会调查显示,2016年至2018年,康美药业为了配合虚增的营业收入,通过财务不记账、虚假记账,伪造、变造大额定期存单或银行对账单,伪造销售回款的方式虚增货币资金。

1. 案件过程

经调查,2016年至2018年上半年,康美药业合计虚增营业收入275.15亿元,占同期公告营业收入的40%以上,虚增营业利润39.36亿元,占同期公告营业利润的三分之一。

康美药业2016年年报虚增货币资金225.49亿元;2017年年报虚增299.44亿元;2018年半年报虚增361.88亿元。

2018年年报,虚增的内容变成了在建工程、投资性房地产和固定资产,虚增的数额也骤减至36.05亿元,康美药业甚至承认了2017年底账上有299亿元货币资金不见了。2018年半年报,康美药业虚增了361.88亿元货币资金,对应的科目有二:

第一,虚增的营业收入。

2016年1月1日至2018年6月30日,公司累计虚增营业收入275.15亿元,大部分虚构的货币资金由此而来。收入是假的,现金流入自然也是假的。

第二,未披露控股股东及其关联方资金占用情况的其他应收款。

2016年1月1日至2018年12月31日,康美药业在未经过决策审批或授权程序的情况下,累计向控股股东及其关联方提供非经营性资金116.19亿元。上述款项被用于购买股票、替控股股东及其关联方偿还融资本息、垫付解质押款或支付收购溢价款等用途。且上述款项并未公告。

直到2018年上半年,这些被关联方占用的资金一直以现金名义挂在公司账面上,成为虚构货币资金的一部分。下半年,康美药业遭立案调查,公司年报中首次出现了对控股股东及其关联方的其他应收款88.79亿元,这笔被挪用的资金才首次浮出水面。账面资金被挪用却未入账,自然成为虚假货币资金的构成部分。

康美药业为何要财务造假?其中一个可能的原因是,大股东缺钱,于是将罪恶的黑手伸向了上市公司。实际上,康美药业胆大包天的财务造假行为中,实控人马某某夫妇几乎是唯一的获利者。

首先,上市公司的116.19亿元货币资金全部被控股股东及其关联方挪用。2018年年报显示,公司其他应收款共计92.28亿元。截至2019年3月31日,该数据为93.95亿元,说明大股东仍未归还占款。

其次,2016年至2018年上半年,公司累计虚增营业收入275.15亿元,虚增营业利润39.36亿元。同期,其营收同比增长率分别为19.79%、22.34%和27.88%,营造出一种业绩蒸蒸日上的表象。

上市公司业绩与股价起飞,一时风头无两,实控人马某某夫妇及其关联方却开始疯狂质押所持上市公司股票。Wind数据显示,在公司股价处于相对高位时,他们几乎将手中全部股权质押套现,绝大部分质押起始日在2016年5月至2018年3月之间,控股股东及其关联方合计质押股权数量为19.76亿股,占其所持上市公司股份的99.46%。

2016年至2018年,康美药业通过取得银行借款、发行债券和吸收投资等方式取得的现金分别高达320亿元、340亿元和347亿元,扣除当期偿还债务等筹资活动现金流出之后,该部分仍然是上市公司最大现金来源。凭借融资得来的资金,上市公司也能活得相当滋润。

事实上,2018年半年报脱水后的总资产为425.5亿元,总负债为453.04亿元,已经资不抵债。

到了2018年年报，已被立案调查的康美药业再也无法继续遮丑。康美药业发布了一则《关于前期会计差错更正的公告》。公告几乎将2017年财报结果推翻，即对2017年年报中包括货币资金、存货、营收等14项会计错误更正，尤其夸张的是2017年货币资金多计算了299亿元。

此公告一出，就引起了多方关注。最为要命的是，仅仅用"财务数据出现会计差错"这个理由来解释公司核算账户资金时存在错误。还称康美2017年的存货由157亿元更正为352亿元，增加了195亿元。

只是这么多的存货放在仓库里，上至财务、下至仓管，那么长时间没人统计好像也说不通。如此荒诞的会计审计报告，就这样堂而皇之地公布在市场上，投资者当然不会买账。

2019年8月，康美药业造假被证实。证监会对其下发《行政处罚及市场禁入事先告知书》，并指出其存在的重大问题：为了配合虚增的营业收入，康美药业通过财务不记账、虚假记账，伪造、变造大额定期存单或银行对账单。

可在2019年年报中，康美药业还依然坚持自己的存货金额达到314.08亿元，存货跌价准备从上年末的6583万元提高到了6亿元。

而在2020年年报中，期末301亿元的账面存货，被计提了211亿元的跌价准备。也就是说康美药业存货金额大概只有90.4亿元。

此外，康美药业虚假记载还涉及虚增固定资产、在建工程、投资性房地产，以及未按规定披露控股股东及其关联方非经营性资金的占用情况等违规行为。

2020年6月出具的专项审计说明信息显示，马某某实际控制的普宁市康淳药业有限公司和普宁康都药业有限公司对康美药业非经营性占用资金余额高达94.81亿元。

2. 案件处理

康美药业法人代表马某某因操纵证券市场罪和违规披露、不披露重要信息罪以及单位行贿罪数罪并罚，被判处有期徒刑12年，并处罚金人民币120万元；康美药业原副董事长、常务副总经理许某某及其他责任人员11人，因参与相关证券犯罪被分别判处有期徒刑并处罚金。

2021年11月12日，广州市中级人民法院对全国首例证券集体诉讼案做出一审判决，责令康美药业因年报等虚假陈述侵权赔偿证券投资者损失24.59亿元。

■ **案例分析提示**

在本案例中，可以清楚看到上市公司信息效率的低下，从而导致投资者投资效率的低下。

康美药业违法违规案表明，个别上市公司为谋取经济利益，弄虚作假，采取对投资者不负责任的手法，隐瞒企业的真实信息。证券经营机构作为连接筹资人与投资者的桥梁，本应以诚实信用为本，坚持合法经营。在康美药业案件的整个过程中,有关中介机构不仅未能尽职尽责,反而成了康美药业行骗路上的保护伞,也触犯了证券法规的禁条,受到应有的惩罚是必然的。随着2020年3月1日新证券法的实施,财务造假等违法成本大幅提高,投资者可获得更加有力的法律保护。

第二节 有效市场假说的内容

一、有效市场假说的含义

金融资产作为一种虚拟资产,它的存在适应了商品经济发展及社会生产力增长的需要,由于它本身不可克服的虚拟性质,价格始终有脱离基础价值的可能,从而影响了资本市场资源配置的效率。如果基础价值能被投资者准确无误地评价,那么市场这只看不见的手确实会合理调整价格。然而,市场往往过于复杂且环境因素变化多端,对金融资产的定价难以把握,投资者确定基础价值难度不小。投资者只能通过不断变化的市场信息对投资行为进行调整。

在完全有效市场中,信息的传递过程未被扭曲,投资者能够根据这些信息准确评定资产的基础价值,同时市场的任何信息包括国内外的政治因素、经济状态、行业发展状况以及公司的经营状况等内部信息都能得到充分反映,从而能够被投资者用来作为投资分析的基本依据。

如果一个市场的证券价格总是能够充分反映所有可以得到的信息,则该市场就是有效的,价格已经充分反映了所有可以得到的信息,这就是有效市场假说(EMH)。从经济学意义上讲,EMH是指没有人能持续地获得超额利润。

二、有效市场假说的类型

在证券市场上,不同的信息对价格的影响程度不同,从而证券市场效率因信息种类不同而异。信息一般可以分为三种:一是历史信息;二是公开信息;三是内部信息。根据这三种信息对市场效率的反映,可以相应地定义出三种不同的市场:弱式有效市场、半强式有效市场和强式有效市场。三种有效市场的共同特征是,证券价格反映一定的信息。区别在于,不同的市场,反映信息的范围不同。有效市场的三个层次如图 5-2 所示。

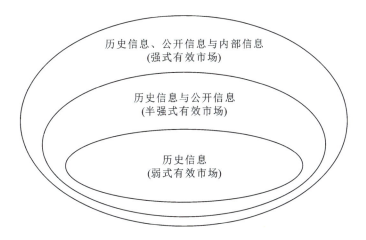

图 5-2 有效市场的三个层次

（一）弱式有效市场

弱式有效市场是证券市场的最低层次,如果证券市场的历史资料(如价格、成交量等)对现有与未来的证券价格变动都没有任何影响,则证券市场达到弱式有效。此时,历史上的任何信息已经在证券的价格上予以充分反映,任何投资者都不可能通过使用任何办法来分析这些历史资料以获取超额收益,特别是,技术分析将变得无效。

总之,在弱式有效市场下,市场价格已充分反映出所有过去的证券价格信息,证券技术分析方法无效。

（二）半强式有效市场

半强式有效市场是有效证券市场的中等程度。如果有关证券公开发表的信息对证券的价格变动没有任何影响,证券市场价格已经充分反映了公开发表的信息,则证券市场效率达到半强式。如果有关证券公开发表的信息仍然对证券价格有影响,则说明证券价格对公开发表的信息尚未做出及时、充分的反映,证券市场效率尚未达到半强式。在一个完全竞争的市场上,价格的调整取决于供需关系的变化,在新的信息未公布之前,证券价格基本上处于均衡状态。一旦新的信息出现,价格将根据新的信息进行调整。公开信息的速度越快、越均匀,证券价格的调整就越迅速。如果投资者都能同时根据公开信息进行投资,则任何投资者都不可能通过任何办法来分析这些公开信息以获取超额收益。

总之,在半强式有效市场下,投资者不能通过基本分析方法获得超额利润,即证券基本分析方法无效。

（三）强式有效市场

强式有效市场是有效证券市场的最高形态，它是指证券所有有用的信息都在证券价格中得到反映。证券价格除了充分反映公开、有用的信息之外，也反映尚未公开的或者原本属于保密的内幕消息。这些消息如企业已通过各种方式获得，则尚未公开的内幕消息早已成为公开的秘密，证券价格也会依据内幕消息进行必要的调整，并完全将内幕消息所包含的信息在价格中充分反映。这时市场处于高度有效率的运行状态，即使某些投资者也许拥有一些内幕消息，但也不能以此获得超额收益。

总之，在强式有效市场下，投资者无法利用内幕信息获得超额利润。

三种有效市场的表现形态如表 5-1 所示。

表 5-1 三种有效市场的表现形态

项目	信息源	信息传输	信息解读	信息反馈	证券价格的变化
弱式有效市场	内部信息横行，市场消息普遍传播	正确的信息在传递过程中可能被误导，或者缺失	大部分投资者受自身知识的限制，不能正确解读信息	存在时滞	掌握内部信息的投资者大行其道，并因此获得巨大超额收益
半强式有效市场	部分公开，一部分信息公开受阻，存在内部信息	能够正确传递，无遗漏	大部分人能够正确解读信息	反馈无时滞	由于存在内部信息，虽然价格能够随信息及时变化，但部分投资者可以获得超额收益
强式有效市场	完全公开	正确传递，无遗漏	正确解读	反馈无时滞	能及时反映所有信息带来的证券价格的变化，投资者无法获得超额收益

以上三种有效市场是法玛对资本市场的分类，当然这种分类也适用于证券市场。但是证券市场的表现并不仅仅局限于这三种形态，如果以上三种形态不能概括整个证券市场的表现，则把不符合以上三种形态的市场归入第四种形态——无效率市场。

（四）无效率市场

如果信息在产生、传递、解读和反馈过程中都出现一定程度的问题，则这种市场是无效率市场。在这种市场中，信息从产生到被公开的有效性对于投资者的正确判断受到质疑，同时，投资者自身行为的有效性也受到质疑，在此情况下，部分投资者可以借助"内幕信息"得到超额收益。

市场的无效性,使得部分投资者不能及时获得相关信息,或者信息传递途径不畅,或者部分投资者缺乏相关设备来得到这些信息,使得投资者在取得相同信息时存在差异,导致部分投资者可以利用这些差异获得超额收益,从而造成市场不公。

部分投资者在进行投资决策时,因为所掌握的知识水平不同,所处的投资背景也不同,在面对相同的市场信息时,所做出的投资判断差异较大,也导致部分投资者可以获得超额收益。

对于无效的证券市场而言,信息在产生时就存在着缺陷,在传递过程中会遗漏甚至丢失,在投资者解读时会产生误解,在对信息进行反馈时会产生时滞甚至遇到阻碍,在决策时形成盲目投资行为,这些都会导致证券市场运行失效。

第三节 有效市场假说的实证检验

弱式有效市场的检验使用的是股票价格的历史资料。

半强式有效市场的检验使用公开信息,如公司财务资料、国民经济资料等。

强式有效市场的检验使用所有信息。

坎贝尔在众多学者利用各种信息对股票收益的可预测性进行检验的基础上发现,存在着下列两种现象。

第一,长期范围内的收益比短期范围内的收益更容易预测。坎贝尔发现,股利与价格比率对股票月收益的解释能力为2%,而对年收益的解释能力迅速上升至18%。

第二,可以相当准确地预测随时间变动的预期收益率和波动率。

一、弱式有效市场假说的实证检验

弱式有效市场假说的实证检验表明,股票收益间的相关性并不显著。但近年来一些考虑市值规模较小的股票组成的投资组合的研究表明,小盘股组成的投资组合的自相关性要大于大盘股组成的投资组合。这对弱式有效市场假说提出了挑战。而采取游程检验的方式证明,不同时期股票价格变化具有独立性。给定股票价格序列的实际游程个数总是在随机股价变化序列的游程个数期望值的范围之内。用于柜台市场的股票交易测试中,检验的结果符合弱式有效市场假说。

研究者通过模拟分析证券市场各种可能的技术性交易规律,并对由这些规律所产生的收益情况进行实证检验。在弱式有效市场上,如果只依靠过去的历史价格发展出来的交易规律进行交易的话,投资者所获得的收益不会高于单纯的购买并持有而得到的收益。大部分早期研究表明,在考虑了交易费用之后,利用交易规律所获得的交易利润都将被损失掉。但近年来越来越多的实证研究发现,有些技术分析的确有用。

二、半强式有效市场假说的实证检验

半强式有效市场假说的实证检验可按照法玛的组织形式,可以将半强式有效市场假说的研究分成两组:一是运用除了在弱式有效市场假说测试中的纯市场信息以外的其他可获得的公开信息来预测未来收益率的研究;二是分析股票能多快调整至可以反映一些特定重大经济事件的研究。

运用除了在弱式有效市场假说测试中的纯市场信息(如价格、交易量)以外的其他可获得的公开信息来预测未来收益率的研究表明,股票未来收益和公司的股息收益率呈显著正相关,市场对季节性收益的调整也是不充分的,而且存在着"一月异常""月份效应""周末效应""周内交易日效应""交易日内效应"等收益率异常现象,同时在典型收益方面还证实了"市值规模效应"等现象。

德邦特和泰勒以及法玛和弗兰奇都发现,低市净率公司组成的投资组合比高市净率公司组成的投资组合可获得高得多的收益。这一系列研究结果都表明市场不是半强式有效的。

关于股票能多快调整至可以反映一些特定重大经济事件的研究,主要采取事件研究的方法,即列举几个股票市场上的重要事件,观测股票价格对这些重要事件的反映,从而来验证股票市场的有效性,例如股份分割、首次公开招股、交易所上市、不可预期的经济事件、会计变动公告等。研究结果表明,除了交易所上市外,其余的检验结果都支持市场有效的假设。

三、强式有效市场假说的实证检验

强式有效市场假说认为股票价格已经充分反映了所有的信息,不管这些信息是公开信息还是内幕信息。在该假设条件下,没有投资者可以通过获得内幕信息来获得超额利润。因此,对强式有效市场假说的检验主要从这方面入手,通过分析公司内幕人员交易、股票交易所证券商、证券分析师、专业基金经理这些信息最灵通、最全面的专业人士能否获得超额利润进行实证验证。

内幕人员包括公司的高级职员、董事会成员和拥有公司任何股权类型的10%以上的股份持有者。对这些内幕人员交易资料的分析结果通常表明公司内幕人员能持续地获得高出平均水平的利润。

由于专家有独占的渠道获得有关未执行的指令的重要信息,因此,如果市场不是强式有效的,则这些专家、证券商一般会从这些信息中赚取超额收益。分析资料也证实了这个结论。

研究表明,在考虑了交易成本之后,证券分析师根据推荐所获信息进行投资无法获得超额利润。这些结果支持了强式效率市场假说。

研究表明,大部分基金的业绩低于直接采取购买并持有策略所产生的业绩。考虑了经纪人佣金、基金佣金和管理成本之后,约有 2/3 的共同基金的业绩不如整个市场的业绩,可见专业基金经理也不能获得超额收益。这支持了强式有效市场假说。

因此,对有效市场假说的实证检验还远没有形成一致的结论。目前,在成熟资本市场国家,一般认同的观点是市场已经基本达到了弱式有效,而半强式有效、强式有效还需要进行进一步的验证。

第四节 有效市场假说的意义

一、有效市场假说评析

在弱式有效市场假说中,虽然不能直接或间接地利用过去的信息获取超额收益,但如果有其他的公开信息或者内幕消息,仍然可以获得超额收益。在半强式有效市场中,虽然不能利用公开信息,但仍然可以利用内幕消息获取超额收益。可见,弱式有效市场假说不能兼容半强式有效市场假说,半强式有效市场假说也不能兼容强式有效市场假说。强式有效市场假说则能兼容半强式有效市场假说和弱式有效市场假说,半强式有效市场假说也能兼容弱式有效市场假说,它们之间是包含与被包含的关系。

二、有效市场假说的启示

有效市场假说在金融领域一直存在争议,但是该假说对投资者的指导意义是不容置疑的。

(一)揭示了证券市场信息的基本特征

在有效市场假说提出之前,人们主要根据证券市场的历史记录进行投资,并且试图从中找出投资的基本规律。但有效市场假说表明,信息的变化是无规律可循的,其变化具有随机性特征。人们对证券市场的研究也逐步从对历史数据的研究转变成对信息的研究,并试图从信息的变化中找到证券价格变化的依据,这顺从了证券价格变化的真正原因,从而正确引导投资者在进行投资时所需要关注的信息问题。

(二)促进了金融理论的研究

与资本资产定价理论和资本结构理论相比,有效市场假说的研究更加具有基础性,有效理论与实证研究结果的一致性,为资本资产定价理论和资本结构理论提供了强有力的支撑,因为三者的假设基础是相同的。同时,资本资产定价理论和资本结构理论的发展也促进了有效市场假说的进一步发展。进入21世纪,经济学家们放宽了资本资产定价理论和资本结构理论条件,并从单周期模型向多周期模型转换,进一步克服了单周期模型的缺陷,引入了整体化的、混沌的、非均衡的思想以及其他一些数学方法对市场行为进行回归分析,这些都极大地丰富和促进了金融理论的发展。

(三)为新兴证券市场的发展提供了参考依据

西方国家证券市场经过多年发展,已经十分成熟。成熟证券市场的大量数据和市场表现支撑了有效市场假说,同时,有效市场假说也借助这些数据和市场表现进行了自身的完善。借助这些发展的历史轨迹,新兴国家的证券市场由于发展的历史不长,自身在发展过程中出现的问题可能无法得到合理解决,通过对有效市场假说的基础进行分析,新兴证券市场的管理者或者投资者总能找到合理的解释和解决问题的办法,从而使新兴证券市场在困境中得到发展,在犹豫中得到进步。

对投资者来说,有效市场假说对投资者的市场行为解释也能够充分引导广大投资者在进行投资时的决策依据,从而树立正确的投资理念,营造更好的投资环境,合理配置资源,以获得理性的投资收益。

本章小结

有效市场假说是建立在完全信息市场假说基础之上的;所有的信息都必须是公开和透明的;价格已经反映了所有可以得到的信息;所有投资者只能根据市场价格做出投资抉择。证券市场的有效性主要体现在以下几个方面:

(1)证券市场制度的建立是完整的;

(2)上市公司在信息披露上能够做到完全、完整,并且不会因此产生歧义;

(3)证券中介服务机构能够真正为上市公司服务,不会因利益的驱使导致与上市公司进行合谋的情况发生;

(4)证券监管机构能够既为上市公司服务,同时为投资者服务;

(5)投资者需要提高自身的知识水平,改善自身的知识结构,理性投资;

(6)市场本身需要建立完整的信息披露渠道,使投资者能够及时、合理地获得相关信息。

◇ 名人名言

真正的收益，70%来自资产配置，20%来自具体的选股，10%来自怎么选时间。换句话说，那70%，首先看能不能选对"大的资产配置方向"。20世纪六七十年代投资美国，或者2000年以后投资中国，那么大的就错不了，能够跟着大的浪潮走就对了。如果在这些年里，都不投PE类别的风险资产，都买的债券，则永远没法参与这一轮轮的科技创新。

——大卫·斯文森

有效市场假说并非金融市场的全部真相，主流市场的确变得愈发有效，但无效性永远都在。因为，人是理性与感性的综合体，大多数人都会受贪婪、恐惧、妒忌及其他破坏客观性、导致重大失误的情绪所驱动，所以人给出的市场价格不可能绝对公允，也就是不会一直有效或无效。

——霍华德·马克斯

大多数投资者是趋势跟踪者，而杰出的投资者恰恰相反，他们使用第二层次思维，避开雷同的投资组合，进行逆向投资。

——霍华德·马克斯

这场1987年的股灾让我汲取了很多教训。一是投资者应该忽视股票市场的起起落落。如果你在股市暴跌中绝望地卖出股票，那么你的卖出价格往往会非常低。二是即使很恐慌，也应该保持清醒，不应该一下抛售那么多，而是应该逐步减持，这样才能最终获得比那些由于恐慌而将股票全部抛出的投资人更高的投资回报。三是最终优秀的公司将会胜利，而普通公司将会失败，投资于这两类完全不同的公司的投资者也将会相应得到完全不同的回报。

——彼得·林奇

◇ 复习题

一、单项选择题

1. 有效市场假说是由（　　）提出的。
   A. 法玛　　　　　　　　　　　B. 韦斯特
   C. 惕尼克　　　　　　　　　　D. 亚里士多德
2. 外在效率与内在效率的区别是（　　）。
   A. 内在效率是由市场本身决定的
   B. 外在效率是由市场本身决定的
   C. 内在效率比外在效率对投资者更有效
   D. 内在效率与外在效率对投资者的作用无差异
3. 内在效率的明显标志是（　　）。
   A. 每笔交易所需时间短
   B. 证券价格能充分根据有关系信息变动

C.市场信息能充分披露,每个投资者在同一时间得到同质信息

D.内在效率能显著提高投资者收益

4.以下有效市场的几个条件描述中,错误的说法是( )。

A.投资者都利用可获得的信息力图获得更高的报酬

B.证券市场对新的市场信息的反映迅速而准确,证券价格能完全反映全部信息

C.市场竞争使证券价格从旧的均衡过渡到新的均衡,而与新信息相应的价格变动是相互独立的或随机的

D.证券价格的变动对信息的反映是渐进的,不可能一步到位

5.对弱式有效市场的描述不正确的是( )。

A.基本面分析有效   B.指标分析失效

C.量能分析失效   D.趋势分析失效

6.如果某投资者能够凭借"小道消息"获取超额收益,则这个市场是( )。

A.弱式有效市场   B.半强式有效市场

C.强式有效市场   D.无效率市场

7.半强式有效市场的信息反馈( )。

A.无反馈   B.有反馈但不及时

C.及时但反馈无效   D.反馈无时滞

8.强式有效市场信息源( )。

A.不公开   B.完全公开

C.半公开   D.公开与否视情况而定。

9.信息传递的合理顺序为( )。

A.信息源→信息传输→信息解读→投资决策→信息反馈

B.信息源→信息解读→信息传输→投资决策→信息反馈

C.信息源→投资决策→信息传输→信息解读→信息反馈

D.投资决策→信息源→信息传输→信息解读→信息反馈

10.有效市场中的投资者( )。

A.都是理性的   B.不一定是理性的

C.不可能是不理性的   D.不追涨,也不杀跌

二、多项选择题

1.完全信息的假设条件为( )。

A.所有的信息都必须是公开和透明的

B.价格已经反映了所有可以得到的信息,并且具有高度的灵敏性和传导性

C.所有投资者只能根据市场价格做出投资抉择,而不能支配和影响价格的形成,价格变化是市场信息变化调节的结果

D.所有投资者对信息的反映都是相同的

2.完全理性的假设条件为( )。

A.投资者能够理性地对待每一次市场的价格变动

B.市场是理性的,即市场是完全竞争的市场和公平与效率统一的市场,不存在资本过剩和资本短缺的问题

C.投资者是理性的,收益最大化是所有投资者从事证券交易的唯一动机

D.市场运行是均衡的,能根据市场的外部宏观环境和市场本身的微观变化及时调整,维持市场的长期动态均衡

3.证券市场效率体现在( )。

A.证券市场制度的建立是完整的

B.上市公司制度的建立是完整的

C.证券监管机构能够为上市公司服务

D.投资者追涨杀跌

4.信息一般分为( )。

A.历史信息 B.公开信息

C.内部信息 D.即时信息

5.弱式有效市场的信息在传递中( )。

A.可能缺失 B.可能误导

C.准确无误 D.可能遗漏

6.在无效率的市场中( )。

A.投资者的投资行为不确定 B.投机成风

C.参与者受损机会大 D.可能获得意想不到的结果

7.有效市场假说的启示包括( )。

A.揭示了证券市场信息的基本特征

B.促进了金融理论的研究

C.为新兴证券市场的发展提供了参考依据

D.资本市场的发展是国民经济发展的必然选择

8.信息在传递中的有效性取决于( )。

A.传递渠道 B.传递方式

C.传递技术 D.传递环境

9.投资者投资结果的有效性取决于( )。

A.对信息的处理能力 B.对投资策略的选择

C.采取的投资方式 D.决策的及时性

10.投资者对信息反馈的有效性取决于( )。

A.投资者的个人能力 B.对信息的把握程度

C.投资者处理信息的能力 D.投资者的个人投资习惯

三、简答题

1. 如何理解股票市场效率的内涵?
2. 为什么说有效市场一定要建立在信息有效性假说的基础之上?

四、论述题

1. 内在效率与外在效率之间的关系如何?
2. 如何理解完全信息与完全理性的假设条件?
3. 根据有效市场的类型与条件,谈谈你对中国目前的证券市场效率状况的看法。
4. 什么样的证券市场可以归结为无效率市场?

五、案例分析题

海普瑞高价 IPO 背后的真相

2010 年 5 月 6 日,海普瑞(002399)在创业板挂牌上市,148 元的发行价创下 A 股史上纪录。海普瑞控制人李锂夫妇顿时成为"中国新首富"。与此同时,第三大股东高盛持有的 12.5%股份账面浮盈近 66 亿元,2007 年 9 月高盛入股时,仅投资了 491 万美元。一个资本市场美丽的财富神话就此上演。

2007 年 9 月,高盛投资以 491.76 万美元买入海普瑞 1125 万股,以 12.5%的股权成为海普瑞的第三大股东。随后,海普瑞成为出口美国肝素钠的国内唯一供应商。海普瑞总股本为 40010 万股,每股业绩 2.25 元,利润总额约 9 亿元,市值约 592 亿元。

奠定海普瑞高成长性进而以两市第一高价 IPO 的推手,跟上市公司第三大股东兼国际大行高盛密不可分。

1. 高成长迷雾

公开数据显示,海普瑞 IPO 得以 73.27 倍市盈率、148 元高价成行,完全得益于业绩高速成长的表现。

2008 年,海普瑞营业收入、净利润分别同比增长 45.37%、136.78%;2009 年,公司业绩再次狂飙,营收和净利分别较上一年增长 411.03%、401.30%;最近三年复合增长率年均高达 172.56%。

但是,记者考察其历年来销售收入客户结构发现,这种持续翻番的高成长态势,是建立在销售收入严重依赖大客户风险之上的。近三年,海普瑞排前五名客户销售占当期销售收入的比例分别为 97.77%、97.95%、93.82%,且对个别客户高度依赖。

2008 年,海普瑞对第一大客户 APP 的销售收入为 2.8 亿元,较 2007 年增长 4.3 倍。2009 年,海普瑞对赛诺菲-安万特的销售收入为 15.05 亿元,较上年增加 18.9 倍。而其上游企业赛诺菲-安万特 2009 年营收 307.49 亿欧元,较上年仅增长 6.7%,但对海普瑞肝素钠原料药的采购金额从 2008 年的 7560.67 万元猛增至 150532.22 万元。

无独有偶,2009 年,APP 对海普瑞肝素钠原料药的采购金额为 26451.49 万元,较 2007 年的采购金额 5279.25 万元猛增 400% 以上。与此爆炸式增长形成强烈反差的是,2008 年、2009 年,APP 连续两年亏损,净利润分别为 —3.03 亿美元、—3000 万美元。

显然,海普瑞营业收入年均高达 172.56% 的增长,完全是由于上述国际制药公司对肝素钠原料药全球采购政策的调整。

业内人士指出,如果严重依赖大客户是海普瑞无法规避的风险,那么赛诺菲-安万特、APP 在产品销售并未显著大幅增长,甚至经营亏损的情形下,异常加大对海普瑞的采购规模,难道不是主动制造对原料供应商的依赖风险?

按照海普瑞公布的 FDA 等级肝素钠售价及赛诺菲-安万特销售收入计算,赛诺菲-安万特 2009 年从海普瑞采购的肝素钠原料药为 4.95 万亿单位,2008 年从海普瑞采购的肝素钠原料药数量为 0.34 万亿单位,采购规模增加了 13.6 倍。

2. 高盛利益链魅影

高盛与赛诺菲-安万特的历史渊源深厚。2009 年 12 月 31 日,高盛旗下的国际结构性灵活股权基金重仓持有赛诺菲-安万特的股票,持股市值占基金净值的比例高达 3.1%,为该基金第一重仓股。

问题是,一旦高盛在未来 12 个月退出后,谁能保证赛诺菲-安万特等巨头公司仍一如既往坚持现行采购政策,且那些销售动辄占海普瑞主营业务收入 60%~70% 的单一大客户,日后不会强迫海普瑞大幅降价?业内人士对海普瑞的上述担忧与目前监管层的最大忧虑不谋而合——高盛退出后海普瑞的业绩不幸大幅下滑,那些在二级市场上搏杀海普瑞的中小投资者的命运可想而知。

(资料来源:《21 世纪经济报道》2010 年 7 月 15 日)

试就以上案例从有效信息和有效市场假说的角度进行分析。

第五章
复习题
答案解析

第六章　证券组合管理

◇ 知识目标

了解证券组合理论的概念及其优缺点,具备对有效组合、最佳证券组合确定的表达能力,熟悉证券组合管理的相关内容,重点掌握证券组合管理在证券投资中的应用。

◇ 能力目标

知道影响证券组合管理的基本因素,了解证券组合管理理论对证券市场的应用,会用证券组合管理理论分析、解决证券投资中的实际问题。

◇ 情感目标

通过本章的学习,认识证券组合管理对证券投资分析的重要意义,激发学生学习热情,体会证券投资的艰辛和乐趣。

◇ 学习重难点

通过本章的学习,需重点掌握:
(1)证券组合管理的必要性;
(2)证券组合管理的基本步骤;
(3)投资收益和风险的度量。

◇ 基本概念

组合管理　有效边界　增长性组合　预期收益　无差异曲线　证券组合的可行集　证券组合的有效集　最优投资组合

◇ **导入案例**

股市投资必胜要素

巴菲特的神秘之处在于他简单有效的投资方式。

1. 别被收益蒙骗

巴菲特喜欢用股本收益率来衡量企业的盈利状况。股本收益率是用公司净收入除以股东的股本,它衡量的是公司利润占股东资本的百分比,能够更有效地反映公司的盈利增长状况。根据他的价值投资原则,公司的股本收益率应该不低于15%。

2. 要看未来

巴菲特总是有意识地去辨别公司是否有好的发展前景,能不能在今后25年里继续保持成功。巴菲特常说,要透过窗户向前看,不能看后视镜。预测公司未来发展的一个办法,是计算公司未来的预期现金收入在今天值多少钱。这是巴菲特评估公司内在价值的办法。然后他会寻找那些严重偏离这一价值、低价出售的公司。

3. 坚持投资能对竞争者构成巨大"经济屏障"的公司

预测未来必定会有风险,巴菲特偏爱那些能对竞争者构成巨大"经济屏障"的公司。这不一定意味着他所投资的公司一定独占某种产品或某个市场,但巴菲特总是寻找那些具有长期竞争优势的公司。

4. 要有耐心等待

如果你在股市里换手,那么可能错失良机。巴菲特的原则是:不要频频换手,直到有好的投资对象才出手。如果没有好的投资对象,他宁可持有现金。

■ 点评:公司定价是关键

股票市场从来就不缺少优秀的公司,缺少的是优秀的投资者。从巴菲特的成功投资方式可以看出,要成为一名优秀的投资者所需要的条件:对公司长期的关注和对公司价值的正确认识。同时,对公司价值的认识还需要有坚定的信心,不为表面现象所左右。

第一节 证券组合管理概述

一、证券组合的含义和分类

证券投资学中的"组合"一词通常是指个人或机构投资者所持有的各种有价证券的总称,包括各种债券、股票及存款单等。

证券组合通用的分类方式大致有收入型证券组合、增长型证券组合、收入-增长型证券组合、避税型证券组合、货币市场型证券组合、国际型证券组合和指数化型证券组合等。

(一)收入型证券组合

这种证券组合强调收入的稳定性,追求的是尽量降低风险和确保稳定收益(包括利息、股息收益)。这种有价证券一般包括附息债券、优先股和部分避税债券。

通常情况下,稳健型投资者、有持续支出的投资者及有部分恒定支出的机构投资者(如养老基金等)会比较偏好这类组合。其主要功能是能够给投资者带来低风险情况下的恒定收入,满足投资者对收入持续的追求。收入型证券组合比较适合风险厌恶者的实际需求。

(二)增长型证券组合

这种证券组合强调公司的增长前景,以公司价值的可持续增长为投资目标。投资者往往注重公司的发展方向、发展愿景和行业结构。这样的证券组合往往集中在技术先进和政策偏好发展的行业中。投资者需要通过一个较长时间的持续投资才能够得到相应的市场认同度,从而获得相应的投资收益。增长型证券组合具有一定的风险性,因为市场一旦证伪,则增长型证券组合将会面临较大风险。市场的变化往往不是公司层面所能够左右的,因而增长型证券组合的风险具有不可预知性。增长型证券组合的管理,应充分利用对市场的深入了解来化解风险,并且利用好风控工具,做好风险对冲。如果风控能够得到保证,增长型证券组合带给投资者的收入将会远远高于其他类型的证券组合。

增长型证券组合比较适合风险偏好型的投资者或者对行业有比较深入研究的投资者。风险与收益的匹配在这里能够得到较好的诠释。

（三）收入-增长型证券组合

这种证券组合强调收益与增长的均衡，试图实现收入的可持续性和高增长性。这种证券组合往往从理论上可以得到合理解释，高增长和高收入是匹配的，然而受经济周期律和行业周期律的影响，要想合理规避掉这种周期性变化获得高收入与高增长的复合，具有一定的难度。往往收入型公司增长前景受局限，增长型公司由于需要持续的投资又不能带来可持续的收入。因此，需要投资者认真权衡这种组合，并力争做到尽量均衡。

（四）避税型证券组合

这种证券组合以避税为首要目的，主要服务于税率较高的投资者或投资机构。通常选择税率较低的投资品种作为投资标的，例如免税债券。或者选择税率较低的市场来配置投资标的。例如，在美国，不同的州的税率可能有较大差别，投资者可以通过事先了解，把投资组合配置在税率较低的州，从而达到避税的目的。还有些国家对高科技企业的投资有税收减免，避税型投资者也可以进行适当的配置。差异性税收是全球比较通行的方式，避税型投资者可以根据自己的投资偏好进行合理的组合配置，从而构成适合自己的避税型证券组合。

（五）货币市场型证券组合

这种证券组合主要由国债、高信用等级的商业票据等货币性投资标的构成。由于这类资产具有规模较大、价格平稳的特征，一般适宜规模较大的机构投资者进行资产组合配置，其目的是多元化资产组合，分散投资风险并强调资本的流动性。货币性资产具有较高的流动性，比较适合特别强调流动性的投资者。有些伞形投资组合中也纳入这种投资品种，来满足投资者对投资标的的需要。虽然货币市场型证券组合的收益相对不高，但考虑到它的高度流动性，往往适合那些短期投资者进行组合配置。

（六）国际型证券组合

这种证券组合配置全球各主要证券市场，并在全球优选投资标的构成自己的投资篮子，因而是如今比较流行的投资方式。例如，巴菲特在投资时除了主要投资于美国证券市场外，还投资过非美国证券市场。比如，他曾经投资过中国石化，当时引起了我国投资者的广泛关注。当然，在不同国家选择不同的投资标的，既是组合管理的发展趋势，更是国际资本全球化的必然结果。由于国际化可以全球优选投资标的，因而标的公司的质地一般更优，并给投资者带来更优的投资收益。同时还可以化解集中投资带来的市场风险，弱化部分市场风险过高的问题,并能在世界范围内追求收益最大化,因而是如今比较流行的组合配置方式。

(七)指数化型证券组合

这种证券组合以指数化收益作为投资标准,不追求高于指数的投资收益,这样就可以化解市场差异化运行带来的投资风险,也可以化解投资者单纯的投资偏好带来的集中投资。目前许多市场本身也开发了这样的投资品种,比如 ETF 品种就是指数化品种,上证 50ETF 是基于上证 50 开发的对应的指数型投资基金品种。它的好处在于部分模拟了对应指数的运行,而不是单纯地依靠某个公司价格的变化,能够最大限度地平滑价格的短期波动,给投资者带来可控的收益。根据模拟指数的不同,指数化型证券组合可以分为两类:一类模拟整个市场的指数,例如上证指数 ETF 品种;另一类模拟专项指数,如上面提到的上证 50ETF。它们的主要区别是篮子标的资产的不同,因而运行表现出相应差异,投资者可以根据自己的偏好理性选择。不管怎样,指数化型证券组合相对于其他类型的证券组合,其可预见性要强得多。大多数投资者可能难以准确预判单个投资品种的价格波动,但一般易于预判指数的运行区间。因此,现在很多投资者倾向于投资指数型投资品种。

二、证券市场风险的特点及证券组合管理的必要性

(一)证券市场风险的特点

证券市场的风险是随时存在的,其特点如下。

1.突发性

一般情况下,证券市场的风险是不断积累的,当风险积累到一定程度,最终会以突发的形式表现出来。一旦风险突发,投资者在较短的时间内很难对这种风险进行全面处理。如果投资者采取集中投资的方式进行投资,则这种损失会十分巨大。

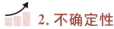
2.不确定性

投资者预期收益的不确定性,对投资者来说可能产生不利的投资结果。因此,投资者需要转化自己的投资方式,通过分散组合的方式,部分化解不确定性风险。

3. 扩散性

证券市场具有极大的联动性，部分证券的大幅下跌，将会迅速传递到其他证券的价格变化中，这就是风险的扩散性。证券市场上证券价格的联动具有广泛性。正是因为这种广泛性的存在，所以证券市场的任何一个节点出现风险，都可能产生连锁反应，引起其他证券价格的波动，进而导致证券市场局部甚至整体发生动荡。

证券市场的这些突出特点，要求投资者采取尽可能分散风险的组合投资方式进行投资。资产组合理论的提出，为防范风险提供了可能。1952年，美国经济学家哈里·马科维茨在《金融杂志》上发表《资产组合的选择》一文，第一次以严密的数理分析论证了人们为什么要构建资产组合以及如何构建有效资产组合。马科维茨以理性投资者及其行为特征为基本假设，论述了建立有效资产组合边界、确立最小方差资产组合的思想和方法。该理论取得实际应用上的巨大成功，马科维茨也因此获得1990年诺贝尔经济学奖。

证券市场上的投资组合行为包括两个步骤：一是对证券和市场的风险及预期收益的特性进行评估；二是基于现存的各种资产进行最优资产组合的构建，涉及在可行的资产组合中决定最佳风险－收益机会，也就是从可行的资产组合中选择最适合的资产组合。

（二）证券组合管理的必要性

证券组合管理的必要性主要体现在以下两个方面。

1. 降低风险

为什么说构建资产组合可以降低投资风险？人们常常用篮子装鸡蛋的例子来说明：如果我们把鸡蛋放在同一个篮子里，万一这个篮子不小心掉在地上，所有的鸡蛋都可能摔碎；如果我们把鸡蛋分放在不同的篮子里，即使一个篮子掉了，也不会影响到其他篮子里的鸡蛋。投资组合理论表明，资产组合的风险随着组合中所含证券数量的增加而降低，或者说收益率之间相关度极低的分散化资产组合可以有效降低非系统性风险。

2. 实现收益最大化

理性投资者厌恶风险，同时又追求收益最大化。就单个资产而言，风险与收益是成正比的，高收益总是伴随着高风险。各种资产不同比例的组合，可以使证券组合整体的收益-风险特征达到在同等风险水平下收益最高或在同等收益水平下风险最小的理想状态。

资产组合理论是建立在对理性投资者行为特征进行研究的基础上的。在经典经济理论中，厌恶风险和追求收益最大化是理性投资者最基本的行为特征。进行证券组合管理，可以在降低资产组合风险的同时，实现收益最大化。

三、证券组合管理的基本步骤

（一）确定组合管理目标

组合管理目标的确定，既包括收入的确定，也包括风险目标的确定。一个合理的组合管理目标应该是收益与风险的合理匹配，既不可偏重于收益，也不能片面强调风险。因此，投资者需要在组合品种的选择方面有适合自己的评判标准。比如设定风险性品种占据的投资比率和收入型品种的投资比率。只有全面衡量投资者自身的需要和风险承受能力，才能确定比较客观的组合管理目标，并在这个目标下制订对应的投资计划，从而完成投资目标。

组合管理目标的确定可为证券组合管理者的业绩评估提供相应的标准。

（二）制定组合管理政策

组合管理政策是为实现组合管理目标而制定的基本制度和行为准则。证券组合的管理首先要规范投资标的，确定合适的证券种类，选择适合自身投资风格的资产品种。例如，风险资产和固定收益证券品种的大致投资比例，都要在管理政策上有具体体现。

投资者在制定具体政策时，可以考虑精细化投资策略，甚至可以根据当时的市场环境，具体到行业乃至具体的公司策略，以及资金的差异化配置。

监管层面要充分考虑投资者的合理化要求和制定符合市场运行机制的监管政策。既要达到监管的目标，也要保证市场的公平公正，维护市场的平稳运行。同时兼顾一级市场和二级市场的各自诉求，保证投资者在投资时免除不必要的制度性风险，并且制定好必要的应对策略来防范投资风险。

（三）构建证券组合

构建证券组合关键在于投资者制定的组合策略及实施步骤。投资策略依据投资者的风险偏好分为进取型、保守型和混合型三大类。采取进取型投资策略的投资者在选择组合标的时，一般偏向于成长型标的组合；而保守型投资者往往选取收入型标的组合，从而赚取市场的平均收入来化解市场风险；混合型投资者大多采取中性的投资策略，选取部分成长型标的和收入型标的构成组合，从而兼顾收入和风险的匹配。

具体到每一位市场参与者，选取哪一种组合策略取决于以下考虑。一是投资者对组合管理目标的理解。如果强调有高于市场平均收入的组合预期，则会采取进取型组合策略；如果在意对风险的控制，认为投资的首要任务在于自身的安全，则会采取保守型组合策略。大多数投资者更多地可能在于对组合策略的均衡，既强调收入的实现，又不想过于承担风险，所以这类投资者一般会综合匹配自己的资产组合。二是投资者对组合资产的流动性特征的理解。有些投资者会对资产的流动性具有特别的要求，从而兼顾市场的资源配置。这时投资者对组合的要求会更高，除了收益的强调、风险的规避以外，还要求资产的灵活性。

随着投资理念的进步，现代组合管理的形成优于传统投资管理。在制定投资策略时不局限于对于既定目标的始终贯彻，而在于对市场适应的灵活调整，充分利用已有的组合理论和现代操作工具综合构建自己的投资组合。比如马科维茨的组合思想，以及单指数模型和多指数模型。兼顾市场因素的变化特质，制定出可调整的组合策略，对自己的组合资产进行动态管理，从而达到风险可控下的收益保证，是现在大多数投资者始终追求的目标。当然，对于理性投资者来说，过多的投资目标的同时实现是不明智的，往往在实现一个目标的同时，无法兼顾其他目标的实现。这就要求投资者做出综合判断，制定出阶段性的投资策略，从而间接实现综合目标。这种分步骤的操作思路对于投资者的成熟有时是特别重要的，策略制定→标的选择→操作手法→目标考核→动态调整的组合模式，越来越为大多数投资者所采用。

（四）策略的调整和业绩的评估

通过以上组合步骤的实施，对于投资者目标的评判应该做出综合性的一般结论，即总目标是确定的，但在具体的实施过程中，标的群体可以做出较大变动，以适应变化的市场环境，从而对风控标准做出理性判断。现在投资中的资产免疫思想就是在这种背景下形成的。依据资产免疫思想，当市场影响因子发生变化时，投资者应该立刻做出反应，否则原有的资产组合模式会失效，造成风险的突然来临。比如原有的优质资产在市场环境变差时，出现收益的急剧下滑直至收入的停止，这时投资者应该敏锐地察觉到，及时调整自己的投资组合，从而实现资产免疫。投资者经常看到"黑天鹅事件"在身边发生，造成这种现象的原因可能是技术的进步，也可能是消费者消费倾向的改变，或者供应链出现较大变化。不管原因是什么，总之会对投资标的产生影响。因此，策略的调整是一个成熟的投资者必须具备的基本素质。

对组合资产的最终评判在于对业绩的及时评估。业绩的评估应该是阶段性的，而不是稳态考核。基于上面提到的各种因素的变化，阶段性目标的投资策略可以及时跟进市场环境的变化从而可以把握投资活动的整个进程。稳态考核往往忽略了过程中的风险和目标的偏离，是现代资产管理所不提倡的。一般来说，对于组合目标的考核基于策略的评判，组合风险不同，收益率也会发生变化，只有在同一风险水平下的收益考核才具有说服力。而资产组合的终极目标在于收益水平的对决。因此投资者的风险管理水平和应对策略最终决定了投资者的市场地位和市场认可度。

四、资产组合理论的形成与发展

资产组合理论是由美国经济学家哈里·马科维茨于 1952 年系统提出的，他在《资产组合的选择》中提出了确定最小方差资产组合集合的思想和方法,开创了资产组合管理的理念。他的理论得到了投资者的广泛认可,从而奠定了他在金融理论界的基础地位。在他之前,金融学家主要致力于对单个投资标的的研究,这使得投资者在实战中缺乏相应的理论基础。直到马科维茨提出资产组合理论以后,基于提高市场效率和风险管理的综合考虑,用量化分析的方法建立组合模型,并认为分散投资能够兼顾收益与风险的考量。从而开创了划时代的资产组合管理的先河,提高了多数投资者应对风险的能力,并带来不错的市场体验,该理论逐渐成为投资领域的主流思想。

马科维茨的资产组合理论基于真实的市场场景,对标的资产未做相应假设限制,使其应用范围十分广泛,同时计算结果也相当精确。不足的是该理论由于涉及计算所有资产的协方差矩阵,面对千差万别的可选择资产,计算量较大,对于投资者并不十分友好。特别是在剧烈变动的市场条件下,往往计算结果跟不上变化了的市场环境,从而给投资者带来一定的困惑。

1963年,马科维茨的学生夏普在马科维茨的资产组织理论的基础上,通过对影响因子的优化处理,建立了一个计算相对简化的模型——单指数模型,从而部分避免了大量的数值计算。单指数模型假设资产收益只与市场主要影响因子有关,与技术分析中的主要趋势理论不谋而合,从而得到技术派投资者的广泛认可。投资者在马科维茨的资产组合理论和夏普的单指数模型的基础上通过综合分析和简单计算,就能比较方便地配置自己的投资标的。

20世纪60年代,理论金融学家在马科维茨的资产组合理论的基础上,结合夏普的单指数模型,建立了更具应用前景的资本资产定价模型(CAPM)。该模型采用马科维茨的资产组合理论作为基础,把资产预期收益与预期风险之间的相互关系用一个简单线性方程表示出来,可以说是对单指数模型的深化。投资者用它来估计资产收益和风险,具有一定的预见性,因而是较好的投资理财工具。

尽管CAPM也具有自身的局限性,比如影响因子的变化考虑不周,带来计算的偏差,但理论界对于该模型的讨论长盛不衰。直到罗尔对其有效性提出质疑后,该模型的讨论才发展到了一个新的阶段,并对资本资产定价理论的进一步发展带来动力。套利定价理论就是对资本资产定价理论的发展,并因此推动金融理论的进步。时至今日,套利定价理论的地位已不低于资本资产定价理论。人们也根据资本资产定价理论的假设条件来拓展其应用场景,使其应用更接近市场真实情况。资产组合理论和资本资产定价理论的持续改进和条件放松,为投资者进行资产管理提供了理论依据。

20世纪60年代,法玛提出了有效市场假说,认为如果市场参与者都能快速、有效地应对信息,则任何市场参与者都不可能得到高于其他投资者的额外收益,那么这个市场就是有效的。但由于标的资产附带的信息往往是随机发生的,因此对于部分市场敏感的参与者来说,又能够提前知道或者预判部分市场信息并提前做出市场应对,其就能得到高于其他投资者的超额收益。但这种应用场景不可能广泛,因而对于市场效率的考量不应建立在单个投资者的市场敏感性基础上。所以有效市场假说偏向于市场是不完美的。后人在大量的经验性研究结果中发现,真实的市场既具有完美特征,也具有非完美特征。这的确是一个很矛盾的结论,不过投资者也不用过分担心,因为市场的包容性是广泛存在的,复杂的应用场景需要进一步的理论发展来应对。

1973年,以无套利均衡理论为基础,美国经济学家布莱克和舒尔斯共同提出一个全新的期权定价模型,算是对资产定价理论的进一步深化,这就是B-S期权定价公式。经过默顿演算,B-S期权定价公式已经逐渐得到投资界的认可,并广泛应用在资本资产定价中,促成了金融衍生工具的普及。而这些全新的衍生工具为组合管理提供了基本模块,并为新型组合管理策略的出现提供了条件。

在众多金融学家的努力下,金融理论的发展逐渐体系化,应用场景逐步真实化。这给投资者提供了可应用的分析工具,使得投资者在追求收益和控制风险方面具有更多应对策略。

目前,关于资产价格波动的理论发展除了资产波动模型以外,金融学家也在进一步分析其他理论模型。可以说,由于市场本身的多样性和复杂性,要想依靠单一的理论分析就能兼顾多样化的投资需求是非常困难的。投资者一方面要与时俱进,努力掌握更多的理论基础,同时也不要局限于这些理论,因为几乎所有的理论都存在局限性。

第二节 投资收益率和风险的度量

一、证券投资组合的收益

投资者在考量投资收益时,一般都是基于对未来市场的主观判断,因而带有未知性,金融学上称之为投资的不确定性。我们经常看到投资基金到期不能兑现承诺的基本收益就是如此,这种预期收益率与实际收益率之间的偏差,就是由于投资之前的市场预判出了问题。为了提高事前的市场预判能力,投资者需要对不同经济状况下标的资产的未来收益做出差异化的预估,并对风险和收益有一个简单的测度。

(一)预期收益

一般情况下,标的资产的未来收益主要受到宏、微观经济形势及汇率波动等因素的影响,这些影响因素之间还会产生交叉互动,因而其影响结果往往是不确定的。因此,投资者在对标的资产的未来收益做出预估时,既要考虑每一种经济状况及在这种状况下资产的收益率变动,也要考虑这些影响因素之间的互动影响,对所有可能出现的场景按其可能发生的概率进行加权平均计算,从而得出未来收益率的综合估值,这就是预期收益率的真实含义。

数学期望值是投资者估算标的资产预期收益的工具。根据不同的场景,投资者对标的资产未来收益计算出各自的数学期望值,并计算出这些期望值出现的概率,然后进行加权处理,得出期望收益。

(二)单个证券的预期收益率

由于风险证券的收益不能事先确知,投资者只能估计各种可能发生的结果(事件)R_i及每一种结果发生的可能性(概率)P_i,因而风险证券的收益率通常用统计学中的期望值来表示:

$$E(r) = \sum_{i=1}^{n} R_i P_i \tag{6-1}$$

式中,$E(r)$为预期收益率;R_i为第i种可能的收益率;P_i为R_i发生的概率;n为可能性的数目。

实际收益率是指投资到期时的收益率。实际收益率与预期收益率的偏差就是方差或标准差。实际收益率与预期收益率的偏差越大,投资于该证券的风险也就越大。对单个证券的风险,通常用统计学中的方差或标准差来表示。

(三)证券组合的预期收益率

有价证券组合的预期收益率就是每种有价证券收益率的加权平均值。相关计算公式为:

$$E(r_p) = \sum_{i=1}^{n} x_i E(r_i) \tag{6-2}$$

式中,$E(r_i)$为第i种有价证券的预期收益率;x_i为第i种有价证券在总投资中所占的比重;n为组合中有价证券的数量;$E(r_p)$为有价证券组合的预期收益率。

例如,A、B两种证券各有三种投资结果,各种投资结果的发生概率如表6-1所示。

表6-1 证券A、B在不同自然状态下的收益率

投资结果	A的收益率	B的收益率	发生概率
1	15%	10%	0.3
2	10%	14%	0.4
3	5%	16%	0.3

则A、B的预期收益率为:
$$E(r_A) = 15\% \times 0.3 + 10\% \times 0.4 + 5\% \times 0.3 = 10\%$$
$$E(r_B) = 10\% \times 0.3 + 14\% \times 0.4 + 16\% \times 0.3 = 13.4\%$$

如果A按40%、B按60%的投资比重投资,根据证券组合预期收益率的计算公式,则有:
$$E(r_p) = 40\% \times 10\% + 60\% \times 13.4\% = 12.04\%$$

二、证券投资组合的风险

证券投资组合的风险一般采用组合值与均值的偏离值来衡量,偏离值越大,则风险越高。

(一)证券的标准差

方差通常用 σ^2 来表示,方差反映的是随机变量对数学期望值的离散程度。相关计算公式为:

$$\sigma^2 = \sum_{i=1}^{n} P_i [R_i - E(r)]^2 \tag{6-3}$$

式中,P_i 为收益率 R_i 发生的概率;R_i 为资产在第 i 种状态下产生的收益率;n 为资产可能产生的 n 种收益率;$E(r)$ 为资产的期望收益率。

将方差开算术平方根,即得到标准差。标准差的作用在于度量一个数量系列变动性的平均大小。它能反映出实际收益与预期收益的离散程度,从而反映出不同证券风险的大小。标准差越大,预期收益的离散程度越大,投资风险就越大;反之,投资风险就越小。标准差已成为衡量投资风险的通用指标。

一般地讲,预期收益率相同的资产不一定有相同的风险度,同样,有相同风险度的资产不一定有相同的预期收益率。

单个证券的标准差的计算公式为:

$$\sigma = \sqrt{\sum_{i=1}^{n} P_i [R_i - E(r)]^2} \tag{6-4}$$

(二)协方差和相关系数

由于两种证券的风险具有相互抵消的可能性,证券组合的风险不能简单地等于单个证券的风险以投资比重为权数的加权平均数,这就要引入协方差的概念。

协方差是用来衡量两种资产的收益率同动性的指标。如果两种资产的收益率趋向于同增或同减,则它们间的协方差为正值;反之,如果一种资产的收益率相对升高,而另一种资产的收益率相对降低,则它们间的协方差为负值。协方差的计算公式为:

$$\sigma_{AB} = \sum_{i=1}^{n} \sum_{j=1}^{n} (R_{A_i} - \overline{R}_A)(R_{B_j} - \overline{R}_B) P_{ij} \tag{6-5}$$

上述公式计算出的值,就可以衡量两种证券一起变动的程度。正的协方差表明两个变量同方向变动,负的协方差表明两个变量反方向变动。

除了协方差外,还可以用相关系数来衡量两种证券的收益率一起变动的程度,两者的关系为:

$$\rho_{AB} = \sigma_{AB}/\sigma_A \sigma_B \tag{6-6}$$

相关系数的一个重要特征为其取值范围介于-1与1之间。当取值为-1时,表示证券A、B收益变动完全负相关;当取值为1时,表示证券A、B收益变动完全正相关;当取值为0时,表示证券A、B收益变动完全不相关。

(三)证券组合的标准差

证券组合的标准差的计算公式为:

$$\sqrt{\sum_{i=1}^{n}\sum_{j=1}^{n}x_i x_j \sigma_{ij}} \tag{6-7}$$

式中,n 为组合中不同证券的总数目,x_i 和 x_j 分别为证券 i 和证券 j 投资资金占总投资额的比例,σ_{ij} 是证券 i 和证券 j 可能收益率的协方差。该公式说明,资产组合的标准差是资产组合的收益与其预期收益偏离数的开方。

三、马科维茨选择资产组合的方法

(一)无差异曲线的特征

投资者的目标是投资效用最大化,而投资效用取决于投资的预期收益率和风险。其中,预期收益率带来正的效用,风险带来负的效用。然而,不同的投资者对风险的厌恶程度和对收益的偏好程度是不同的,为了更好地反映收益和风险对投资者效用的影响程度,有必要说明无差异曲线的特征。

特征一:无差异曲线的斜率是正的。随着风险的增加,投资者对收益的要求会增加得更快。因此高风险的投资必须有更高的预期收益率与之匹配。

特征二:上方的无差异曲线比下方的无差异曲线能给投资者带来更大的满足程度。

特征三:同一投资者有无限多条无差异曲线。

特征四:同一投资者在同一时点的任何两条无差异曲线都不能相交。

(二)投资组合的可行集和有效集

 1. 投资组合的可行集

对于投资者来说,风险和收益的对等始终是考虑问题的两个方面。在风险一定的情况下,投资者的可能选择可以用无差别曲线来描述。这些曲线代表着投资者可能接受的不同投资方案,这些投资方案对于投资者来说应该是对等的,因而是无差别的。

无差异曲线可用图 6-1 表示。无差异曲线表示投资者在不同风险和与之相对应的收益上的对等程度,因而对投资者来说是无差异的。位于无差异曲线上的各种投资组合都是可行的,这就是投资组合的可行集。

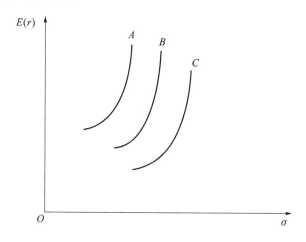

图 6-1 不同风险程度下对应的投资收益无差异曲线

2. 投资组合的有效集

1)有效边界

在证券市场上,由于证券品种数量巨大,可供投资者选择的组合也就多种多样。对投资者来说,怎样的投资组合是可行的,即多样化的组合资产不一定全都符合投资者的决策,理性投资者需要知道满足自己投资需求的组合,必先弄清有效边界理论。

有效边界理论为投资者在各种既定风险水平下的组合选择提供理论依据,各预期收益最大的投资组合所连成的轨迹,就是有效边界。风险资产有效边界示意图见图 6-2。

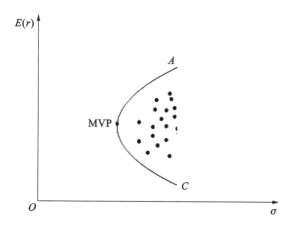

图 6-2 风险资产有效边界示意图

边界弧线 AC 为有效边界。图中横轴代表风险度量值 σ，纵轴代表资产收益值 $E(r)$，MVP 代表最小风险下的最优资产收益。在有效边界上半部分的投资组合，都是符合理性投资人假设的证券投资组合。

2）有效证券组合

根据上面的分析，在整个有效集内，符合投资者投资规则的区域集中在有效集的上半部分，即图 6-2 中过 MVP 点的水平线之上部分。而最优部分则为 A-MVP 的边界部分，在此边界能满足投资者风险一定时收益最大化的基本原则。

3. 有效集的改进

上面讨论了有效集的证券组合是由风险资产构成的。在此讨论投资者不仅投资风险资产而且投资无风险资产的情况，就是说投资者购买的证券组合由 n 个风险证券和 1 个无风险证券组成，或者说包含 n 个风险证券组成的组合 P 和 1 个无风险证券 F，进一步还允许投资者通过一定的利率借款购买证券。

使用无风险资产对有效集进行改进。无风险资产是有确定的预期收益率和方差为零的资产，每一个时期的无风险利率等于它的预期值。因此，无风险资产和任何风险资产的协方差是零，所以无风险资产与风险资产不相关。

如图 6-3 所示，曲线 AB 是证券组合 P 的有效集，无风险证券 R_F 在纵轴上，这是因为它的风险是零。从点 R_F 做曲线 AB 的切线，切点为 M，此时直线 R_FM 上的任何点都是证券组合 P 与无风险资产 F 组成的证券组合，而且有效集 AB 上除 M 点外的其他点不再是有效的。比如 C 点在 AB 上，可以在直线 R_FM 上找到证券组合 D 比 C 更有效。同样，C 和 F 组成的证券组合总能在直线上找到比它更有效的证券组合。

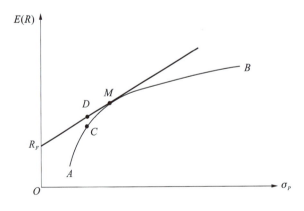

图 6-3　无风险资产和有效集上的证券组合

如果在直线 R_FM 上任何一点投资于无风险资产的权重为 w_F，那么投资于证券组合 P 的权重为 $1-w_F$，证券组合的预期收益率为：

$$E(R_F) = w_F R_F + (1-w_F)E(R_{P_0})$$

由于 $\sigma_F = 0$ 和 $\mathrm{COV}(R_F, R_i) = 0$，因此无风险资产与风险证券组合的标准差就是风险证券组合的加权标准差。相关计算公式如下：

$$\sigma_P = (1-w_F)\sigma_{P0}$$

式中，σ_{P0} 是风险证券组合的标准差。

如果投资者把资金完全投资在无风险资产上，则预期收益率为 R_F，风险为零；如果投资者把资金完全投资在风险资产上，则预期收益率为 $E(R_{P0})$，风险为 σ_{P0}；投资在这两种资产组合上时，预期收益率和风险的大小取决于投资在无风险资产上的资金的权重。

（三）最优投资组合

依据有效边界理论和无差异曲线理论，满足无差异曲线簇与有效边界的切点就是最优投资点，如图 6-4 中无差异曲线 D 与 A-MVP 曲线的交点。

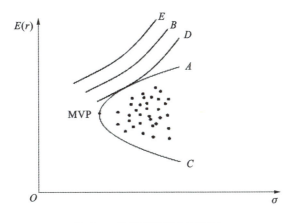

图 6-4　最优投资组合示意图

◇ 知识链接

哈里·马科维茨简介

哈里·马科维茨 1927 年出生于美国伊利诺伊州。中学毕业后，进入芝加哥大学，马科维茨选择了经济学。在芝加哥，成为考尔斯经济委员会的一名学生会员。马科维茨论文的方向是把数理方法应用于股票市场。

1952 年，马科维茨离开芝加哥大学后加入兰德公司。1952 年发表论文《资产组合的选择》。1959 年出版《资产组合的选择：有效分散化》。

1989 年，马科维茨被美国运筹学学会和管理科学协会授予约翰·冯·诺依曼奖。1990 年，马科维茨由于其 1952 年的论文《资产组合的选择》和 1959 年出版的《资产组合的选择：有效分散化》一书，被授予诺贝尔经济学奖。马科维茨的主要贡献是，发展了一个概念明确的、可操作的、在不确定条件下选择资产组合的理论，这个理论进一步演变为现代金融投资理论的基础。

马科维茨证明，在一定的条件下，一个投资者的资产组合选择可以简化为平衡两个因素，即资产组合的期望回报及其方差。风险可以用方差来衡量，通过分散化可以降低风险。资产组合风险不仅依赖资产的方差,而且依赖资产的协方差。

这样,关于大量的不同资产的组合选择的复杂、多维问题,就被归结为一个概念清晰的、简单的二次规划问题,即均值-方差分析。并且马科维茨给出了最优资产组合问题的实际计算方法。马科维茨的理论被誉为"华尔街的第一次革命"。

◇ 本章小结

本章主要介绍了证券组合管理的必要性、证券组合管理的基本步骤及投资收益和风险的度量。

证券组合管理的必要性主要是降低风险和实现收益最大化。证券组合理论表明,资产组合的风险随着组合中所含证券数量的增加而降低,可以通过增加证券数量来降低风险。利用资产组合使证券组合整体的收益-风险特征达到在同等风险水平下收益最高。

有效边界理论的提出,在很大程度上解决了效率论的金融学理解问题,给投资者以直观、形象的印象。

◇ 名人名言

长年进行成功的投资并不需要极高的智商、罕见的商业洞见,或内部消息。真正必要的是做决策所需的合理的知识框架,以及避免情绪化侵蚀智识的能力。

——沃伦·巴菲特

我从来不在我不懂的事情上投入大量的金钱。当股市处于下降通道时,我卖出保守的股票而购入其他类型的股票;当股市回升时,我卖出成长型和周期型股票中已经盈利的股票,再把资金投向保守的股票。

——彼得·林奇

跌到7%止损,不买处于下跌的股票,不要向下平摊成本。一个更坏的习惯是当股价往下掉的时候一路往下买入,以摊低成本;而不是股价上涨时一路往上买,不断增持。不要买低PE的二流股,买创新含量高的股票。是否长期持股不重要,重要的是在正确的时机买入正确的股票。

——威廉·欧奈尔

我的成功主要来自理性,因为工作效率取决于理性。

——查理·芒格

判断对错并不重要,重要的在于正确时获取了多大的利润,错误时亏损了多少。

——乔治·索罗斯

◇ 复习题

一、单项选择题

1. 马科维茨因资产组合理论获得(　　)年诺贝尔经济学奖。

A. 1989　　　　　　　　　　　　B. 1990

C. 1991　　　　　　　　　　　　D. 1992

2. 投资者最需要考虑的因素是(　　)。

A. 收益　　　　　　　　　　　　B. 风险

C. 持有时间　　　　　　　　　　D. 利率水平

3. 以下关于期望收益率的理解正确的是(　　)。

A. 期望收益率是投资者自己的主观想法

B. 期望收益率是投资者必须得到的收益率

C. 期望收益率受市场因素的影响

D. 以上说法均不正确

4. 根据有效边界理论,证券的有效区间应在(　　)。

A. A-MVP 上　　　　　　　　　B. A-C 上

C. MVP-C 上　　　　　　　　　D. A-C 内部

5. 资本市场线引入无风险资产的目的在于(　　)。

A. 构成组合　　　　　　　　　　B. 完善组合品种

C. 对冲风险　　　　　　　　　　D. 保持理论的先进性

6. 下列关于证券市场线的描述不正确的是(　　)。

A. 风险资产的收益率高于无风险资产的收益率

B. 证券收益率与风险证券无关

C. 只有系统性风险需要补偿,非系统性风险可以通过投资多样化减少甚至消除,因而不需要补偿

D. 风险资产实际获得的市场风险溢价收益取决于 β_i 值的大小,β_i 值越大,风险贴水 $(\overline{R}_m - R_f)$ 就越大;反之,β_i 值越小,风险贴水 $(\overline{R}_m - R_f)$ 就越小。

7. 套利定价理论是由罗斯于(　　)年提出的。

A. 1975　　　　　　　　　　　　B. 1976

C. 1977　　　　　　　　　　　　D. 1978

8.套利定价理论假设投资者是（　　）。

A.风险厌恶的　　　　　　　　　　B.风险中性的

C.风险偏好的　　　　　　　　　　D.无特殊要求的

9.由于套利定价理论不必弄清楚每一个影响定价的因素,因此,套利定价理论（　　）。

A.不严谨　　　　　　　　　　　　B.不科学

C.不完善　　　　　　　　　　　　D.更实用

10.股票的内在价值（　　）根据证券市场线来估算。

A.不可以　　　　　　　　　　　　B.可以

C.是否可以不确定　　　　　　　　D.以上说法均不正确

二、多项选择题

1.资产组合理论需要达到的目的为（　　）。

A.在给定的风险水平下,使资产投资收益最大

B.在给定投资收益下,使资产面临的风险最小

C.不把鸡蛋放在同一个篮子里

D.以上说法均不正确

2.证券组合的风险取决于（　　）。

A.各种证券风险　　　　　　　　　B.证券的可转让性

C.各种证券在组合中的比例　　　　D.证券之间的相关系数

3.证券组合理论的基本假设是（　　）。

A.市场是有效的,风险是可以规避的,组合是在预期收益和风险基础上进行的

B.每一种投资都可由一种预期收益的可能分布来代表

C.投资者都利用预期收益的波动来估计风险

D.投资者是理性的,理性投资者具有追求收益最大化和厌恶风险的基本特征,追求效用最大化是投资者决策的唯一依据

4.无差异曲线的特征是（　　）。

A.无差异曲线的斜率是正的,随着风险的增加,投资者对收益的要求会增加得更快,因此高风险的投资必须有更高的预期收益率与之匹配

B.上方的无差异曲线比下方的无差异曲线能给投资者带来更大的满足程度

C.同一投资者有无限多条无差异曲线

D.同一投资者在同一时点的任何两条无差异曲线都不能相交

5.资本资产定价模型的基本假设为（　　）。

A.投资者能在预期收益率和标准差或方差的基础上选择证券组合

B.针对一个时期,所有投资者的预期都是一致的

C. 资本市场无摩擦

D. 证券的数量是连续的

6. 资本市场线与证券市场线的区别在于( )。

A. 资本市场线的横轴是标准差(既包括系统风险又包括非系统风险),证券市场线的横轴是 β 系数(只包括系统风险)

B. 资本市场线揭示的是持有不同比例的无风险资产和市场组合情况下风险和报酬的权衡关系,证券市场线揭示的是证券本身的风险和报酬之间的对应关系

C. 资本市场线中 x 轴"V"不是证券市场线中的 β 系数,资本市场线中 y 轴"风险组合的期望报酬率"与证券市场线中"平均股票的要求收益率"含义也不同

D. 资本市场线表示的是"期望报酬率",即投资后期望获得的报酬率;而证券市场线表示的是"要求收益率",即投资前要求得到的最低收益率

7. 罗斯在推导套利定价模型时,假设( )。

A. 在一个有效市场中,当市场处于均衡状态时,不存在无风险的套利机会

B. 对于一个高度多元化的资产组合来说,只有几个共同因素需要补偿

C. 投机者的套利行为是优先考虑的对象

D. 市场不存在投机者

8. 套利定价理论表明,在考虑众多影响因素时( )。

A. 指数化是一种趋势 B. 有些因素可以笼统归纳

C. 必须弄清楚每一种影响因素 D. 有些因素可以不必弄清楚

9. 套利定价理论与资本资产定价模型比较( )。

A. 套利定价理论的假设条件较少

B. 套利定价理论比资本资产定价模型更受欢迎

C. 套利定价理论计算更简单

D. 资本资产定价模型更严谨

10. 下列描述正确的是( )。

A. β 系数小于1的证券组合为防御性组合

B. β 系数大于1的证券组合为进取性组合

C. β 系数的大小与投资者的风险态度有关

D. β 系数的大小与投资者的风险态度无关

三、计算题

1. 已知市场指数方差为 0.6,其他指标如表 6-2 所示。

表 6-2 其他指标

股票	β 值	权数	方差
A	0.6	0.65	0.7
B	0.2	0.35	0.2

计算这两种股票组合的方差。

2.已知国库券的年收益率是3.5%,一个风险组合由证券A和证券B构成。证券A的预期收益率是10%,方差为0.03;证券B的预期收益率是8%,方差为0.01。试计算A、B证券组合的比率是多少时,能够满足投资者9%的年投资收益要求。

第六章
复习题
答案解析

第七章　风险资产的定价与证券组合管理的应用

◇ 知识目标

了解风险资产的定价和证券组合管理的概念及其优缺点、影响风险资产定价的主客观因素，熟悉证券组合管理的相关内容，重点掌握证券组合管理的通用法则。

◇ 能力目标

知道影响风险资产的内外部因素，了解不同经济环境下风险资产定价的普遍规则，了解货币政策、财政政策等宏观经济因素对风险资产定价的影响，会用组合管理法则解决资产管理中的实际问题。

◇ 情感目标

通过本章的学习，认识风险资产定价和证券组合管理的重要性和实用性，激发学生参与证券投资学习的兴趣。

◇ 学习重难点

通过本章的学习，需重点掌握：
(1)资本资产定价模型、套利定价理论、因素模型；
(2)资本资产定价模型、套利定价理论、因素模型应用的内外部环境；
(3)资本资产定价模型、套利定价理论、因素模型的优缺点和应用局限性。

◇ 基本概念

资本资产定价模型　资本市场线　套利定价理论　单因素模型　多因素模型

◇ 导入案例

仅次于巴菲特的传奇式的机构投资管理人——大卫·斯文森

2021年5月6日,耶鲁大学发布消息称,投资大师、耶鲁大学首席投资官大卫·斯文森于5月5日因癌症去世,享年67岁。

斯文森1980年获得耶鲁大学经济学博士学位,1985年开始接管耶鲁捐赠基金。过去十年中,耶鲁捐赠基金年收益率为10.9%,基金规模从13亿美元增长到312亿美元,增长了23倍,过去20年的年化收益率为11.4%,是世界上长期业绩较好的机构投资者之一。

很多人不知道的是,中国顶级投资人之一高瓴资本张磊,正是大卫·斯文森的得意门生。

1. 机构投资的教父级人物

提起巴菲特,大家都不陌生,他的股票价值投资理念已经深入人心。而摩根史丹利投资管理公司前董事长巴顿·毕格斯说:"世界上只有两位真正伟大的投资者,他们是大卫·斯文森和巴菲特。"

1980年,斯文森博士毕业后进入华尔街工作,追随自己的学术兴趣,他加入了所罗门兄弟,他职业生涯的前进是被一个耶鲁校友同时也是所罗门兄弟的投资银行家推荐的,该校友对斯文森印象深刻。1981年,斯文森为构建世界上第一个货币互换协议而努力,那是IBM与世界银行之间的一项交易,允许对冲瑞士法郎和德国马克的敞口。在所罗门兄弟工作3年后,斯文森作为高级副总裁加入了雷曼兄弟。

1985年对耶鲁捐赠基金来说是一个很重要的转折点,这一年斯文森出任首席投资官,带领耶鲁捐赠基金开创性地打造出了耶鲁模式。因为优异的业绩,斯文森被媒体称作仅次于巴菲特的传奇式的机构投资管理人。

1985年,斯文森31岁的时候,他收到耶鲁教务长布莱恩纳德的邀请掌管耶鲁捐赠基金时,毅然选择回归学校,哪怕这次跳槽要减少80%的收入。

在美国,绝大多数著名高校是私立大学,比如由哈佛大学、宾夕法尼亚大学、耶鲁大学、普林斯顿大学、达特茅斯学院、哥伦比亚大学、布朗大学及康奈尔大学组成的常春藤联盟,全部是私立大学。

由于校友捐赠的资金比较多,所以美国各个高校的基金规模相当惊人。比如2018年,哈佛大学的捐赠基金规模达到383亿美元,排名第一,耶鲁大学是309亿美元,普林斯顿大学是260亿美元,斯坦福大学是265亿美元。

为了管理好基金,各个高校都使出了浑身解数,它们会聘请专业的人员来操作,有一整套保值、增值的方案,并慢慢显现出了华尔街的投资风格。

耶鲁捐赠基金,在成立之初,其投资风格非常保守,60%投了美股,40%投了国债。这样的投资方法虽然安全,但是赚的钱不多。

1985年,耶鲁捐赠基金聘请了大卫·斯文森作为基金经理。当斯文森开始管理耶鲁捐赠基金时,该基金只有13亿美元。而到2018年,该基金价值达294亿美元。2018年,耶鲁捐赠基金实现了12.3%的净收益率(扣除管理费),高于2017年的11.3%,是2014年以来的最佳业绩。

2020年,耶鲁捐赠基金回报率(扣除管理费后)为6.8%。耶鲁捐赠基金规模从303亿美元增至312亿美元,增加了9亿美元。

同时,耶鲁捐赠基金的长期回报率足以傲视群雄。截至2020年6月30日,耶鲁捐赠基金过去10年的年化回报率为10.9%,过去20年的年化回报率为9.9%。而过去20年,美国大学捐赠基金的平均年化回报率仅为5.6%。过去20年,耶鲁捐赠基金的规模也从100亿美元增至312亿美元,增加了212亿美元。

近年来,耶鲁捐赠基金大胆地增加了对美国之外股票资产和另类投资资产的配置,秉承长期主义。由于业绩优异,耶鲁模式在投资圈久负盛名。

耶鲁捐赠基金是美国表现较好的大型机构投资者之一。过去十年间,耶鲁捐赠基金有七年的收益率位居全美所有大学基金的第一位,说它是全美收益最好的大学基金也不为过。

事实证明,耶鲁捐赠基金的投资组合还具有很强的穿越周期的能力。受市场影响,2016年美国多数大学基金业绩惨淡,一大批基金业绩为负,规模世界第一的哈佛捐赠基金收益率为−2%。但耶鲁捐赠基金仍然取得了3.4%的正收益。

耶鲁模式有两个核心:以资产配置为出发点,多元化配置,进行分散投资;大比例超配长期投资、另类资产这样的能够穿越周期的配置方式。

第一,改变传统模式进行大类资产配置,在资产配置的基础上进行分散的多元配置。

传统捐赠基金一般保守地投资于美国股票和债券,斯文森认为这样的保守投资组合注定表现平平,收获比市场平均值更低的利润。

资料显示,刚接手耶鲁捐赠基金时,斯文森也不知该如何管理,于是他雇用了耶鲁老同学迪恩·高桥为自己的战略伙伴,两人花了数年的时间评估各种投资组合,考虑不同的投资战略。在与耶鲁投资高层多次沟通之后,斯文森决定将资产组合理论付诸实践。他将原本投在国内股票债券上的大约3/4的耶鲁捐赠基金分散到一系列其他投资项目中,包括购买公司控股权、基金及地产、木材、石油、汽油等硬资产。斯文森不强调对债券和现金的投资。他认为债券和现金只能带来低于市场平均值的回报。尽管斯文森的一些投资项目本身具有很大的风险,但这些资产组合恰恰验证了资产组合理论所预料的:资产组合降低了波动性,从而提高收益率。

第二,以流动性换取超额收益,偏好长期投资于另类资产。

耶鲁模式认为获得流动性是以牺牲收益为代价的,所以大量配置非流动性资产,比如私募股权,这样能够享受流动性溢价。

斯文森接手耶鲁捐赠基金后在配置策略上强调长期投资,追求长期稳定的收益率。重仓流动性很低的另类资产,包括绝对收益、实物资产和私募股权类资产。由于低流动性资产相对高流动性资产而言有更高的预期收益,两者的收益差额即可产生流动性溢价。

第三,通过严格的资产再平衡策略,避免择时操作。

耶鲁捐赠基金对于每一大类资产都有着明确的配置目标,并严格执行再平衡策略。这意味着并不是追求买低卖高,而是通过不断调整资产的配置比例,达到降低风险的目的。其每年都会根据当年市场情况,提前进行资产配置目标的设置。

耶鲁捐赠基金的超额收益极少来自市场择时。在《机构投资的创新之路》一书中,斯文森指出,从本质上说,市场择时是对长期投资目标的否定。投资者需要在短期内对其在长期投资时需要考虑的各项因素做出正确分析,这样的代价过于高昂。并且投资者需要承担与长期投资目标不符而造成的损失。

第四,设立自己的投资办公室,不断培养专业人才。

耶鲁捐赠基金通过设立自己的投资办公室,不断培养专业人才,这在一定程度上可减少经理人因为业绩不佳而离开的情况。

在挑选基金人才上,斯文森很有眼光。他将耶鲁捐赠基金分派给100多个不同的经理人,包括几十只对冲基金。他曾表示,对任何有才能的人都感兴趣,他喜欢有激情的人,对自己从事的行业狂热的人,偏爱那些把自己的钱大量投入到自己管理的基金中的经理人。

2.高瓴资本张磊的导师

作为中国较成功的投资人之一,高瓴资本张磊职业生涯的起点便始于出色的基础研究,这个突破点发生在耶鲁捐赠基金招收他当实习生的时候。当时这不是一个常规性的安排,因为耶鲁捐赠基金通常不接收MBA学生当实习生,但张磊给斯文森留下了深刻印象。

"几乎立刻就能看出,张磊非常出色,有着极为不凡的洞见。"耶鲁捐赠基金的高级主管迪恩·高桥说。他称张磊能够看出哪些公司可以变得很出色,"我们很好奇,为什么这个小伙子会有这些洞见?"

张磊曾说求学和职业生涯中,耶鲁捐赠基金是他的一大转折点。

张磊称:"转折点是我在耶鲁捐赠基金工作,而不是单纯学习,找工作这个煎熬的过程使自己重新发现了自己,再加上第一份工作中跟什么样的人工作,我觉得这两件事对我影响比较大,其实刚进耶鲁捐赠基金实习工作是不得已而为之。找了好几个别的工作机会,都被拒绝了。比如波士顿一家管理咨询公司,面试时对方让我分析一个案例,问我某公司在某一设定区域内应该建多少家加油站。我反问对方,为什么需要建加油站?想想看,加油站的作用是什么?能改作他用吗,比方说,这个地段是否更适合开杂货店?会过时吗,比方说由于电动汽车普及而不再需要加油站了。其实这些并非愚蠢的问题。但面试我的那位老兄同情地看着我说:"您可能缺少当咨询师的能力。"第一轮的面试我参加了不少,但很少收到复试邀请。就在所有的门似乎都对我关闭了的时候,我在耶鲁投资办公室找到了一份实习生工作。"

2005年6月,高瓴刚刚成立。2005年,张磊说服耶鲁捐赠基金,交给他2000万美元用于投资中国新兴公司。虽然规模不大,但基金的自由度非常高,投资范围可以横跨天使、VC、PE和二级证券市场。

而张磊也给了恩师颇为丰厚的回报,高瓴资本已经累计给斯文森的投资带来了十几亿美元的收益。

■（资料来源:《中国基金报》2021年5月7日）

■ 点评:

斯文森作为投资大师,首先,他理性分析能力很强,证券组合管理能力很高,他使证券投资成为闪耀理性之光的热门职业。其次,他的金融财技很高,为了降低投资风险、提高投资收益,他成功地把风险投资的方法引入证券市场,取得了辉煌的投资收益。

第一节 资本资产定价模型

1964年9月,美国经济学家威廉·夏普在《金融杂志》上发表了《资本资产价格:风险条件下的市场均衡》一文,标志着资本资产定价理论的诞生。后来林特纳、莫森等人对该理论进行了完善和补充,使之形成了比较完整的资本资产定价模型(CAPM),成为现代金融学的基石之一。

一、资本资产定价模型的前提假设

假设1:投资者能在预期收益率和标准方差的基础上选择证券组合。

通常,只要下述两个条件中的一个得到满足,投资者就能根据预期收益率和标准方差做出选择。

条件一：证券组合收益率的概率分布是正态分布。

由于正态分布完全由其均值和方差所决定，所以对投资者而言，给定两种具有同样方差的证券组合，其将选择具有较高收益率的证券组合；而给定两种具有同样预期收益率的证券组合，其将选择具有较低方差的证券组合。

条件二：投资者关于证券组合价值 V 的效用是二次函数形式。

$$u = a_0 + a_1 V + a_2 V^2 \tag{7-1}$$

其中，$a_1 > 0, a_2 < 0$ 这样，与第 i 种证券组合的价值 V_i 有关的效用 u_i 满足关系：

$$u_i = a_0 + a_1 v_i + a_2 v_i^2 \tag{7-2}$$

因为投资者选择证券组合的标准是使其预期效用最大化，即 $\max\{E(u)\}$。若用 P_i 表示效用状态 U_i 出现的概率 $(i=1,2,\cdots,n)$，则

$$\begin{aligned} E(u) &= \sum_{i=1}^{n} p_i u_i \\ &= \sum_{i=1}^{n} p_i (a_0 + a_1 V_i + a_2 V_i^2) \\ &= a_0 + a_1 E(V) + a_2 E(V^2) + a_2 \sigma^2(V) \end{aligned} \tag{7-3}$$

因此，根据效用最大化原则，给定两种同样方差的证券组合，投资者将更喜欢具有较高预期收益率的一种；而给定两种具有同样预期收益率的证券组合，投资者将选择具有较低风险的一种。

假设 2：针对一个时期，所有投资者的预期都是一致的。

该假设表明，所有投资者在一个共同的时期内计划他们的投资，他们对证券收益率的概率分布的考虑是一致的，他们将有着一致的证券预期收益率、方差和协方差。同时，在证券组合中，选择了同样的证券数目。

假设 3：资本市场无摩擦。

摩擦是对资本流动和信息传播的障碍，因此，该假设是说，不存在证券交易成本，没有加在红利和利息收入或者资本收益上的税收，信息可以畅通无阻地传播到资本市场中的每一个投资者。

有了以上假设，就可以简单明了地推导出资本资产定价模型。

二、资本市场线

资本市场线是表明有效组合的期望收益率和标准差之间的一种简单的线性关系的一条射线。它是沿着资产组合的有效边界，由风险资产和无风险资产构成的资产组合。

资本市场线认为，如果市场处于均衡状态，则全部资本资产的供给总量必然等于需求总量。在证券市场上，人们买入全部证券的总量必然等于人们卖出全部证券的总量。由此引申出资本市场均衡的另一层含义，即风险相同的证券或证券组合的预期收益率应该是一致的，这种收益率也称均衡收益率。

资本市场线可用以下公式表达：

$$\overline{R}_p = R_f + \frac{\overline{R}_m - R_f}{V_m} \times V_p \qquad (7\text{-}4)$$

式中，$\overline{R}_p$为在均衡条件下，任一有效证券或有效证券组合的预期收益率；R_f为无风险贷出利率，也是无风险资产的投资点，在此点上，只有收益，而无风险；$\overline{R}_m$为市场风险组合的预期收益率；V_m为市场风险组合的风险度；V_p为在均衡条件下，任一有效证券或有效证券组合的风险度。

在均衡条件下，任一有效证券或有效证券组合的预期收益率和其风险度呈现出一种线性关系。$\dfrac{\overline{R}_m - R_f}{V_m}$是正斜率，$R_f$是线性关系的截距。均衡时，任何有效证券或有效证券组合的预期收益率都由两部分组成：一是无风险贷出利率R_f，这同时又可作为投资者暂时延迟消费所给予的回报，即资金的时间价格或价值；二是附加风险收益率$\dfrac{\overline{R}_m - R_f}{V_m} \times V_p$，这也可被看作是所有有效证券或有效证券组合的市场风险价格乘以所承受风险的总量，即投资者承受市场风险所获得的报酬。

资本市场线如图 7-1 所示。

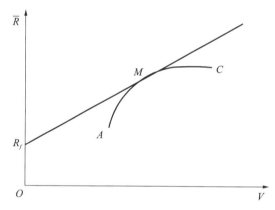

图 7-1　资本市场线

资本市场线表示的是风险和收益之间的关系，这种关系也决定了证券的价格。资本市场线是有效证券组合条件下的风险与收益的均衡，如果脱离了这一均衡，则会在资本市场线之外，形成另一种风险与收益的对应关系。这时，要么风险的报酬偏高，这类证券就会成为市场上的抢手货，造成该证券的价格上涨，投资于该证券的报酬最终会降低。要么会造成风险的报酬偏低，这类证券就会成为市场上投资者大量抛售的目标，造成该证券的价格下跌，投资于该证券的报酬最终会提高。经过一段时间后，所有证券的风险和收益最终会落到资本市场线上来，达到均衡状态。

三、证券市场线

在市场均衡状态下，某项风险资产的预期收益与其所承担的风险之间的关系，可以用资本市场线和市场组合推导出来,其结果就是证券市场线(SML)。证券市场线是以 $\overline{R}_i$ 为纵坐标、β 为横坐标的一条直线。其相关计算公式为:

$$\overline{R}_i = R_f + (\overline{R}_m - R_f)\beta_i \tag{7-5}$$

证券市场线如图 7-2 所示。

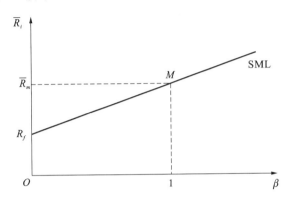

图 7-2　证券市场线

由上式可知,风险资产的收益由两部分构成:一是无风险资产的收益 R_f;二是市场风险溢价收益 $(\overline{R}_m - R_f)$。它表明:

(1)风险资产的收益高于无风险资产的收益;

(2)只有系统性风险需要补偿,非系统性风险可以通过投资多样化减少甚至消除,因而不需要补偿;

(3)风险资产实际获得的市场风险溢价收益取决于 β_i 的大小,β_i 越大,则风险贴水 $(\overline{R}_m - R_f)$ 越大,反之,β_i 越小,则风险贴水 $(\overline{R}_m - R_f)$ 越小。

依据 β_i 大于或小于 1,可将证券或证券组合分为防御型和进取型。β_i 小于 1 的证券或证券组合称为防御型证券或证券组合;β_i 大于 1 的证券或证券组合称为进取型证券或证券组合。

四、资本市场线与证券市场线的区别

(1)资本市场线的横轴是标准差(既包括系统风险又包括非系统风险),证券市场线的横轴是 β 系数(只包括系统风险)。

(2)资本市场线揭示的是持有不同比例的无风险资产和市场组合情况下风险和报酬的权衡关系,证券市场线揭示的是证券本身的风险和报酬之间的对应关系。

(3)资本市场线中 x 轴"V"不是证券市场线中的 β 系数,资本市场线中 y 轴"风险组合的期望报酬率"与证券市场线的"平均股票的要求收益率"含义也不同。

(4)资本市场线表示的是期望报酬率,即投资后期望获得的报酬率,而证券市场线表示的是要求收益率,即投资前要求得到的最低收益率。

(5)证券市场线的作用在于根据必要报酬率,利用股票估价模型,计算股票的内在价值。资本市场线的作用在于确定投资组合的比例。

五、资本资产定价模型的有效性和局限性

（一）有效性

资本资产定价模型的最大贡献在于它提供了对风险和收益之间的实质性表述,资本资产定价模型和证券市场线首次将"高收益和高风险"这样一种直观认识,用简单的关系式表达出来。

到目前为止,资本资产定价模型和证券市场线是对现实中风险与收益最为贴切的表述。

（二）局限性

(1)某些资产和企业的 β 系数难以估计,特别是对一些缺乏历史数据的新兴行业。

(2)由于经济环境的不确定性和不断变化,使得依据历史数据估算出来的 β 系数对未来的指导作用必然打折扣。

(3)资本资产定价模型是建立在一系列假设基础上的,其中一些假设与实际情况有较大偏差,使得资本资产定价模型的有效性受到质疑。这些假设包括:市场是均衡的,市场不存在摩擦,市场参与者都是理性的,税收不影响资产的选择和交易,等等。

第二节 套利定价理论

套利定价理论(APT)是由斯蒂夫·罗斯提出的。

套利定价理论认为,证券收益率与一组因子线性相关,这组因子代表证券收益率的一些基本因素,以收益率形成过程的多因素模型为基础。事实上,当收益率通过单一因子(市场组合)形成时,将会发现套利定价理论形成了一种与资本资产定价模型相同的关系。因此,套利定价理论可以被认为是一种广义的资本资产定价模型,为投资者提供了一种替代性的方法,来理解市场中的风险与收益率间的均衡关系。

套利定价理论是资本资产定价模型的拓展,由套利定价理论给出的定价模型与资本资产定价模型一样,都是均衡状态下的模型。套利定价理论认为,套利行为是现代有效率市场形成的一个决定因素。如果市场未达到均衡状态的话,市场上就会存在无风险套利机会。

并且用多个因素来解释风险资产收益,根据无套利原则,得到风险资产均衡收益与多个因素之间存在线性关系。

因素模型是一种统计模型。套利定价理论是利用因素模型来描述资产价格的决定因素和均衡价格的形成机理的。这在套利定价理论的假设条件和套利定价理论中都清楚地体现出来。

经过几十年的发展,套利定价理论的地位已不亚于资本资产定价模型。套利定价理论的出发点是假设资产的收益率与未知数量的未知因素相联系,而对于一个充分多元化的大组织而言,只有几个共同因素需要补偿。

此外,每一个投资者都想使用套利组合在不增加风险的情况下增加组合的收益率,但在一个有效率的均衡市场中,不存在无风险套利机会。

一、套利定价理论的意义

套利定价理论无须假设投资者是风险厌恶的,同时资本市场的均衡条件建立在"一价定律"上,使理论更加简洁且符合实际。

套利定价理论的敏感系数 β_i 较之资本资产定价模型中的参数 β 更加灵活多变,大大简化了证券组合选择中期望收益率、方差、协方差的计算过程,从而为证券组合管理提供了有力的工具。此外,在套利定价理论的指导下,被动型投资者可以构建分散化的资产组合以免因素风险和非因素风险的影响,主动型投资者可以寻找套利组合,获得无风险利润。

二、套利定价理论的基本机制

套利定价理论的假设条件和价格形成过程与资本资产定价模型是不同的。套利定价理论认为,资产的收益可能会受到集中风险的影响,而到底是几种风险,这些风险具体是什么则无关紧要。因此,套利定价理论的限制条件不像资本资产定价模型那样严格。此外,套利定价理论也没有下列资本资产定价模型所需要的假设:只有一个时期的投资水平;不考虑税收因素;以无风险利率借贷;投资者根据预期收益和方差选择资产组合。

套利定价理论最基本的假设就是投资者都相信证券 i 的收益随意受 k 个共同因素的影响,证券 i 的收益与这些因素的关系可以用下面的 k 因素模型表示出来:

$$r_i = E(r_i) + \beta_{i1}F_1 + \beta_{i2}F_2 + \cdots + \beta_{ik}F_n + \varepsilon_i$$

式中,r_i 为任意一种证券 i 的收益率;$E(r_i)$ 为预期收益;β_{ik} 为证券 i 相对 k 因素的敏感度;ε_i 为误差项;$F_n(n=1,2,3,\cdots,n)$ 是系统因素。

由于已知的信息都已经包含在 $E(r_i)$ 中,所以,这里的 F 因素都是不可测的,在将来的发生纯属意外。有意外发生,就会改变 r_i 和 $E(r_i)$ 之间的关系;没有意外发生,从 $\beta_{i1}F_1$ 到 $\beta_{ik}F_n$ 将都是零。由于 F_n 是随机变量,所以 $E(F_n)=0$。

三、套利定价模型

罗斯基于以下两点来推导套利定价模型:
(1)在一个有效市场中,当市场处于均衡状态时,不存在无风险套利机会;
(2)对于一个高度多元化的资产组合来说,只有几个共同因素需要补偿。
证券 i 与这些共同因素的关系为:

$$E(r)=\lambda_0+\beta_{i1}\lambda_1+\beta_{i2}\lambda_2+\cdots+\beta_{ik}\lambda_k \tag{7-6}$$

这就是套利定价模型。其中 λ_k 表示投资者承担一个单位 k 因素风险的补偿额,风险的大小由 β_{ik} 表示。当资产对所有 k 因素都不敏感时,这个资产或资产组合就是零 β 资产或资产组合。

假设资产组合 P_1 只与因素 i 有一个单位的敏感度,即:

$$\beta_{i1}=\beta_{i2}=\cdots=\beta_{ik}=0$$

则:

$$E(r_{p1})=\lambda_0+\lambda_1$$
$$\lambda_1=E(r_{p1})-\lambda_0 \tag{7-7}$$

这就是说,风险补偿可以被理解为预期收益超过零 β 资产组合收益率的部分,P_1 被称为单因素资产组合。依此类推其他 λ 值后,就可以把上面的套利定价模型改写为:

$$E(r_i)=\lambda_0+\beta_{i1}[E(r_{p1}-\lambda_0)]+\beta_{i2}[E(r_{p2}-\lambda_0)]+\cdots+\beta_{ik}[E(r_{pk}-\lambda_0)] \tag{7-8}$$

显然,资产 i 预期收益的计算取决于以下两点:
(1)确定系统因素,准确估计各 β 值;
(2)确定各单因素资产组合的预期收益。

第三节　因　素　模　型

一、单因素模型

证券投资收益的影响因素很多,这是市场的共识。在此基础上,理论工作者可以从不同的角度来度量这些影响因素,如果从这些众多的影响因素中抽象出一个想要考量的主要影响因素,单独分析这个影响因素对证券价格的作用,并由此构成评估模型,这样的模型就是单因素模型。同理,如果同时思考二个或二个以上的影响因素并构成模型进行分析,就是双因素模型或者多因素模型。

现在主流的单因素模型主要有夏普单一指数模型、特雷诺模型、詹森模型、特雷诺-布莱克模型。

下面对这几种模型做简要介绍。

(一)夏普单一指数模型

夏普单一指数模型是用长期平均超额收益与该时期组合收益之商的标准差来考察组合的风险与收益的相互关系。夏普通过对1954—1963年美国证券市场上34只开放式基金的年收益率资料进行绩效的实证研究,给出了下面的计算模型:

$$S_p = \frac{r_p - r_f}{\sigma_p}$$

式中,S_p为夏普单一指数;r_f为该时期的无风险利率;r_p为该投资组合在样本期内的平均收益;σ_p为投资组合p收益率的标准差,即该风险组合所承担的总风险。

这里的风险包括能够评估的显性风险和不能评估的隐形风险。当采用夏普单一指数模型进行风险与收益评估时,只要计算一下一篮子组合各自的夏普单一指数,通过比较从而判定各自组合的风险和收益。

夏普单一指数模型由夏普于1966年提出。夏普单一指数模型同时考虑了系统性风险和非系统性风险,它测度风险的指标与样本的代表性有关,导致评估结果与事实有一定的区别。

(二)特雷诺模型

特雷诺模型在讨论投资收益时,参考了影响投资收益的系统内风险,而对影响投资收益的系统外风险予以忽略。然而,事实上,影响组合收益和风险的主要原因是多样化的,有时候投资者没有办法通过分散投资来抵御风险,因此特雷诺模型的局限性是非常明显的。

特雷诺模型以组合投资的系统性风险和收益作为评估指标。特雷诺在1965年的《哈佛商业评论》上发表了《建构风险性资产市场价值的理论》,文中主要参考了美国1953—1962年20只投资基金(含共同基金、信托基金与退休基金)的年收益率资料作为研究样本,进行了风险度量的实证分析,其计算公式为:

$$T_p = \frac{r_p - r_f}{\beta_p}$$

式中,T_p为特雷诺指数;r_p为投资基金组合p在样本期内的平均收益率;r_f为样本期内的平均无风险收益率;$r_p - r_f$为投资基金组合p在样本期内的平均风险溢酬。

特雷诺模型表达了组合投资承受的系统性风险所获取对应收益的大小。特雷诺模型的评估方法是利用上式计算特雷诺指数的大小,然后比较各种组合的特雷诺指数,较大的特雷诺指数意味着在面临同等风险时会有较高的投资收益,因而特雷诺模型比较适合评估投资组合的风险收益状况,从而帮助资产管理者管理风险资产,提高管理效率。

特雷诺指数给出了单位风险的超额收益,以单位系统性风险收益作为基金绩效评估指标。它能反映投资组合经理人的市场调整能力,但该指数不能评估投资组合经理人分散和降低非系统性风险的能力。

(三)詹森模型

詹森模型认为,投资者对资产进行了组合管理以分散投资风险。但是,詹森模型与夏普单一指数模型、特雷诺模型的不同之处在于,它强调绝对收益数值,其目的是使资产管理者具有快速预测证券价格的能力,从而使得投资者做出先人一步的判断。

詹森借助美国 1945—1964 年 115 只基金的年收益率资料以及标准普尔 500 计算的市场收益率进行了实证研究。詹森将投资组合 p 的超额报酬率 $[E(r_{pt})-r]$ 与超额报酬率 $[E(r_{mt})-r]$ 进行基于时间序列的回归分析,从而估算出投资组合 p 的 β 值:

$$r_{pt} - r_f = \hat{\alpha}_p + \hat{\beta}_p(r_{mt} - r_f) + e_{pt}$$

式中,r_{mt} 为市场组合或者基准投资组合在某时期的收益率;r_{pt} 为投资组合 p 在该时期的收益率;r_f 为该时期的无风险收益率;β_p 为该投资组合所承担的系统性风险;$\hat{\alpha}_p$、$\hat{\beta}_p$ 是回归系数;e_{pt} 为 t 期投资组合 p 收益的回归误差项。

对上式两边取期望值,令 e_{pt} 的期望值为零,可得:

$$\bar{r}_{pt} - r_f = \hat{\alpha}_p + \hat{\beta}_p(\bar{r}_{mt} - r_f)$$

詹森指数就是回归直线的纵轴截距 $\hat{\alpha}_p$。如果 $\hat{\alpha}_p$ 不显著区别于零,则表明该组合的业绩处于市场均衡水平,可以得到如下关系:

$$\bar{r}_{pt} - r_f = \hat{\beta}_p(\bar{r}_{mt} - r_f)$$

对比观察上式,它实际上与资本资产定价模型的风险-报酬关系极为类似,不同的是用样本估计值代替了真实参数。在这种情形下,资产组合的表现与真实市场的表现十分接近,它的平均报酬率等同于市场平均报酬率。如果 $\hat{\alpha}_p$ 为正值,投资组合的管理就是有效的,这时组合的平均收益率高于市场的平均收益率;反之,如果 $\hat{\alpha}_p$ 为负值,投资组合的管理就是失败的。

在对以上三种模型的运用上,由于夏普单一指数模型与特雷诺模型均为相对绩效度量方法,而詹森模型是一种在风险调整基础上的绝对绩效度量方法,表示在完全的风险情况下,资产管理者对市场价格的判断能力。特雷诺模型和詹森模型在对组合绩效评估时,都是以 β 系数来测定风险,这难免会产生考虑指标片面性的问题。另外,当调整投资组合时,詹森模型和特雷诺模型都缺乏相应的指标跟进分析,因此会产生评估体系的系统性误差。就操作模型的选择而言,夏普单一指数模型和特雷诺模型对投资组合绩效的评估具有优越性,而詹森模型用来衡量组合实际收益的差异性较优秀。

詹森指数由詹森于1969年提出,其指数值就是证券组合的实际平均收益率与由证券市场线所给出的该证券组合的期望收益率之间的差值,它用来衡量投资组合实际收益的差异,反映了收益率和系统性风险的关系,但没有考虑非系统性风险。

(四)特雷诺-布莱克模型

特雷诺-布莱克模型测算的是每单位非系统性风险所带来的超额收益,是衡量该投资组合中积极型组合业绩的指标,它通过估算估价比率来衡量风险收益比。

该模型在度量非系统性风险时采用信息比率(IR),是用投资组合的 α 值(α_p)除以其残余风险(ω_p)。由于度量时期内标的资产的收益率都具有波动性,这些波动性表明了存在于投资管理行为中的风险,与标的资产相联系的风险,称为残余风险(又称跟踪误差)。该模型可以表示为如下的信息比率:

$$IR = \frac{\alpha_p}{\omega_p}$$

Connor 和 Korajczyk 对该模型进行了实证分析,并证明根据 IR 值对组合收益动态管理的效率稳定,可用于投资组合的评判指标。该模型的主要假设包括:市场价格随机波动;收益率服从正态分布;所有投资组合经理人的效用函数都是指数型的;所有投资组合持有的所有投资资产都是可交易的,等等。

二、多因素模型

与单因素模型相对,多因素模型是在同时考虑两个或者两个以上影响因素的基础上建立的模型。

在詹森模型、特雷诺模型和特雷诺-布莱克模型的基础上,引入更多的影响因素,就可以计算出投资组合的多个 β 系数以及投资组合的 α 系数。

随后 Copeland、Mayers、Chen、Copeland、Lehmann、Modest、Chang、Lewellen、Connor 和 Korajczyk 等对多因素模型的研究都有贡献。

多因素模型的一般数学表达式如下:

$$R_i = a_i + b_{i1}I_1 + b_{i2}I_2 + \cdots + b_{ij}I_j + \varepsilon_i$$

式中,$I_1, I_2, \cdots, I_j$ 为影响证券 i 收益的各因素值;$b_{i1}, b_{i2}, \cdots, b_{ij}$ 为各因素对证券收益变化的影响程度;a_i 为证券收益率中独立于各因素变化的部分。

该模型有两个基本假设:① 任意两种证券剩余收益 ε_i、ε_j 之间均不相关;② 任意两个因素 I_i、I_j 之间及任意因素 I_i 和剩余收益 ε_i 之间均不相关。Lehmann 和 Modest 认为,影响证券收益的因素有市场平均指数收益、股票规模、公司账面价值与市场价值比(BE/ME)、市盈率(P/E)等。

Fama 和 French 在资本资产定价模型的基础上,认为影响证券收益的因素除了上述因素外,还应包括按照行业特征分类的普通股组合收益、小盘股收益与大盘股收益之差(SMB)、高 BE/ME 收益与低 BE/ME 收益之差,并将账面市值比等作为因素引入绩效评估模型。

Carhart 在以上因素的基础上,引入了基金所持股票收益的趋势因素,进而讨论基金表现的持续性问题。

多因素模型虽然部分解决了单因素模型存在的问题,而且模型的解释力也有所增强,但在实证研究中,该模型要求能识别所有的相关因素,而资本资产定价模型并没有明确给出对风险资产定价所需要的所有因素或因素的个数。所以在实证中,因素的选择就受到个人主观判断的影响,而且这些因素的构成本身可能不稳定。因此,基于这些因素构成的多基准投资组合也不一定稳定,并且多因素模型仍然无法解释资产收益的实质性差别,其绩效的评估结果对因素的选取十分敏感。正因为如此,单因素模型和多因素模型孰优孰劣,至今在学术界尚无定论。

案例分析

2019 年中国股票市场主要违规案例

1. 中安消借壳欺诈及银信评估未勤勉尽责案

(行政处罚决定书[2019] 40 号、44—46 号)本案系一起上市公司重大资产重组中并购欺诈和信息披露违法的典型案件。中安消技术有限公司(简称"中安消")在借壳中安科股份有限公司上市过程中虚增置入资产,虚增营业收入 5515 万元。上海银信资产评估有限公司对评估资产未予充分关注,收益预测和评估值严重虚增。本案表明,对于重大资产重组中的舞弊行为,上市公司重组参与各方、中介机构都要承担相应的法律责任。

2. 抚顺特钢财务造假案

(行政处罚决定书[2019] 147 号、33 号)本案系一起国有上市企业长期系统性造假的典型案件。2010 年至 2017 年 9 月,抚顺特殊钢股份有限公司(简称"抚顺特钢")滥用特殊钢原料投炉废料可作普通钢原料的特点,伪造"返回钢"入库凭证虚增库存,虚增利润约 19 亿元。2019 年 5 月,抚顺特钢未按期披露 2017 年年度报告和 2018 年季报被行政处罚。本案表明,证监会将持续加大对各类信息披露违法行为的打击力度,督促上市公司严格依法履行各项信息披露义务,促进上市公司规范运作,推动上市公司质量不断提高。

3. 保千里信息披露违法违规案

(行政处罚决定书[2019] 141 号)本案系一起上市公司屡次虚假陈述受到处罚的典型案例。2017 年 8 月,江苏保千里视像科技集团股份有限公司(简称"保千里")因虚增资产评估值受到行政处罚。2019 年 12 月,保千里因未按规定披露涉及 34 亿元销售收入的关联交易及 7 亿元借款担保再次受到行政处罚。

本案的查处表明,对于屡查屡犯恣意破坏信息披露秩序的行为,监管部门将紧盯不放、严肃查处。

4. 美丽生态信息披露违法违规及新时代证券未勤勉尽责案

(行政处罚决定书[2019]69号)本案系一起以不实盈利预测信息"忽悠式"重组的典型案件。2015年,深圳美丽生态股份有限公司(简称"美丽生态")在收购江苏八达园林有限责任公司100%股权的重大重组文件中未如实描述金沙湖项目和官塘项目的进展情况、对相关项目2015年收入预测不切合实际、将部分已终止的框架协议披露为已签订协议;新时代证券作为上述项目独立财务顾问,出具存在误导性陈述的报告及相关核查意见。本案表明,上市公司财务信息并购重组环节的真实、准确和完整是市场功能发挥的重要基础,大股东、实际控制人、董事、监事、高级管理人员和中介机构要依法履行义务,切实提升信息披露质量。

5. 盈方微财务造假案

(行政处罚决定书[2019]114号)本案系一起上市公司利用境外业务实施财务造假的典型案件。盈方微电子股份有限公司(简称"盈方微")以在境外开展数据中心业务为名,在不具备业务开展条件、不能提供合同约定服务的情况下确认收入,虚增2015年度利润2300余万元。本案的查处表明,证监会将持续加强跨境监管合作,严厉打击利用境外业务掩饰财务造假、规避监管调查的行为,强化信息披露的严肃性。

6. 天翔环境信息披露违法违规案

(四川证监局行政处罚决定书[2019]2号)本案系一起实际控制人违规占用上市公司巨额资金的典型案件。2018年1月至7月,成都天翔环境股份有限公司(简称"天翔环境")实际控制人邓某某通过签订虚假采购合同、借款以及民间过桥拆借等方式,非经营性占用天翔环境资金20.9亿元未依法披露。本案表明,上市公司大股东、实际控制人漠视中小股东权利,通过资金占用、违规担保等方式损害上市公司利益,必将受到严惩。

7. 海印股份信息披露违法违规案

(广东证监局行政处罚决定书[2019]9号)本案系一起上市公司信息披露存在误导性陈述的典型案件。2019年6月12日,广东海印集团股份有限公司(简称"海印股份")披露合作进行防治非洲猪瘟的"今珠多糖注射液"产业化运营,股价涨停。经查,公司披露的预防有效率、专利技术及业绩预测等缺乏依据,存在虚假记载和误导性陈述。本案表明,上市公司蹭热点、炒概念严重破坏信息披露制度的严肃性,严重误导投资者,依法应予严处。

8. 新绿股份财务造假案

(行政处罚决定书[2019]55号)本案系一起新三板公司为了兑现挂牌前的业绩对赌承诺连续造假的典型案件。山东新绿食品股份有限公司(简称"新绿股份"),从2013年至2015年账外设账、虚开发票,有组织实施财务造假,累计虚增收入9.3亿元,虚增利润1.4亿元。本案表明,超越企业盈利能力的业绩对赌不但容易形成资产泡沫,而且可能引发舞弊动机,公众、公司参与市场活动时,应当保持高度警惕。

9. 众华会计师事务所未勤勉尽责案

(行政处罚决定书[2019]110号)本案系一起审计机构未充分关注重要事项受到处罚的典型案例。2015年,众华会计师事务所(简称"众华所")在为宁波圣莱达电器股份有限公司(简称"圣莱达",2018年被行政处罚)提供审计服务过程中,未对圣莱达虚构财政补助等事项予以必要关注,出具的审计报告存在虚假记载。2019年5月,众华所在为江苏雅百特科技股份有限公司(简称"雅百特",2017年被行政处罚)提供审计服务过程中,未审慎核查工程项目真实性被行政处罚。本案表明,中介机构要发挥好"看门人"作用,做到勤勉尽职,为投资者提供真实可信的鉴证意见。监管部门将突出强化中介机构检查验证、专业把关的职责定位,切实提升中介机构服务水平,保护投资者合法权益。

10. 德邦证券未勤勉尽责案

(行政处罚决定书[2019]121号)本案系一起主承销商未充分履行核查程序的典型案件。2015年7月,德邦证券股份有限公司(简称"德邦证券")作为五洋建设集团股份有限公司(简称"五洋建设",2018年被行政处罚)债券主承销商,未充分核查募集文件的真实性,对应收账款回收风险和投资性房地产情况未充分履行核查程序。本案的依法查处,对推动证券经营机构及其从业人员在债券市场业务活动中勤勉尽责,更好地保护债券持有人的合法权益具有积极意义。

11. 罗某某等人操纵市场案

(刑事判决书[2019]浙07刑初40号)本案是近年来证监会与公安机关合力查办的一起操纵市场重大典型案件。2016至2018年,罗某某团伙与场外配资中介人员龚某某等人合谋操纵迪贝电气等8只股票,获利4亿余元。2018年7月,该团伙43名主要成员被公安机关抓捕归案,2019年12月,浙江省金华市中级人民法院依法对31人做出一审有罪判决。证监会将进一步优化行政与刑事执法协作,充分发挥监管合力,共同严厉打击证券期货违法犯罪。

12. 吴某某团伙操纵市场案

本案系一起股市"黑嘴"跨境实施操纵市场的重大典型案件。吴某某团伙于2016年起利用新加坡等境外网络服务器开设多个网站推荐"盘后票",该团伙提前通过私募机构、场外配资大量买入相关股票,在引诱散户买入的同时卖出获利。2019年3月,该团伙主要成员被公安机关抓捕归案。股市"黑嘴"严重破坏信息传播秩序,严重破坏公平交易原则,是监管执法的重点领域。证监会将严肃查处各类操纵行为,推动市场坚持价值投资理念。

13. 赵某操纵市场案

(行政处罚决定书[2019]128号)本案系一起实际控制人滥用信息优势操纵上市公司股价的典型案件。2015年至2018年,浙江金利华电气股份有限公司(简称"金利华电")董事长、实际控制人赵某与公司原财务总监楼某某、配资中介朱某某合谋,在筹划实施重大资产重组和股权转让过程中人为控制股票停牌时点,操纵股价。本案的查处表明,以"市值管理"之名行操纵股价之实严重违反证券法规,大股东、实际控制人及市场机构相关各方应远离"伪市值管理"。

14. 吕某等人操纵市场案

(行政处罚决定书[2019]125号)本案系一起私募基金管理人利用资管账户与沪港通账户跨境操纵市场的典型案件。2015年12月至2016年7月,私募基金管理人吕某联合他人利用资管账户与沪港通账户,跨境操纵"菲达环保"等3只股票,合计获利1500余万元。本案查处表明,证监会将加强与境外监管机构的执法协作,坚决打击跨境操纵市场等违法行为,促进互联互通的市场机制平稳运行。

15. 林某操纵市场案

(行政处罚决定书[2019]149号)本案系一起新三板挂牌公司实际控制人为高价减持操纵本公司股价的典型案件。2015年至2016年,广西明利创新实业股份有限公司(简称"明利股份")实际控制人林某为减持定增认购的股票,组织数名公司高管操纵本公司股票,造成交易活跃的假象,吸引投资者、做市商跟进购买。林某等人减持7329万股,获利2.9亿元。操纵股价破坏新三板市场定价功能,误导投资者决策,是证券法规明令禁止的严重违法行为。监管部门将严肃查处新三板市场各类操纵行为,切实维护新三板市场正常秩序。

16. 张某达、张某敏操纵市场案

(行政处罚决定书[2019]97号)本案系一起新三板挂牌公司实际控制人虚构利好信息操纵本公司股价的典型案例。2016年至2017年,奔腾科技实业集团股份有限公司(简称"奔腾集团")实际控制人张某达及其配偶张某敏,通过公司配合发布虚假收购信息等方式,集中资金优势、持股优势和信息优势操纵市场。本案查处表明,证监会密切监控全市场各类异常交易,对于恶性操纵市场行为一经查实,严惩不贷。

17. 孙某某等人内幕交易案

(行政处罚决定书[2019]19号)本案系一起并购重组过程中上市公司高管人员内幕交易的典型案件。2016年6月至2017年2月,苏州春兴精工股份有限公司(简称"春兴精工")在筹划收购CALIENT Techologies,Inc.过程中,公司董事长、实际控制人孙某某及董事郑某某等内幕信息知情人利用内幕信息非法买入春兴精工股票合计2.75亿元。本案表明,并购重组仍是内幕交易高发领域,证监会将始终保持执法高压态势。

18. 袁某某等人内幕交易案

(行政处罚决定书[2019]63号)本案系一起上市公司实际控制人内幕交易的典型案件。金发科技股份有限公司(简称"金发科技")董事长、实际控制人袁某某联合他人,在公司依法披露员工持股计划前非法买入金发科技股票合计1500万元。本案表明,上市公司大股东、实际控制人应当依法参与公司治理,推动公司聚焦主业,远离内幕交易等违法红线。

19.上海熙玥利用未公开信息交易案

(行政处罚决定书[2019]93号)本案系一起私募基金"老鼠仓"典型案件。经上海熙玥投资管理有限公司(简称"上海熙玥")投委会集体决策,2015年1月至3月,上海熙玥实际控制人邓某某使用"竺某英"证券账户与公司担任咨询顾问的"熙玥1号"资管计划趋同交易,获利495万元。案件警示私募基金管理人及其从业人员受人之托应忠人之事,高度自律,恪守诚信操守。

20.丰利财富挪用基金财产案

(行政处罚决定书[2019]43号)本案系一起私募基金管理人违反信义义务的典型案件。2015年9月,私募基金管理人丰利财富(北京)国际资本管理股份有限公司(简称"丰利财富")发行的私募产品"长安丰利24号"跌破止损线。为恢复交易,丰利财富伪造文件和印章,挪用其他两只私募产品共4240万元为"长安丰利24号"补资。

(资料来源:《经济日报》2020年5月9日)

■ 评析:

上市公司风险管理任重道远,是一个必须持续监督管理的过程,时时刻刻都不能放松监管标准。从以上案例中,可以看到市场应该努力的方向和途径,并从提高市场效率的角度来分析和完善制度性安排。

本章小结

证券组合理论表明,投资者追求的终极目标就是:在给定风险水平下,使资产投资获得的收益最大;或者在给定投资收益水平下,使资产面临的风险最小。

资本市场线和证券市场线被投资者广泛用于投资决策,其综合考虑了收益和风险两个方面的问题,为投资者提供理论依据。

套利定价理论表明,市场存在套利机会,只有投机者不断在市场上进行套利,才有可能消除市场中的套利行为,最终使市场本身的套利机会趋于消失。

名人名言

投资者在市场出现下跌时,总是容易做出抛售的决定。屈从恐惧并不是明智的策略,因为这样做并不会取得成功。相反,在市场走跌时,投资者需要进行反向操作:当你不再感到恐惧时,你可能需要卖出;当你感到恐惧时,你也许需要买进。

——雷伊·达里奥

股票投资成功的秘诀是勤奋。投资股市绝不是为了赚一次钱,而是要持续赚钱。

——彼得·林奇

股市大跌其实是一个买入股票的大好机会,那时惊恐万分的投资者们纷纷抛售股票,股价自然很低,你就可以趁机挑选很多便宜的股票。

——彼得·林奇

通常,在几个月甚至几年内公司业绩与股票价格无关。但长期而言,两者之间100%相关。这个差别是赚钱的关键,要耐心并持有好股票。

——彼得·林奇

当你投资短期的时候,你只能赚到90%;当你投资长期时,你可以赚10倍。股市波动的历史规律告诉我们,所有的大跌都会过去,股市永远会涨得更高。历史经验还表明,股市大跌其实是释放风险、创造投资的一次好机会,能以很低的价格买入那些很优秀的公司股票。

——彼得·林奇

在大萧条的低点买入,在疯狂非理性的高点抛出,并在这两者间游刃有余。完全被忽视的股票是最让人心动的便宜货——尤其是那些投资者们都尚未研究的股票。

——约翰·邓普顿

你应该检视自己的投资组合,卖出现有股票的唯一理由,是有更具吸引力的股票;如没有,便应该继续持有手上的股票。

——约翰·邓普顿

优秀的投机家们总是在等待,总是有耐心,等待着市场证实他们的判断。在市场本身的表现证实你的看法之前,不要完全相信你的判断。那些买进或卖出后就出现浮亏的东西说明你正在犯错,一般情况下,如果三天之内依然没有改善,立马抛掉它。绝不要平摊亏损,一定要牢牢记住这个原则。

——杰西·利弗莫尔

◇ 复习题

一、简答题

1. 资本资产定价模型需要哪些假设条件?
2. 简述套利定价理论与资本资产定价模型的联系与区别。
3. 简述资本市场线与证券市场线的联系与区别。

二、论述题

1. 组合投资如何化解投资风险?
2. 套利定价理论如何指导投资者进行适当投机?

第七章
复习题
答案解析

第八章　证券投资的一般分析

◇ **知识目标**

了解证券投资的主体及证券投资媒体的含义,理解证券投资主体及证券投资媒体的特点,掌握证券投资主体及证券投资媒体的分类,了解我国证券投资媒体发展的现状,熟悉证券投资的一般过程及交易方式。

◇ **能力目标**

(1)了解个人投资者及机构投资者的概念;
(2)理解个人投资者及机构投资者的特点;
(3)掌握机构投资者的分类;
(4)掌握证券投资媒体的分类;
(5)了解我国证券投资媒体现状;
(6)理解证券投资的动机与目的;
(7)熟悉证券投资的一般过程;
(8)熟悉证券交易的基本方式。

◇ **情感目标**

通过本章的学习,学会理性分析主力机构的投资逻辑,控制好融资融券的规模,学会理性投资,控制好自己的情绪。

◇ **学习重难点**

客观认识我国的证券评级。

◇ **基本概念**

个人投资者　机构投资者　QFII　证券承销商　证券经纪人　投资银行　公司制证券交易所　会员制证券交易所　信托投资公司　基金公司　证券评级机构　期货交易　信用交易　期权交易

导入案例

王先生看到身边不少朋友通过股票买卖在短期内迅速获得财富积累后,羡慕不已,在未做任何准备、严重缺乏投资基础知识和经验的情况下,拿出省吃俭用攒下的100万元仓促入市。东打听、西打听,在盲目听信他人的介绍后,杂七杂八的股票买了一大堆,半年时间下来,账面亏损已达35万元,以至于神情恍惚、寝食难安,严重影响了原本规律的生活。

■ 点评:投资知多点,理财更轻松

斯文森作为投资大师,首先他理性分析能力很强,证券投资组合能力高,他使证券投资成为一门闪耀理性之光的热门职业。其次,他的金融财技很高,为了降低投资风险,提高投资收益,他成功地把风险投资的方法引进证券市场,取得了辉煌的投资收益。

第一节 证券投资主体

证券投资主体即证券投资者。证券投资者是指以取得利息、股息或资本收益为目的而买入证券的机构和个人,是证券市场的资金供给者。证券投资主体可分为个人投资者和机构投资者两大类。

一、个人投资者

个人投资者即以自然人身份从事证券买卖的投资者,其进行投资的目的是使证券投资的净效用最大化。个人投资者进行证券投资应具备一些基本条件,包括国家有关法律法规关于投资者投资资格的规定及个人投资者必须具备一定经济实力。一般而言,个人投资者具有以下特点。

(1)个人投资者由于资金有限而高度分散,同时绝大部分是小户投资者,缺乏足够时间收集信息、分析行情、判断走势,也缺少足够的资料数据去分析上市公司经营情况。因此,其投资规模较小,投资周期较短,专业化较弱。

(2)个人投资者由于资金及专业化等条件的限制,难以进行投资组合,在证券投资中承担的风险较高。

(3)个人投资者的投资活动具有盲目性,投机性较强。

二、机构投资者

1. 机构投资者的概念及特点

机构投资者从广义上讲是指用自有资金或者从分散的公众手中筹集的资金专门进行有价证券投资活动的法人机构,主要有证券公司、共同基金等金融机构和企事业单位、社会团体等。在中国,机构投资者目前主要是具有证券自营业务资格的证券自营机构,符合国家有关政策法规的投资管理基金、保险公司、社保基金等。

> **知识链接**
>
> 机构投资者中有一类称为QFII(合格境外机构投资者)。QFII制度,是指允许合格境外机构投资者,在一定规定和限制下汇入一定额度的外汇资金,并转换为当地货币,通过严格监管的专门账户投资当地证券市场,其资本利得、股息等经批准后可转为外汇汇出的一种市场开放模式。2019年9月10日,国家外汇管理局宣布,经国务院批准,决定取消QFII/RQFII投资额度限制。同时,RQFII(人民币合格境外投资者)试点国家和地区限制也一并取消。截至2021年7月底,共有628家境外机构获得QFII资格。截至2021年10月末,外资持有A股流通市值近3.67万亿元,占A股流通市值的4.97%。

与个人投资者相比,机构投资者具有以下特点。

(1)投资管理专业化。机构投资者一般具有较为雄厚的资金实力,在投资决策运作、信息收集分析、上市公司研究、投资理财方式等方面都配备有专业部门,由证券投资专家进行管理。因此,其在投资管理上更专业化。

(2)投资结构组合化。机构投资者拥有聚集起来的庞大资金,为了尽可能降低证券投资的风险,机构投资者会利用其专业化的管理和多方位的市场研究,在投资过程中进行合理的投资组合。

(3)投资行为规范化。作为具有独立法人地位的经济实体,机构投资者的投资行为受到多方面的监管,相对来说,也就较为规范。因此,从理论上讲,机构投资者的投资规模相对较大,投资周期相对较长,投资风险相对较低,投资行为相对规范化,有利于证券市场的健康稳定发展。

2. 机构投资者的分类

1）政府机构

政府机构参与证券投资的目的主要是调剂资金余缺和进行宏观调控。各级政府及政府机构出现资金剩余时，可通过购买政府债券、金融债券投资于证券市场。

中央银行以公开市场操作作为政策手段，通过买卖政府债券或金融债券，影响货币供应量，进行宏观调控。

我国国有资产管理部门或其授权部门持有国有股，履行国有资产保值增值及通过国家控股、参股来支配更多社会资源的职责。

从各国的具体实践看，出于维护金融稳定的需要，政府还可成立或指定专门机构参与证券市场交易，减少非理性的市场震荡。

2）金融机构

参与证券投资的金融机构包括证券经营机构、银行业金融机构、保险公司及保险资产管理公司、合格境外机构投资者、主权财富基金和其他金融机构。

（1）证券经营机构。证券经营机构是证券市场上最活跃的投资者，以其自有资本、营运资金和受托资金进行证券投资。

（2）银行业金融机构。银行业金融机构包括商业银行、城市信用合作社、农村信用合作社等吸收公众存款的金融机构以及政策性银行。受自身业务特点和政府法令的制约，银行业金融机构的投资标的一般仅限于政府债券和地方政府债券，而且通常以短期国债作为其超额储备的持有形式。截至2021年底，银行理财市场规模29万亿元，银行理财产品投资资产31.19万亿元，其中权益类资产约1万亿元。

（3）保险公司及保险资产管理公司。目前，保险公司已经超过共同基金成为全球最大的机构投资者，除大量投资于各类政府债券、高等级公司债券外，还广泛涉足基金和股票投资。目前我国的保险公司除利用自有资金和保险收入作为证券投资的资金来源外，还可运用受托管理的企业年金进行投资。作为投资主体，保险公司通常采用自设投资部门进行投资、委托专门机构进行投资或购买共同基金份额等方式运作。截至2021年末，我国保险资产管理公司总资产1030亿元，较年初增长35.4%。保险资金参与资本市场的力度也不断加强，截至2021年末，保险资金运用余额达23.2万亿元，其中投资股票2.5万亿元、股票型基金0.7万亿元。

（4）合格境外机构投资者（QFII）。在QFII制度下，合格境外机构投资者将被允许把一定额度的外汇资金汇入并兑换为当地货币，通过严格监督管理的专门账户投资当地证券市场，包括股息及买卖价差等在内的各种资本所得经审核后可转换为外汇汇出，实际上就是对外资有限度地开放本国证券市场。我国于2002年11月颁布了《合格境外机构投资者境内证券投资管理暂行办法》，开始引入QFII。2020年10月，上交所发布《上海证券交易所证券交易规则适用指引第1号——合格境外机构投资者和人民币合格境外机构投资者》。同时，深交所也发布了《深圳证券交易所合格境外机构投资者和人民币合格境外机构投资者证交易实施细则(2020年修订)》。截至2021年7月,我国证监会累计批准628家合格境外机构投资者进入我国证券市场。

(5)主权财富基金。随着国际经济、金融形势的变化,目前不少国家尤其是发展中国家拥有了大量的官方外汇储备,为管理好这部分资金,成立了代表国家进行投资的主权财富基金。经国务院批准,中国投资有限责任公司于2007年9月29日宣告成立,注册资本金2000亿美元,成为专门从事外汇资金投资业务的国有投资公司,以境外金融组合产品为主,开展多元投资,实现外汇资产保值增值,被视为中国主权财富基金的发端。

(6)其他金融机构。其他金融机构包括信托投资公司、企业集团财务公司、金融租赁公司等。这些金融机构通常也在自身章程和监管机构许可的范围内进行证券投资。

3) 企业和事业法人

企业进行股票投资的目的是实现对目标企业的参股和控股,出于这种投资目的的投资一般是长期性投资,相对比较稳定。通常一家企业在购买另一家企业的股票后不会在短期内马上将其转手,而是长期持有。我国现行的规定是,各类企业可参与股票配售,也可投资于股票二级市场;事业法人可用自有资金和有权自行支配的预算外资金进行证券投资。

4) 各类基金

(1)证券投资基金。证券投资基金是指通过公开发售基金份额筹集资金,由基金管理人管理,基金托管人托管,为基金份额持有人的利益,以资产组合方式进行证券投资活动的基金。《证券投资基金法》规定我国的证券投资基金可投资于股票、债券和国务院证券监督管理机构规定的其他证券品种。

(2)社保基金。在大多数国家,社保基金分为两个层次:一是国家以社会保障税等形式征收的全国性基金;二是由企业定期向员工支付并委托基金公司管理的企业年金。在我国,社保基金也主要由两部分组成:一部分是社会保障基金;另一部分是社会保险基金。社保基金的投资范围包括银行存款、国债、证券投资基金、股票、信用等级在投资级以上的企业债、金融债等有价证券,其中银行存款和国债投资的比例不低于50%,企业债、金融债投资的比例不高于10%,证券投资基金、股票投资的比例不高于40%。现阶段,我国社会保险基金的部分积累项目主要是养老保险基金,其运作依据是劳动部的各相关条例和地方规章。

(3)企业年金。企业年金是指企业及其职工在依法参加基本养老保险的基础上,自愿建立的补充养老保险基金。按照我国现行法规,企业年金可由年金受托人或受托人指定的专业投资机构进行证券投资。2020年12月,人社部印发《关于调整年金基金投资范围的通知》,规定投资范围新增优先股、资产支持证券、同业存单、永续债、国债期货等金融产品和工具。年金基金财产限于境内投资和香港市场投资。境内投资范围包括银行存款、标准化债权类资产、债券回购、信托产品、债权投资计划、公开募集证券投资基金、股票、股指期货、国债期货、养老金产品。香港市场投资指年金基金通过股票型养老金产品或公开募集证券投资基金,投资内地与香港股票市场交易互联互通机制下允许买卖的香港联合交易所上市股票。

(4)社会公益基金。社会公益基金是指将收益用于指定的社会公益事业的基金,如福利基金、科技发展基金、教育发展基金、文学奖励基金等。我国有关政策规定,各种社会公益基金可用于证券投资,以求保值增值。

第二节 证券投资媒体

一、证券投资媒体的分类

证券投资媒体是指在证券投资中充当交易媒介,从事交易或促使交易完成的机构和个人。证券投资媒体大致可分为个人媒体和机构媒体两类。其中,个人媒体包括经纪人和自营商,机构媒体包括商业银行、证券公司、财务公司、保险公司、信托公司等各类银行和非银行金融机构。

1. 证券承销商及证券经纪人

1)证券承销商

证券承销商是指与发行人签订证券承销协议,协助公开发行证券,以此获取相应的承销费用的证券经营机构。其作用是受发行人的委托,寻找潜在的投资公众,并通过广泛的公关活动,将潜在的投资人引导成为真正的投资者,从而使发行人募集到所需要的资金。在我国,证券承销商主要是大的证券公司及一些商业银行。

证券承销商的主要功能如下。

(1)顾问功能。所谓顾问功能,主要指承销商可以利用其对证券市场的熟悉,为发行人提供证券市场准入的相关法规咨询,建议发行证券的种类及价格、时机,提供相关财务和管理的咨询。

(2)购买功能。购买功能指由于承销商的存在,在包销的情况下,发行人避免了证券不能完全销售的风险。

(3)分销功能。分销功能指主承销商利用其在证券市场的广泛网络,通过分销商将证券售予投资者。

(4)保护功能。保护功能指在证券发行过程中,承销商在法律法规的限制下,可以进行稳定价格的操作,保证证券市场的稳定。

2)证券经纪人

证券经纪人指在证券交易所中接受客户指令买卖证券,充当交易双方中介并收取佣金的证券商。证券经纪人既可以是自然经纪人,也可以是法人经纪人。在我国,证券经纪人只能是证券公司。证券经纪人按性质与职能可分为以下几种。

(1)佣金经纪人。佣金经纪人又称证券商行,是接受客户委托,在交易所内代理客户买卖证券并收取佣金的经纪人。其既可以是个人经纪人,也可以是法人经纪人;既可以进行场内交易,也可以进行场外交易。其主要职能是负责所需的业务经营、财务调度以及向外招揽业务。

(2)二元经纪人。二元经纪人专门接受佣金经纪人的委托,代理筹资和为投资者进行证券买卖,是独立的个人经纪人。

(3)特种经纪人。特种经纪人又称专业经纪人,是专门从事某种行业的证券买卖,接受佣金经纪人的委托,成为经纪人的经纪人。其是交易所内具有特殊身份,有固定交易台从事特定种类股票买卖的经纪人。其具有经纪人和证券商的双重身份,又可兼营零售业务。

(4)零股经纪人。零股经纪人指专门为筹资者和投资者代理买卖每笔交易不足1手(100股)的小股股票的经纪人。

(5)交易厅经纪人。交易厅经纪人是配合证券商进行交易的经纪人。当证券商接到不同种类、数额较大的订单时,短期内难以办完交易,则商请交易厅经纪人协助进行交易,并付出一定佣金和费用。

2. 证券公司、投资银行和商人银行

从业务分类的角度来看,证券公司、投资银行和商人银行所从事的业务类型基本上是相同的。它们之所以有不同的称呼,主要是因为各国的习惯不一样。如美国及欧洲一些国家称之为投资银行,英国则称之为商人银行,而在我国和日本称之为证券公司。为了分析方便,将证券公司、投资银行、商人银行并称为投资银行进行介绍。

投资银行是主要从事证券发行、承销、交易,企业重组、兼并与收购,以及投资分析、风险投资、项目融资等业务的非银行金融机构,是资本市场上的主要金融中介。在我国,投资银行的主要代表有中国国际金融股份有限公司(简称"中金公司")、中信证券、投资银行在线等。

2008年华尔街金融风暴之前,世界上的投资银行主要有以下四种类型。

(1)独立的专业性投资银行。这种形式的投资银行在全世界范围内广为存在,美国的高盛、美林、雷曼兄弟、摩根士丹利、第一波士顿,以及日本的野村证券等均属于此种类型,它们都有各自擅长的专业方向。

(2)商业银行拥有的投资银行(商人银行)。这种形式的投资银行主要是商业银行对现存的投资银行通过兼并、收购、参股或建立自己的附属公司形式从事商人银行及投资银行业务。这种形式的投资银行在英、德等国非常典型。

(3)全能性银行直接经营投资银行业务。这种形式的投资银行主要在欧洲大陆,其在从事投资银行业务的同时,也从事一般的商业银行业务。

(4)一些大型跨国公司兴办的财务公司。

◇ 知识链接

2008年华尔街金融风暴中,美国的投资银行受到巨大冲击。2008年3月,美国五大投资银行之一贝尔斯登被摩根大通收购,9月,雷曼兄弟破产,随后,美国银行宣布收购美林,华尔街五大投行中仅存的高盛和摩根史丹利也由当前的投行改制为银行控股公司。五大投行的破产、转型或被收购,标志着华尔街引以为傲和赖以立足的独立投行业务模式的终结,也意味着自1933年开始构建的美国"分业经营"体系的彻底瓦解。至此,投资银行重新步入"混业经营"时代。

从我国的实践看,投资银行业务最初是由商业银行来完成的。20世纪80年代中后期,随着我国开放证券流通市场,原有商业银行的证券业务逐渐被分离出来,各地先后成立了一大批证券公司,形成了以证券公司为主的证券市场中介机构体系。在随后的十余年里,券商逐渐成为我国投资银行业务的主体。除了专业的证券公司以外,还有一大批业务范围较为广泛的信托投资公司、金融投资公司、产权交易与经纪机构、资产管理公司、财务咨询公司等从事投资银行的其他业务。

我国的投资银行可以分为以下三类。

第一,全国性的投资银行。其又可分为两类:一是以银行系统为背景的证券公司;二是以国务院直属或国务院各部委为背景的信托投资公司。

第二,地区性的投资银行。其主要是省市两级的专业证券公司和信托公司。

第三,民营性的投资银行。其主要是一些投资管理公司、财务顾问公司和资产管理公司等,绝大多数是从过去为客户提供管理咨询和投资顾问业务发展起来的,具有一定的资本实力,在企业并购、项目融资和金融创新方面具有很强的灵活性,正逐渐成为我国投资银行领域的一支中坚力量。

3. 证券交易所

证券交易所是依据国家有关法律,经政府证券主管机关批准设立的集中进行证券交易的有形场所。世界主要的证券交易所有纽约证券交易所、伦敦证券交易所、巴黎证券交易所等。在我国,证券交易所主要有五个:上海证券交易所、深圳证券交易所、北京证券交易所、香港联交所和台湾证券交易所。

按国际上通行的分类方法,证券交易所可分为公司制证券交易所和会员制证券交易所两种。

1)公司制证券交易所

公司制证券交易所是以营利为目的,提供交易场所和服务人员,以便证券商进行交易与交割的证券交易所。这种证券交易所要收取发行公司的上市费与证券成交的佣金,其主要收入来自买卖成交额的一定比例。经营这种交易所的人员不能参与证券买卖,从而在一定程度上可以保证交易的公平。

在公司制证券交易所中,总经理向董事会负责,负责证券交易所的日常事务。董事的职责主要包括:核定重要章程及业务、财务方针;拟定预算决算及盈余分配计划;核定投资;核定参加股票交易的证券商名单;核定证券商应缴纳营业保证金、买卖经手费及其他款项的数额;核议上市股票的登记、变更、撤销、停业及上市费的征收;审定向股东大会提出的议案及报告;决定经理人员和评价委员会成员的选聘、解聘及核定其他项目。监事的职责主要包括审查年度决算报告及监察业务,检查一切账目等。

2)会员制证券交易所

会员制证券交易所是不以营利为目的,由会员自治自律、互相约束,参与经营的会员可以参加股票交易中的股票买卖与交割的交易所。这种交易所的佣金和上市费用较低,从而在一定程度上可以防止上市股票的场外交易。但是,由于经营交易所的会员本身就是股票交易的参加者,因而在股票交易中难免出现交易不公。同时,因为参与交易的买卖方只限于证券交易所的会员,新会员的加入一般要经过原会员的一致同意,这就形成了一种事实上的垄断,不利于提高服务质量和降低收费标准。

在会员制证券交易所中,理事会的职责主要包括:制定规章,并由总经理负责编制预算,送请成员大会审定;维持会员纪律,对违反规章的会员给予罚款、停止营业与除名处分;批准新会员进入;核定新股票上市;决定如何将上市股票分配到交易厅专柜等。

◇ **阅读材料**

纽交所:梧桐树下诞生的证券交易所

1792年5月17日,24名证券经纪人在华尔街68号门口的一棵梧桐树下签订了一个协定,史称"梧桐树协议"。一般都将这个根本不起眼的事件,作为纽约证券交易所(简称"纽交所")诞生之日。当天按照协议规则进行交易的,是美利坚银行的股票。这家银行算是纽约证券交易所的第一家上市公司。

直到1817年,在这里交易的证券经纪人成立了第一个正式的交易组织——纽约证券交易委员会,并开始在室内交易。1865年,纽约证券交易所建起了自己的大楼。1903年,纽约证券交易所迁往现在的地址。纽约证券交易所于1867年首创股票行情自动报价器,1878年以后又相继引入电话、传真、计算机、网络等。

纽约证券交易所成立之初,几乎完全依靠自我管理。联邦政府对于证券市场没有采取任何规制措施,对于交易所最大的约束,是市场竞争本身。证券交易法颁布后,1934年10月1日,纽约证券交易所在美国证券交易委员会正式注册。直到1938年,纽约证券交易所才雇用了一位受薪主席,在这之前的管理都是交易商无偿劳动。1971年,纽约证券交易所组建为一家非营利的公司。

在学者、作家的笔下,纽约证券交易所成为美国的象征,成为自由市场或资本主义的象征。20世纪20年代,纽约证券交易所战胜所有挑战者,成为美国首屈一指的交易所,成交量占美国上市证券交易的75%。20世纪90年代,纽约证券交易所经历了又一次辉煌,上市公司股份达到20亿股。

历史上,纽约证券交易所始终面临其他交易所的竞争,例如纽约的股票经纪人公开委员会,它的交易量一度比纽约证券交易所还高,直到后来与纽约证券交易所合并。现在的美国,则有大名鼎鼎的纳斯达克、不太出名的美国证券交易所,还有众多规模更小的地方性交易市场。而随着通信技术日益发达,美国国外的交易所也对纽约证券交易所构成了挑战。

在纽约证券交易所,可以看到经纪人在场内以走动叫喊的方式找寻最佳买主或卖主,他们本身不左右价格,买方与卖方采用的是一种直接交易的模式,投资人可经由电视画面看到经纪人精彩的手语战。而在纳斯达克,则看不到这样的场面,取而代之的是冷冰冰的电脑屏幕,投资人买卖股票只能通过电话交谈或利用电脑下单,交易员可随意开价,买卖双方无从得知其成本。纽约证券交易所曾在电视上播过一个广告,口号为:"我们不仅是一个交易所,更重要的是,我们代表了一种做生意的方式。"

至2004年7月,30个处于道琼斯指数中的公司除了英特尔和微软之外都在纽约证券交易所上市。

2006年底,欧盟监管机构初步批准了纽约证券交易所与欧洲证券交易所的合并交易,从而为这笔交易的完成扫清了一个重大障碍。这预示着第一个横跨大西洋的证券交易所并购交易在经过6个月的跋涉后向终点更进一步。

2018年12月,世界品牌实验室发布《2018世界品牌500强》榜单,纽约证券交易所排名第372。

2020年3月23日起,纽约证券交易所将暂时关闭交易大厅,股票和期权交易大厅都将关闭。

2020年5月26日,在实施全新安全措施的情况下,纽约证券交易所重开交易大厅。

(资料来源:《国际金融报》2004年1月9日和百度百科)

4. 信托公司、基金公司等其他金融市场媒体

1)信托公司

信托投资公司是以营利为目的,以委托人身份经营信托业务的金融机构。目前,国际上信托投资公司的投资业务大多分为两类:一来是以某公司的股票和债券为经营对象,通过证券买卖和股利、债息获取收益;另一类是以投资者身份直接参与对企业的投资。根据国务院关于进一步清理整顿金融性公司的要求,我国信托投资公司的业务范围主要限于信托、投资和其他代理业务,少数确属需要的经中国人民银行批准可以兼营租赁、证券业务和发行一年以上的专项信托受益债券,用于进行有特定对象的贷款和投资,但不准办理银行存款业务。

信托业务一律采取委托人和受托人签订信托契约的方式进行,信托投资公司受托管理和运用信托资金、财产,只能收取手续费,费率由中国人民银行会同有关部门制定。

2)基金公司

基金公司是从事证券投资基金管理业务的企业法人。公司董事会是基金公司的最高权力机构。其发起人一般是从事证券经营、证券投资咨询、信托资产管理或者其他金融资产管理的机构。人们通常所说的基金主要是指证券投资基金。截至2022年3月末,我国公募基金行业有152家公募基金管理人,包括138家基金公司和14家取得公募基金管理资格的资管机构,合计管理的公募基金、私募资管业务以及受托管理养老金资产规模超32万亿元。

◆ 阅读材料

中欧基金连续7年获得"十大金牛基金管理公司"

2021年9月28日,第18届中国基金业金牛奖评选结果正式揭晓,中欧基金再度获得"十大金牛基金管理公司"大奖,这也是中欧基金连续第七年获得金牛奖最高桂冠。同时,绩优基金中欧时代先锋荣获五年期开放式股票型持续优胜金牛基金。中欧基金自2013年开始探索公司治理结构和股权改革,并于2014年成为行业内首批员工持股的基金公司之一。根据海通证券6月30日发布的"基金公司权益及固定收益类资产超额收益排行榜",中欧基金近五年超额收益率120.52%,近三年超额收益率91.37%。截至2021年6月30日,在最早成立的几只权益产品中,中欧新蓝筹、中欧新动力、中欧新趋势成立以来回报率分别达642.98%、491.22%、325.13%。截至2021年6月30日,中欧基金公募基金资产管理规模超过5000亿元,其中非货币基金管理规模超过3700亿元。

(资料来源:中证网,2021年9月29日)

鹏华首席资产配置官郑科:FOF是最适合老百姓投资的产品

近几年,FOF(基金中的基金)的规模不断增长,目前已经超过两千亿元,市场关注度也越来越高,大家对于FOF产品的好奇与期待也越来越多。郑科作为FOF行业的领军人物,2004年从学校毕业后,投入到资本市场做行业分析师,2007年作为基金经理,开始采用FOF模式管理资金,算是第一批国内做FOF实战的人。郑科认为大资金用FOF模式是终极模式。

作为FOF的基金经理,郑科说他们的优势主要是有实用主义哲学思想。曾经在平安资管的时候,他们平均每天大概会调研4.12个基金经理,这样一年可能有一千人次的基金经理,经历了十几个年头,中国几乎所有的公私募基金经理,百分之八十以上为主流的,他们都对其哲学思想、方法论、理念非常熟悉,这可能是一个积累,也是他们的优势之一。在中国做投资,基于中国本土,他们可获取的资产是有限的,可获取的金融工具也是有限的,在这种环境下,做中国特色的,这是他们实战中总结出来的一套经验,包括他们的方法论,有很多的成分都是他们自身原创的。教科书上只有框架性的东西,而且很多是发达国家成熟市场比较适用的一套方法论。但他们是完全实战派的一种投资模式,瞄准中国市场上做 FOF 能够产生长期稳定的超额收益机会,这么一个最单一的目标去进行的。实战派要基于中国国情,面向未来。郑科说:"我们认为所有的投资业绩从长期而言,几乎大部分来自他个人的价值观。从未来的角度讲,我们关注基金经理的四大禀赋。第一点就是他的知识结构,知识的全面性,包括空间和时间维度上的知识结构。比如说你所涉足的资产,比如权益,你对金融、制造、科技、消费、周期,是不是都比较熟悉,这个是空间方面的。时间维度上,我们说基金经理需要跨越代沟,因为你面对的是一个跨年代的经济结构,所以对一般人来说都是有这个代沟,但一个全面的基金经理是需要跨越年代的。第二点,我们觉得投资经验也非常重要,中国所有的牛熊周期、风格周期,起步点 42 个月以上,所以说可能要跨越 42 个月以上,你的方法论才会完善。再比如说在牛市顶点和熊市低谷的时候,你不会产生方法论破裂,希望能够跨越周期。第三点是独立性。基金经理做的是少数人做的事情,真正的基金经理就是所谓的头部基金经理,前百分之五的基金经理,一定是少数派,需要有比较独立的投资判断,很多基金经理都在培养这方面的能力。第四点是承受力。你要通过一定的模式对自己方法论的自洽性有非常充足的承受力,不能因为市场风格的剧烈波动而丧失了自我,我觉得这一点也是极其关键的。"

记者提问:在整个大类资产投资中,您觉得第一位是资产配置的能力。能不能跟大家分享一下您的投资哲学?

郑科:可以,我们是实战派,通过实践经验的积累,我们总结出两个出发点。第一是我们觉得万物皆有周期,在资产配置领域很少有人能把资产配置长期做得很好,最关键的一个因素是大家要承认一切事物发展都是一个螺旋式上升的过程,有上升就必有下降。所以说一切的变量指标都具有周期性,不管是长周期、短周期,甚至是它们的叠加,这是我们最原始,也是我们区别于其他竞争对手最重要的一个哲学思想。第二是我们觉得市场永远是正确的。我们是实用主义者,如果市场的走势跟你的想法是不一致的,那你的理论可能是有缺陷的,你需要修正自己的理论,而不是去埋怨市场,这也是我们的第二个哲学思想。这一切会形成我们对整个投资的想法,资产配置肯定是摆到第一位的,我们的工作时间绝大部分用在了资产配置而不是品种选择上。任何组合,百分之八十以上的收益贡献来自资产配置,品种选择只是提供锦上添花的作用,可能就是超额收益,它的级别跟资产配置是不一样的。我们采用的是一个长中短多维周期结合的模式,就是我们所说的"分形"。这样的模式不管是长期业绩还是短期业绩,都力争达到客户相对比较满意的效果,就不会因为风格的剧烈波动,导致在短期迷失自我。

记者提问:您周期下的"分形"也是分不同层次的。在当下这个市场,您如何运用这个周期?

郑科:早在 2020 年下半年,当时基金疯狂销售的时候,我们就认为核心资产估值开始吹泡沫了。2021 年 1 月份,我们发现泡沫吹到了一个极致的情况。所以我们在 2020 年下半年和 2021 年 1 月份对核心资产进行了大幅减持，这使得 2021 年 2 月份我们的回撤水平控制得非常好。沿着这个脉络我们觉得核心资产整体相对收益的熊市还在延续，曾经是涨了 5 年的牛市。我们说万物皆有周期，有牛就必然有熊，它是螺旋发展的。这个熊市因为涉及核心资产，基本面又比较好，景气度比较高，所以它的绝对回撤水平是有限的，但是它拖的时间，也就是对业绩的消化时间是漫长的。我们觉得对一般自下而上的基金经理来说是相对比较艰难的。2022 年因为景气度好的行业板块基本上都很贵，然后景气度差的就达到历史极其便宜的地步，所以结构化差异非常大。

记者提问：可能更多人理解的 FOF 就是基金中的基金，我不知道这个理解是不是全面。所以想问一下郑总，您是怎么理解 FOF 投资的？

郑科：专业化、精细化、分散化的 FOF 满足了投资者一站式资产配置需求，降低多样化投资门槛，使长期资金能够投资于优质资产，有助于促进市场良性循环。我们把权益分为基本面和估值水平这两方面的结合。基本面跟自下而上的基金经理研究的对象是一样的，如业绩的增长、经济的增长等。估值水平就是政策方面、资金方面还有情绪方面的研究，我们认为在自下而上的基金经理里面，他们是比较少涉及的，这也是我们 FOF 从资产配置自上而下的角度跟其他的百分之九十五以上的基金经理的非常显著的区别。这个区别也可能使得我们在长期跨周期中有望实现非常优秀的业绩，可能会跟大家想象的很多基金经理今年好明年差的模式不太一样，我们是争取要年年好。

记者提问：在做 FOF 组合的时候，怎么去控制组合当中的回撤或者风险？

郑科：我们认为真正的风控是事前风控，事前风控已经集成在投资环节中了。我们在设计产品的时候，根据每一份资金的具体属性，它的风险收益要求，我们在设计产品的时候就介入了风控。具体来说，风险资产和非风险资产的配比，就是我刚才讲的权益组合和非权益组合的配比，这方面在产品设计的时候我们就已经介入了。事前风控可能是在资产配置的环节，我们觉得有非常多的风险来自系统性风险、非系统性风险，非系统性风险是通过组合管理的模式来屏蔽，一个组合里面可能有六个不一样的阿尔法源，相互正交的话它可能会屏蔽掉百分之九十以上的非系统性风险。系统性风险恰好是我们资产配置人才做的事，一般的自下而上的基金经理可能不太去在意系统性风险，因为他们框架里面可能是没有这方面的储备的。而我们在进行研究的时候，我们会有专门的一个研究维度，叫作升维研究。升维研究主要是研究经济学领域以外的，像社会、人文、地缘政治、军事等方面的研究。你只有做了升维研究以后，才会对竞争对手形成一个降维打击。这样，我们认为系统性风险是我们做资产配置的人的本职工作，对风险的管控，我们是通过体系来完成的，具体涉及权益内部的一些资产方面，我们是通过进攻去控制风险的。最卓越的头部基金经理，就是前百分之五的基金经理，我们怎么考察基金经理，我们就怎么要求我们自身。

郑科：因为我刚加盟鹏华，我们目前正在扩招团队，我们整个团队可能会到十个人以上。这里面主要包含两大部分,一部分是投资人员,另一部分是研究人员。我们招团队整体的想法是先做人后做事。我们整个团队的投资和研究氛围应该是非常愉快的,因为大家都是在做自己感兴趣的事。

(资料来源:《中国基金报》2022年3月5日)

■ 点评:

本文从证券基金经理、FOF 经理角度,解释了 2020 年 A 股基金非常火爆的原因及 2022 年前两个月基金投资者损失惨重的原因。

5. 证券评级机构

证券评级机构是根据证券发行人的信用、财务、证券风险,对证券进行信用等级评定的机构。证券评级机构一般为独立的、非官方的股份有限公司。证券评级的目的是将发行人的信誉和偿债的可靠程度公诸投资者,保护投资者的利益。

证券评级机构的出现与证券这一商品的特性有关,证券的特性就是收益与风险紧密相连,追求高收益必然要承担高风险;反之,则承担的风险较小。

一般而言,证券在发行之前,都要经过评级机构评级,证券质量的评定对发行者、投资者和证券商都十分重要。证券评级机构的主要作用如下。

(1)承销商可以依据证券级别的高低来决定发行价格、发行方式、承销费用以及采取何种促销手段。

(2)自营商可以根据各种证券的信用等级来评定其经营风险的大小,调整证券投资组合,从而有利于其自身的风险管理,也有利于内部管理部门对其经营的监督,防止因风险过大而危及自身安全。

(3)经纪商在从事信用交易时对不同的证券等级给出不同的证券代用率。

目前投资界公认的权威信用评级公司是美国的穆迪公司和标准普尔公司。穆迪公司的信用等级标准从高到低可划分为 Aaa 级、Aa 级、A 级、Baa 级、Ba 级、B 级、Caa 级、Ca 级和 C 级。标准普尔公司的信用等级标准从高到低可划分为 AAA 级、AA 级、A 级、BBB 级、BB 级、B 级、CCC 级、CC 级、C 级和 D 级。虽然二者使用的评级符号略有不同,但对信用等级的描述基本一致,前四个级别证券信誉高,履约风险小,是"投资级证券",第五级开始的证券信誉低,是"投机级证券"。

二、中国证券投资媒体的现状

 1. 我国证券经纪人的发展状况

2009 年 3 月 16 日,证监会公布了《证券经纪人管理暂行规定》,解决了证券经纪人法律地位、资格条件、行为规范、权益保护等问题。截至 2020 年底,我国证券经纪人有 64924 人,比 2019 年减少 9555 人,人数下降的主要原因是佣金下调,从业待遇不高。

目前,经纪人制度作为经纪业务的一种经营模式已具备了一定的规模,国内大部分券商都在经纪业务中实行了经纪人制度,拥有了自己的经纪人队伍。但是,我国的证券经纪人在内涵上比较狭窄,还存在着一些不容忽视的问题,主要表现在以下几个方面。

(1)证券经纪人的业务素质和职业道德有待进一步提高。目前很多证券经纪人缺乏必要的法律知识,没有受过严格的证券经纪人专业知识培训,证券经纪业务知识还有待进一步提高和完善。

(2)证券经纪人缺乏证券公司有效的业务支持,主要依靠自身力量发展。很多证券公司对经纪人制度的认识存在一定偏差,对证券经纪人缺乏有效的业务支持和必要的管理。证券经纪人只能依靠自身力量开展业务,在客户基础相对薄弱与业务素质普遍较低的情况下发展极为困难且不均衡。

(3)券商及客户的利益容易受到侵害。证券经纪人作为证券公司的代表对外开发客户,其专业素质的高低和个人品质的优劣会直接影响到券商的声誉。经纪人若在操作上出现问题,则可能会造成客户和证券公司之间的纠纷,损害证券公司的形象。同时,吸引客户、扩大交易是券商实行经纪人制度的主要目的,这在客观上使经纪人的佣金报酬直接与其客户或交易量相关,为了保证自己的收益,难免会出现经纪人诱导客户频繁交易,或在目前法律不允许的全权委托中隐瞒客户频繁交易而置客户的利益于不顾的现象,由此损害客户的利益。

2. 我国证券公司的发展状况

1987 年 9 月,我国第一家专业性证券公司——深圳经济特区证券公司成立。30 多年来,我国证券公司有了较快发展。截至 2020 年底,我国证券公司总资产为 8.90 万亿元,净资产为 2.31 亿万元,净资本为 1.82 万亿元,客户交易结算资金余额(含信用交易资金)为 1.66 万亿元,受委托管理资金本金总额 8.01 万亿元。2020 年,证券公司总资产增长 22.50%,净资产增长 14.10%,杠杠倍数提升至 3.86 倍。

2021 年,全行业 140 家证券公司共实现营业收入 5024.10 亿元,实现净利润 1911.19 亿元。截至 2021 年末,证券行业总资产为 10.59 万亿元,净资产为 2.57 万亿元,资本实力不断增强。

3. 我国证券交易所的发展状况

目前,我国内地的证券交易所有三个,分别设在上海、深圳和北京。截至 2020 年末,沪深交易所上市公司达 4154 家,囊括七成以上国内 500 强企业;股市市值达 79.72 万亿元,高居全球第二。资本市场的繁荣壮大拓宽了居民投资渠道和财产性收入来源,到 2022 年 2 月 25 日,A 股投资者已突破 2 亿人。

上海证券交易所(简称"上交所")成立于1990年11月26日,同年12月19日开业,归属中国证监会直接管理。2019年6月13日,科创板正式开板;7月22日,科创板首批公司上市。截至2021年6月30日,科创板拥有上市公司301家,总市值达4.8万亿元,集聚了一批集成电路、生物医药、高端装备制造等领域的科创企业,"硬科技"成色逐步显现。截至2021年6月,上交所已经发展成为我国蓝筹企业的聚集地和科创企业的重要上市地。上市公司数量已达到1928家,股票总市值接近50万亿元,已成为全球第三大证券交易所。

深圳证券交易所(简称"深交所")成立于1990年12月1日,是为证券集中交易提供场所和设施,组织和监督证券交易,实行自律管理的法人,由中国证监会直接监督管理。2009年10月,创业板正式启动,多层次资本市场结构日趋完善,深交所服务实体经济发展和转变增长方式的功能日益显现。经过30多年的发展,上市公司数量已达2489家,市值从当初的61亿元增长至超过36万亿元,2020年的股票成交额日均5055亿元,产品更是从基础的股票、债券延伸至资产证券化、基金、衍生品等多种类型,股票融资额、市场活跃度、新增上市公司数量等指标稳居世界前列。

北京证券交易所(简称"北交所")于2021年9月3日注册成立,是经国务院批准设立的我国第一家公司制证券交易所,受中国证监会监督管理。经营范围为依法为证券集中交易提供场所和设施、组织与监督证券交易以及证券市场管理服务等业务。设立北京证券交易所,是资本市场更好支持中小企业发展壮大的内在需要,是落实国家创新驱动发展战略的必然要求,是新形势下全面深化资本市场改革的重要举措。

4. 我国基金公司的发展状况

我国首批基金公司——南方基金和国泰基金成立于1998年,并迅速发行了开元和金泰两只基金。随后,华夏、华安、博时、鹏华、长盛、嘉实、大成、富国等公司陆续成立。随着首批新基金的发行,价值投资、长期持有的理念正式被引入A股市场。2001年,华安基金发行了第一只开放式基金——华安创新,开放式基金迅速成为市场新发基金的主流形式。截至2021年6月底,公募基金有效账户数达11.9亿个,权益类基金长期业绩显著超过大盘指数,累计向投资者分红3.3万亿元,个人投资者对公募基金的信赖不断增强,通过投资公募基金入市的趋势正在形成。截至2021年12月底,我国境内共有基金管理公司137家,其中,外商投资基金管理公司45家,内资基金管理公司92家,管理的公募基金资产净值合计25.56万亿元。基金公司的发展壮大改善了我国资本市场的投资者结构,推动了各类理财产品和理财市场的发展。

5. 我国证券评级机构的发展状况

我国的证券评级始于20世纪80年代。1987年,我国第一家独立于银行系统的地方性评级机构——上海远东资信评估公司成立。1992年10月,我国第一家全国性证券评估机构——中国诚信证券评估有限公司(简称"中诚信")成立。经过 20 多年的发展,我国的信用评级机构已有 90 多家,遍及全国 20 多个省市,规模较大的全国性评级机构有大公国际资信评估有限公司(简称"大公")、中诚信、联合信用管理有限公司、上海新世纪资信评估投资服务有限公司等 4 家。

我国评级业虽然已有一定程度的发展,但目前的状况不容乐观,主要表现如下。

(1)信用评级机构对突发事件的应急处理能力不足。2020 年,突发的新冠肺炎疫情席卷全球,对我国经济社会发展造成了较大影响。相较国际金融机构具有完备的突发事件应急预案,我国信用评级机构在突发事件应急处理措施方面仍显不足,类似新冠肺炎疫情等突发事件对业务的持续性负面冲击较大。

(2)评级方法有待创新,全球评级技术体系有待完善。随着新债券品种和新风险因素的不断涌现,原有的评级方法已不能精准地揭示信用风险,我国部分评级机构的评级技术同质化严重,评级方法更新滞后,评级理论体系不健全,难以发挥信用评级应有的风险预警作用。继彭博和摩根大通将中国国债纳入其主要指数后,2020 年,富时罗素宣布中国国债被纳入富时世界国债指数(WGBI),并于 2021 年 10 月生效。我国评级机构正加快迈向国际市场,评级机构原有的区域评级技术体系已不能适应国际化的需要,应加快建立健全全球评级技术体系。目前,我国评级机构的国际化发展程度较低,虽然三家评级机构已在我国香港地区开展评级业务,但市场份额较小,影响力有限。中资信用评级机构在境外声誉不足,评级技术不完善,数据库不完整,发行人和投资者对其认可度不高。面对业务经验丰富、技术人才实力雄厚的国际评级机构,国内评级机构面临严峻的竞争态势,拓展境外业务的压力较大。为了提高国际竞争力,评级机构需要提高评级技术体系的国际化水平,逐步赢得国际发行人和投资人的认可。

(3)评级质量有待提升,风险预警能力需要进一步提高。近年来,公募债券市场高信用等级发行人违约数量有所上升。尤其是 2020 年第三季度以来,我国信用债市场接连发生 AAA 级发行人违约事件。华晨集团、永煤集团和紫光集团有限公司(简称"紫光集团")三家 AAA 级国有企业先后违约,对债券市场信用环境造成一定程度冲击。2020 年,3 家 AA 级违约发行人中永煤集团违约前未有负面评级行动,华晨集团首次负面评级行动距离违约时间不足 1 个月,紫光集团首次负面评级行动距离违约时间不足 1 周,信用级别预警及时性严重不足。整体来看,我国信用评级机构的评级区分度不足,风险预警功能仍然薄弱,评级质量有待进一步提升。

(4)评级行业竞争秩序有待规范,评级行业恶性竞争现象仍然存在,不利于评级行业的可持续发展。

第三节 证券投资机理

一、证券投资的动机与目的

在证券市场上,投资机构、大户、散户这几类投资者是较主要的参与者。投资者参与证券投资活动,其主要动机如下。

1. 资本增值动机

投资者进行证券投资活动,最基本的动机是获取股息或利息收入,以实现资本增值。投资者在进行投资决策时,一般注重各种证券的收益率差异,尽可能在认真分析计算的基础上投资于股息或利息相对丰厚的证券。

2. 灵活性动机

灵活性是指投资者在尽可能避免损失的条件下,将投资迅速转化成现金的能力。保留现金的灵活性最大,但无法实现资本增值,银行活期存款的收益率又太低。动产与不动产投资虽然一般收益率较高,但投资者将其转化为现金的成本往往较高,且交易时间也较长。证券投资同时具备灵活性与收益性,它既能很快地变现,又能为投资者带来长期收益。

3. 投机动机

在证券市场上,有时股票价格的波动给投资者带来的差价收益远远高于利息或股息。因此,投资者宁愿在证券市场上短期买进卖出各类证券以获取差价收益。这类投资者的投机性较强,他们极为关注证券市场的供求关系和证券行情波动的趋势及幅度,频繁地买卖价格波动有一定幅度的证券。

4. 参与决策动机

大部分投资者参与决策的意识比较淡薄,但也有部分投资者为了参与发行公司的决策而购买其证券。在发达的资本主义社会，资本雄厚的投资者为了控制股份有限公司，有时会大量购买该公司的股票。

5. 安全动机

投资者参与证券投资，还往往出于安全上的考虑。将现金用于购买证券可以防止意外灾害或被盗造成的损失，使资本更有保障。这类投资者也重视投资收益问题，他们认为在安全程度相同的情况下，通过证券投资获得的收益比把钱存入银行获得的收益更多。他们更侧重安全性问题，在投资时大多将资金投放于价格波动幅度较小和收益相对稳定的债券上。

6. 避税动机

避税动机是指处于高税率阶层的投资者为规避收益纳税而选择收益免税保护的证券进行投资的心理倾向。他们愿意选择可获得利息免税的市政债券进行投资，或者选择能源交通建设方面的证券投资，因为这类证券可以为投资者提供税收保护。

7. 好奇与挑战动机

有的人从未买卖过证券，看到他人买卖证券，自己也想体验一下；有的人看到别人炒股赚了钱，处于一种挑战心理，也开始买卖证券，力图比别人赚得更多。具有这种动机的投资者往往缺乏必要的知识、技术和心理准备，其投资较具冲动性，也往往不够稳定。

二、证券投资过程

证券投资是一个动态的、连续的、循环往复的过程。对于投资者来讲，证券市场永远是风险与收益并存，如何进行充分的投资准备、做出理性的投资决策、实施有效的投资管理，是证券投资成败的关键。

1. 投资准备阶段

这一阶段包括投资资金准备、投资知识准备和心理准备。

投资资金准备是证券投资的重要前提。起初，投资者可以将家庭储蓄的10%～20%用于证券投资。在运作一段时间后，经过几次大亏大盈，并逐步取得稳定增长的收益时，可将证券投资的资金比例上升至50%～60%。

投资者在进行证券投资之前，还必须具有较充分的投资知识准备，以防盲目投资。投资者需要储备的投资知识包括：证券投资的交易流程和交易费用，可供投资的证券品种，投资的渠道、投资的环境、投资的法律与政策,以及必要的投资理论等。

除此之外,投资者也应有相应的心理准备,重点了解自身的风险承受能力和风险偏好,在此基础上,对证券投资的风险要有积极应对的态度,保持良好的投资心态。

2. 投资决策阶段

投资决策阶段关键要解决两个问题:一是"买什么",即投资者构建恰当的投资组合;二是"什么时候买",即投资者选择最有利的入市时机。

1)构建恰当的投资组合

构建恰当的投资组合就是要通过证券的多样化,使由少量证券造成的不利影响最小化。构建恰当的投资组合的目的有两个:一是降低风险;二是实现收益最大化。投资者购买的证券种类越多、各种证券收益的差异化越大,所构建投资组合的风险就越不容易受到某一种或几种证券收益的影响,因而整体风险越低。如果构建恰当的投资组合,可以使证券组合整体的收益-风险特征达到在同等风险水平下收益最高和在同等收益水平下风险最小的理想状态。

在既定的投资额度和风险偏好下,投资者在构建投资组合时首先需要选择投资工具。在证券市场上,可以选择的投资工具包括债券、股票、基金和金融衍生品四种类型。投资债券的风险相对较小,收益较稳定但较低;投资股票的收益较高,但风险较大;投资基金的个体差异较大,需谨慎挑选;投资金融衍生品的风险最高,但收益也有可能最大。因此,投资者要综合各方面条件,谨慎选择投资工具。

2)选择最有利的入市时机

选择最有利的入市时机,对投资者来说非常重要。投资者在进行股票投资时,可以关注以下影响入市时机的因素:一是宏观经济因素,例如,宏观的经济增长情况、通货膨胀、利率与汇率的变动、宏观的经济调控政策、证券市场总貌、证券市场行情与成交概况等;二是微观经济因素,例如,在考察企业的盈利能力、经营效率、偿债能力、资本结构、成长性、配送股等情况之后,进一步观察企业是否有大幅增长的盈利报告、大比例的股本送转,是否是当前市场热点,有无突发利好,是否季度结算前敏感时间等具体状况,是否有重要管理层面的变动等。

3. 投资管理阶段

做出证券投资决策之后,面对不断变化的市场,投资者是否能实施有效的投资管理对于投资目的的最终实现尤为重要。实施投资管理主要包括两个部分:一是修正投资组合;二是评价投资绩效。市场行情随着时间的推移而不断变动,投资者的投资目标也会因此发生变动,进而使得当前的投资组合不再是最优投资组合。因此,投资者需要不断修正原有的投资组合,即卖出现有投资组合中的一些证券,同时买进一些新的证券,构成新的投资组合。评价投资绩效,主要是将投资组合的风险与收益和基准的风险与收益相比较,从而评价投资绩效的优劣。基准通常是指市场上公认的股票价格综合指数等。

三、证券交易的基本方式

在证券交易市场不断发展的过程中,证券交易的方式也在不断变化和创新,这里介绍几种主要的证券交易方式。

 1. 现货交易

现货交易又称现金现货交易,是指证券的买卖双方在谈妥一笔交易后,马上办理交割手续的交易方式,即卖出者交出证券,买入者付款,当场交割,钱货两清,它是证券交易最早的方式。

现货交易的主要特点包括:
(1)成交和交割基本上同时进行;
(2)实物交易,即卖方必须实实在在地向买方转移证券,没有对冲;
(3)在交割时,购买者必须支付现款;
(4)它反映了购入者有进行较长投资的意向,而不是为了获取证券买卖差价的利润而进行投机;
(5)由于现货交易没有其他特殊的限制,交易又较灵活方便,因此,交易的随机性较大。

 2. 期货交易

期货交易是以现货交易为基础、以远期合同交易为雏形而发展起来的一种高级的交易方式。它是指为转移市场价格波动风险,而对那些大批量均质商品所采取的,通过经纪人在商品交易所内,以公开竞争的形式进行期货合约的买卖形式。

证券期货交易的主要功能在于可以用来进行保值(对冲),或用来进行投机(有意持有多头或空头)。另外,证券期货交易还可以创造或发现某种证券未来的价格。

 3. 信用交易

信用交易又称"保证金交易"和垫头交易,是指证券交易的当事人在买卖证券时,只向证券公司交付一定的保证金,或者只向证券公司交付一定的证券,而由证券公司提供融资或者融券进行交易。因此,信用交易具体分为融资买进和融券卖出两种。也就是说,客户在买卖证券时仅向证券公司支付一定数额的保证金或交付部分证券,其应支付的价款和应交付的证券不足时,由证券公司进行垫付而代理进行证券交易。其中,融资买入证券为"买空",融券卖出证券为"卖空"。

4. 期权交易

期权交易也称选择权交易,是指买卖双方对某种证券在将来某一特定时间内按照协议价格进行买卖的一种具有选择权的交易方式。因此,期权交易不会受到证券价格变动的影响。期权交易的方式有两个好处:一是风险较小,买方的损失是已知和固定的;二是只需缴纳少量的期权费就可以做大额交易,且其利润比现货交易高。期权的买方拥有执行期权的权利,无执行期权的义务,而期权的卖方只有执行期权的义务。

5. 其他交易方式

除了以上几种主要交易方式外,还有其他交易方式,如股票指数期货交易、股票指数期权交易等。其交易的基本原理与证券的期货及期权相同,不同之处在于其交易标的无法进行实际交割,因而其交割仅是现金,而没有股票。

◇ 本章小结

本章主要介绍了证券投资主体、证券投资媒体及证券投资机理等相关知识。

证券投资主体即证券投资者。证券投资者是指以取得利息、股息或资本收益为目的而买入证券的机构和个人,它是证券市场的资金供给者。证券投资主体分为个人投资者和机构投资者两大类,其中机构投资者包括政府机构、金融机构、企业和事业法人以及各类基金。

证券投资媒体是指在证券投资中充当交易媒介,从事交易或促使交易完成的机构和个人。证券投资媒体大致可分为个人媒体和机构媒体两类。

本章还分别介绍了我国证券经纪人、证券公司、证券交易所、信用评级机构等证券投资媒体的发展现状。

证券投资是一个动态的、连续的、循环往复的过程,它包括投资准备、投资决策和投资管理三个阶段。

在证券交易市场不断发展的过程中,证券交易的方式也在不断变化和创新,它主要包括现货交易、期货交易、信用交易、期权交易和其他交易方式。

◇ 名人名言

聪明的投资者可通过公众态度揣摩高点和低点——要学会在公众的担心和恐慌中买进,而在公众的贪婪和疯狂中卖出。

——吉姆·罗杰斯

成功的投资所需要的,只是分析今天的事实的普通常识以及执行你的信念。

——麦克·劳尔

想要一辈子都能投资成功,真正需要的是有健全的知识架构供你做决策。

——沃伦·巴菲特

成功的投资人通常知识广博,并能善用好奇心和求知欲去赚更多的钱。

——伯顿·墨基尔

如果你的表现不如人意首先要采取的行动是以退为进而不是铤而走险。要想成功,一定要在理性的投资分析之后。

——乔治·索罗斯

无法控制情绪的人不会从证券投资中获利。

——本杰明·格雷厄姆

冒险得到的钱,只做短暂的停留就会匆匆离去。

——杰西·利维摩尔

当一些大企业暂时出现危机或股市下跌,并出现有利可图的交易价格时,我们就应该毫不犹豫地买进它们的股票。

——沃伦·巴菲特

好机会是那种尖叫着要你买入的。比如 2008 年,资产价格便宜了,这时候就不能怕。在你们一辈子的投资生涯之中,这种天上掉金子的大好机会,大概能遇到 6 次。

——沃伦·巴菲特

承担风险,无可指责,但同时记住千万不能孤注一掷。

——乔治·索罗斯

投资并非一个智商为 160 的人就一定能击败智商为 130 的人的游戏。我的成功主要来自理性,因为工作效率取决于理性。

——沃伦·巴菲特

复习题

一、简答题

1. 简述个人投资者及其特点。
2. 什么是机构投资者?与个人投资者相比,它有哪些特点?
3. 什么是证券承销商?其主要功能有哪些?
4. 我国证券经纪人在发展中存在哪些问题?
5. 简述证券交易的基本方式。

二、论述题

1. 为什么美国股市熊短牛长?
2. 为什么中国股市牛短熊长?

三、案例分析题

　　股龄稍长一些的投资者都知道，A股市场常常会有各种"魔咒"出现，基金"88魔咒"就是其中之一。而且让市场困惑的是，基金"88魔咒"有时还会灵验，让不少投资者对此深信不疑。比如2019年一季度A股大涨，基金仓位也明显上升。2019年一季度末，股票型基金平均仓位达88.6%，股票型基金接近满仓操作。到2019年4月8日，A股达到阶段高点3288点，至今尚未翻越。所以，对于当下基金"88魔咒"出现，一些投资者保持着高度的警惕。

　　那么，基金"88魔咒"为何会灵验呢？至少有以下几个方面的原因。

　　首先，基金"88魔咒"的灵验，意味着基金买盘力量的削弱。根据《公开募集证券投资基金运作管理办法》的规定，基金通常需要安排5%的现金应对赎回需求，因此，基金的股票仓位上限为95%。当基金的股票仓位达到甚至突破88%的时候，基金能够用于购买股票的资金就较为有限了，很难继续买下去，这就意味着基金买盘的削弱。由此推而广之，既然基金已经重仓了，那么其他的机构投资者呢？同样会有不少的机构投资者同样也已经重仓，面临着与基金一样的境地。这也意味着很多机构投资者处于实力不济的境地。这也是导致基金"88魔咒"灵验的最主要原因。

　　其次，基金"88魔咒"之所以灵验，也是由于其他的机构投资者不愿意为基金"抬轿子"的缘故。基金"88魔咒"灵验，意味着基金都已经满仓了，也就是都坐上了轿子，只等有人来"抬轿子"。但股市里的投资者，尤其是机构投资者都不是傻子，谁愿意去为别人"抬轿子"呢？让别人来为自己"抬轿子"还差不多。尤其是基金持仓的一些股票，有的价格已处高位，机构投资者更不愿意去为基金接盘而把自己套在高位。人同此心，心同此理，基金"88魔咒"因此而灵验。

　　此外，基金"88魔咒"之所以灵验，还由于一些新加入的机构力量偏小。比如，新基金的加入。在行情向好的时候，新基金的发行速度总是令人惊讶。如2020年开年后的前7个交易日，就有10只新基金宣告成立，首募规模合计达到392.26亿元。虽然这些新基金的发行给市场带来了可观的资金量，但相对于A股市场近50万亿元的流通市值来说，显然只是九牛一毛。更何况这些新基金同样也面临着愿不愿意高位建仓、愿不愿意为前期持仓的机构"抬轿子"的问题。

　　也正是基于上述原因，在A股市场的诸多"魔咒"中，基金"88魔咒"是比较靠谱的一种"魔咒"，该"魔咒"能够灵验也是正常现象。毕竟A股市场是一个资金推动型的市场，在基金及部分机构后备资金紧张的情况下，市场出现一定程度的回调是正常的。

试析逆向投资的重要性。

第九章 证券投资基本分析

◇ 知识目标

了解基本分析的概念及其优缺点、宏观经济中各因素对证券市场的影响,熟悉行业分析及公司分析中的相关内容,重点掌握相关财务指标在证券投资中的应用。

◇ 能力目标

掌握影响股票价格波动的基本因素,了解经济周期、通货膨胀、货币政策、财政政策等宏观经济因素对证券价格的影响,会用行业周期分析和公司股票价格各因素分析解决实际问题。

◇ 情感目标

通过本章的学习,认识基本分析对证券投资分析的重要性,激发学生深入参与证券投资的兴趣和不断实践的勇气。

◇ 学习重难点

通过本章的学习,需重点掌握:
(1)影响证券价格波动的基本因素;
(2)宏观经济中各因素对证券市场的影响;
(3)行业周期分析;
(4)上市公司财务报表分析方法。

◇ 基本概念

基本分析　行业分析　宏观经济分析　除息除权

导入案例1

巴菲特投资可口可乐的案例一直以来都是被投资者津津乐道的经典投资案例。1987年10月19日,美国股市遭遇了"黑色星期一",道琼斯指数当天下跌了22%。经过1987年美股市场的崩盘,可口可乐的股票价格也较崩盘前的高价下跌了25%,在整体市场环境下行的情况下,巴菲特认为买入可口可乐股票的时机到了。1988年夏天,巴菲特开始首次购入可口可乐的股票,随后的10个月的时间,巴菲特共投资10.23亿美元买入可口可乐股票。另外,巴菲特分别在1991年和1994年继续增持了可口可乐股票。可口可乐的股票价格在1998年达到了20世纪的顶点,同时可口可乐的市值也超过了1500亿美元。在1998年底,巴菲特在可口可乐的持股为134亿美元,年化收益率为27%。

根据《证券时报》2022年5月8日讯(记者张晓晶),可口可乐的股价近期创出历史新高,其复权价在过去一百年中上涨了惊人的50万倍,诠释了"好生意"的复利威力。可口可乐的生意模式有以下五个特征:一是用强大的产品力和品牌力锁住顾客,并让顾客很难转换消费习惯;二是特别能适应通货膨胀,且提价不会削弱市场份额;三是小成本大生意,销售规模的扩大不需要太多额外的资金投入;四是对管理层依赖小,是"一个汉堡"都能经营的企业;五是世界性企业,不断向全球扩张。

■ 思考:巴菲特为什么会选择投资可口可乐?

巴菲特认为可口可乐卖的不是饮料而是品牌,在市场有着无可比拟的竞争优势,可口可乐占据全球软饮料行业一半以上的市场份额。同时,可口可乐拥有出众的利润创造能力。1988年,巴菲特买进可口可乐公司股票时,公司的税前利润率已上升到创纪录的19%。此外,巴菲特首次买入可口可乐股票时,公司股票的市盈率为15倍,股价与每股现金流比率为12倍,分别比市场平均水平高出30%和50%。巴菲特正是基于对可口可乐这家公司深入的基本分析,所以才果断买入并一直持有,最终为他带来丰厚的收益。

从巴菲特投资可口可乐的案例来看,基本分析是非常重要的,投资者要掌握证券投资的基本分析方法,并能灵活运用,这可以为投资者带来丰厚的投资收益。

导入案例2

2015年上半年的A股市场,股民的投资热情随着大盘指数的不断上升而高涨,到了2015年6月15日,上证指数最高达5178.19点,但在随后的短短两个月,上证指数快速下跌至2850.71点,跌幅超过40%,一场空前的大熊市序幕就此拉开。股市缘何暴跌? 主要原因是政策变化导致股市杠杆资金被迫大量撤离。据海通证券发布的研究报告,那轮牛市有两波杠杆资金加速入市,并推动了股票市场加速上涨。据估算,高峰时杠杆资金(场外配资+券商融资)规模在4万亿元以上,但杠杆资金对于大盘的下跌十分敏感。当股市行情变差时,为了避免被系统强行平仓,很多杠杆资金会被迫离场,这就导致股票市场的暴跌,出现了"千股跌停""千股停牌"的局面。

■ 思考:慎用杠杆,降低投资风险。

杠杆,简单来说就是借钱炒股,即使是专业的投资者,对于杠杆的使用也非常谨慎。因为市场可能随时会呈现剧烈波动的状态,如果市场出现跌势,很快就会让投资者的损失按杠杆倍数激增,并且股市下跌的速度通常远远快于上涨的速度,所以巴菲特说:一定不要使用杠杆。

第一节 基本分析概述

基本分析又称基本面分析,是通过对决定证券投资价值及价格的基本要素如宏观经济指标、经济政策走势、行业发展状况、产品市场状况、公司销售与财务状况等的分析,评估证券的投资价值,判断证券的合理价位,从而提出相应的投资建议的一种分析方法。基本分析可以大概测算上市公司的长期投资价值和安全边际,并与当前的股票价格进行比较,形成相应的投资建议。基本分析认为股价波动轨迹不可能被准确预测,而只能在有足够安全边际的情况下"买入并长期持有",在安全边际消失后卖出。

一、基本分析的特点

基本分析的主要特点如下。

(1) 好的基本分析能够比较全面地把握证券价格的基本走势。基本分析注重宏观环境分析,由于宏观环境对证券供求关系的影响是长期的,因此,基本分析能够比较全面地把握证券价格的基本走势,对长期投资者十分重要。正是因为其预测的时间跨度较长,所以其对短线投资者的指导作用不大。

(2) 基本分析看似简单,但预测的精确度相对较低,实际上做好基本分析是一项十分艰辛而重要的工作。尽管基本分析所需要的宏观因素指标及上市公司的行业状况、利润、资产净值等资料是公开的,要想从中获取有价值的结论却很不容易。

◇ 阅读材料

在 30 多年的中国股市实战中,基本面分析派的投资者,无论是自觉的还是自发的,系统的还是局部的,只要符合基本面操作的基本原理,其投资收益会超过平均水平。这是因为,基本面分析派一般以股市调控政策为风向标,而股市政策的特点往往是低迷时号召投资者入市,高峰时抑制股市。这就决定了基本面学派实战过程中容易收到低吸高抛的实际效果,并有利于捕捉到大牛股。

二、影响股票价格的基本因素

证券价格往往受到许多因素的影响而频繁变动,决定证券价格波动的因素很多,主要分为两大类:一类是基本因素;另一类是技术因素。

基本因素指来自证券市场以外的经济、政治及其他因素,其波动和变化往往会对股票的市场价格趋势产生影响。

技术因素主要从市场行为本身出发,运用统计学等学科的原理与方法,来分析、预测证券市场的价格变动趋势。

影响股票市场价格波动的基本因素主要包括以下五个方面。

(一) 宏观经济因素

宏观经济因素直接或间接地影响到公司的经营及股票的获利能力、资本的增值、居民收入和心理预期,从而对股市的供求产生相当大的影响。宏观经济因素主要包括经济周期、货币紧缩或通胀、财政政策、货币政策、利率汇率的调整、行业经济地位的变化、国内生产总值的变化等。

（二）宏观经济政策因素

我国股市现已成为具有全球影响力和竞争力的重要市场，宏观经济政策因素对股市仍起着极为重要的作用。宏观经济政策因素主要包括货币政策、财政政策、产业政策及监管政策等。

（三）微观经济因素

在影响股价波动的微观经济因素（企业因素）中，上市公司是决定自身股价的主要因素。上市公司的自身价值主要取决于公司的经营业绩、资信水平、股息红利派发状况、公司股票回购规模、发展前景、股市预期收益水平等。就具体个股而言，影响其价格波动的主要因素在于企业本身的行业特点、技术能力、发展潜力、市场大小、管理水平、财务状况、公司并购等。

（四）市场因素

市场因素主要指个人投资者、机构大户等股东的投资意向，公司间的合作或相互持股，信用交易和期货交易的增减，投机者的套利行为，公司的增资方式和增资额度等。市场是反映股票供求的大环境，且使供求相交，最终形成股票成交价格的条件，市场因素对证券价格的影响很直接、很迅速。

（五）非经济因素

就股市而言，一般意义上的非经济因素主要是指自然灾害、战争以及政治局势变动等，这些事件一旦发生，就会使股价产生剧烈波动。自然灾害与战争的影响是暂时的，但影响深远，例如2008年汶川地震造成中国A股中平安保险等保险股跌幅超过40%。2022年2月俄罗斯与乌克兰的战争爆发后，石油、天然气等资源股出现连续暴涨的行情。政治局势的重大变动会对股市产生剧烈波动，例如特朗普当选美国总统前后，美国股市出现了一波凌厉的上涨。

◇ 相关大事

2020年初，全球新冠肺炎疫情暴发，美国作为受新冠肺炎疫情冲击较大的国家，股市也遭受了前所未有的重创，出现大规模恐慌性抛售，在2020年3月因股价暴跌相继熔断4次。从2月12日道琼斯指数最高点算起，27个交易日跌去了11354点，跌幅高达38.40%。除美股外，日经225指数下跌31.44%，法国、英国和德国股指跌幅分别为36.84%、40.06%、37.38%。

第二节 宏观经济分析

宏观因素一般是指国民经济总体状况,如经济周期、货币紧缩或通胀、财政政策、货币政策、相关国家的政府政策、利率变化等等。这些因素影响面广,对证券市场有着短期或中长期的影响。宏观因素是影响企业生产经营及其效果的企业外部因素。主要包括企业的地理位置、资源条件、运输条件、国家产业政策、价格、信贷、利息、税收政策、市场机制、科技水平、劳动力素质、专业分工与协作水平、自然灾害等因素。

宏观经济分析是从影响证券价格变动的敏感因素出发,从经济政策、经济指标中寻找宏观经济基本面与股市之间的因果关系或数量关系,判定这些因素对证券价格的未来走势的影响,为证券的选择决策提供方向性依据。宏观经济分析方法以整个国民经济活动作为考察对象,研究各个有关的总量及其变动,特别是研究国民生产总值和国民收入的变动及其与社会就业、经济周期波动、通货膨胀、经济增长等之间的关系。

一、宏观经济分析的意义

(一)有利于把握证券市场的总体变动趋势

只有把握经济发展的大方向,才能把握证券市场的大趋势,做出正确的长期决策;只有分析好宏观经济因素的变化,尤其是货币政策和财政政策的变化,才能做出正确的长期投资决策。

(二)有利于判断证券市场的投资价值

证券市场的投资价值是指整个市场的平均投资价值,也就是整个国民经济增长质量与速度的反映,因为不同部门、不同行业与成千上万的不同企业相互作用,共同影响国民经济发展的速度和质量。宏观经济是各种个体经济的总和,企业的投资价值必然在宏观经济中反映出来。总之,宏观经济分析是判断证券市场投资价值的关键。

(三)有利于掌握宏观经济政策对证券市场的影响

证券市场与国家宏观经济政策息息相关。国家通过财政政策和货币政策来调节经济,这些政策直接作用于企业增长速度和企业效益,并进一步对证券市场产生影响。

阅读材料

中美贸易战对股市的影响

2018年3月23日,美国总统特朗普在白宫正式签署对华贸易备忘录。当场宣布将有可能对中国进口的600亿美元商品加收关税,并限制中国企业对美投资并购。当日,我国商务部发布了针对美国进口钢铁和铝产品232措施的终止减让产品清单,拟对美国部分进口产品加征关税,以平衡美国给中方利益造成的损失。这也标志着中美贸易战拉开序幕。

全球较大的两个经济体之间发生的贸易冲突,让投资者对世界经济的前景产生了一定的悲观情绪,当日A股市场也随之出现了大幅下跌行情。截至收盘,上证指数下跌3.39%,恒生指数下跌2.45%,日经225指数下跌4.51%,道琼斯指数下跌2.93%。此后A股持续震荡下行,截至2019年1月4日,上证指数最低跌至2440.91点,下跌幅度超过20%。

特别提示

"选股不如选时,选时不如选势"的股市谚语中,"时"与"势"指的就是买卖的时间点与宏观经济形势。

二、经济周期分析

(一)经济周期的概念

经济周期也称商业周期、景气循环,一般是指经济活动沿着经济发展的总体趋势所经历的有规律的扩张和收缩。是国民总产出、总收入和总就业的波动,是国民收入或总体经济活动扩张与紧缩的交替或周期性波动变化。1946年,美国经济学家密契尔和伯恩斯在《衡量经济周期》中提出,经济周期是以商业经济为主的国家总体经济活动的一种波动,一个周期是由很多经济活动差不多同时扩张,继之以普遍的衰退、收缩与复苏所组成的,这种变动同时出现。经济周期的持续时间在1年至12年之间。

（二）经济周期的四个阶段

经济周期一般经历四个阶段，即萧条、复苏、繁荣、衰退四个阶段（见图9-1）。萧条阶段，是经济活动收缩的阶段；复苏阶段，是由萧条走向繁荣的过渡阶段；繁荣阶段，是经济活动扩张或向上的阶段；衰退阶段，是经济活动在达到最高点后趋于下降的阶段。在循环周期中的转折点称为波峰和波谷。波峰是指经济扩张结束后收缩的转折点，而当经济开始复苏时，前一次经济衰退的最底部即为波谷。总之，经济周期的特点是国民总产出、总收入、总就业量的波动，它以大多数经济部门的扩张与收缩为标志。

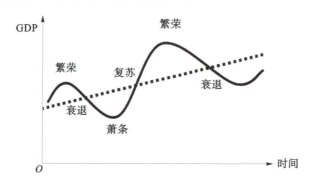

图 9-1　经济周期的四个阶段

（三）经济周期与证券价格波动

从证券市场的情况看，证券价格的变动大体上与经济周期一致，一般是经济繁荣，证券价格上涨；经济衰退，证券价格下跌。

在萧条阶段，经济下滑至低谷，百业不振，投资者远离证券市场，每日成交稀少，证券价格低位徘徊。此时，只有那些富有远见且不断收集和分析有关经济形势并做出合理判断的投资者在默默吸纳股票，股价已缓缓上升。

在经济由萧条走向复苏时，社会需求开始扩大，公司经营状况开始好转。此时，由于先知先觉的投资者的不断吸纳，证券价格实际上已经升至一定水平，初步形成底部反转之势。随着各种媒介开始传播萧条已去、经济日渐复苏的消息，投资者的认同感不断增强，其自身的境遇也在不断改善，从而推动证券市场价格继续上扬。

随着经济的日渐活跃，繁荣阶段就会来临。此时，公司产品畅销，生产规模扩大，产品价格上升，公司盈利大幅增加。由于经济的好转和证券市场上升趋势的形成得到大多数投资者的认同，投资者的投资回报也在不断增加，因此，投资者的投资热情高涨，推动证券市场价格大幅上扬，并屡创新高。一些有识之士在综合分析宏观经济形势的基础上认为，繁荣即将过去，经济将不会再产生热潮，于是悄然抛出所持证券，证券价格仍在上涨，但多空双方的力量在逐渐发生转变。

由于繁荣阶段的过度扩张,社会总供给开始超过社会总需求,产品滞销,公司盈利减少。在这一阶段,更多的投资者加入抛出证券的行列,从而使整个证券市场完成中长期筑顶,形成向下的趋势。

证券市场的价格变动周期虽然与经济周期相一致,但时间上并不与经济周期相同。从实践来看,证券市场走势常常领先于经济周期的变动,也就是说,证券市场走势对宏观经济运行有预警作用,即所谓的"证券市场是经济的晴雨表"。当然,证券市场的晴雨表功能是就中长期趋势而言的,证券市场的短期波动并不代表宏观经济状况的变好或变坏。

三、国内生产总值分析

(一)国内生产总值的概念

国内生产总值(GDP),是一个国家(或地区)所有常住单位在一定时期内生产活动的最终成果——最终产品和劳务的价值。GDP 是国民经济核算的核心指标,也是衡量一个国家或地区经济状况和发展水平的重要指标。

(二)国内生产总值与证券价格波动

在正常、成熟股市中,证券平均价格的变动与 GDP 的变化趋势有时是吻合的。但是,GDP 的增长并不代表证券市场也将随之上升,有时可能恰恰相反,下面针对不同的情况加以分析。

1. 持续、稳定、高速的 GDP 增长

在这种情况下,社会总需求与总供给协调增长,经济结构逐步合理,趋于平衡,经济增长源于需求刺激,且社会闲置资源得到充分利用。随着总体经济的好转,国民收入和个人收入不断提高,人们对经济形势形成了良好的预期,投资积极性提高,这些因素推动着证券价格上涨。

2. 高通胀下的 GDP 增长

当经济处于严重失衡下的高速增长时,总需求远远超过总供给,这表现为高的通货膨胀率,这是经济形势恶化的征兆。此时,经济中的矛盾凸现,企业经营面临困境,居民实际收入降低,这种失衡的经济增长必将导致证券价格下跌。

3. 宏观调控下的 GDP 减速增长

当 GDP 呈失衡的高速增长时，政府可能采用宏观调控措施以维持经济的稳定增长，这样必然减缓 GDP 的增长速度，使得经济矛盾逐步得以缓解。这时，证券市场将呈现平稳渐升的态势。

4. 转折性的 GDP 变动

如果 GDP 一段时期以来呈负增长，当负增长逐渐减缓并呈现向正增长转变的趋势时，表明恶化的经济环境逐步得到改善，证券市场走势将由下跌转为上升。当 GDP 由低速增长转向高速增长时，表明经济结构已经得到调整，新一轮经济高速增长来临，证券价格将随之快速上涨。

四、通货膨胀分析

（一）通货膨胀的概念

通货膨胀是指在纸币流通条件下，因货币供给大于货币实际需求，导致货币贬值，而引起的一段时间内物价持续普遍上涨的现象，其实质是社会总需求大于社会总供给。

通货膨胀根据成因不同，可以分为需求拉上型、成本推动型、结构失调型、供给不足型、预期不当型、体制因素型。

需求拉上型通货膨胀是指由于社会总需求的过度增长超过了按现行价格可得到的社会总供给的增长，使太多的货币追逐太少的商品和劳务而引起的一般物价水平上涨的现象。

成本推动型通货膨胀是指由于生产成本上升而引起的物价上涨现象。

结构失调型通货膨胀是指由于国民经济的部门结构不适应需求结构而引起的物价上涨现象。

供给不足型在社会总需求不变的情况下，社会总供给相对不足而引起的通货膨胀。

预期不当型通货膨胀是指在持续通货膨胀情况下，由于人们对未来通货膨胀的走势过于悲观而引起的更严重的通货膨胀。

体制因素型通货膨胀是指由于体制不完善而引起的通货膨胀。

应当注意的是，在实际中，某一次具体的通货膨胀，其成因往往不是单一的，而是多种原因综合在一起导致的，因此需要综合分析。

（二）通货膨胀与证券价格波动

通货膨胀对证券价格的影响没有永恒的定势，可能产生相反方向的影响，下面就一般性原则加以说明。

(1) 温和的通货膨胀下，股票价格将随通货膨胀率同步上扬，股票投资可规避通货膨胀风险。但通货膨胀提高了对债券的必要收益率要求，从而引起债券尤其长期债券价格下跌。

(2) 如果通货膨胀在一定的可容忍范围内持续，而经济处于扩张阶段，产量和就业都持续增长，则将推动股价上升。

(3) 当通货膨胀很严重时，经济被严重扭曲，货币加速贬值，企业筹集不到生产必需的资金，原材料、劳动力成本上升，企业盈利大幅减少。人们将会囤积商品，购买房地产，这时资金流出证券市场，导致股价和债券价格下跌。人们常常据此感叹，通胀无牛市。

(4) 通货膨胀会导致财富和收入的再分配，获利公司的股价上涨，受损公司的股价下跌。

(5) 通货膨胀会影响公众的心理和预期，进而影响股价。通货膨胀加大了市场对股息率提高的预期，导致股价下跌。

(6) 通货膨胀之初，可能刺激证券价格上涨，但长期严重的通货膨胀必将使经济环境恶化，股价必将下跌，最初的盈利便不复存在。

五、货币政策分析

（一）货币政策的含义

货币政策即金融政策，货币政策是中央银行为实现其特定的经济目标而采取的各种控制、调节货币供应量或信用的方针、政策、措施的总称。政府实施货币政策的目标一般有四个，即稳定物价、充分就业、经济增长和国际收支平衡，其中稳定物价是货币政策的首要目标。为实现上述目标，中央银行要采用具体的货币政策工具，其中最主要的是存款准备金、再贴现和公开市场业务三大政策工具，存款准备金的威力最大。货币政策的实质是国家对货币的供应根据不同时期的经济发展情况而采用"紧"、"松"或"适度"等不同的政策取向。

运用各种工具调节货币供应量来调节市场利率，通过市场利率的变化来影响民间资本投资，通过影响总需求来影响宏观经济运行的各种方针措施。调节总需求的四大货币政策工具为存款准备金、公开市场业务、再贴现和基准利率。

（二）货币政策与证券价格波动

对于货币政策对证券价格的影响，可从以下三个方面进行分析。

1. 利率

（1）利率调整对证券市场的影响是比较迅速和直接的。利率调整影响存款者的决策，利率上升，存款者将资金由证券市场转移到银行，证券的价格会下跌；反之，利率下降，存款者将资金转而投入股市，导致证券市场行情看涨。

（2）利率调整影响公司的融资成本，从而影响股价。利率低，将会降低公司财务费用，增加公司盈利，证券收益增多，价格就随之上涨；利率高，公司筹资成本也高，利息负担重，导致公司利润下降，证券收益减少，价格随之降低。

（3）利率的变化影响消费和投资，进而影响股价。利率下降将引发更多的投资支出，利率下降时，人们更愿意选择股票投资方式而减少对固定利息收益金融品种的投资，投资支出的增加会创造更多的家庭收入，进而引起消费支出的增加。后者通过乘数作用又导致更高的产出和随之而来的更大的公司利润。而公司利润的提高会刺激股票购买，从而促使股票价格的提高。同时，证券投资者能够以低利率拆借到资金，会增大对股票的需求，造成股价上升；反之，会造成股价下降。

（4）利率调整中，存款利率和贷款利率之间的利差，对证券市场的金融板块会有直接的影响。在利率下调的过程中，存款利率的下调幅度没有贷款利率下调的幅度大，会对金融股构成直接的利空。利差减少，银行的利润空间随之减少。一般情况下，利率变动与股价变动呈负相关。

2. 公开市场业务

公开市场业务是指中央银行在证券市场上公开买卖各种证券以控制货币供给量和利率的活动，也是实现货币政策的一种措施。中央银行凭借自己的资金实力，在公开市场买进或卖出各种有价证券，从而增加和减少商业银行的差额准备金，以达到控制货币供应量和市场利率的目的。当政府倾向于实施较为宽松的货币政策时，中央银行会大量购进有价证券，通过乘数效应增加货币供给量，并推动利率下调，从而使得企业和个人投资的消费热情高涨，生产扩张，利润增加，这又会推动股价上涨；反之，会推动股价下跌。

我国中央银行的公开市场业务是于1996年4月9日正式启动的，首选14家银行为交易对象。正回购作为公开市场业务的一种方式，向一级交易商卖出有价证券，并且在约定期内收回。正回购实行收回流动性，股市将会下跌；等正回购到期后，央行收回有价证券，投入流动性到市场，股市会上涨。

3. 法定存款准备金率

法定存款准备金率是指中央银行规定的商业银行和存款金融机构必须缴存中央银行的法定准备金占其存款总额的比率。调节法定存款准备金率，是国家调节货币政策的有效方法。商业银行吸收的存款不能全部放贷出去,必须按照法定比率留存一部分作为随时应付存款人提款的准备金。

法定存款准备金率的变动影响到货币供应量,从而影响货币市场和资本市场的资金供求,进而影响证券市场。若提高法定存款准备金率,则实际上减少了一定水平基础货币所能支持的存款额,导致货币供应量减少,证券行情将会下跌;同时,对于超额存款准备金率很低的商业银行,提高法定存款准备金率可能引起银行流动性问题,迫使银行在不利的价位上大量抛售有价证券,会使证券价格下降;反之,会使证券价格上升。

◇ **阅读材料**

材料一

存款准备金率历次调整一览(2018年4月17日—2021年12月6日)如表9-1所示。

表9-1 存款准备金率历次调整一览(2018年4月17日—2021年12月6日)

公布时间	大型金融机构			中小金融机构			消息公布次日指数涨跌	
	调整前	调整后	调整幅度	调整前	调整后	调整幅度	上证指数	深证指数
2021年12月6日	12.00%	11.50%	-0.50%	10.00%	9.50%	-0.50%	0.16%	-0.38%
2021年7月9日	12.50%	12.00%	-0.50%	10.50%	10.00%	-0.50%	0.67%	2.14%
2020年1月1日	13.00%	12.50%	-0.50%	11.00%	10.50%	-0.50%	1.15%	1.99%
2019年9月6日	13.50%	13.00%	-0.50%	11.50%	11.00%	-0.50%	0.84%	1.82%
2019年1月4日	14.00%	13.50%	-0.50%	12.00%	11.50%	-0.50%	0.72%	1.58%
2019年1月4日	14.50%	14.00%	-0.50%	12.50%	12.00%	-0.50%	0.72%	1.58%
2018年10月7日	15.50%	14.50%	-1.00%	13.50%	12.50%	-1.00%	-3.72%	-4.05%
2018年6月24日	16.00%	15.50%	-0.50%	14.00%	13.50%	-0.50%	-1.05%	-0.90%
2018年4月17日	17.00%	16.00%	-1.00%	15.00%	14.00%	-1.00%	0.80%	0.92%

(资料来源:东方财富网)

材料二

历次印花税调整对 A 股市场影响如表 9-2 所示。

表 9-2　历次印花税调整对 A 股市场影响

调整时间	调整幅度	首日沪指表现	股指后续表现
2008 年 4 月 24 日	↓3‰到1‰	↑高开 7.98%;涨 9.29%	↓短暂反弹后急速下跌
2007 年 5 月 30 日	↑1‰到3‰	↓低开 5.69%;跌 6.5%	↑经过近两个月的震荡调整后重新步入升势,直到当年 10 月中旬
2005 年 1 月 23 日	↓2‰到1‰	↑高开 1.91%;涨 1.73%	↓此后一个月内现波段行情,随后继续探底,直至年中股改行情启动
2001 年 11 月 16 日	↓4‰到2‰	↑高开 6.42%;涨 1.57%	↑股市产生一轮 100 多点的波段行情,11 月 16 日是这轮行情的启动点
1998 年 6 月 12 日	↓5‰到4‰	↑高开 1.93%;涨 2.65%	↓上证综指此后形成阶段性头部,调整近一年
1997 年 5 月 10 日	↑3‰到5‰	↑高开 1.61%;涨 2.26%	↓直接导致上证综指出现 200 点左右的跌幅
1991 年 10 月 10 日	↓6‰到3‰	↑高开 0.84%;涨 1%	↑半年后,沪综指从 180 点飙升至 1992 年 5 月的 1429 点,升幅达 694%

(资料来源:腾讯财经)

材料三

历次印花税调整对股市的影响

回顾历史,印花税的调整在短期内对大盘的影响还是很明显的,几乎每次上调和下调,伴随的都是市场大幅的下跌和上涨。2007 年 5 月 30 日,印花税由 1‰ 上调到 3‰,这是 1997 年以来 10 年间唯一的一次上调。上调次日,两市收盘跌幅超过 6%。2008 年 4 月 24 日,印花税从 3‰ 调整到 1‰。调整后,沪指收盘大涨 9.29%,大盘几乎涨停。2008 年 9 月 19 日,证券交易印花税由双边征收改为单边征收,税率保持 1‰。当天沪指创下史上第三大涨幅,收盘时上涨 9.45%,A 股 1000 余只股票涨幅在 9% 以上。

思考:印花税可以起到调控市场的作用,在股市投机氛围持续高涨的环境下,适度征收股票交易印花税有利于抑制市场投机、为市场降温。在股市低迷时,适当降低股票交易印花税,对股市探底企稳有一定积极影响。

六、财政政策分析

（一）财政政策的基本含义

财政政策是通过财政收入和财政支出的变动来影响宏观经济活动水平的经济政策。财政政策手段主要包括国家预算、税收、赤字、国债、财政支出、财政补贴、收入分配、转移支付等。财政政策对经济运行的调节，是政府进行反经济周期调节、熨平经济波动的重要工具，也是财政有效履行配置资源、公平分配和稳定经济等职能的主要手段。财政政策在实施过程中可分为扩张性财政政策、紧缩性财政政策和中性财政政策。另外，就财政政策本身而言，其主要手段有三个：一是改变政府的购买水平；二是改变政府转移支付水平；三是改变税率。

（二）财政政策与证券价格波动

以扩张性财政政策为例，分析其对证券市场的影响。

(1) 扩大财政支出，加大财政赤字。政府通过购买和公共支出增加商品和劳务需求，能有效刺激企业增加投入，提高产出水平，使得企业利润增加，股票价格和证券价格也随之上升。居民在经济复苏中的收入增加，对经济形势好转的预期也增加了投资者的信心，推动证券市场价格上涨。但过度使用此政策时，会导致财政收支出现巨额赤字，虽然需求在进一步扩大，但经济的不稳定因素也在增加，如通货膨胀加剧、物价上涨等，这些都可能使投资者对经济的预期不乐观，反而造成股价下跌。

(2) 减少税收，降低税率，扩大减免税范围。政府采取以上措施可直接增加微观经济主体的收入，以刺激经济主体的投资需求，扩大社会供给，进而增加人们的收入，并带动其投资需求和消费支出。从而拉动社会总需求，社会总需求增加反过来刺激投资，从而使企业扩大生产规模、增加利润，促进股票价格上升。证券交易税直接关系到投资者的交易成本，交易税率的提高可抑制证券价格的上升，而交易税率的降低和免税有利于证券价格的上升。

(3) 增加财政补贴。财政补贴往往会使财政支出扩大，从而扩大社会总需求和社会总供给，促进证券价格整体上升。

(4) 国债发行规模对证券价格的影响较为复杂，不能单纯从减少或增加国债发行方面来分析其对证券价格的影响。

紧缩性财政政策对证券价格的影响与上述情况相反，从整体上讲，会抑制证券价格的上升。

七、产业政策分析

(一)产业政策的含义

产业政策是国家制定的,引导国家产业发展方向,推动产业结构升级,协调国家产业结构,使国民经济实现健康可持续发展的政策。

(二)产业政策与证券价格波动

国家在实施重点鼓励的产业政策时,往往配合财政政策和货币政策对需要重点支持的产业给予重点扶持。受国家产业政策倾斜的产业将有长足的进步,与这些产业相关的上市公司会具有长久的生命力,其证券价格也会进入长期上升通道。这会增大投资者的投资积极性,带动相关产业上市公司股价上扬。那些国家限制发展的产业则相反,在长期内相关上市公司股价上升会遇到较大阻力。

第三节 行业分析

案例分析

案例一

新能源汽车行业风口初成

2021年上半年中国新能源汽车销量为121.50万辆,同比增长200.6%,这是自2014—2015年由于高额补贴而导致整体行业迅猛发展之后迎来的新一轮快速增长。

在2020年11月落地的《新能源汽车产业发展规划(2021—2035年)》,是新能源汽车产业的下一个十五年发展的总体部署及纲领性文件,明确提出到2025年,中国新能源汽车产销量占比要达到20%。

根据中国汽车工业协会联合天津大学中国汽车战略发展研究中心发布的《中国汽车市场中长期预测(2020—2035)》,2021年中国汽车市场呈现缓慢增长态势,未来5年汽车市场也将会稳定增长,2021年新能源汽车预计销量180万辆,同比增长32%。2025年汽车销量有望达到3000万辆,到2035年销量将达近3500万辆。

结合总体数据以及现阶段新能源汽车的表现情况,可以对中国新能源汽车市场容量进行预测。简单来看,如果产销率(渗透率)于2025年达到20%,按照汽车整体销量3000万辆的整体数字估计,到2025年,我国新能源汽车的产销量应该在600万辆左右,2021—2025年的复合增长率为34.4%,行业潜力巨大。

(资料来源:前瞻产业研究院)

■ 思考:

在我国新能源汽车未来广阔的前景下,随着资本、人才、产业政策的推动以及市场的逐渐成熟,新能源汽车行业迎来了黄金发展期。

案例二

全球超级富豪行业分布

从投资的角度看,中国、美国、印度超级富豪的行业分布特征差异很大,详见表9-3、表9-4。

表9-3 全球超级富豪行业分布表

排名	行业	人数占比	人数占比变化	总财富占比	行业首富	公司
1—	金融服务	9.3%	11.5%	8.8%	迈克尔·布隆伯格	彭博
2↑	医疗健康	8.7%	2.2%	7.0%	塞鲁斯·普纳瓦拉	血清研究所
3↓	房地产	8.1%	-8.5%	6.1%	杨惠妍家族	碧桂园
4↑	零售	7.4%	-5.6%	9.4%	杰夫·贝佐斯	亚马逊
5↓	消费品	7.3%	-1.8%	9.0%	伯纳德·阿诺特	LVMH
6—	食品饮料	7.2%	-2.9%	6.8%	钟睒睒	农夫山泉等
7—	软件与服务	6.3%	-7.7%	6.2%	比尔·盖茨	微软
8—	传统娱乐	6.1%	7.1%	8.5%	拉里·佩奇 谢尔盖·布林	Alphabet
9↑	工业产品	5.6%	14.3%	3.4%	陈建华、范红卫夫妇	恒力
10↓	投资	4.8%	6.5%	5.5%	沃伦·巴菲特	伯克希尔

↑对比去年排名上升,↓对比去年排名下降,—对比去年排名不变

(资料来源:《2022年3月胡润全球富豪榜》)

表 9-4　中国、美国、印度超级富豪行业分布表

项目	中国	美国	印度
十亿美金企业家数	1133	716	215
前三大行业	房地产(133)	金融服务(154)	医疗健康(46)
	工业产品(116)	软件与服务(97)	消费品(29)
	医疗健康(115)	传统娱乐(84)	化工(23)

(来源:《2022 年 3 月胡润全球富豪榜》)

一、行业分析的概念

行业分析是根据经济学原理,综合应用统计学、计量经济学等分析工具对行业经济的运行状况、产品生产、销售、消费、技术、行业竞争力、市场竞争格局、政策等进行深入分析,从而发现行业运行的内在经济规律,进而预测未来行业发展趋势。行业分析对投资者具有重要的指导意义。行业分析是介于宏观经济分析与微观经济分析之间的中观层次的分析,是发现和掌握行业运行规律的必经之路,是行业内企业发展的大脑,对指导行业内企业的经营规划和发展具有决定性意义。行业分析是证券投资分析中一个非常重要的内容。

二、行业分析的分类

进行行业分析时首先要明确行业分类的方法,常用的行业分类方法有以下几种。

(一)道琼斯行业分类法

道琼斯行业分类法是 19 世纪末为选取在纽约证券交易所上市的有代表性的股票而对各公司进行的分类,它是证券指数统计中最常用的一种分类方法。道琼斯行业分类法将行业主要分为三类:工业、运输业和公用事业。工业包括采掘业、制造业和商业;运输业包括航空业、铁路业、汽车运输业和航运业;公用事业包括煤气、电力、通信等。

(二)标准行业分类法

为了便于汇总各国的统计资料,进行对比,联合国制定了《所有经济活动的国际标准行业分类》,建议各国采用。它把国民经济划分为 10 个门类:
(1)农、牧、林、渔业;
(2)采矿和采石业;
(3)制造业;

(4)电、煤气和水;
(5)建筑业;
(6)食宿服务、批发和零售业;
(7)运输、仓储和邮电通信业;
(8)金融、保险、房地产和工商服务业;
(9)政府、社会和个人服务业;
(10)其他。

对每个门类又可以划分为大类、中类、小类。

(三)我国国民经济行业分类

《国民经济行业分类》国家标准于1984年首次发布,分别于1994年和2002年进行修订,2011年第三次修订,2017年第四次修订,《国民经济行业分类》(GB/T 4754—2017)国家标准第1号修改单(以下简称第1号修改单)已经国家标准化管理委员会于2019年3月25日批准,自2019年3月29日起实施。本标准规定了全社会经济活动的分类与代码。适用于在统计、计划、财政、税收、工商等国家宏观管理中,对经济活动的分类,并用于信息处理和信息交换。

(四)我国证券市场的行业分类

上证指数分类法,将上市公司分为五类:工业、商业、地产业、公用事业和综合类。
深证指数分类法,将上市公司分为六类:工业、商业、金融业、地产业、公用事业和综合类。

三、行业周期分析

(一)增长性行业

增长性行业的运动状态与经济活动总水平的周期无关。这些产业收入增长的速度相对于经济周期的变动来说,并未出现同步影响,因为它们主要依靠技术进步、新产品推出及更优质的服务,从而经常呈现增长状态。投资者对高增长的行业十分感兴趣,主要是因为这些行业对周期性波动来说,提供了一种套期保值的手段。但这种行业增长的状态使得投资者难以把握精确的购买时机,因为这些行业的股票价格有时不会随经济周期的变化而变化。例如,2020年以来储能、光伏及新能源汽车等行业年增速在30%以上,其子行业——新能源汽车—设备、新能源汽车—整车、新能源汽车—锂电及零部件等的增速更是高达50%以上。另外,很多高科技公司、军工板块等也是增长性行业的代表。

（二）周期性行业

周期性行业是指和国内或国际经济波动相关性较强的行业，其中典型的周期性行业包括大宗原材料（钢铁、煤炭等）、工程机械、船舶、房地产、建筑材料业、家用电器等消费品、旅游业、珠宝行业、耐用品制造业及其他依赖于需求的收入弹性较高的行业等。周期性行业的特征是产品价格呈周期性波动，产品的市场价格是企业赢利的基础。周期性行业的运动状态直接与经济周期相关。当经济处于上升时期，这些行业会紧随其扩张；当经济衰退时，这些行业也相应衰落。产生这种现象的原因是，当经济上升时，对这些行业相关产品的购买被延迟到经济改善之后。

（三）防御性行业

防御性行业的存在是因为该行业的产品需求相对稳定，并不受经济周期的影响。该行业的产品多为居民生活的必需品或服务，不会因为整体经济和收入的变化而显著减少或增加消费，因此该行业被视为安全或保守的投资领域，特别是在经济下行时，是理想的避风港。常见的防御性行业主要包括交通运输、餐饮旅游、商业贸易、食品饮料、医药、公用事业等。

四、行业生命周期分析

通常，每个行业要经历一个由成长到衰退的发展演变过程，这个过程即行业的生命周期。一般将行业的生命周期分为四个阶段，即初创期、成长期、成熟期和衰退期，如图 9-2 所示。

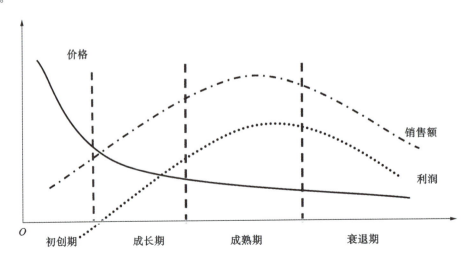

图 9-2　行业生命周期的四个阶段

（一）初创期

在这一阶段，只有为数不多的创业公司投资于这个新兴的产业，由于初创期产业的创立投资和产品研发费用较高，而产品市场需求较小，销售收入低，因此这些创业公司财务上可能不但没有盈利，反而普遍亏损，从而引发破产风险。在初创期后期，随着行业生产技术的提高、生产成本的降低和市场需求的扩大，新行业逐步由高风险低收益的初创期转向高风险高收益的成长期。例如元宇宙、绿色电力等。

（二）成长期

成长期也被称为投资机会时期。在这一时期，新行业的产品经过广泛宣传和消费者的试用，逐渐以其自身的特点赢得了大众的欢迎或偏好，市场需求开始上升，新行业也随之繁荣起来。由于市场前景良好，投资于新行业的厂商大量增加，产品也逐渐多样化并向优质、低价方向发展，因而新行业出现了生产厂商和产品相互竞争的局面，这种状况会持续数年或数十年，导致市场的需求日趋饱和。生产厂商不能单纯依靠扩大产量、提高市场份额来增加收入，而必须依靠追加生产、提高生产技术、降低成本，以及研制和开发新产品的方法来争取竞争优势。这一时期企业的利润虽然增长很快，但所面临的竞争风险也非常大，破产率与被兼并率相当高。在成长期后期，市场上生产厂商的数量在大幅下降之后便开始稳定下来。例如新能源汽车、光伏发电等。

（三）成熟期

成熟期是一个相对较长的时期。在这一时期，竞争中生存下来的少数大厂商垄断了整个行业的市场，每个厂商都占有一定比例的市场份额。由于彼此势均力敌，市场份额发生变化的程度较小。厂商及产品之间的竞争手段逐渐从价格手段转向非价格手段，如提高质量、改善性能和加强售后维修服务等。行业的利润由于一定程度的垄断达到了很高的水平，而风险因市场份额比较稳定、新企业难以进入成熟期市场而较低。例如电力、传统的大型综合商场等。

（四）衰退期

衰退期出现在较长的稳定阶段后。由于新产品和大量替代品的出现，原行业的市场需求开始逐渐减少，产品销售量也开始下降，一些厂商开始向其他更易获利的行业转移资金，因而原行业出现厂商数目减少、利润下降的萧条景象，行业步入生命周期的最后阶段。在这一时期，市场逐渐萎缩，利润率停滞或不断下降。当正常利润无法维持或现有投资折旧完毕后，整个行业便逐渐解体。在行业衰退期，产品需求呈现饱和，市场出现停滞和萎缩，公司股价相当平稳，并渐趋下跌，投资者应见好就收。例如钟表、煤炭开采等。

第四节 公司分析

◇ 案例分析

港股"股王"腾讯控股一股拆分五股

2014年3月19日,借公布2013财年业绩,腾讯总裁刘炽平突然宣布,将现有股份以1∶5的比例分拆,待5月14日股东大会通过后生效。

在拆分完成之后,腾讯股价从500港元左右的高位降低至100港元,"第一高价股"的头衔将让渡给保诚(02378,HK)。截至5月14日收盘,腾讯控股涨1.28%,报收于514港元,市值达9589.5亿港元(约合1237亿美元)。

据悉,过去一年多,腾讯股价从250港元扶摇直上,投资者憧憬微信支付和手机游戏增长,股价最高冲上646港元。以每手100股计算,最低投资门槛动辄6万港元,令大部分散户望而却步。

对于此次腾讯拆分股价的举动,马化腾解释称:"在港股历史上,腾讯目前的股价是罕见的,拆股除了能满足更多投资者的需求,客观上也是为了满足员工激励机制的现实需要。希望外界不要过分解读。"

5月14日,腾讯控股宣布拆股方案,并启用临时交易股份02988,该代号至6月19日下午收市关闭。腾讯股票代码于5月29日恢复至00700,正式改为每手100股进行交易,当日股价上涨7.51%,收盘价103.68港元。接下来约两个半月时间里,股价一路震荡上行,8月12日股价最高涨至127.88港元,按5月14日的收盘价96.44港元(除权后价格)为基准计算,其间最高涨幅达32.6%。

(资料来源:《今日早报》2014年5月16日)

■ 思考:影响公司股价波动的因素很多,投资者如何提高投资收益率?

公司分析是为了判断公司的质量和投资价值,对公司基本面进行的分析。包括定性分析和定量分析。前者指对公司发展前景、经营战略、竞争能力、盈利能力和经营管理效率的分析,后者指对公司财务状况的分析。

一、公司背景、行业地位分析

一般来说,主要控股单位的实力强、有良好背景的上市公司再融资能力强,股价坚挺,市场表现好。上市公司的所有制性质主要可分为国有、民营和外资三大类型。在中国,不同所有制性质的上市公司表现也会有一定的差异。通常来说,国有上市公司的股权结构为国有股权高度集中和国有股"一股独大"。股权结构是公司治理结构的基础,它对于公司治理结构的控制权方式、运作方式及效率等都有重要影响。我国的民营上市公司也存在"一股独大"的问题,同时,民营公司上市后其规模往往迅速扩张,但也会面临公司管理瓶颈及公司治理结构亟待完善的瓶颈。公司所属产业和行业的兴衰将直接影响到公司的盈利能力,从而影响到证券市场价格。

公司行业地位分析的目的是判断公司在所处行业中的竞争地位,如是否为龙头企业,公司在价格上是否具有影响力和竞争优势等。衡量公司行业地位的主要指标包括行业综合排名和产品的市场占有率。一般来说,在成熟行业中,龙头企业在行业中地位稳固、技术领先、盈利水平高、产品市场占有率高,投资时可以优先选择;在新兴行业中,龙头企业地位不稳固,甚至没有明显的龙头企业,投资时应重点考虑未来发展趋势好和增长潜力巨大的公司。

一般来说,国家重点扶持、发展的行业,其股票价格会被推高,而国家限制发展的行业,其股票价格会受到不利影响。

公司所属行业的性质对股价也有很大影响,成长型行业的发展前景比较好,对投资者的吸引力大,如互联网、通信网络等;反之,衰退型行业的发展前景欠佳,投资收益相应较低。

此外,行业发展存在周期性,分析经济景气和行业发展的关系,有助于投资者进行证券投资时机与投资对象的选择。可根据某行业景气循环的不同阶段选择不同行业的股票。例如,经济步入低谷后,最先复苏的通常为金融业、建筑业、房地产业,接着是商业、轻工业;经济进入高峰后,随着宏观经济调控措施的出台,最先出现停滞的也往往会是金融业、建筑业、房地产业。

二、公司分红融资、除权除息分析

股利是股价的基础,股利的发放,一方面是公司向投资者的定期回报,另一方面是投资者了解公司经营状况的窗口。一般来说,股利发放越多,股价上涨越快;而股利派发得越少或不发股利,会引起投资者对公司的经营状况产生怀疑,对其未来的经营失去信心。

当上市公司宣布上年度分红派息方案并获董事会及证监会批准后,即可确定股权登记日。在股权登记日交易后手中仍持有该种股票的投资者均有享受分红派息的权力。如果是分红利,称为除息;如果是送红股或者配股,称为除权;如果是既分红利又配股,称为除权除息。这时,大盘显示的前收盘价不是前一天的实际收盘价,而是根据股权登记日收盘价与分红利的数量、配股的数量和配股价的高低等结合起来算出的价格。

在除权除息后的一段时间里,如果多数人对该股看好,该只股票交易市价高于除权(除息)基准价,称为填权。倘若股价上涨到除权除息前的价格水平,称为充分填权。相反,如果多数人不看好该股,交易市价低于除权(除息)基准价,上市公司在送股、派息或配股时,需要确定股权登记日,在股权登记日及此前持有或买进股票的股东享受送股、派息或配股权利,是含权(含息)股。股权登记日的次交易日即除权除息日,此时再买进股票已不享受上述权利。因此一般而言,除权除息日的股价要低于股权登记日的股价。

除权(除息)股与含权(含息)股的差别就在于是否能够享受股利、股息,这也决定了两者的市场价值之间存在差异。除权日当天开市前要根据除权除息具体情况计算得出一个剔除除权除息影响后的价格作为开盘指导价,这也称为除权(除息)基准价。

◇ **知识链接**

1. 计算除息价

除息价 = 股息登记日的收盘价 − 每股所分红利现金额

例如:某股票股息登记日的收盘价为 8.17 元,每股送红利现金 0.09 元,则其次日股价为

$$8.17 - 0.09 = 8.08(元)$$

2. 计算除权价

1)送红股后的除权价 = 股权登记日的收盘价 ÷ (1 + 每股送红股数)

例如:某股票股权登记日的收盘价为 24.75 元,每 10 股送 3 股,即每股送红股数为 0.3,则次日股价为

$$24.75 ÷ (1 + 0.3) = 19.04(元)$$

2)配股后的除权价 = (股权登记日的收盘价 + 配股价 × 每股配股数) ÷ (1 + 每股配股数)

例如:某股票股权登记日的收盘价为 18.00 元,10 股配 3 股,即每股配股数为 0.3,配股价为每股 6.00 元,则次日股价为

$$(18.00 + 6.00 × 0.3) ÷ (1 + 0.3) = 15.23(元)$$

3. 计算除权除息价

除权除息价 = (股权登记日的收盘价 − 每股所分红利现金额 + 配股价 × 每股配股数) ÷ (1 + 每股送红股数 + 每股配股数)

例如:某股票股权登记日的收盘价为 20.35 元,每 10 股派发现金红利 4.00 元,送 1 股,配 2 股,配股价为 5.50 元/股,即每股分红 0.4 元,送 0.1 股,配 0.2 股,则次日除权除息价为

$$(20.35 - 0.4 + 5.50 × 0.2) ÷ (1 + 0.1 + 0.2) = 16.19(元)$$

(资料来源:国海证券,2019 年 9 月 2 日)

◇ **知识链接**

理性看待"大手笔"分红

A股多家公司近日推出大比例分红预案,引发市场关注。仅在2022年2月27日和28日披露利润分配预案的公司就有12家,其中一家公司公告称,拟每10股派发现金分红100元,共计6.8亿元,占公司当年净利润的比例达94.44%,被广大股民评为截至目前"最给力"的年度分红计划。

近年来,在政策引导和监管推动下,A股市场现金分红机制逐步完善,上市公司现金分红家数和规模逐年增长,投资者获得感显著提升。证监会统计数据显示,2021年,上市公司共计分红1.67万亿元,同比增长17%,分红规模再创历史新高。其中,一些"大手笔"分红的公司贡献不少。

目前,我国上市公司现金分红率稳定在30%以上,平均股息率在2%以上,与国际水平基本持平。作为回报投资者的重要方式,上市公司现金分红自然是值得鼓励和倡导的。一方面,上市公司进行现金分红是其责任感、公平性的一种体现,是强化股东回报的具体手段。另一方面,上市公司持续稳定的现金分红可以引导投资者践行长期投资和价值投资,减少短期赚取股票价差的投机行为,同时吸引更多风险偏好低的长线资金入市,促进股市稳健发展。

对投资者来说,"大手笔"分红的企业是否就没有投资的风险?客观地看,一般能实施大比例分红的公司通常经营业绩较好,有足够利润进行分配,特别是那些能长期保持分红的公司,都具备稳定的盈利能力,其股票是值得长期持有的。但值得注意的是,少数上市公司在现金流、运营能力明显不足的情况下,不顾公司发展需要,依然实施大比例分红,可能存在借分红向大股东输送利益的情形,需引起监管者的关注和投资者的警惕。

另外,那些低分红甚至不分红的公司就一定是差公司吗?其实也不尽然。因为一家公司分红与否,分红多少,是根据其自身经营情况和发展计划自主考量选择的,并不是所有公司现金分红都多多益善,投资者还应辩证地看待。

比如,一个处于快速成长期的公司,在技术研发和扩大生产上需要大量费用,此时若将利润分红,必然会影响公司的进一步发展。如果将利润留下用于业务发展,未来以其优秀的业绩和高成长性换来股价的上涨,依然可以为投资者创造可观的回报。

一个处于发展成熟期的公司,若能持续将部分利润回馈给投资者,在充实了投资者"钱袋子"的同时,还能进一步树立广大股东对公司发展的信心。

投资者切忌单纯以公司分红多少论"英雄",应综合考量公司分红比例、可行性、可持续性等因素,进一步判断公司价值。同时,上市公司也应通过完整的信息披露,尽可能将公司客观情况真实地传递给投资者,给予投资者明确的预期。如要分红,上市公司可以结合自身发展阶段和资金状况,合理制定分红方案,在不影响公司发展的前提下回报投资者,这才是对投资者负责,强化对投资者权益保护的最好体现。

(资料来源:《经济日报》2022年3月2日 记者 马春阳)

三、公司经济区位分析

经济区位，是指地理范畴上的经济增长带或经济增长点及其辐射范围。区位是资本、技术和其他经济要素高度积聚的地区，也是经济快速发展的地区。我们通常所说的美国的硅谷高新技术产业区等就是经济区位的例子。经济区位兴起与发展将极大地带动其周边地区的经济增长。将上市公司的价值分析与区位经济的发展联系起来，有助于分析上市公司未来发展的前景，确定上市公司的价值。

上市公司的投资价值与区域经济的发展密切相关。公司区位分析的主要内容包括以下三个方面。

（一）区位内的自然条件与基础条件

自然条件与基础条件包括矿产资源、水资源、能源、交通、通信设施等。这些是上市公司拥有的基本硬件条件，对区位内上市公司的发展起着十分重要的作用。

（二）区位内政府的产业政策和其他相关政策的支持

为了促进经济发展，当地政府一般会制定相应的经济发展战略，提出相应的产业政策，确定区域内优先发展和扶植的企业，并采用相应的财政、信贷和税收等诸多优惠措施。如果区位内上市公司的主营业务符合当地的产业扶持政策，则有利于上市公司的快速发展。

（三）区位内的比较优势和特色

比较优势包括区位的经济发展环境、条件与水平及经济发展状况等方面有别于其他区位的特色。特色在某种意义上意味着优势，利用自身优势和特色进行发展是很好的公司战略管理切入点。

四、公司的产品和市场分析

（一）公司产品的市场占有情况

产品的市场占有率是公司利润资源，产品的市场占有情况可以从两方面进行考察：一是产品的市场占有率，这是指公司的产品在同类产品市场中所占有的份额；二是产品的市场覆盖率,也指产品在各个地区的覆盖和分布情况。产品的市场占有率和市场覆盖率都比较高,说明公司的产品销售和分布在同行业中占有优势地位,产品的竞争能力强;产品的市场占有率高而市场覆盖率低,说明公司的产品在某个地区受欢迎,有竞争能力,但大面积推广缺乏销售网络;产品的市场占有率低而市场覆盖率高,说明公司的销售网络强,但产品的竞争能力较弱;产品的市场占有率和市场覆盖率都低,则说明产品缺乏竞争力,公司前景堪忧。

(二)公司产品竞争力分析

产品竞争力是公司分析非常重要的一个方面,它包括成本、技术、质量和品牌等几个方面。

成本优势是指公司的产品依靠低成本获得高于同行业中其他企业的盈利能力。在很多行业中,成本优势是决定竞争优势的关键因素,如果企业能够创造和维持成本领先地位,并创造出与竞争对手价值相等或近似的产品,那么它只要将价格控制在行业平均或接近平均的水平,就能获得优于平均水平的经营业绩。

技术优势是指企业拥有的比同行业其他竞争对手更强的技术实力及研究与开发新产品的能力,这种能力主要体现在生产的技术水平和产品的技术含量上。在现代经济中,企业新产品的研究与开发能力是决定企业竞争成败的关键因素。具有技术优势的上市公司往往具有更大的发展潜力,技术创新不仅包括产品技术创新,而且包括人才战略创新。

质量优势是指企业的产品以高于其他企业同类产品的质量赢得市场,从而取得竞争优势。在与竞争对手成本相等或近似的情况下,具有质量优势的企业往往在该行业中占据领先地位。

品牌是生产者、经营者为了标识其企业、产品、服务,以区别于竞争对手,便于让消费者认识而采用的显著的标记。品牌主要包括企业名称、企业识别系统、商标、产品名称、企业家等。品牌竞争是产品竞争的深化和延伸,当产业发展进入成熟阶段,产业竞争充分展开时,品牌就成为产品及企业竞争的一个越来越重要的因素。在分析企业财务报告时,投资者需要了解企业是否有知名的产品品牌,同时还可了解行业内是否有其他的领先品牌,这些分析有利于了解企业产品的竞争力,从而判断该企业是否在行业内处于领先地位。好的品牌不仅能提升产品的竞争力,而且有利于公司通过并购做大做强。

五、公司的管理能力分析

(一)管理层素质及能力分析

管理层素质及能力分析主要包括对公司管理层的文化素质、专业水平及内部协调与沟通能力的分析。决策层应具备清晰的思维头脑和综合判断能力,能在复杂多变、竞争激烈的环境中运筹帷幄。高素质企业的高级管理层应有专业水准,有技术,有实际工作经验,有现代管理知识,有经营头脑,有开拓精神,有良好的组织能力及应变能力。管理层素质是决定企业能否成功的一个重要因素,也是公司分析的重要内容。

(二)公司管理架构与公司内部监控水平

合理的组织结构是组织高效运作的前提,处于不同行业、不同规模、不同发展阶段的组织,需要的组织结构也不同。投资者通过分析上市公司的组织架构,可以初步判断该公司的运作是否有效率,是否具有对外界环境变化的快速反应能力。除此之外,还需要对组织的决策、计划、领导、激励、控制过程,组织执行力的强弱,以及组织内各要素、各部门、各环节是否有机衔接进行考察分析。公司的管理架构与内部监控水平决定了公司的管理风格和经营理念。一般来说,公司分为稳健型和创新型两种。稳健型公司的发展一般较为平稳,不太愿意从事风险较高的经营活动,公司较难获得超额利润,实现跳跃式增长的可能性较小,有时会坐失良机。创新型公司在经营活动中的开拓能力较强,可能在行业中率先崛起,也可能导致公司快速衰败。总之,只有不断优化公司管理架构,不断提升公司内部监控水平,才能使公司长盛不衰、基业长青。

六、公司并购及公司成长性分析

从公司成长战略分析,在公司发展到一定阶段,公司会面临是加速发展还是稳步扩张或停滞不前的艰难选择,并购是公司走向卓越的必由之路,并购是公司消灭潜在竞争对手、扩大市场占有率的最佳路径。我国上市公司的资产重组方式一般有以下几种:股权转让、资产置换、收购兼并。股权转让的直接后果是导致大股东的变更,为上市公司注入新的资产,变更或拓宽主业,重建产业结构。资产置换主要是通过大股东进行资产剥离和置换,以注入优质资产,达到加强主业、改善资产结构、盘活存量资产、提高公司盈利能力的目的。

按照公司章程,股份有限公司要定期进行董事、监事的改选。此时,为了控制公司管理权,战略投资者会逐步买进公司股票。受此影响,证券市场上该股票的价格会被抬高。投资者在审时度势、判断行情走势的同时,也要保持清醒的头脑。一旦某些大户当选无望时,会中途抛售股票,或者改选后,董事、监事为改选而购入的过多的股票,也会在改选后通过散布利好消息的方式,乘机高价抛售。此外,投资者还需关注公司的董事会人选、独立董事人选的变动。

第五节 公司财务状况分析

◇ **案例分析**

A股第一造假大案:康美药业财务造假

《中国证券报》2021年4月17日报道,康美药业(现名*ST康美)财务造假影响恶劣,严重破坏资本市场健康生态。经证监会调查认定,2016年至2018年,康美药业实际控制人、董事长等通过虚开和篡改增值税发票、伪造银行单据,累计虚增货币资金887亿元,虚增收入275亿元,虚增利润39亿元。证监会已依法对康美药业违法违规案做出行政处罚及市场禁入决定,已将康美药业及相关人员因涉嫌犯罪行为移送司法机关。

2019年5月17日,证监会通报康美药业案调查进展,当日晚间,康美药业发布关于公司股票交易实施其他风险警示暨公司股票停牌的提示性公告。

2020年5月14日,证监会发布消息称,已依法对康美药业违法违规案做出行政处罚及市场禁入决定,决定对康美药业责令改正,给予警告,并处以60万元罚款,对21名责任人员处以10万元至90万元不等的罚款,对6名主要责任人采取10年至终身证券市场禁入措施。因连续3年有预谋、系统性实施财务造假约300亿元,康美药业面临投资人的索赔。

■ **思考**:

财务分析是根据企业财务报表等信息资料,采用专门方法,系统分析和评价企业财务状况、经营成果以及未来发展趋势的过程。巴菲特曾经说过:"没有人愿意去投资一家看不懂的企业。"因此,公司财务分析对投资者的投资决策非常重要,通过财务分析,可以判断企业的发展趋势,预测其生产经营的前景及偿债能力,为投资者进行投资决策提供重要的依据,避免因决策错误给其带来重大的损失。

一、财务分析的概念和意义

财务分析是以会计核算和报表资料及其他相关资料为依据,采用一系列专门的分析技术和方法,对企业等经济组织过去和现在有关筹资活动、投资活动、经营活动、分配活动的盈利能力、营运能力、偿债能力和增长能力状况等进行分析与评价的经济管理活动。

财务分析的意义主要包括以下三点:
(1)它是评价公司财务状况和衡量经营业绩的重要依据;
(2)它是公司提高经营管理水平、实现理财目标的重要手段;
(3)它是利益相关者进行决策的重要依据。

二、上市公司的主要财务报表及其分析重点

(一)资产负债表及其附表分析

资产负债表是反映企业在一定时期内全部资产、负债和所有者权益的财务报表,是企业经营活动的静态表现。它根据"资产=负债+所有者权益"这一平衡公式,依照一定的分类标准和一定的次序,将某一特定时期的资产、负债、所有者权益的具体项目通过适当排列编制而成。

(1)资产负债表为重的风险防范观念。资产负债表是"存量"的概念,报表各项余额反映公司在特定日期财务状况的好坏,也代表着公司价值的高低。因此,阅读财务报告时,一定要先建立资产负债表为重的风险防范观念。

(2)应收账款、其他应收款。一是要比较应收账款和营业收入的关系。当应收账款增长率大幅高于营业收入增长率时,应注意应收账款的收现性、是否有虚增资产和利润,尤其应关注来自关联方交易的应收账款的增长。二是要观察其他应收账款中是否存在非法拆借资金、抽逃资本金、担保代偿款和挂账费用等,尤其应关注与关联方发生的其他应收账款。

(3)长期投资。阅读报表时尤其应注意公司是否通过长、短期投资互转操纵利润。此外,可以通过比较长期投资和投资收益,根据投资的收益情况分析各项长期投资的质量。

(4)无形资产。首先,对于企业突然增加的巨额无形资产,应关注是否确实符合无形资产资本化条件,并分析对企业未来盈利能力的影响。其次,应关注企业合并会计处理对商誉的影响。

(5)递延税款。企业采用纳税影响法核算所得税时,如果时间性差异产生的递延税款为借方余额,应分析企业在今后转回的期限内是否可能有足够的应纳税所得额。如果没有,则应在当期直接确认为费用。递延税款常被公司当作操纵利润的"蓄水池",在阅读会计报表时尤其需要关注。

(6)负债比例。公司运营状况不佳时,短期负债、长期负债及负债比率不宜过高。

(7)长期负债与利息费用。如果利息费用相对于长期借款呈现大幅下降,应注意公司是否不正确地将利息费用资本化,降低利息费用以增加利润。

（二）利润表及其附表分析

利润表是指反映企业一定会计期间（如月度、季度、半年度或年度）的经营结果的会计报表。企业一定会计期间的经营结果既可能为盈利，也可能表现为亏损，因此，利润表也被称为损益表。它全面地揭示了企业在某一特定时期实现的各种收入，发生的各种费用、成本或支出，以及企业实现利润或发生亏损的情况。

利润表是根据"收入－费用＝利润"的基本关系进行编制的，其具体内容取决于收入、费用、利润等会计要素及其内容。利润表项目是收入、费用和利润要素内容的具体体现。从反映企业经营资金运动的角度看，它是一种反映企业经营资金动态表现的报表，主要提供有关企业经营成果方面的信息，属于动态会计报表。

(1)利润构成。企业主营业务利润占利润总额的比重越大，说明企业更多地依靠生产经营活动取得利润，盈利能力具有较好的可持续性。如果企业利息收入、资产处置收益、投资收益等非营业利润占利润总额比重较大，企业利润可能更多地依赖于风险较大的金融市场，收益的可持续性较差。在分析企业盈利质量时，应关注政府补贴、税收优惠、接受捐赠等偶然性利润以及来自关联企业的利润对企业盈利能力的影响。

(2)主营业务收入、主营业务成本、营业费用。比较各报告期销货退回及折让占主营业务收入的比例、关联方交易产生的销售收入占主营业务收入的比例是否有异常变化，分析企业是否有操纵利润的意图。将材料成本、人工成本、制造费用等各生产成本要素占主营业务成本的比例，以及主营业务成本占主营业务收入的比例，作前后年度的趋势对比，分析企业是否存在将费用资本化以美化利润表的情况。

(3)股利分配。通常情况下，现金股利和股票股利仅仅影响短期股票价格。净资产收益率趋势分析则是中长期股票价格的重要参考指标。因此，如果企业不断发放现金股利或股票股利，阅表人应关注企业每股收益和净资产收益率的变化。

（三）现金流量表分析

现金流量表是指以收付实现制为编制基础，反映企业在一定时期内现金收入和现金支出情况的报表。

(1)注意经营活动产生的现金流量净额与当期净利润的差异。当经营活动产生的现金流量净额大幅落后于净利润时，可能表明企业应收账款及存货周转率低，资金周转不畅，收益质量不佳。

(2)综合分析企业的现金运用能力。首先分析经营活动产生的现金流量净额，如为正数，则表明企业能够通过经营活动创造现金。如果经营活动现金流量净额加上流动负债净增加额减去流动资产净增加额为正，则表明企业创造的现金流量能够满足日常经营活动的需要；反之，则需要筹集短期资金。之后，进一步分析扣除利息支出、股利支出以后的现金流量,如果为正,则表明企业创造的现金流量除满足日常经营活动的需要外,尚能支付利息和股利。最后,继续扣除投资活动现金净流量,如果为负数,则表明企业需要筹集资金以满足投资需要,金额越大,财务风险越大。

（四）会计报表附注分析

会计报表附注就是对会计报表的编制基础、编制原理与方法及主要项目等所作的解释和进一步说明,以便报表的使用者全面、正确地理解会计报表。

会计报表附注分析可从以下几个方面入手。

(1)通过观察会计报表重要项目的说明,分析会计政策前后期是否一致,观察会计估计尤其是资产减值准备计提的合理性,以判断企业是否存在人为操纵利润。

(2)分析或有事项、承诺事项、资产负债表期后事项对财务报告分析结论的影响。

(3)关注关联方交易。观察进销货交易条件、交易价格,以分析企业利润是否真实。

(4)衍生金融产品可能蕴藏着重大风险,因此,必须认真分析附注中披露的相关内容。

(5)注意企业是否有变更会计师事务所的情形,若有,应关注其更换事务所的原因。

(6)关注重要合同的签订、完成、撤销对财务分析结论的影响。

三、上市公司财务报表分析技巧之一：横向比较和纵向比较

（一）横向比较

同行业企业之间比较,通常先要确定各项指标的标准水平,可以是行业的平均水平或最佳水平,然后将目标企业的指标与其比较。这种方法也称标准比较法,其关键是要确定反映同行业平均经营水平的标准财务数据。比较企业与同行业其他企业的财务指标可以分析企业在同行业中所处的地位,从而了解企业的相对优势和劣势,如表 9-5 所示。

表 9-5　船舶制造上市公司 2020 年规模与业绩情况

公司名称	总资产（亿元）	每股收益（元）	净资产收益率（%）
中国重工	1724	−0.2100	−0.56
天海防务	20.39	0.0264	5.96
中船科技	90.52	0.1950	3.69
亚星锚链	40.28	0.0910	2.88
亚光科技	82.45	0.0300	0.71
中船防务	389.4	2.5910	30.74

续表

公司名称	总资产（亿元）	每股收益（元）	净资产收益率（%）
江龙船艇	9.869	0.1719	9.86
中国船舶	1525	0.0700	0.71
国瑞科技	18.17	0.2300	5.81
平均	433.34	0.3449	6.64

（资料来源：各家上市公司2020年年报）

截至2020年底，国内船舶制造板块共有9家上市公司，其中规模最大的中国重工总资产为1724亿元，9家公司平均总资产为433.34亿元，中国重工具有一定的规模优势。从净资产收益率来看，2020年船舶制造企业的总体净资产收益率为6.64%。尽管中国重工具有一定的规模优势，但其净资产收益率为-0.56%，远低于平均水平，显然不具备比较优势。规模其次的中国船舶和中船防务的总资产分别为1525亿元和389.4亿元。中国船舶的净资产收益率为0.71%，虽高于中国重工，但低于平均水平，因此不具备比较优势。中船防务的净资产收益率为30.74%，远高于同行业平均水平，这有助于其确立行业领先地位。曾经风光无限的船舶制造行业近年来一直表现低迷，尽管中船防务在行业中处于领先地位，但其股价表现非常疲弱。可见，对曾经的热门股一定要及时止盈止损，否则股票持有者会损失惨重。

截至2021年第三季度末，国内锂电池行业共有18家上市公司（含2家北交所上市公司德瑞锂电及长虹能源），表9-6中仅列出16家上市公司。其中规模最大的宁德时代总资产为2491.52亿元，16家公司平均总资产为244.88亿元，宁德时代具有明显的规模优势。从净资产收益率来看，2021年第三季度末锂电池行业上市公司的平均净资产收益率为6.59%，排名第一的是珠海冠宇，净资产收益率为22.29%。尽管珠海冠宇的净资产收益率远高于平均水平，但总资产规模仅123.87亿元，远低于行业平均水平，显然不具备比较优势。总资产规模高于平均水平的亿纬锂能、国轩高科、欣旺达这三家上市公司，净资产收益率分别为14.20%、0.61%和8.86%。虽然亿纬锂能净资产收益率高于平均水平，也高于宁德时代，但其总资产规模远远低于宁德时代。再看每股收益，行业平均为0.76元，宁德时代则高达3.35元，远远高于其他上市公司。从综合规模和业绩来看，宁德时代是当之无愧的行业龙头。

表9-6 锂电池上市公司2021年第三季度末规模与业绩情况

公司名称	总资产（亿元）	每股收益（元）	净资产收益率（%）
宁德时代	2491.52	3.35	11.36
亿纬锂能	365.30	1.17	14.20
国轩高科	315.52	0.05	0.61
欣旺达	374.44	0.43	8.86
珠海冠宇	123.87	0.84	22.29
孚能科技	177.15	-0.39	-4.25

续表

公司名称	总资产（亿元）	每股收益（元）	净资产收益率（%）
科达利	66.12	1.61	9.04
派能科技	39.53	1.62	8.88
蔚蓝锂芯	87.45	0.49	16.38
鹏辉能源	76.70	0.39	6.43
声光电科	16.40	0.06	5.83
德赛电池	100.39	1.64	16.47
科力远	64.03	0.02	1.55
保力新	7.72	−0.02	−22.50
博力威	20.18	1.07	13.22
维科技术	41.71	−0.10	−2.87
平均	244.88	0.76	6.59

（资料来源：各家上市公司2021年三季报）

（二）纵向比较

一个企业不同时期各项财务指标的纵向比较，是将企业连续数期的财务报表数据进行比较，以基期为标准来评价企业的财务状况。表9-7是根据比亚迪股份有限公司（以下简称"比亚迪"）2020年、2019年、2018年的相关资料编制的利润比较分析表。

表9-7 比亚迪利润比较分析表

项目	2020—2019年增减金额（万元）	2020/2019年增减百分比	2019—2018年增减金额（万元）	2019/2018年增减百分比
营业收入	2885916.8	22.59%	−231618.4	−1.78%
营业成本	1940000.0	18.15%	−180000.0	−1.66%
销售费用	71000.0	16.34%	−38300.0	−8.10%
管理费用	18000.0	4.35%	38100.0	10.13%
财务费用	74900.0	24.85%	37900.0	14.38%
研发费用	183600.0	32.62%	64000.0	12.83%
营业利润	477400.0	206.49%	−193000.0	−82.90%
投资收益	53590.0	66.27%	−69530.0	613.14%
营业外收支净额	−32190.0	−270.96%	−2505.0	−17.41%
利润总额	445200.0	183.13%	−195500.0	−44.57%

从表9-7中各项数据的比较可清楚地看到比亚迪股份有限公司两年的盈利状况。公司2020年的营业利润、利润总额都比2019年有较大增长，分别增长了206.49%、183.13%。

公司主要从事包含新能源汽车及传统燃油汽车在内的汽车业务、手机部件及组装业务、二次充电电池及光伏业务,而这些目前正是国家政策所扶持的项目,刺激公司利润大幅增长,从股价行情看,比亚迪股份有限公司近几年的股价走势非常强劲,涨幅较大。

从表 9-8 中各项数据的比较可清楚地看到宁德时代两年的盈利状况。公司 2020 年的营业利润、利润总额和净利润都比 2019 年有所增长,分别增长了 20.85%、21.21% 和 22.43%。公司 2020 年管理费用有所下降。表中数据还显示,公司 2020 年的投资收益和营业外收支净额与 2019 年相比有所增加,投资收益增幅为 47.80%,营业外收支净额增加 1070.56%,公司发展趋势良好。公司动力锂电池出货量全球遥遥领先,已与国内多家主流车企建立合作关系,并成功在全球市场上占据一席之地,也成为国内率先进入国际顶尖车企供应链的锂离子动力电池制造商。2021 年,公司与多家企业签署战略协议。2021 年 7 月,宁德时代正式推出钠离子电池。2021 年 12 月,宁德时代成立新能源材料公司。鉴于公司主营业务收入近几年来呈逐步增加趋势,随着新能源汽车行业的快速发展,预计公司未来几年主营收入将有大幅增长。

表 9-8 宁德时代利润比较分析表

项目	2020—2019 年增减金额(亿元)	2020/2019 年增减百分比	2019—2018 年增减金额(亿元)	2019/2018 年增减百分比
营业收入	45.3147	9.90%	161.7675	54.63%
营业成本	38.6639	11.90%	125.8048	63.21%
营业费用	0.6016	2.79%	7.7768	56.40%
管理费用	-0.6455	-3.52%	2.4201	15.21%
财务费用	0.6898	-8.83%	-5.0189	179.42%
营业利润	12.0070	20.85%	15.9031	38.15%
投资收益	-0.3805	47.80%	-2.64	-143.17%
营业外收支净额	0.2109	1070.56%	-0.3437	-94.58%
利润总额	12.2179	21.21%	15.5595	37.00%
净利润	10.2303	22.43%	11.7327	34.64%

四、上市公司财务报表分析技巧之二:财务比率分析

财务比率分析是财务报表分析的重中之重。财务比率分析是将两个有关的会计数据相除,用所求得的财务比率来提示同一会计报表中不同项目之间或不同会计报表的相关项目之间所存在逻辑关系的一种分析技巧。财务比率分析有一个显著的特点,那就是使各个不同规模的企业的财务数据所传递的经济信息标准化。正是由于这一特点,使得各企业间的横向比较及行业标准的比较成为可能。

(一)短期偿债能力分析

短期偿债能力是指企业以流动资产偿还流动负债的能力,是衡量企业当前财务能力特别是流动资产变现能力的重要指标,它反映企业偿付日常到期债务的能力。短期偿债能力指标主要有流动比率、速动比率和现金比率。对债权人来说,企业要具有充分的偿还能力才能保证其债权的安全,按期取得利息,到期收回本金;对投资者来说,如果企业的短期偿债能力发生问题,则企业经营管理人员需耗费大量精力去筹集资金,以应付还债,还会增加企业筹资的难度,影响企业的盈利能力。

1. 流动比率

流动比率是流动资产对流动负债的比率,用来衡量企业流动资产在短期债务到期以前,可以变为现金用于偿还负债的能力。一般来说,流动比率越高,说明企业资产的变现能力和短期偿债能力越强,反之则说明企业的变现能力和短期偿债能力越弱。这项比率是评价企业用流动资产偿还流动负债能力的指标,说明企业每一元流动负债有多少流动资产可以用作支付保证,相关计算公式如下:

$$流动比率 = 流动资产 / 流动负债$$

一般认为,流动比率为2∶1对于大部分企业来说是比较合适的。这是因为流动资产中变现能力最差的存货金额约占流动资产总额的一半,剩下的流动性较大的流动资产至少要等于流动负债,企业的短期偿债能力才会有保证。对流动比率的分析应结合行业特点,行业特点不同,流动比率的实际标准也会有所不同。

2. 速动比率

速动比率是指企业速动资产与流动负债的比率。速动资产是企业的流动资产减去存货和预付费用后的余额,主要包括现金、短期投资、应收票据、应收账款等项目。它是衡量企业流动资产中可以立即变现用于偿还流动负债的能力。

速动资产包括货币资金、短期投资、应收票据、应收账款及其他应收款,可以在较短时间内变现。而流动资产中存货及1年内到期的非流动资产不应计入。

由于流动资产中存货的变现速度较慢,或由于某种原因部分存货可能已报废还没做处理或部分存货已抵押给某债权人。另外,存货估价还存在着成本与合理市价相差悬殊的因素。因此,把存货从流动资产总额中减去而计算出的速动比率反映的短期偿债能力更加可信。相关计算公式如下:

$$速动比率 = 速动资产 / 流动负债$$
$$速动资产 = 流动资产 - 存货 - 预付账款 - 待摊费用$$

一般认为,1∶1的速动比率是合理的,它说明企业每1元流动负债有1元容易变现的流动资产来抵偿,短期偿债能力就有可靠的保证。如果速动比率偏高,则说明企业有足够的能力偿还短期债务,同时也表示企业在速动资产上占用的资金过多,企业投资的机会成本会增大。如果速度比率偏低,则表明企业的短期偿债风险较大。但这仅是一般的看法,由于行业不同,速动比率会有很大差别。

3. 现金比率

现金比率是在企业因大量赊销而形成大量的应收账款时,考察企业的变现能力所运用的指标。相关计算公式如下:

$$现金比率=(货币资金+有价证券)/流动负债$$

现金主要是指库存现金和银行存款,短期证券主要是指短期国库券。现金比率越高,说明变现能力越强,此比率也称为变现比率。此外,还可以用存货周转率、应收账款周转率等作为补充反映企业短期偿债能力的指标。现金比率是企业现金类资产与流动负债的比率,它是衡量企业短期偿债能力的参考指标。

应收账款存在坏账和不能及时收回的可能,因此速动资产扣除应收账款后的金额最能反映企业直接偿付流动负债的能力。但现金比率过高,意味着企业流动负债未能得到合理运用。

(二)长期偿债能力分析

长期偿债能力是指企业对债务的承担能力和对偿还债务的保障能力。长期偿债能力分析是企业债权人、投资者、经营者及与企业有关联的各方面等都十分关注的重要问题。它能反映出企业的财务状况和资金安全程度。长期偿债能力指标主要包括负债比率和利息保障倍数等。

1. 负债比率

负债比率是企业全部负债与全部资产的比率,表明企业负债占全部资产的比重,它反映企业偿付债务本金和支付债务利息的能力。相关计算公式如下:

$$负债比率=负债总额/资产总额$$

负债比率对于债权人和股东来说具有不同的意义。对债权人而言,负债比率高,说明总资产中大部分是债权人的资金,其承担的风险就大;反之,债权人的保障程度就高。对股东而言,企业资产由债权人投入和由股东投入起同样的作用。只要总资产收益率高于借款利率,负债比率越高,股东的投资收益就越大。

2. 利息保障倍数

利息保障倍数又称已获利息倍数,它是衡量企业长期偿债能力的指标,利息保障倍数越大,说明企业支付利息费用的能力越强,债权人要分析利息保障倍数指标,以此来衡量债务资本的安全程度。相关计算公式如下:

$$利息保障倍数 = 息税前利润 / 利息费用$$
$$息税前利润 = 净利润 + 利息费用 + 所得税$$

利息费用是指本期发生的全部应付利息,包括财务费用中的利息费用,计入固定资产成本的资本化利息。由于我国现行的财务报表中没有利息费用这一栏,而是将其计入财务费用,所以实际计算时用财务费用替代利息费用。

相关经验表明,利息保障倍数不能低于1,如果利息保障倍数过低,企业将面临亏损及偿债的安全性与稳定性下降的风险。

(三)企业盈利能力分析

盈利能力是企业获取利润的能力,利润不仅是投资者取得投资收益、债权人取得利息的资金来源,而且是企业维持、扩大再生产的重要资金保障。反映企业盈利能力的财务指标主要有毛利率、总资产收益率、净资产收益率和资本保值增值率等。

1. 毛利率

毛利率是毛利与销售收入(或营业收入)的百分比。其中毛利是收入和与收入相对应的营业成本之间的差额,相关计算公式如下:

$$毛利率 = 毛利 / 营业收入$$
$$= (主营业务收入 - 主营业务成本) / 主营业务收入$$

换言之,毛利率反映企业经营的获利能力,相关计算公式如下:

$$毛利率 = (销售收入净额 - 销售成本) / 销售收入净额$$

毛利率表明每一单位销售收入扣除销售成本后,可以用于期间费用和形成盈利的部分。毛利率高,表明取得同样销售收入的销售成本低、销售利润高;毛利率低,表明企业抵补各项费用支出的能力差、盈利能力低。

2. 总资产收益率

总资产收益率是衡量企业收益能力的重要指标。

在考核企业利润目标时,投资者十分关注所投入资产的收益的大小,并经常结合每股收益及净资产收益率等指标来进行判断。实际上,总资产收益率是一个更为有效的指标。总资产收益率的高低直接反映了公司的竞争实力和发展能力,也是决定公司是否应举债经营的重要依据。

分析总资产收益率与净资产收益率,可以根据两者的差距来判断公司经营的风险程度。净资产收益率作为配股的必要条件之一,是公司调整利润的重要参考指标。

总资产收益率是息税前利润与平均总资产的比率。它是衡量企业资产利用能力的指标,也是衡量企业利用债权人资金和股东权益所取得盈利的重要指标,相关计算公式如下:

$$总资产收益率 = 息税前利润 / 平均总资产$$

$$息税前利润 = 利润总额 + 利息费用$$

$$平均总资产 = (期初资产总额 + 期末资产总额)/2$$

总资产收益率越高,表明企业总资产利用的效率越高,企业盈利能力就越强。

 3. 净资产收益率

净资产收益率又称股东权益报酬率、净值报酬率、权益报酬率、权益利润率、净资产利润率,是净利润与平均股东权益的百分比,是公司税后利润除以净资产得到的比率,体现了自有资本获得净收益的能力。

一般来说,负债增加会导致净资产收益率的上升。

企业资产包括两部分:一部分是股东的投资,即所有者权益(它是股东投入的股本、企业公积金和留存收益等的总和),另一部分是企业借入和暂时占用的资金。企业适当运用财务杠杆可以提高资金的使用效率,但借入的资金过多会增大企业的财务风险。净资产收益率是衡量股东资金使用效率的重要财务指标。

净资产收益率是反映企业股东权益的投资报酬指标,相关计算公式如下:

$$净资产收益率 = 净利润 / 期末股东权益$$

净资产收益率是从所有者角度分析企业盈利水平的指标,净资产收益率越高,表明企业利用资本的能力越强,资本报酬越高,即给股东带来的投资收益越高。

 4. 资本保值增值率

资本保值增值率是财政部制定的评价企业经济效益的十大指标之一,反映了企业资本的运营效益与安全状况。资本保值增值率是反映股东投入企业的资本的完整性和增值能力的指标,相关计算公式如下:

$$资本保值增值率 = 期末所有者权益总额 / 期初所有者权益总额$$

资本保值增值率小于1,表明资本减值;资本保值增值率等于1,表明资本保值;资本保值增值率大于1,表明股东权益增加,企业盈利能力较强。在运用此指标进行实际分析时,还应考虑企业利润分配和通货膨胀的影响。

◇ **案例分析**

光伏设备行业细分行业——逆变器行业上市公司盈利能力分析

根据交易所行业分类,截至 2022 年 1 月 7 日,逆变器行业上市公司共 5 家,分别为锦浪科技(300763)、阳光电源(300274)、上能电气(300827)、禾迈股份(688032)、固德威(688390)。根据上市公司 2021 年第三季度财务报表,将各家上市公司毛利率、总资产收益率、净资产收益率等指标综合对比如表 9-9 所示。

表 9-9　逆变器行业上市公司盈利能力表

上市公司	毛利率	总资产收益率	净资产收益率
锦浪科技	28.45%	7.41%	17.88%
阳光电源	27.42%	4.88%	13.54%
上能电气	23.41%	1.56%	5.17%
禾迈股份	42.95%	15.49%	27.77%
固德威	34.55%	7.52%	14.16%
行业平均	31.35%	7.37%	15.70%

(数据来源:2021 年上市公司财务报表)

以上 5 家上市公司中,毛利率、总资产收益率、净资产收益率最高的均为禾迈股份,由此可以判断,禾迈股份在这 5 家上市公司中盈利能力最强。

在禾迈股份上市之前,公司公告披露,保荐机构(主承销商)通过上交所网下申购平台共收到 385 家网下投资者管理的 7760 个配售对象的初步询价报价信息,报价区间为 52.50 元/股至 798 元/股。其中公募基金报价加权平均和报价中位数,均为网下投资者中最高,分别达到 605.92 元和 598.87 元每股。最终发行价定为 557.80 元/股,禾迈股份因此成为 A 股史上最贵新股。2021 年 12 月 20 日,禾迈股份正式上市。截至收盘,禾迈股份股价为 725.01 元/股,单日涨幅 29.98%,总市值为 290 亿元,盘中最高价为 824 元/股。

(四)投资报酬能力分析

投资报酬能力分析也是获利能力分析的一个重要部分。投资者和债权人,尤其是长期债权人,比较关注企业的基本获利能力。对于投资者而言,投资报酬是与其直接相关的、影响其投资决策的关键因素。企业的资产运营能力强,资产报酬率高,并不等于投资收益就高。一般企业总资产报酬中都包含有债务融资报酬的部分,只有利用债务资本产生的利润大于其应支付的利息,产权融资的报酬才会提高。因此,投资者进行投资决策时,除了要分析企业的运营能力和盈利能力,还应考察企业的投资报酬能力。投资报酬率指标主要有以下几种。

1. 普通股权益报酬率

普通股权益报酬率是从普通股股东的角度反映企业的获利能力,该比率越高,表明企业获利能力越强,即普通股股东可获得的收益越多。相关计算公式如下:

$$普通股权益报酬率 = (税后净利润 - 优先股股利) / 平均普通股权益$$

普通股权益报酬率是指净利润扣除应发放的优先股股息后的余额与普通股权益之比。如果公司未发行优先股,则普通股权益报酬率等于股东权益报酬率或自有资本报酬率。

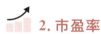 **2. 市盈率**

市盈率亦称本益比,是股票价格除以每股税后盈利的比率。市盈率通常指的是静态市盈率,通常用来作为比较不同价格的股票是否被高估或者低估的指标。

市盈率反映经过多少年通过股息收回本金。一般情况下,股票市盈率越低,表明投资回收期越短,投资风险越小,股票的投资价值越大,反之亦然。相关计算公式如下:

$$市盈率 = 股票市价 / 每股净盈利$$

市盈率是被广泛用于评估公司股票价值的一个重要指标,特别是对于一些潜在的投资者来说,可根据它来对上市公司的未来发展前景进行分析,并在不同公司间进行比较,以便最后做出投资决策。

 3. 股利支付率

股利支付率反映企业一定时期净利润中股利发放的比例,股利支付率高说明股东得到的股利高;反之,则表明股东得到的股利少。相关计算公式如下:

$$股利支付率 = 普通股每股股利 / 普通股每股收益$$

一般而言,股利支付率不能过高,因为发放股利特别是现金股利常会影响到企业的支付能力、偿债能力和运营能力。

 4. 利润留存率

利润留存率指公司税后盈利减去应发现金股利的差额和税后盈利的比率。利润留存率表明公司的税后利润有多少用于发放股利,有多少用于保留盈余和扩展经营。相关计算公式如下:

$$留存利润率 = (净利润 - 应付股利) / 净利润$$

留存利润率高,表明企业留存的利润多,企业的发展后劲足;反之,表明企业留存的利润少,投资者获得的收益多。一般情况下,企业在初创阶段,为了经营发展,留存利润率会相对高一些。企业发展到一定阶段,有了资金积累后,留存利润率可相对降低。

5. 每股净收益

每股净收益是投资者评估股价的重要指标,每股净收益越高,表明每一股份可得的利润越多,投资收益越好。相关计算公式如下:

普通股每股净收益 =(税后净利 − 优先股股利)/ 普通股发行的股数

计算每股净收益时要注意普通股股数的变化,若计算期内股数有变动,则需重新计算。

(五)发展能力分析

企业的发展能力,也称企业的成长性,它是企业通过自身的生产经营活动,不断扩大积累而形成的发展潜能。企业发展能力衡量的核心是企业价值增长率。企业能否健康发展取决于多种因素,包括外部经营环境、企业内在素质及资源条件等。

1. 销售增长率

销售增长率是指企业本年销售增长额与上年销售额之间的比率,反映销售的增减变动情况,是评价企业成长状况和发展能力的重要指标。相关计算公式如下:

销售增长率 = 本期销售收入增长额 / 基期销售收入总额

销售增长率反映本期销售收入的相对变化,它可用来评判企业的经营状况及拓展能力。销售增长率大于零,表明企业的经营收入有所增长;销售增长率小于零,表明企业经营萎缩,获利能力较弱。销售增长率越高,表明企业经营增长速度越快,市场前景越好。但销售增长率反映的是本期与基期销售收入的比较,它会受基期水平的影响,如由于自然灾害、突发事故等偶然因素的影响,可能造成基期收入偏低,这就会使本期销售增长率猛增,这并不代表企业具有较强的发展能力。因此,分析企业销售增长率时要综合历年的收入情况及同行业水平进行比较,以便得出合理的判断。

2. 总资产增长率

总资产增长率是企业本年总资产增长额与年初资产总额的比率,反映企业本期资产规模的增长情况。相关计算公式如下:

总资产增长率 =(年末资产总额 − 年初资产总额)/ 年初资产总额

总资产增长率从企业资产总量的扩张程度上反映了企业的发展能力,体现了企业规模增长水平对发展后劲的影响。总资产增长率越高,表明企业一定时期内资产经营规模扩张的速度越快。在分析时,需要关注资产规模扩张的质和量的关系,以及企业的后续发展能力。

3. 资本积累率

资本积累率即股东权益增长率,是指企业本年股东权益增长额与年初股东权益额的比率。它反映企业当年资本的积累能力,是评价企业发展潜力的重要指标。相关计算公式如下:

资本积累率=(年末股东权益额-年初股东权益额)/年初股东权益额

资本积累率反映企业当年股东权益的总增长,是企业发展能力的标志,也是企业扩大再生产的源泉,展示了企业的发展潜力。资本积累率还反映了投资者投入资本的保全性和增长性,该指标越高,表明企业的资本积累越多,投资者投入资本的保全性越强,应付风险、持续发展的能力越强。该指标如为负值,则表明企业资本受到侵蚀,股东权益受到损害,应予充分重视。

案例分析

案例一

连续降息对股票市场的影响

一般而言,降息对股市应是利好消息。但在熊市中,投资者往往对利空消息非常敏感,对利好消息无动于衷。2015年,由于我国股票市场资金流动性不足,国家为了刺激经济,开展一系列经济改革措施,这促成了投资者的乐观预期,进而导致各行业股价泡沫严重,股市最终因去杠杆而连续暴跌,沪、深两市市值严重缩水。自2015年3月1日起,在短短7个月内,政府连续五次降息,试图对A股市场起到提振作用,但效果平平,如表9-10所示。

表9-10 2015年五次降息及股市反应

时间	存款基准利率			贷款基准利率			股市反应
	调整前	调整后	调整幅度	调整前	调整后	调整幅度	
2015年10月24日	1.75%	1.50%	-0.25%	4.60%	4.35%	-0.25%	26日两市均高开低走,沪指收盘涨幅为0.50%
2015年8月26日	2.00%	1.75%	-0.25%	4.85%	4.60%	-0.25%	沪指跌破2900点,沪指跌幅为1.27%,深指下跌2.92%
2015年6月28日	2.25%	2.00%	-0.25%	5.10%	4.85%	-0.25%	29日沪市高开低走,开盘4297点,收盘4053点,深指下跌5.78%

续表

时间	存款基准利率			贷款基准利率			股市反应
	调整前	调整后	调整幅度	调整前	调整后	调整幅度	
2015年5月11日	2.50%	2.25%	-0.25%	5.35%	5.10%	-0.25%	当日沪市涨幅为3.04%
2015年3月1日	2.75%	2.50%	-0.25%	5.60%	5.35%	-0.25%	沪指上涨34点,第二交易日下跌2.19%

案例二

公司基本面分析——隆基股份

隆基绿能科技股份有限公司(简称"隆基股份")成立于2000年,致力于打造全球较具价值的太阳能科技公司。公司主要从事半导体材料、太阳能电池与组件、电子元器件、半导体设备、LED照明灯具和储能节能产品的开发、制造和销售(包括进出口销售),同时负责光伏电站项目的开发、承包和运行维护。2012年3月27日,公司采用网下询价配售方式发行7500万股,每股面值1.00元,每股发行价21.00元,并于2012年4月11日在上海证券交易所上市交易,股票代码为601012,上市首日收盘价19.75元。截至2022年1月7日收盘,公司股票总市值为4345亿元,当日股票收盘价为80.27元。而2018年9月30日隆基股份总市值为393亿元,当日股票收盘价为25.80元,短短3年多时间,股票总市值增长了10.1倍,股价增长了2.1倍。

公司核心管理层长期深耕和洞察光伏行业及单晶领域,拥有前瞻性的战略规划能力。2006年在深入研判光伏行业各类技术路线后,选择了最具潜力可以将光伏度电成本做到最低的单晶路线作为公司的技术方向,并集中资源、聚焦目标,长期专注于单晶产品的研发、生产和销售,在多个单晶光伏技术节点取得创新突破。在公司的引领下,单晶产品在全球市场占有率快速提升,现已实现逆转并完成了单晶产品对多晶产品的市场替代,公司已发展成为全球最大的集研发、生产、销售、服务于一体的单晶光伏制造企业,2020年单晶硅片和组件出货量均位列全球第一。

据2020年年报披露,公司实现营业收入545.83亿元,同比增长65.92%;实现归属于母公司的净利润85.52亿元,同比增长61.99%;基本每股收益2.27元,同比增长54.42%;实现扣非后的加权平均净资产收益率25.93%,同比增加2.84个百分点;经营活动产生的现金流量净额为110.15亿元,同比增长35.02%。

近年来,应对全球气候变化已成为人类社会最大的共识,在全球实现碳中和的大趋势下,光伏作为零碳能源的代表将运用于各个场景,而作为光伏行业的龙头企业,隆基股份在未来将有较大的发展空间。

■ 评析：

从基本面上看，公司2020年每股收益为2.27元，营业收入同比增长65.92%，净利润为85.52亿元，同比增长61.99%，净资产收益率为25.93%。可以看出，公司的基本面良好，且重视产品的研发，降低光伏度电的成本，市场占有率在行业内处于领先地位。在良好的业绩支撑下，随着相关政策的出台，公司面临着巨大的发展机遇，未来几年将有较快发展。在这些利好因素的刺激下，公司股价将有所表现，投资者可逢低介入并持有。值得注意的是，基本面分析只适用于中长期投资，从短期来看，很难取得良好效果。因此，投资者还需结合公司股票的技术形态等进行分析，以此确定买卖时机，这样才是较为理想的证券投资方法。

◇ 阅读材料

上市公司"动力源"作用持续强化

作为经济高质量发展的微观基础，上市公司业绩能够真实反映中国经济发展态势和质量。

根据中国上市公司协会最新统计，2021年，全市场新增上市公司524家，年末公司数量增长至4682家，总市值96.53万亿元，规模稳居全球第二。截至2022年4月30日，全市场共有4669家上市公司披露了2021年年度报告。相关数据显示，上市公司经济增长"动力源"作用持续强化，作为实体经济"基本盘"的地位更加巩固。

1. 业绩提升增韧性

中国上市公司协会数据显示，2021年上市公司共实现营业总收入64.97万亿元，占全年GDP总额的56.81%，同比增长19.81%；非金融类公司实现营业总收入54.9万亿元，同比增长22.63%。约八成公司实现收入增长，四成公司收入连续三年持续增长。此外，上市公司海外收入同比提高18.03%。

2021年，上市公司共实现净利润5.3万亿元，同比增长19.56%；扣非后净利润4.43万亿元，同比增长24.39%，上市公司盈利能力进一步提升。同时，非金融类上市公司经营性现金流净额约为5.03万亿元，同比增长9.82%；近八成公司实现经营活动现金净流入，显示出较高的盈利质量。

分行业看，按照证监会公布的行业划分标准，19个行业大类中，约九成行业收入、七成行业净利润保持增长，约九成行业实现盈利，行业差异化特征显著。利润排在前三位的行业分别是金融业、制造业和采矿业，合计贡献上市公司整体净利润的近88%；交通运输、仓储和邮政业，文化、体育和娱乐业，住宿和餐饮业等行业扭亏为盈，净利润同比分别增长7945.84%、335.12%和120.24%。

2021年，上市公司在保持高成长的同时，主动与投资者分享企业发展成果，现金分红创历史新高。数据显示，2021年共有超过3300家公司推出现金分红预案，占全部盈利公司家数的81.67%。"现金分红证明上市公司具有稳定的盈利能力。上市公司积极分红有利于培育稳健型投资者，引导长期资金入市，培育长期投资理念,推动资本市场高质量发展。"川财证券首席经济学家陈雳说。

2. 研发投入添底气

上市公司持续加大研发投入、优化迭代产品服务,为我国经济行稳致远增添了发展底气,增强了发展动能。

"2021年,上市公司在推动研发创新、加大资本支出、优化资本结构等方面表现突出。"陈雳说。中国上市公司协会相关数据显示,2021年非金融类上市公司研发投入金额合计约1.31万亿元,同比增长23.53%,占全国企业研发支出总额的47.02%。研发强度排在前三位的行业分别是教育、科学研究和技术服务业,信息传输业,软件和信息技术服务业。非金融类上市公司的专利数量从2020年末的122.70万件增加至2021年的145.05万件,增长了18.22%。

作为"硬科技"公司集中地的科创板,2021年研发强度保持高位,全年研发投入金额共计852.4亿元,同比增长29%,研发投入占营业收入的比例平均为13%。2021年底,科创板已汇聚了一支超过14万人的科研队伍,平均每家公司超过330人,占公司员工总数的比例接近三成。

研发投入加码促使创新成果不断涌现。科创板公司全年合计新增发明专利7800余项,平均每家公司拥有发明专利数达到108项,66家次公司牵头或者参与的项目曾获得国家科学技术奖等重大奖项。在抗击新冠肺炎疫情的过程中,不少科创板公司及时开展应急攻坚,推动了新冠特效药、疫苗、快速检测试剂等加快落地。

3. 应对挑战有信心

受疫情防控形势复杂严峻、外部环境更趋不确定等因素影响,我国经济发展面临需求收缩、供给冲击、预期转弱三重压力,给上市公司发展带来了挑战。

在稳就业方面,沪市主板公司发挥了应有作用。2021年,沪市主板公司新增员工人数约24万人,整体就业人数达1670万人,占全国就业人员数量比重的2.22%,高于2020年的2.19%。以GDP占比测算,间接带动就业人口在2亿人以上,占全国就业人口比重的近三成。其中,制造业就业人数同比增长4%,增幅居各行业前列。汽车设备、医药、计算机通信、电气机械设备等行业员工规模均超40万人,体现出稳增长与稳就业互促共进。

面对原材料价格上涨和疫情压力,一批关乎国计民生的上市公司积极配合保供稳价,通过内部挖潜力、降成本、提效益,全力做好民生保障。在毛利率承压的情况下,食品制造业、饮料制造业费用率分别压缩2.9个、0.7个百分点。批发零售、交运仓储、住宿餐饮等行业克服疫情影响,费用率同比分别降低0.8个、1.0个、3.8个百分点,维持服务价格运行在合理区间。

提高上市公司质量是党中央、国务院从战略和全局高度做出的重大决策部署。3年多来,证监会将提高上市公司质量作为全面深化资本市场改革的重中之重,坚持市场化、法治化,坚持把好入口关与畅通多元化退出渠道并重,聚焦信息披露和公司治理双轮驱动,着力化解违规占用担保和股票质押等突出问题。上市公司整体面貌发生积极变化,晴雨表功能得到更好发挥,有力支持了资本市场的健康稳定发展。

以沪市主板为例,2021年有60余家公司解决资金占用问题,累计金额780余亿元;20余家公司解决违规担保问题,累计金额620余亿元。2021年年度报告期间,沪市主板新增发现存在占用担保的公司家数较2020年减少约六成。股权质押方面,2021年末,沪市主板存在股票质押的公司家数较年初减少逾50家,高比例质押公司数量较年初下降逾三成,较最高峰减少三分之二;年末质押待偿还余额7806亿元,较年初减少515亿元;市场整体履约担保较年初提高逾16个百分点,违约风险明显下降,整体风险进一步收敛,夯实了高质量发展的基础。

"疫情、地缘冲突风险等因素并未改变中国经济韧性较强、长期向好的基本面。中国拥有强劲发展的内生动力,包括完整的产业体系、高素质的人力资源、便利的基础设施、强大的国内市场、富有活力的市场主体、丰富的政策工具等,这些都让中国经济有能力有条件实现稳中向好。"中国国际经济交流中心宏观经济研究部副部长刘向东表示。

(资料来源:《经济日报》2022年5月6日 记者 祝惠春 彭江)

■ **点评:**

中国证券市场还不具备经济晴雨表功能。2021年,上市公司共实现净利润5.3万亿元,同比增长19.56%;扣非后净利润4.43万亿元,同比增长24.39%,上市公司盈利能力进一步提升。然而2021年A股重要股价指数的表现远远弱于上市公司的业绩增长,上证中指仅上涨4.80%,沪深300指数下跌5.20%,科创50上涨0.37%,创业板指上涨12.02%。2022年第一季度,A股上市公司总体表现不错,上市公司实现收入16.6万亿元,同比增长112%;实现净利润1.4万亿元,同比增长5.1%,上市公司研发投入同比增长14.8%。但是2022年第一季度A股表现不佳,上证中指下跌10.65%,沪深300指数下跌14.53%,科创50下跌20.97%,创业板指下跌19.96%。

◇ 本章小结

本章介绍了证券投资基本分析的相关内容,包括基本分析概述、宏观经济分析、行业分析、公司分析及公司财务状况分析,并结合案例分析深入介绍了相关知识。通过这些分析,使投资者了解影响证券价格的相关因素,学会分析上市公司财务状况,从而帮助投资者做出合理的投资决策。

基本分析是利用丰富的统计资料,通过对决定证券投资价值及价格的基本要素如宏观经济指标、经济政策走势、行业发展状况、产品市场状况、公司销售与财务状况等的分析,评估证券的投资价值,判断证券的合理价位,从而提出相应的投资建议的一种分析方法。

宏观经济分析是从影响证券价格变动的敏感因素出发，从经济政策、经济指标中寻找宏观经济基本面与股市之间的因果关系或数量关系，判定这些因素对证券价格的未来走势的影响，为证券的选择决策提供方向性依据。

行业分析是根据经济学原理，综合应用统计学、计量经济学等分析工具对行业经济的运行状况、产品生产、销售、消费、技术、行业竞争力、市场竞争格局、政策等进行深入分析，从而发现行业运行的内在经济规律，进而预测未来行业发展趋势。行业分析是介于宏观经济分析与微观经济分析之间的中观层次的分析，是发现和掌握行业运行规律的必经之路，是行业内企业发展的大脑，对指导行业内企业的经营规划和发展具有决定性意义。

公司分析是对影响上市公司股票价格及公司发展能力等相关因素进行的分析，主要包括公司背景、公司行业、公司管理层、公司股利发放状况、新股发行上市、股票分割和合并等方面的分析。

除了以上分析之外，公司的财务状况也是投资者在证券投资中需要重点分析的内容。在分析公司财务报表时，需注意各个指标所代表的含义及其应用，并熟悉相关分析技巧。

◇ 名人名言

通过基本价值寻找被低估的股票，依据长期获利能力与股利分配水准来评估投资与否。

——柯林·麦克连

华尔街精英必须具备两个条件：一是反应敏捷；二是敢于下注，但不能乱赌。

——约翰·戈登

当我们投资购买股票的时候，应该把自己当作是企业分析家，而不是市场分析家、证券分析家或宏观经济分析家。

——沃伦·巴菲特

让趋势成为你的朋友。周期性行业的股票要在市盈率高时买进、市盈率低时卖出。

——彼得·林奇

守信念跟选股不应相提并论，但后者的成功领带前者。你也许是世上最好的财务分析专家，或者精于市盈率的分析，但如果没有信念，你也会相信好些消极因素的报道。

——彼得·林奇

最聪明的投资方式，就是把自己当成持股公司的老板。

——本杰明·格兰厄姆

不要懵懵懂懂地随意买股票，要在投资前扎实地做一些功课，才能成功。

——威廉·欧奈尔

复习题

一、选择题

1. 在经济周期的某个时期,产出、销售、就业开始下降,直至某个低谷,说明经济变动处于( )。

   A. 繁荣阶段　　　　　　　　B. 衰退阶段
   C. 萧条阶段　　　　　　　　D. 复苏阶段

2. 当经济衰退至尾声,投资者已远离证券市场,每日成交量稀少的时候,可以断定( )。

   A. 经济周期处于衰退期　　　B. 经济周期处于下降阶段
   C. 证券市场将继续下跌　　　D. 证券市场已经处于底部,应该可以买入

3. 下列关于通货膨胀对证券市场影响的看法中,错误的是( )。

   A. 严重的通货膨胀是很危险的

   B. 通货膨胀时期,所有价格和工资都按同一比率变动

   C. 通货膨胀有时能够刺激股价上升

   D. 通货膨胀使得各种商品价格具有更大的不确定性

4. 一般地,在投资决策过程中,投资者应选择( )行业投资。

   A. 增长性　　　　　　　　　B. 周期性
   C. 防御性　　　　　　　　　D. 初创性

5. 反映公司在一定时期内经营成果的财务报表是( )。

   A. 资产负债表　　　　　　　B. 现金流量表
   C. 利润表　　　　　　　　　D. 以上都不是

6. 反映企业偿付债务本金和支付债务利息能力的指标是( )。

   A. 流动比率　　　　　　　　B. 负债比率
   C. 现金比率　　　　　　　　D. 速动比率

二、简答题

1. 什么是基本分析?简要说明其优缺点。
2. 经济周期对证券市场价格的影响是什么?
3. 影响股票价格的基本因素主要有哪些?
4. 在不同的国内生产总值增长情况下,证券市场价格的变动主要有哪些?
5. 试析积极的财政政策对证券市场的影响。

三、论述题

1. 试析行业生命周期中各阶段的行业特点。
2. 货币政策对证券价格的影响主要包括哪些方面?

第九章
复习题
答案解析

第十章　技术分析的主要理论

知识目标

理解道氏理论、K线理论、切线理论、形态理论、波浪理论和量价关系理论。

能力目标

理解道氏理论六个基本规则,掌握K线的画图及运用规则,学会使用切线理论、形态理论、波浪理论和量价关系理论的运用规则来解决股票的买卖时点问题。

情感目标

通过本章的学习,认识技术分析的重要性,激发学生深入参与证券投资的热情和信心。

学习重难点

通过本章学习,需重点掌握:
(1)道氏理论六规则;
(2)各种理论与形态的运用规则。

基本概念

道氏理论　K线理论　切线理论　波浪理论　量价关系理论

导入案例

　　道琼斯指数最早是在1884年由查尔斯·亨利·道开始编制的一种算术平均股价指数,它由四种股价平均指数组成,是世界上历史最悠久的股票指数。截至2022年2月18日,道琼斯指数为34079点,上涨了340倍,投资道琼斯指数成分股收益十分可观。通用电气自1907年以来一直是道琼斯指数30只成分股之一,而在2018年6月26日,通用电气110年来首次因业绩不佳被剔除出道琼斯指数。虽然道琼斯指数成分股会随着各公司的发展而有所改变,但能被道琼斯指数选中的股票一般都是行业龙头。

■ 思考:跟随指数,长线投资

道琼斯指数自编制以来,截至 2022 年 2 月 18 日,已上涨 340 倍,选择各指数中的成分股进行长线投资,回报颇高,盈利远远跑赢绝大多数股票,并且相对稳健,风险相对较低。

第一节 道氏理论

◆ 知识链接

道氏理论是证券投资技术分析的理论基础,产生于 19 世纪末 20 世纪初的美国证券市场,其创始人是美国人查尔斯·亨利·道,查尔斯·亨利·道出生在美国东部的新英格兰地区,是一位经验丰富的新闻记者,他曾在股票交易所大厅工作,后来设立道琼斯公司,出版《华尔街日报》,并于 1895 年创立了影响深远的算术平均股价指数——道琼斯指数。1900 年至 1902 年,查尔斯·亨利·道担任编辑,写了很多评论文章,讨论股票投资方法,初步形成了道氏理论。查尔斯·亨利·道去世以后,威廉姆·皮特·汉密尔顿和罗伯特·雷亚继承了道氏理论,并在其后有关股市的评论写作过程中,加以组织与归纳,成为如今我们所见到的道氏理论。

一、道氏理论的主要内容

道氏理论利用股价平均指数,即多种具有代表性的股票价格平均数作为报告期数据,然后再确定以前的某一交易日平均股价为基数固定不变,报告期数据比上基期数据就可以得到股票价格指数,用来分析变化莫测的证券市场,从中找出某种周期性的变化规律,识别股价变动特征,据以预测股价未来走势。

道氏理论主要有以下六个基本规则。

(1)一切影响价格的因素都反映在平均价格之中。

(2)价格运动可分为三种趋势,即主要趋势、次要趋势和短暂趋势,如图 10-1 所示。主要趋势是指股价广泛或全面性上升或下跌的变动情形,短则一年,长则数年;次要趋势与主要趋势的运动方向相反,是指在股价上升趋势中发生急剧下降或者在股价下降趋势中出现迅速上升,其持续时间通常为3个星期至3个月,是主要趋势的调整;短暂趋势是最低级的趋势运动,是次要趋势中更小级次的波动,持续时间不超过3个星期。短暂趋势的随机性很大,一般不被人们作为重要趋势分析的对象。但是,证券市场的短暂趋势是形成中期趋势和长期趋势的基础。

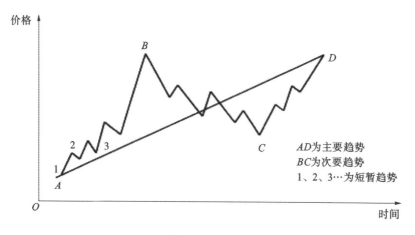

图 10-1 道氏理论中的三种趋势

(3)主要趋势通常包括三个阶段。① 多头市场的三个阶段,称牛市三阶段。第一阶段是上升能量的积聚阶段。在此阶段,经过了大跌市的痛苦经历,市场气氛惨淡,股票价格水平比较低,公众对股票投资缺少信心。但是有远见的投资者开始悄悄进货,这时坏消息已经为市场所消化,股票价格跌幅变缓或停止下跌。第二阶段是主升阶段。在此阶段,公司所公布的财务报表显示经营状况逐渐好转,股市已经恢复景气,经济前景乐观,股票价格稳定上升,交易量持续增加。第三阶段也称"猫狗阶段",在此阶段,资金大量涌入股市,交易量大幅度增加,股价暴涨。企业趁此机会,大量发行新股。投机者趁机哄抬股价,许多无投资价值的股票价格大幅上涨,其价格远高于其内在价值。② 空头市场的三个阶段。第一阶段是出仓或分散阶段。在此阶段,随着量价背离,股价滞涨,有远见的投资者预见到股市快要变盘,于是开始抛售持有的股票,促使股价下跌。股价开始的下跌幅度不大,成交量却逐渐减少。第二阶段是恐慌阶段。在此阶段,股市前景明显趋向不利,大多数投资者意识到熊市的来临,于是加速抛售持有的股票。卖方增多而买方减少,股票价格急剧暴跌,交易量大幅减少,市场处于一片恐慌之中。第三阶段是市场低迷阶段。在此阶段,股市一片悲观,市场上坏消息弥漫,股票价格继续下跌,交易量大幅减少。但是,股价已经停止暴跌,绩优股的跌势趋缓,投机股的下跌幅度较大,成交量急剧萎缩。当这些坏消息消失时,空头市场渐趋结束。

(4)两种平均价格指数必须相互加强。道氏理论认为,工业平均指数和运输业平均指数必须在同一方向上运行才可以确认某一市场趋势的形成。

(5)成交量必须与趋势一致。在确定趋势时,交易量是重要的附加信息,交易量应该在主要趋势的方向上放大。

(6)一个趋势的终结,必须有确凿的反转信号出现才能确立。趋势一旦确立,就会持续一段时间。当趋势未曾发生反转时,最好的投资策略就是顺势而为。

道氏理论作为一种股市行情理论,主要目的在于预测股票市场变化的转折点,指出新的牛市或熊市是否已经出现,主要趋势是否还会持续,从而使投资者在一种趋势结束以前采取相应的措施,以确保自己的投资利益。

二、道氏理论的意义

查尔斯·亨利·道没有抱怨市场的不规范,而是从众多的投机事件中总结出市场规律,他通过"基本运动是不可以被人为操纵"的这一认识感悟到:市场的基本运动是以自然经济运动发展的客观规律为基础的。这是道氏理论的基础,也是市场分析的基础。

值得注意的是,道氏理论的创始人声称其理论是一种反映市场总体趋势的晴雨表。

三、道氏理论的局限性

道氏理论首创了技术分析的理论基础,许多后来的技术分析方法的基本思路都来自道氏理论。但是道氏理论本身存在一些缺陷。

(1)道氏理论注重长期趋势,对短暂趋势甚至次要趋势的判断作用不大。道氏理论只对长线投资有指导意义,对于中短线投资者来说,并没有太多的指导性作用。

(2)道氏理论的信号太迟,可操作性较差。道氏理论对市场趋势的判断,是通过两种指数之间的相互验证原则而确立的,也就意味着是在市场形态走出之后而做出反应的。这说明道氏理论的滞后性是必然的,主要体现在每一个交易的主要趋势的前三分之一和后三分之一,会错过最佳买入和卖出时机。

(3)道氏理论对选股没有帮助。它认为股票指数的收盘价和波动情况反映了一切市场行为,股票指数代表了群众心态和市场行为的总和。在选择个股方面,其无法对投资者选股提供帮助。

针对道氏理论的局限性,市场上有一些新的技术分析方法对道氏理论做出了必要的和有益的补充。

第二节 K 线理论

◇ **知识链接**

K 线图源于日本德川幕府时期,被当时日本米市的商人用来记录米市的行情与价格波动,后因其细腻独到的标画方式而被引入股票市场和期货市场。目前,这种图形分析法在我国乃至整个东南亚地区较为流行。

一、K 线图的画法及主要形状

(一)K 线图的画法

K 线,是将股市中每交易时间单位内的开盘价、收盘价、最高价和最低价,用粗线和细线记录下来,画成蜡烛一样的图形,用其阳或阴来表示开盘价与收盘价之间的关系。它由影线和实体组成。影线在实体上方的部分叫上影线,下方的部分叫下影线。实体分阳线和阴线两种(见图 10-2),又称红(阳)线和黑(阴)线。

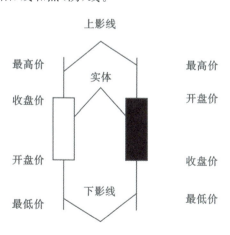

图 10-2 K 线的两种常见形状

日开盘价是指每个交易日以集合竞价方式产生的第一个成交价。为了克服机构庄家利用通信方式的优势人为造出一个不合实际的开盘价的弊端,目前中国市场采用集合竞价方式产生开盘价。

日收盘价是经过多空双方一天的实力对比和较量后最终达成的最后一笔成交价格,是供需双方当日最后的暂时平衡点,对于目前的股票价格情况具有重要的明示功能。

开盘价与收盘价构成了K线实体,K线实体的长短取决于收盘价与开盘价的差。最高价距离K线实体越远,则上影线越长;最低价距离实体越远,则下影线越长。K线实体的阴阳要视开盘价与收盘价的关系而定。收盘价高于开盘价的K线称为阳线,表示市场处于涨势;收盘价低于开盘价的K线称为阴线,表示市场处于跌势。

日最高价和日最低价是每个交易日股票的最高成交价格和最低成交价格。它们反映当日股票价格上下波动幅度的大小。最高价和最低价如果相差很大,则说明当日证券市场交易活跃,买卖双方争夺激烈。

一条K线记录的是某一只股票一天的价格变动情况。将每天的K线按时间顺序排列在一起,即构成这只股票的日K线图,它反映了这只股票自上市以来每天的价格变动情况。

如果当日收盘价与开盘价相同,则其颜色与前一交易日相同,前一交易日为阳线,当天即为阳十字线;反之,则为阴十字线。

除了日K线外,还有周K线、月K线、季K线和年K线等。其画法与日K线完全一样,区别只在四个价格时间参数的选择上。随着计算机技术的普遍运用,现在还有5分钟、15分钟、30分钟和60分钟等分时K线。

(二)K线的主要形状与含义

掌握了K线的基本画法后,可以根据K线图的形状研判股价未来的走势。

 1. 有上下影线的阳线和阴线

有上下影线的阳线(见图10-3左)是股市中最为普遍的一种K线形状,表示多空双方之间的斗争十分激烈的盘面情形。在盘面里,双方一度都占据优势,把价格抬到最高价或压到最低价,但都遭到对方的顽强反击。到尾盘时,多方才勉强占优势,从而使收盘价站到开盘价之上。有上下影线的阴线(见图10-3右)表示,到尾盘时,空方才勉强将优势保持下来,使收盘价"屈居"开盘价之下。

至于多空双方相对优势的衡量,应根据上下影线和实体的长度来进行研判。首先,从上下影线的长度对比来看,上影线长于下影线表明空方占优势,反之则表明多方占优势。其

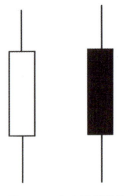

图 10-3 有上下影线的阳线和阴线

次,就实体的长度来说,阳线实体越短或阴线实体越长,反映出空方占据优势;阴线实体越短或阳线实体越长,表明多方占据优势。

2. 光头光脚阳线和光头光脚阴线

光头光脚阳线（见图 10-4 左），又称长阳线，是一种没有上下影线的纯粹上涨型 K 线形状。在盘中，当天的开盘价格为最低价，收盘价格为最高价。这种 K 线说明多方已经取得了决定性胜利，是一种涨势的信号。光头光脚阴线（见图 10-4 右），又称长阴线，含义正好与光头光脚阳线实体相反，表明空方已取得优势地位，是跌势的信号。

图 10-4 光头光脚阳线和光头光脚阴线

3. 十字星

十字星是一种既有上影线又有下影线、开盘价与收盘价几乎相同的 K 线形状，它的出现表明多空双方力量暂时平衡，使走势暂时失去方向，是一种值得警惕、随时可能改变趋势方向的 K 线图形。十字星分为两种：一种是大十字星，如图 10-5 左所示，其上下影线均较长，表明多空双方分歧很大、争斗激烈，但最后回到开始时的均衡点；另一种是小十字星，如图 10-5 右所示，它的上下影线较短，表明多空双方之间分歧较小，盘面交易清淡而使股价呈窄幅整理之势。

4. 一字线

当开盘价、收盘价、最高价和最低价都相同时，就会出现一字线（见图 10-6）。一字线是一种非常特殊、极其罕见的 K 线形状，在实际中有两种情形：一是在发行一只事先确定好价格的证券时；二是当股票开盘后直接达到涨跌停板时。一般来说，在设有涨跌停板制度的股市里，出现开盘涨停，并有大量买盘轧空时，表明多方占绝对优势；当出现开盘跌停，并有大量卖盘排队待售时，表明空方占绝对优势。

图 10-5 十字星　　　　　图 10-6 一字线

5. T 字线和倒 T 字线

T 字线是一种没有上影线而带下影线、开盘价与收盘价几乎相同的 K 线形状（见图 10-7 左）。在盘中，当天出现过最低价，开盘价、收盘价、最高价三价合一而居于最低价之上。T

字线表明多方占优势地位,多方优势的大小与下影线的长度成正比。这种 K 线大多出现在股价的相对低位处,值得注意的是,T 字线出现在高低不同的位置,其技术含义是不同的。倒 T 字线是一种没有下影线而带上影线、开盘价与收盘价几乎相同的 K 线形状(见图 10-7 右)。盘中出现了最高价,开盘价、收盘价与最低价三价合一而处于最高价之下。通常,倒 T 字线反映出空方处于优势地位,空方优势的大小与上影线的长度成正比。这种图形多出现在股价的相对高位。

图 10-7　T 字线和倒 T 字线

以上 K 线形状的含义可简要地概括为图 10-8 所示的内容。

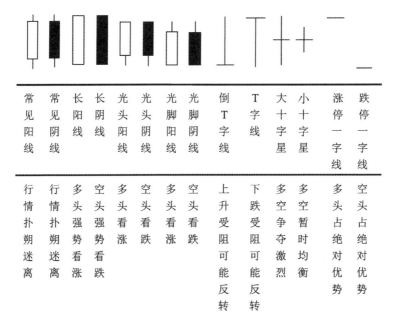

图 10-8　K 线的主要形状与含义

史丹利(002588)从 2019 年 7 月 17 日开始下跌,直到 11 月筑底后,出现短时间的上涨,随后在 2020 年 1 月下旬快速下跌创出新低。但在 2 月 4 日跳空低开拉出第一根大阳线后,股价便一路上扬。在底部出现第一根大阳线时,可以考虑分步买入。2020 年 3 月 4 日又出现了上涨途中的 T 字线,其技术含义是股价将继续上涨(见图 10-9)。

从图 10-10 可以看出,以岭药业(002603)在 2018 年 6 月初至 2018 年 10 月中旬处于下跌行情中,股价从 17.55 元高位向下滑落,跌至 9.91 元后止跌横盘运行一段时间后回升。但此次回升并没持续太久,股价涨至 14 元附近后止涨再次下落,跌至 10 元价位线后止跌回升,然后在 11~12 元区间做窄幅运动。

图 10-9　底部大阳线的指示作用

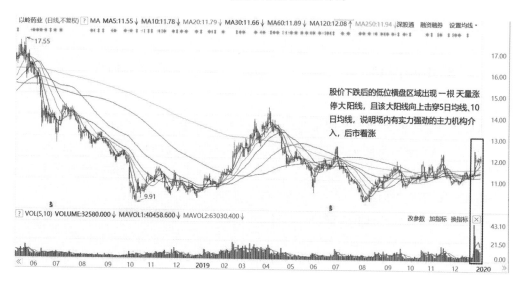

图 10-10　底部巨量大阳线走势图

2019年12月31日，K线收出一根天量涨停大阳线，且该大阳线向上击穿5日均线、10日均线，使均线纷纷拐头向上运行，这说明有主力机构介入，该股的趋势即将发生转变，投资者可以在大阳线及其附近大胆抄底买入。

宝通科技（300031）从2015年11月37.14元的高位开始经历多波下跌，到2018年10月11日的9.22元，当日盘中一度杀至跌停价附近，创出新低。但尾盘突然大单放量快速拉升，收盘价只比开盘价低0.02元，收出一根有着长下影线的T字线，止跌企稳的迹象十分明显，投资者可大胆分步买入。随后几个交易日该股继续小幅震荡，收盘价均保持在T字线顶部区域，底部迹象十分明显，此时可以加大仓位买入。之后从11月1日起，该股突破该区域震荡上扬，底部得到确认，投资者可继续加仓，持股待涨。由此可见，10月11日这根T字线是该股的长期大底，之后涨幅应该相当不错（见图10-11）。

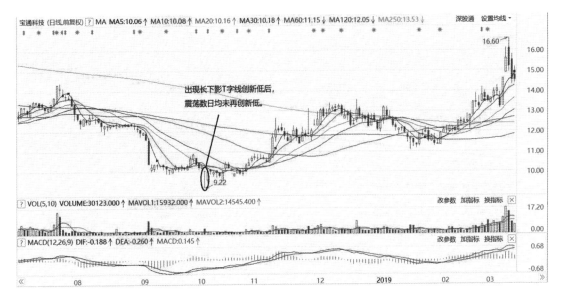

图 10-11　宝通科技底部 T 字线

二、K 线的组合

将两根、三根、多根 K 线组合起来即形成 K 线图，它反映的是一段时间以来买卖双方实力对比的结果，从中可以看到买卖双方争斗中力量的增减、市场的转变等。多根 K 线的组合情况非常多，要综合考虑各根 K 线的阴阳、高低、上下影线等，以判断股价行情的变化。这里只列举几种特定的组合形态。

应用多根 K 线的组合判断行情，是以多根 K 线的相对位置的高低和阴阳来推测的。将前一天的 K 线画出，然后，将这根 K 线按数字划分成 5 个区域（见图 10-12）。第二天多空双方争斗的区域越高，越有利于上涨；越低，越有利于下跌。也就是从区域 1 到区域 5 是多方力量减少、空方力量增加的过程。

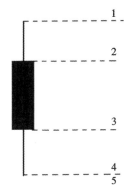

图 10-12　K 线的 5 个区域

（一）基本的 K 线组合

1. 平行线

这是一种在连续两个交易日里出现阳线或者阴线的情形（见图 10-13）。它表明多空双方的一方已经取得决定性胜利，今后将以取胜的一方为主要运动方向。图 10-13 中的左图表明多方实力强大，做多意愿坚决；右图反映空方优势明显，做空动力强大。第二根 K 线实体越长，超出前一根 K 线越多，取胜的一方优势就越大。

2. 相遇线

相遇线（见图 10-14）表明，昨日股价走势与今日完全不同。图 10-14 中的左图表明昨日低开高走并在最高价附近收盘，今日高开低走并在最低价附近收盘；右图则相反。同时，两天的收盘价基本接近。这种 K 线组合一般预示着短线行情的反转。

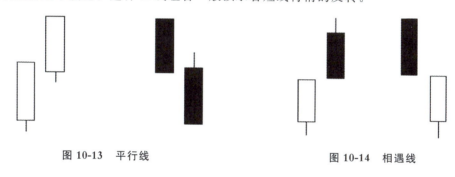

图 10-13　平行线　　　　　　图 10-14　相遇线

3. 反迫线

反迫线（见图 10-15）表明，继昨日收出一条大阴线后，今日开盘之初空方就一度占据优势，从而使股价低开低走，但不久就受到多方的强劲反攻，最终使今日收盘价在昨日最低价附近，形成一条光头小阳线。这种 K 线组合表明在低档处多方承接积极，是行情反弹的前兆，尤其是出现在持续下跌多日之时。但如果下一个交易日行情继续下跌，则会使行情继续看空。

4. 怀抱线

怀抱线（见图 10-16）表明，今日最低价高于昨日，今日最高价低于昨日，从而使今日 K 线被昨日 K 线犹如胸怀一样抱住，故称怀抱线。这种 K 线组合包括阳抱阴、阳抱阳、阴抱阳、阴抱阴四种。通常情况下，它预示着行情的反转。如果它出现在相对高位，特别是在行情持续上升已久时，一般以逢高出货为主；如果它出现在相对低位，尤其是股价长期处于底部运行时，则多以积极介入为操作策略。

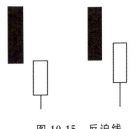
图 10-15　反迫线

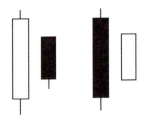
图 10-16　怀抱线

总之,无论 K 线的组合多复杂,考虑问题的方式是相同的,都是由最后一根 K 线相对于前面 K 线的位置来判断多空双方的实力大小。K 线多的组合要比 K 线少的组合得出的结论可靠。

（二）常见买入信号的 K 线组合

1. 希望十字星

希望十字星(见图 10-17)又称早晨十字星,在 K 线组合中,由三根 K 线组成,第一根是阴线,第二根是十字星(也可为小阴线或小阳线),第三根是带量的阳线。它是一种见底转势的行情形态。在十字星的第二天股票会跳空下行,但跌幅不大。这种形态如果出现在下降趋势中,应予以高度关注,因为此时趋势已发出比较明确的反转信号,是一个非常好的买入时机。

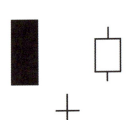

换言之,希望十字星是一种大市见底回升的形态。其要点为:

(1)在下降阴线之后,某日在低位形成十字星 K 线形态;

(2)十字星出现的第 2 日,大市以阳线收盘,且深入前一根阴线之内;

(3)十字星之前一日阴线或后一日阳线间形成缺口,形态更能确认。

图 10-17　希望十字星

泛海控股(000046)从 2020 年 3 月上旬开始出现下跌走势,到 2020 年 5 月 22 日出现希望十字星组合,随后股价便一路上涨(见图 10-18)。

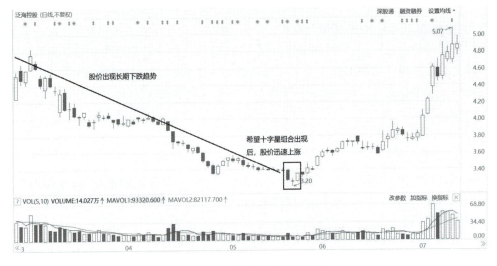

图 10-18　泛海控股希望十字星

2.锤头

锤头(见图10-19)一般出现在下跌趋势中,且往往出现在下跌趋势的末端,是一种见底回升的形态;而吊颈则出现在上升趋势中,是一种见顶回落的形态。其要点为:

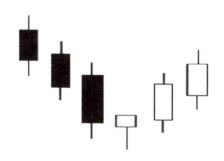

图 10-19　锤头

(1)市况持续下跌,某日出现长下影线图形,构成锤头部分,其下影线所达低位一般为近期的新低点;

(2)下影线比实体长得多,通常是实体的2~3倍,下影线越长表明多方力量越强,反之则多方力量较弱;

(3)实体部分可阴可阳,没有上影线,或上影线非常短,阳锤头线所代表的做多力量要强于阴锤头线。

万科 A(000002)在 2021 年 1 月 5 日出现阳锤头线后,次日收出光头大阳线,股价由不足 27 元上涨至 33.35 元,随后走出了一波凌厉的上涨行情(见图 10-20)。

图 10-20　万科阳锤头线

特锐德(300001)在经过一波下跌后,于2010年2月3日出现了阴锤头线,股价见底,次日收出小阳线,随后走出了一波上涨行情(见图10-21)。

图10-21 特锐德底部锤头线

开元教育(300338)在2018年5月29日创出阶段性高点20.15元之后,便一路下跌。2018年10月19日第一次触碰支撑位6.74元。此后该股数次下跌至6.74元附近均获得较强支撑。2019年1月29日,在震荡区域底部,该股开盘后不久忽然快速杀跌,盘中一度杀跌8%左右,股价创出新低,但随后开始反弹震荡,跌幅收窄,特别是竞价时该股还小拉了一下,收出一根锤头线至前面震荡区域内。之后两个交易日继续小阳线攀升,突破锤头线顶部区域,同时成交量温和放大,MA5也在6.74元调头向上,这表明底部已经探明,投资者可以大胆加仓。之后的第三天,该股股价跳空高开涨停,仅仅两个多月,该股股价实现翻番,这根锤头线是探底回升的重要标志,投资者可据此大胆买入(见图10-22)。

3. 下降三连阴

下降三连阴表明股价连续三天下跌,反映出空方力量渐强的趋势,尤其是在高档区具有明显的空头市场特征。同上涨三连阳的多头市场研判一样,空方优势的大小也取决于三条阴线的上下影线和实体的长度。如果三条阴线都是中、大阴线(见图10-23、图10-24),表明空方优势明显,至少中线股价应该继续下跌。但在短线上,第四天一般有反弹的机会,可以在续跌的下档"抢帽子"。如果出现连续跳空三阴线(见图10-25),又叫向下三空,是指下跌趋势中在图形上出现连续向下跳空低开的三根阴线,同时阴线与阴线之间留有三个连续低开的完美缺口。这种形态表明股价已经见底,是强烈的买进信号。如果三条阴线上下影线都较长,实体较小,表明股价处于黏着微降态势,既有高档抛盘,又有一定低档承接盘。若它出现在一段较长时间的上涨行情之后,则反转向下的趋势明显;若它出现在下跌已久的行情中,则意味着行情即将稳定,底部开始形成。

第十章 技术分析的主要理论

图 10-22　开元教育底部锤头线

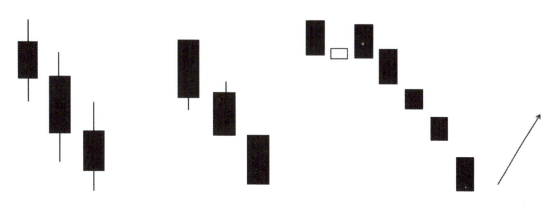

图 10-23　下降三连阴（一）　　图 10-24　下降三连阴（二）　　图 10-25　连续跳空三阴线

2010 年 6 月 29 日，*ST 中葡（600084）在股价下跌的过程中出现了连续跳空三阴线之后（见图 10-26），股价见底回升，走出了一波上涨行情。在盘中出现连续跳空三阴线时，投资者可大胆买入，被套的投资者可以适量加仓，持筹待涨。

4. 上涨三连阳

上涨三连阳（见图 10-27）由三根阳线组成，依次上升。表明股价连续三天上涨，显示出多方力量逐渐加强，尤其是在低档区时具有明显的多头市场特征。多方优势的大小取决于三条阳线的上下影线和实体的长度。若三条阳线都为中阳线或大阳线，则表明多方占据明显优势，但由于涨幅大，第四天多考虑离场或不介入，可暂持短线观望态度，中线应该看涨。若三条阳线均有较长的上下影线，实体较小，则表明行情处于黏着微升状态，既有低位承接的吸筹者，又有大量的高位抛压盘。如果在股价相对低位时出现，它意味着多方力量逐渐增强，后市应该看涨；反之，则意味着空方力量逐渐增强，后市将展开"多翻空"行情。

图 10-26 *ST 中葡连续跳空三阴线

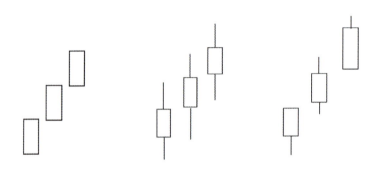

图 10-27 上涨三连阳

上涨三连阳形态是股市中最单纯的一种 K 线组合,由处于上涨行情中的三根阳线组成,通常要求至少有两根是中阳线或大阳线,当三根阳线都是实体较大的中阳线或大阳线时,被称为"三阳开泰",其信号意义强于普通的上涨三连阳。

虽然上涨三连阳 K 线组合表现的是一种强烈的上涨态势,但该形态在不同的位置具有不同的意义。

2011 年 1 月 26 日,三房巷(600370)止跌反弹,并于 2011 年 2 月 10 日至 14 日走出上涨三连阳,而且都是中阳线(见图 10-28)。持有该股的投资者应持股待涨,而持币的投资者可分步买入。在随后的一波震荡上涨行情中,应果断止盈离场。

 5. 红三兵

红三兵(见图 10-29、图 10-30)是三连阳的一种特殊形式,它由连续拉出的三根相似的阳线构成,一般出现在长期下跌的底部区域,或者在上涨时回调后的反弹过程中,表明短期有上扬空间。只有股价在底部区域,经过较长时间的盘整,连续拉出三根阳线,才叫红三兵。

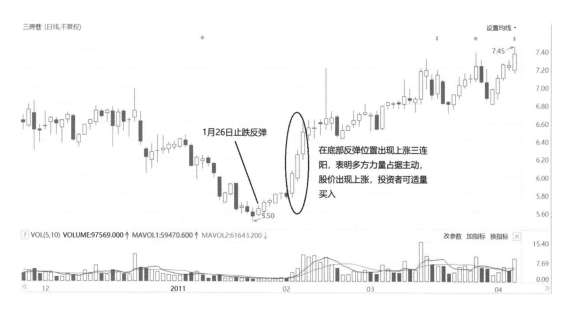

图 10-28 三房巷上涨三连阳

红三兵出现在上涨行情初期。如果成交量也明显放大,预示后市上涨的可能性很大,投资者可以及时买入,红三兵是典型的买入信号。

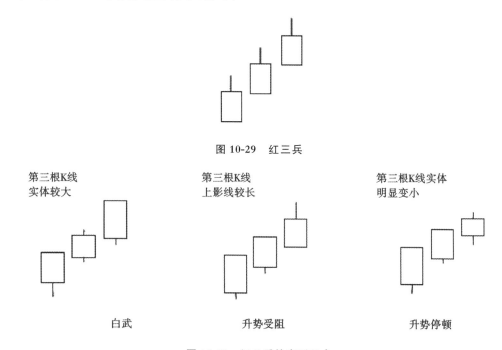

图 10-29 红三兵

图 10-30 红三兵的变形组合

2010 年 7 月 20 日,中集集团(000039)股价在出现红三兵后,被一路推高,一直涨至 2010 年 8 月 24 日的 9.57 元,涨幅在 20% 以上,投资者可做波段操作(见图 10-31)。

西安饮食(000721)从 2020 年 1 月中旬开始,仅仅半个月的时间,跌幅达到 27%。在 2020 年 2 月 6 日、7 日、10 日出现红三兵组合,红三兵的三根阳线为整齐排列,随后股价开始走入上升轨道(见图 10-32)。

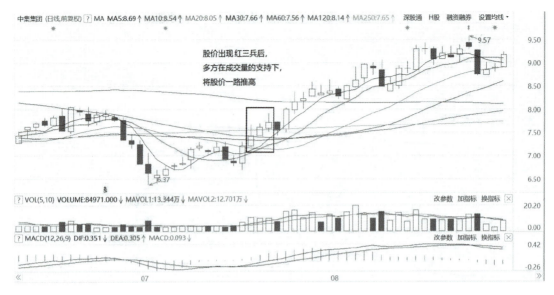

图 10-31　中集集团红三兵

图 10-32　西安饮食低位红三兵

6. 上升三法

上升三法(见图 10-33)又名上升三部曲,还可以称为升势三鸦,通常出现在上涨途中,并由大小不等的五根 K 线组成。最佳的买点在第五根阳线形成的末期。股价持续上涨中,某日出现一根大阳线,隔日后连续出现三根小阴线,这是蓄势待发、后市看涨的前兆,被视为另一波上涨的信号。

2007 年 3 月 28 日,东风汽车(600006)在上涨途中拉出一根大阳线,此后出现三根连续的小阴线,并随后拉出一根大阳线,一举吞没前面的三根小阴线(见图 10-34),这就是上升三法。投资者可以选择在大阳线吞没三根小阴线的当日果断进场。

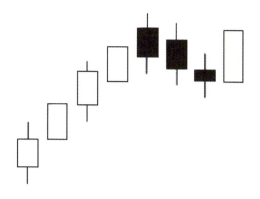

图 10-33　上升三法

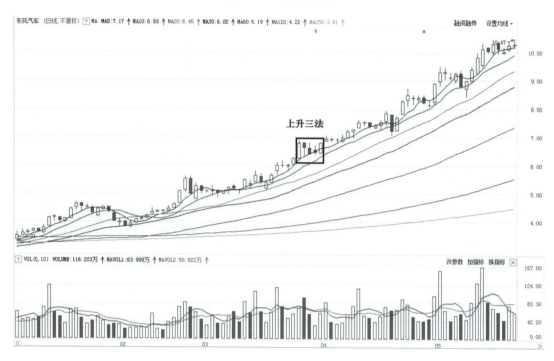

图 10-34　东风汽车上升三法

7. 上涨孕线

孕线暗示着股价正孕育着趋势的扭转,将诞生一个新的趋势。上涨孕线(见图 10-35)多出现在下跌趋势中,是由两根 K 线组成的形态,第一根 K 线实体较长,第二根实体较短,且最高价和最低价均不能超过第一根 K 线的最高价和最低价。孕线对行情的转势信号不如其他拐点的信号强烈,投资者在运用时需小心观察。

2008 年 11 月 4 日,华茂股份(000850)经过一波漫长的下跌后,出现了上涨孕线组合,股价随后触底反弹,走出一波上涨行情(见图 10-36)。

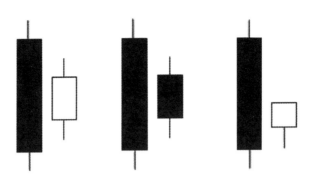

图 10-35　上涨孕线

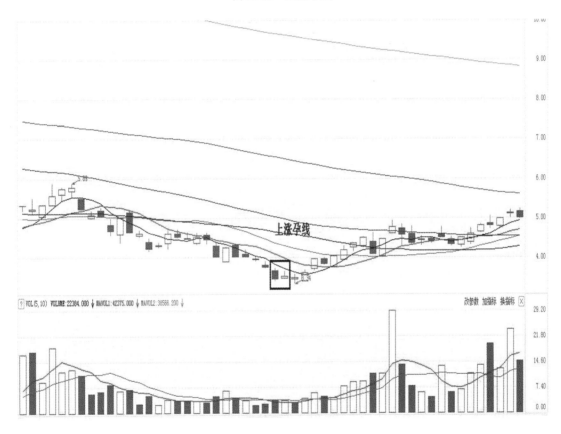

图 10-36　华茂股份上涨孕线

大理药业(603963)从 2018 年 4 月开始走出长期下跌行情,跌至 10 月 19 日出现一根锤头线,走出一小波反弹,之后继续震荡下跌,跌速放缓。但在 2019 年 1 月下旬,该股忽然又出现加速下跌态势,在 1 月 31 日和 2 月 1 日走出孕线的 K 线组合。由于该股跌幅已达到 60%,跌幅巨大,在较长的盘整期后突然加速下跌形成这种组合,极有可能是主力故意做出的"挖坑"行为,可以大胆分步介入。此后连续几个交易日该股均收出阳线,成交量也随之温和放大。在 2 月 12 日股价突破组合的中阴线开盘价时,反转得到确认,投资者可以进行波段操作,之后走出一波涨幅接近翻倍的行情(见图 10-37)。

图 10-37　大理药业上涨孕线

8. 芝麻开花

芝麻开花(见图 10-38)是指个股股价在前一日 K 线的最高点附近开盘并高收阳线,后一根 K 线则也在其最高价附近开盘,并继续高收阳线。投资者可综合均线和其他技术指标,在第二根阳线的盘中择机买入。若该图形出现在股价的高位,则应提防某些主力和机构借此形态骗线出货。

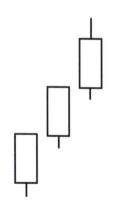

图 10-38　芝麻开花

2011 年 4 月上市的清新环境(002573),上市后即进入下跌走势,很多中签筹码在前期下跌中已经抛出,因此上方股价的压力不大。该股随大盘展开反弹,却比大盘强劲很多,以 V 形底及芝麻开花 K 线组合快速上涨的方式迅速脱离底部,随着成交量的放出,形成了自己较为独立的上行轨道(见图 10-39)。

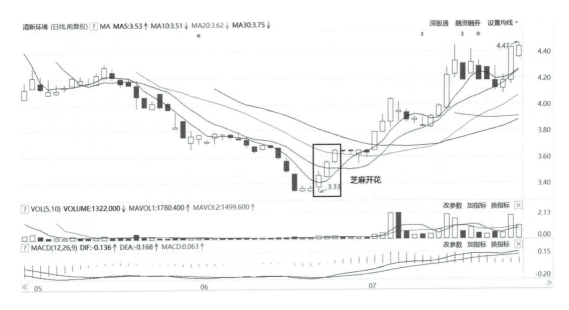

图 10-39　清新环境芝麻开花

（三）常见卖出信号的 K 线组合

1. 黄昏之星

黄昏之星（见图 10-40）一般出现在长期上涨的顶部或者阶段性顶部，此时，大势将由升势转为跌势。投资者遇到这种 K 线形态，应及时卖出离场。黄昏之星的第一天股价继续上升，拉出一根阳线，第二天波动较小，形成一根小阳线或小阴线，构成星的主体部分，第三天形成一根包容第二天并延伸至第一天的阴线实体。值得注意的是，黄昏之星是在高位跳空高开，并且形成一根上下影线都很长的十字星形状的 K 线。在上涨途中，如果遇到的是放量的阴线，并且前期涨幅足够大，那么下跌趋势很可能即将到来。

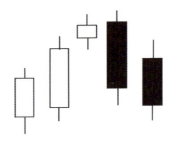

图 10-40　黄昏之星

换言之，黄昏之星 K 线组合形态是一种下跌形态，预示行情见顶回落。该形态具有三个要点：

（1）在持续上涨的走势中，出现一根大阳线；

(2)第2日跳空上升,但涨幅明显缩小,构成星的主体,星的主体可以是小阳线或者小阴线;

(3)第3日出现阴线,下跌至第1根阳线之内。

2010年4月9日,ST大有(600403)股价在经过一大波上涨行情后出现了黄昏十字星,随后,股价便一路下滑(见图10-41)。

图 10-41　ST 大有黄昏十字星

2. 吊颈

锤头与吊颈是完全一样的形态,即有长下影线的阳线或阴线形态,区别在于两者所处的位置不同。吊颈(见图10-42)出现在上升趋势中,是一种较典型的下跌形态。其要点为:

(1)走势持续上升,某日高开后出现长下影线图形;

(2)下影线较长,为实体部分的2倍以上;

(3)吊颈形态出现之后,第2日跳空低开,形成缺口,致使上一日买入的投资者全部被套牢。

北方国际(000065)在经过一段上涨行情后,于2021年4月2日出现高位吊颈线。此阴线吊颈线的出现,意味着股价下跌的可能性较大。果然,从次日开始,股价一路向下(见图10-43)。

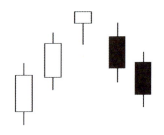

图 10-42 吊颈

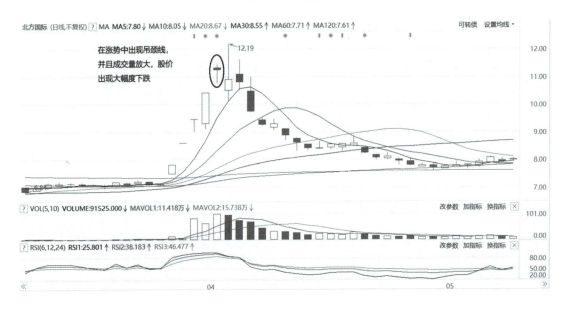

图 10-43 北方国际吊颈

3. 倒三阳

倒三阳(见图 10-44)是由三根阳线所组成的 K 线图,但这三根阳线都是低开高走,且收盘价一天比一天低。倒三阳一般出现在下跌的初期。出现倒三阳时,是主力为了出逃,故意释放的烟幕弹,投资人不要被阳线迷惑,应趁早卖出离场。

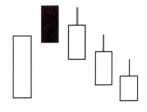

图 10-44 倒三阳

如图 10-45 所示,中国巨石(600176)这只股票,在经过前期的拉升之后,创出新高 12.63 元,开始下跌,在 2019 年 4 月 24 日、4 月 25 日和 4 月 26 日这三个交易日,接连收三根阳线,每根阳线的收盘价比前一个阳线的开盘价要低,形成倒三阳组合。这是庄家利用阳线所释放的烟幕弹,投资者切莫被迷惑,投资者应果断抛出手中的股票。

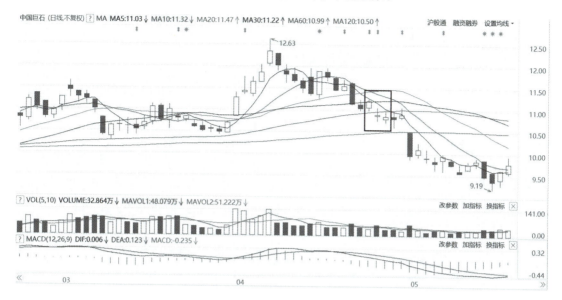

图 10-45　中国巨石倒三阳

总之,当股票在下跌走势中出现倒三阳形态时,投资者应果断卖出离场。

4. 下降三法

下降三法(见图 10-46)又叫下降三部曲,它是在股价持续下跌的过程中,出现一根大阴线,随后出现三根连续向上小阳线,但这三根小阳线都没有冲破前面大阴线的开盘价,第四天即最后一根大阴线,又全部或大部分跌掉了前面三根小阳线的涨幅。出现下降三法后,股价会加速下跌,三根小阳线的反弹就是投资者最后的逃离机会。

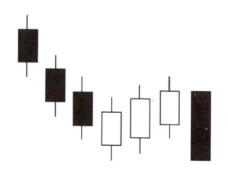

图 10-46　下降三法

2010 年 4 月 29 日,滨化股份(601678)在持续下跌途中出现下降三法,随后股价走入加速下跌行情(见图 10-47)。

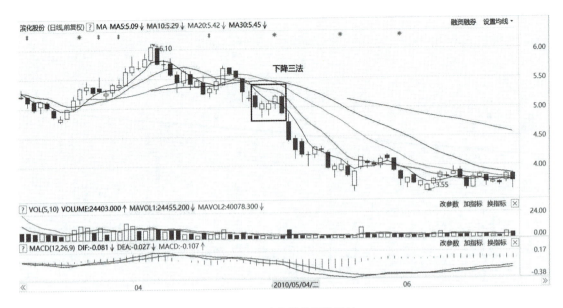

图 10-47　滨化股份下降三法

5. 三只乌鸦

三只乌鸦(见图 10-48)是指股价大涨后出现三根阴线,每一根阴线都是高开,然后收盘都收在最低点附近。它是卖出信号,也是暴跌前兆,三只乌鸦出现之前的行情已呈五六周以上的回档整理局面。顶部一旦出现三只乌鸦时,投资者应该离场观望。

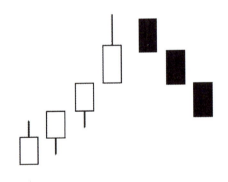

图 10-48　三只乌鸦

中国的传统观念认为,乌鸦是不吉之物,意喻不祥。三只乌鸦出现在下跌趋势的初期。三只乌鸦的技术特征如下:

(1)连续出现三根阴 K 线;

(2)每日收盘价都是下跌;

(3)收盘价接近每日的最低价位;

(4)每日的开盘价都在上根 K 线收盘价附近。

云天化(600096)前期处于大箱型整理过程中,在 2011 年 4 月 20 日出现三只乌鸦的 K 线组合,股价便加速回落,步入下跌轨道(见图 10-49)。

图 10-49　云天化三只乌鸦

6. 黑三兵

黑三兵（见图 10-50），也叫绿三兵，它由三根小阴线组成，其最低价一天比一天低。因为这三根小阴 K 线像三个穿着黑色服装的卫兵在列队，故名为黑三兵。黑三兵通常说明空头逐渐占据优势，是卖出信号。在上涨行情中出现黑三兵，要果断卖出。

图 10-50　黑三兵

2010 年 1 月 5 日，上汽集团（600104）在股价上涨的高位出现了黑三兵 K 线形态，股价直线下落。从盘中走势来看，股价在出现黑三兵走势之后，又出现了向下跳空的大阴线，此阴线出现在股价下跌的中期，预示着股价将会继续下跌（见图 10-51）。

7. 下跌孕线

经过连日大涨后，当日的开收盘价完全孕育在前一日的大阳线之中，并出现一根阴线，这代表上涨后劲不足，是将要下跌的前兆。下跌孕线（见图 10-52）对趋势的指示有时并不明确，投资者要留心此后走势，提前做好撤退准备。

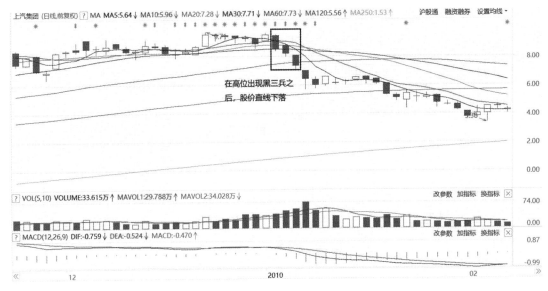

图 10-51 上汽集团黑三兵

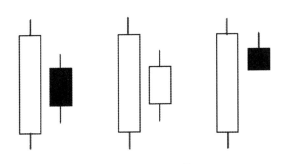

图 10-52 下跌孕线

安凯客车(000868)经过一轮大幅上涨后,于 2018 年 1 月 12 日出现下跌孕线组合,随后,股价开始下跌(见图 10-53)。

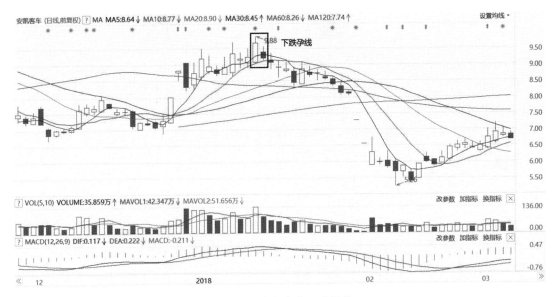

图 10-53 安凯客车下跌孕线

（四）应用 K 线组合分析应注意的问题

尽管 K 线能表现市场的行为，但 K 线组合形态只是根据经验总结出来的，没有严格的科学逻辑。在应用 K 线的时候应注意以下几点。

（1）无论是一根还是多根 K 线，都是对多空博弈的一个描述。尽管它有相当的参考价值，但并不是绝对的。市场的变动十分复杂，实际的市场情况可能与我们的判断有偏差。因此，K 线只能起建议作用。

（2）由于中国股市庄家众多，利用从众心理及技术分析派的力量，往往会在收市前最后几分钟乃至几秒钟拉出骗线，做出假图形。投资者对于这类 K 线组合，要多留意，警惕地加以参考。

（3）K 线分析方法只能作为战术手段，不能作为战略手段，必须与其他方法结合。在通过其他途径（如技术指标等）做出了买卖决定后，再用 K 线组合选择具体的采取行动的时间和价格。

（4）当 K 线组合图形与基本分析完全对立时，当国际国内政治经济形势发生根本变化时，放弃 K 线分析结果，服从基本分析结论。

第三节　切线理论

知识链接

证券市场有顺应潮流的问题。"顺势而为，不逆势而动"，已经成为大多数投资者的共识。切线理论就是在这一背景下提出和发展起来的。切线理论诞生于 20 世纪 70 年代左右，该理论是由约翰·墨菲等人提出的。切线理论和形态理论共同继承了道氏理论的三个基本信条，即市场行为包含一切信息、市场价格以趋势的方式演变、历史必然会重演。切线理论主要包括趋势分析、支撑线和压力线、趋势线和轨道线、黄金分割线和百分比线等内容。切线理论就是帮助投资者识别大势变动方向的重要方法。

一、切线理论的内容

 1. 趋势分析

1）趋势的含义

趋势是指股票价格波动的主要方向。若确定了一段上升或下降的趋势，则股价的波动必然朝着这个方向运动。上升的行情中，虽然也有下降，但不影响上升的大方向；同样，下降行情中也可能上升，但不断出现的新低使趋势不变。一般来说，市场变动不是朝一个方向直来直去，中间肯定要有曲折，从图形上看就是一条曲折蜿蜒的折线。每个折点处形成一个峰或谷，由这些峰和谷的相对高度，可以看出趋势的方向。

2）趋势的方向

趋势的方向有三类：上升方向、下降方向和水平方向。

（1）上升方向。如果图形中每个后面的峰和谷都高于前面的峰和谷，则趋势是上升方向。这就是常说的一底比一底高或底部抬高。

（2）下降方向。如果图形中每个后面的峰和谷都低于前面的峰和谷，则趋势是下降方向。这就是常说的一顶比一顶低或顶部降低。

（3）水平方向。如果图形中后面的峰和谷与前面的峰和谷相比，没有明显的高低之分，几乎呈水平延伸，这时的趋势就是水平方向。水平方向趋势是被大多数人忽视的一种方向，这种方向在市场上出现的机会相当多。

投资者在明确趋势类型之后，再做投资决定，在明显的上升趋势中做多，在下降趋势中做空。横盘整理中往往很难赚到大钱，也许空仓才是最佳策略。

2. 支撑线和压力线

在趋势分析中，支撑线与压力线的作用就像地板和天花板一样，股票价格会在两者之间运行，明确支撑线与压力线的强弱有助于投资者判断趋势的变化。因此，支撑线与压力线是切线理论中的重要概念。

1）支撑线和压力线的含义

支撑线又称抵抗线，是指当股价下跌到某个价位附近时，会出现买方增加、卖方减少的情况，从而使股价停止下跌，甚至有可能回升。当股价下跌到投资者（特别是机构投资者）的持仓成本价位附近，或股价从较高的价位下跌一定程度，或股价下跌到过去的最低价位区域时，都会导致买方大量增加买盘，使股价在该价位站稳，从而对股价形成支撑。

压力线又称阻力线，当股价上涨到某价位附近时，会出现卖方增加、买方减少的情况，股价会停止上涨，甚至回落。当股价上升到某一历史成交密集区，或当股价从较低的价位上升

一定程度,或上升到过去的最高价位时,会导致大量解套盘或获利盘的抛出,从而对股价的进一步上升形成压力。

2)支撑线和压力线的作用

支撑线和压力线的作用是阻止或暂时阻止股价朝一个方向继续运动。由于股价的变动是有趋势的,要维持这种趋势,就必须冲破阻止其继续向前的障碍。即要维持下跌行情,就必须突破支撑线的阻力,创出新的低点;要维持上升行情,就必须突破压力线的阻力,创出新的高点(见图10-54)。由此可见,支撑线和压力线有被突破的可能,它们不可能长久地阻止股价保持原来的变动方向,只不过使它暂时停顿而已。

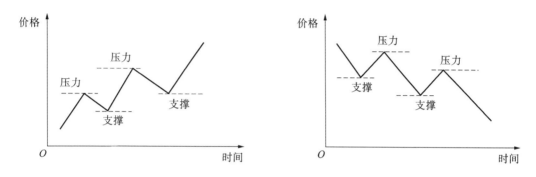

图10-54　支撑线和压力线

当然,支撑线和压力线又有彻底阻止股价按原方向变动的可能。当一个大趋势终结时,它就不可能创出新低或新高,这时的支撑线和压力线就显得异常重要。

在上升趋势中,如果未突破压力线,则说明上升趋势已经处在很关键的位置。如果往后的股价又向下突破了这个上升趋势的支撑线,则可能是一个强烈的警告信号,通常意味着这一轮上升趋势已经结束,大势可能反转向下。

同样,在下降趋势中,如果下一次未创新低,即未突破支撑线,这个下降趋势就已经处于很关键的位置。如果下一步股价向上突破了这次下降趋势的压力线,这就可能是趋势将要结束的强烈信号,意味着下降趋势将要结束,股价将调头向上(见图10-55)。

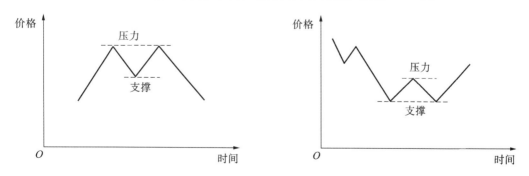

图10-55　支撑线和压力线

3)支撑线和压力线的相互转化

支撑线和压力线之间之所以能起支撑和压力作用,两者之间能相互转化,很大程度上是由于心理因素方面的原因,这也是支撑线和压力线的理论依据。

证券市场中主要有三种人：多头、空头和旁观者。旁观者又可分为持股者和持币者。假设股价在一个区域停留了一段时间后突破压力区域开始向上移动，在此区域买入股票的多头肯定认为自己对了，并为自己没有多买入些股票而感到后悔。在该区域卖出股票的空头这时也认识到自己弄错了，他们希望股价再跌回他们卖出的区域时，将他们原来卖出的股票补回来。持股者的心情和多头相似，持币者的心情同空头相似。无论是这几种人中的哪一种，都有买入股票成为多头的愿望。这样，原来的压力线就转化为支撑线。

正是由于这几种人决定要在下一个买入时机出现时买入，所以股价一旦回落就会受到关注，他们或早或晚会进入股市买入股票，这就使价格根本还未下降到原来的位置，新增资金的买进又会把价格推上去，使该股价成为支撑位。在该支撑位及其附近发生的交易越多，说明很多股票投资者在这个支撑区有切身利益，这个支撑位就越重要。

再假设股价在一个支撑位获得支撑后，停留了一段时间后突破支撑位开始向下移动，此时，情况截然相反。在该支撑位买入的多头都意识到自己错了，而没有买入的或卖出的空头都意识到自己对了。买入股票的多头都有抛出股票逃离目前市场的想法，而卖出股票的空头想进一步抛空，待股票抛压出来，再次将股价压低。这样，原来的支撑线就转化为压力线。

以上的分析过程对于压力线也同样适用，只不过结论正好相反。

可见，一条支撑线被跌破，则该支撑线将成为压力线；同理，一条压力线被突破，则该压力线将成为支撑线（见图10-56）。这说明支撑线和压力线的地位不是一成不变的，而是可以改变的，条件是它被有效的、足够强大的股价变动突破。

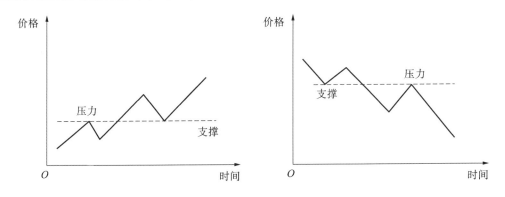

图10-56 支撑线和压力线的转化

一般来说，对支撑线或压力线的确认有三个方面：一是股价在这个区域停留时间的长短；二是股价在这个区域伴随的成交量大小；三是这个区域发生的时间距离当前这个时期的远近。很显然，股价停留的时间越长、伴随的成交量越大、离现在越近，则这个区域对当前的影响就越大，反之就越小。

上述三个方面是确认一条支撑线或压力线的重要识别手段。有时，由于股价的变动，原来确认的支撑线或压力线可能不真正具有支撑或压力的作用，比如说，不完全符合上面所述的三个条件，这时，就要对支撑线和压力线进行调整、修正。

对支撑线和压力线的修正过程其实是对现有各个支撑线和压力线的重要性的确认。每条支撑线和压力线在人们心目中的地位是不同的。股价到了这个区域，投资者应清楚，它很有可能被突破;而到了另一个区域,它就不容易被突破。这为投资者进行买卖决策提供了依据,不至于仅凭直觉进行买卖决策。

4)支撑线和压力线在实践中的重要规律

(1)与日K线相比,周K线的支撑线和压力线在操作上更为重要。

(2)支撑线和压力线被价格测试触碰的次数越多,它们的支撑或阻力的强度越大。价格不断地从压力位或阻力位折返回来,是压力线或阻力线存在的重要证据。

(3)支撑线和压力线维持的时间越长,说明其力量越大。

(4)支撑线和压力线附近出现K线反转形态,信号更为重要,投资者应果断买入或卖出。

3. 趋势线和轨道线

1)趋势线

(1)趋势线的含义。

由于证券价格变化的趋势是有方向的,因而可以用直线将这种趋势表示出来,这样的直线称为趋势线。反映价格向上波动发展的趋势线称为上升趋势线;反映价格向下波动发展的趋势线称为下降趋势线。

价格波动经常变化,可能由升转跌,也可能由跌转升,甚至在上升或下跌途中转换方向,因此,反映价格变动的趋势线不可能一成不变,而要随着价格波动的实际情况进行调整。趋势线有若干条,不同的趋势线反映了不同时期价格波动的实际走向。研究这些趋势线的变化方向和变化特征,有助于把握价格波动的方向和特征。

(2)趋势线的画法。

连接一段时间内价格波动的高点或低点可画出一条趋势线。在上升趋势中,将两个低点连成一条直线,就得到上升趋势线;在下降趋势中,将两个高点连成一条直线,就得到下降趋势线(见图10-57)。标准的趋势线必须由两个以上的高点或低点连接而成。

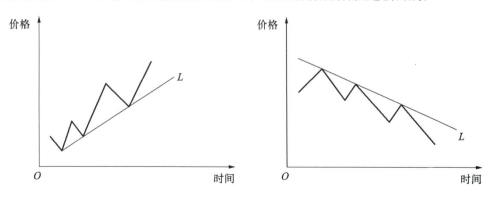

图 10-57 趋势线

由图10-57可以看出,上升趋势线起支撑作用,是支撑线的一种;下降趋势线起压力作用,是压力线的一种。

我们很容易画出趋势线,但这并不意味着我们已经掌握了趋势线。关键是正确判断趋势线的高点或低点,这需要对过去价格波动的形态进行分析研究。根据两点决定一条直线的基本原理,画任何趋势线必须选择两个有决定意义的高点或低点。一般来说,上升趋势线的两个低点,应是两个反转低点,即下跌至某一低点开始回升,再下跌没有跌破前一低点又开始上升,则这两个低点就是两个反转低点。同理,决定下跌趋势线也需要两个反转高点,即上升至某一高点后开始下跌,回升未达前一高点又开始回跌,则这两个高点就是反转高点。

(3)趋势线的确认及其作用。

要得到一条真正的趋势线,要经多方验证才能确认。首先,必须确定有趋势存在。即在上升趋势中必须确认出两个依次上升的低点,在下降趋势中必须确认两个依次下降的高点,才能确认趋势的存在。其次,画出直线后,还应得到第三个点的验证才能确认这条趋势线是有效的。一般来说,所画出的直线被触及的次数越多,其作为趋势线越有效。另外,这条直线延续的时间越长,越具有有效性。

一般来说,趋势线有两种作用:① 对今后的价格变动起约束作用,使价格总保持在这条趋势线的上方(上升趋势线)或下方(下降趋势线);② 趋势线被突破后,说明股价下一步的趋势将要反转。越有效的趋势线被突破,其转势的信号越强烈。被突破的趋势线原来所起的支撑和压力作用将相互交换角色(见图10-58)。

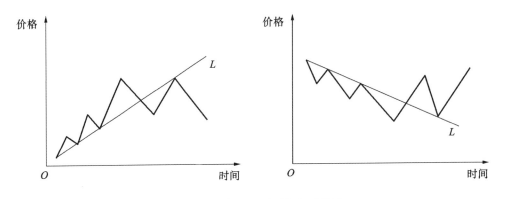

图 10-58 趋势线突破后起相反作用

广联达(002410)处于上升趋势,股价从 11.85 元的低位开始向上波动,最终上涨至 32.06 元后调头向下。直到 2019 年 1 月,其股价的下跌也没有有效跌破上升趋势线,而是触及上升趋势线,跌破后立即回升至趋势线上方,并继续上扬(见图10-59)。这说明股价在上升趋势线处获得了支撑,该趋势线有效,后市将继续看涨。投资者可以在趋势线附近大胆买入。

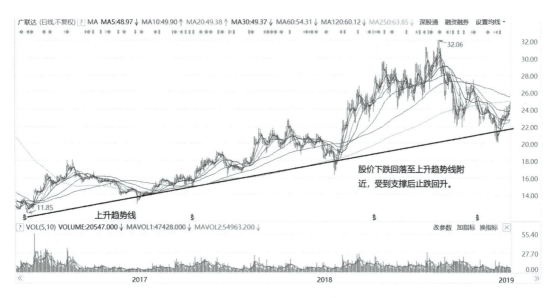

图 10-59　广联达上升趋势线

◆ 案例分析

恒立液压技术分析——趋势线的应用

如图 10-60 显示,恒立液压(601100)在 2021 年 6 月底开始出现一轮连续的主力波段建仓,成交量较高。股价进入上升趋势,其间虽有下跌,但股价始终沿趋势线上涨,直至股价创出新高 118.38 元。之后获利出逃,卖盘压力较大,股价开始下跌。跌破趋势线后,此前起到支撑作用的趋势线成为压力,上涨行情宣告结束,股价反转向下。

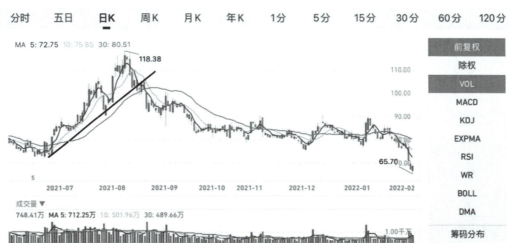

图 10-60　恒立液压日 K 线走势图(2021 年 5 月 31 日—2022 年 2 月 11 日)

重庆路桥(600106)从 2010 年 11 月 12 日达到最高价 11.58 元后开始走入下降轨道,2010 年 12 月 17 日和 2011 年 1 月 11 日股价上涨时均触及下降趋势线,受到压力而调头下跌(见图 10-61)。投资者在股价接近下跌趋线时应果断逢高卖出,做好波段交易。

图 10-61　重庆路桥下降趋势线

(4)趋势线突破的判断标准。

在判断趋势线是否被有效突破时有明确的判断标准,这里,我们提供几个常用的判断标准:① 收盘价突破趋势线比日内最高、最低价突破趋势线重要;② 穿越趋势线后,离趋势线越远,突破越有效;③ 穿越趋势线后,在趋势线的另一方停留时间越长,突破越有效。

2)轨道线

轨道线又称通道线或管道线,是基于趋势线的一种方法。在已经得到了趋势线后,通过第一个峰和谷可以做出这条趋势线的平行线,这条平行线就是轨道线,如图 10-62 所示。

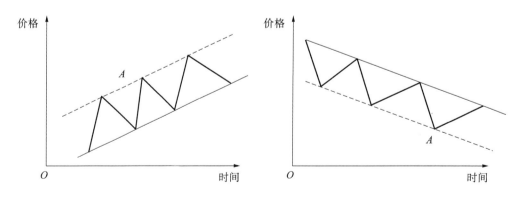

图 10-62　轨道线

航天动力(600343)从 2016 年 3 月份至 2016 年 8 月份,该股基本上呈现的特征是拉升 2 个月左右、休息 1 个月左右,呈现上升趋势(见图 10-63)。

图 10-63　航天动力上升轨道

华夏幸福(600340)从 2015 年 12 月中旬见顶,在顶部出现了上吊线形态、流星线形态、长腿十字线形态、风高浪大线形态,随即开始了为期一个半月的下降轨道(见图 10-64)。

图 10-64　华夏幸福下降轨道

两条平行线组成的一个轨道,就是常说的上升轨道或下降轨道。轨道的作用之一是限制股价的变动范围,让它不能变得太离谱。一个轨道一旦得到确认,则价格将在这个轨道里变动。对上面或下面的直线的突破意味着行情将会出现一个大的变化。

与突破趋势线不同,突破轨道线并不是趋势反转的开始,而是趋势加速的开始,即原来的趋势线的斜率将会增加,趋势线的方向将会更加陡峭(见图 10-65)。

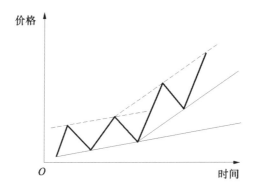

图 10-65　趋势的加速

航天工程(603698)从 2016 年 5 月下旬至 7 月初形成第一个上升轨道,上涨趋势较为平稳,但 7 月 4 日、5 日连续拉出两根放量的大阳线,到 7 月底形成第二个更为陡峭的上升轨道(见图 10-66)。

图 10-66　航天工程轨道线

在轨道线的确认问题上,一般而言,轨道线被触及的次数越多,延续的时间越长,其被认可的程度和重要性越高。

轨道线的另一个作用是提出趋势转向的警报。如果在一次波动中未触及轨道线,离得很远就开始掉头,这往往是趋势将要改变的信号。这说明,市场已经没有力量继续维持原有的趋势了。

轨道线和趋势线是相互合作的一对,很显然,先有趋势线,后有轨道线。趋势线可以单独存在,而轨道线则不能。

4. 黄金分割线和百分比线

黄金分割线与百分比线是两类重要的切线，在实际中得到广泛应用。这两类线提供了支撑线和压力线所在的几个价位。

1）黄金分割线

黄金分割法是一个古老的数学方法，对它的各种神奇的作用和魔力，数学上至今还没有明确的解释，只是发现它屡屡在实践中发挥出令人意想不到的作用。

黄金分割法是依据 0.618 黄金分割率原理计算得出的点位，这些点位在证券价格上升和下跌过程中表现出较强的支撑和压力效能。其计算方法是依据上升或下跌幅度的 0.618 及其黄金比率的倍率来确定支撑和压力点位。其应用步骤如下。

记住以下若干个特殊的数字：

0.191　0.382　0.500　0.618　0.809　1.000

1.191　1.382　1.500　1.618　1.809　2.000

找到一个点，以便画出黄金分割线。这个点是上升行情或下降行情的结束点。这个点一经确定，就可画出黄金分割线了。

在实际操作中需要注意的是，黄金分割线中最重要的两条线为 0.382 和 0.618。在回调中，0.382 为弱势回调位，0.618 为强势回调位；在反弹中，0.618 为强势反弹位，0.382 为弱势反弹位。

例如，在上升行情开始调头向下时，人们极为关心这次下跌将在什么位置获得支撑。假设这次上升的顶点价位为 6124.04 点（2007 年 10 月 16 日沪市的最高点位），以 2007 年 6 月 5 日最低点的该波段行情的起涨点 3404.15 计算，上涨了 2719.89 点，则应用上述黄金分割的第一行数据得到：

6124.04－2719.89×0.191＝5604.54

6124.04－2719.89×0.382＝5085.04

6124.04－2719.89×0.500＝4764.10

6124.04－2719.89×0.618＝4443.15

以上几个价位极有可能成为支撑，如图 10-67 所示。实际运行中，上证指数在 5462.01、5032.58、4778.73 和 4200.00 点位受到支撑，其中两个支撑点与按 0.382 和 0.500 计算的点位非常接近。

同样，在下降行情开始调头向上时，我们关心这次上涨到什么位置遇到压力。黄金分割线为此提供了一些价位，它是这次下跌的幅度乘以上面的第二行的数字得出。其中，以 1.382、1.618 和 2.000 的可能性最大。

2）百分比线

百分比线考虑问题的出发点是人们的心理因素和一些整数位的分界点。当股价持续向上涨到一定程度，肯定会遇到压力。遇到压力后，就要向下回撤。回撤的位置很重要，百分比线也提供了几个价位。以这次上涨开始的最低点和开始向下回撤的最高点两者之间的差，分别乘以几个特殊的百分比数，就可以得到未来支撑位可能出现的位置。

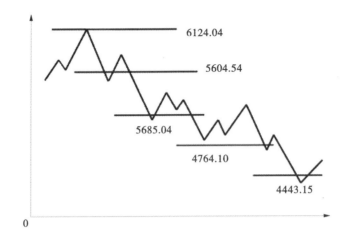

图 10-67　单点的黄金分割（以上证指数为例）

设低点是 100 元,高点是 200 元,这些百分数一共有 10 个,它们是:
1/8　1/4　3/8　1/2　5/8　3/4　7/8　1　1/3　2/3

按照上面的方法可以得到如下 10 个价位,如图 10-68 所示。

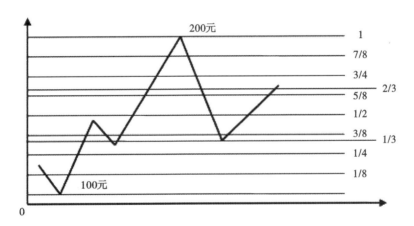

图 10-68　百分比线示意图

这里的百分比线中,以 1/2、1/3、2/3 三条线最为重要。在很大程度上,回撤到 1/2、1/3、2/3 是人们的一种心理倾向。如果没有回撤到 1/3 以下,就像没有回撤够似的;如果已经回撤了 2/3,人们自然会认为已经回撤够了。

上面所列的 10 个特殊数字也可以用百分比表示,之所以用分数表示,是为了突出整数习惯。

这 10 个数字中,1/3 和 3/8,2/3 和 5/8 是比较接近的。在应用时,以 1/3 和 2/3 为主。

将百分比数字换成 38.2%、50.0%、61.8%,就得到两个点的黄金分割线(见图 10-69)。可以看出,两个点的黄金分割线是百分比线的一种特殊情况。

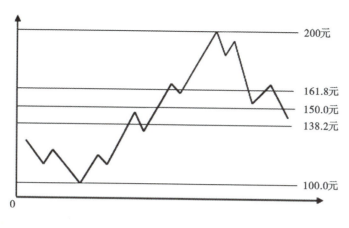

图 10-69　两个点的黄金分割线

二、应用切线理论应注意的问题

切线理论为我们提供了很多价格移动可能存在的支撑线和压力线,这些直线有很重要的作用。但是,支撑线和压力线有突破和不突破两种可能。在实际应用中会产生一些令人困惑的现象,往往要等到价格已经离开了很远的时候才能肯定突破成功和突破失败。用各种方法得到的切线提供了支撑线和压力线的位置,它们的价位只是一种参考,不能把它们当成万能的工具。

第四节　形态理论

知识链接

K线理论已经告诉我们一些判断今后股价运动方向的方法,但是,K线理论更注重短线的操作,它的预测结果只适用于往后很短的时期。为了弥补这种不足,将K线组合中所包含的K线根数增加,众多的K线组成一条上下波动的曲线,这条曲线就是股价这段时间移动的轨迹。形态理论来源于道琼斯理论里面有关趋势转变的描述,根据趋势不同时期的特点,不同时期的表现形式,通过图形的方式表达出来,并赋予其特定的技术含义。形态理论通过研究股价移动的轨迹,分析和挖掘出曲线告诉我们的一些多空双方力量的对比结果,进而指导我们的投资行动。

一、反转突破形态

反转突破形态描述了趋势方向的反转,是投资分析中应该重点关注的形态。这里将分别介绍头肩顶和头肩底、V形、双重顶和双重底、三重顶底、圆弧形、喇叭形等形态。

1. 头肩顶和头肩底

头肩顶和头肩底是实际股价形态中出现较多的形态,也是较为可靠的原始反转突破形态。它一般可分为头肩顶、头肩底以及复合头肩三种类型。

1)头肩顶

头肩顶是一种见顶信号,一旦头肩正式形成,后市下跌几乎成定局。一般通过连续的三次起落构成该形态的三个部分,也就是要出现三个局部的高点。中间的高点比另外两个都高,称为头;左右两个相对较低的高点称为肩(见图10-70左)。

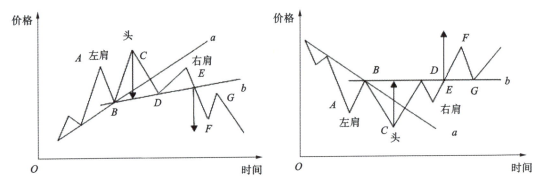

图 10-70 头肩顶(底)

头肩顶形态的形成过程如下。

(1)股价经过一波强势上涨后,因为获利回吐压力而使得涨势暂歇,此时的获利了结显现出成交量放大的情况,价格小幅回调,左肩形成。

(2)股价回升,行情再度延续原来的上涨趋势,突破左肩之顶点,并配合大成交量。但价位过高使持股者产生恐慌心理,竞相抛售,股价回跌到前一低点水准附近,头部完成。

(3)股价再次上升,但成交量明显缩小,涨势也不再凶猛,价位到达头部顶点之前即告回落,形成右肩。这一次下跌时,股价急速穿过颈线,再回升时,股价也仅能达到颈线附近,然后成为下跌趋势,头肩顶形态宣告完成。

这种头肩顶反转向下的道理与支撑线和压力线的内容有密切关系。图10-70左中的直线 a 和直线 b 是两条明显的支撑线。从 C 点到 D 点,突破直线 a 说明上升趋势的势头已经遇到了阻力,E 点和 F 点之间的突破则是趋势的转向。另外,E 点的反弹高度没有超过 C 点,也是上升趋势出了问题的信号。

图 10-70 中的直线 b 是头肩顶形态中极为重要的直线——颈线。在头肩顶形态中,它是支撑线,起支撑作用。

头肩顶形态走到了 E 点并调头向下,只能说是原有的上升趋势已经转化成为横向延伸,并不意味着已经反转向下了。只有当图形走到 F 点,即股价向下突破颈线,才能说明头肩顶反转形态已经形成。

一般而言,以下两种形态为假头肩顶形态:第一,当右肩的高点比头部还要高时,不能构成头肩顶形态;第二,如果股价最后在颈线水平回升,而且回升的幅度高于头部,或者股价跌破颈线后又回升到颈线上方,这可能是一个失败的头肩顶,宜作进一步观察。

当颈线被突破,反转确认以后,大势将下跌。下跌的深度,可以借助头肩顶形态的测算功能进行。从突破点算起,股价将至少要跌到与形态高度相等的距离。

形态高度的测算方法是这样的:量出从"头"到颈线的直线距离(图 10-70 左中从 C 点向下的箭头长度),这个长度称为头肩顶形态的形态高度。上述原则是股价下落的最起码深度,价格实际下落的位置要根据很多别的因素来确定。因此,这一原则只对我们有一定的指导作用。

总结起来,头肩顶形态具有如下特征:① 一般来说,左肩与右肩高点大致相等,有时右肩较左肩低,即颈线向下倾斜;② 就成交量而言,左肩最大,头部次之,而右肩成交量最小,即呈现梯状递减;③ 突破颈线不一定需要大成交量配合,但日后继续下跌时,成交量会放大。

华泰股份(600308)在 2010 年 2 月中旬开始出现头肩顶形态,随后股价便加速下跌,从头肩顶头部的最高价 17.74 元下跌至 2010 年 7 月 2 日的最低价 8.80 元(见图 10-71)。投资者一旦识别出头肩顶形态,务必在右肩出现的时候及时卖出,否则会损失惨重。

图 10-71 华泰股份头肩顶

2)头肩底

头肩底是一种较为常见的底部形态,往往预示着市场出现了阶段性止跌,此后有望展开一轮反弹走高的行情,因此该种形态形成后往往会成为支撑市场信心的标志。这一形态的构成和分析方法,除了在成交量方面与头肩顶有所区别外,其余与头肩顶类似,只是方向正好相反,如图10-70右。

值得注意的是,头肩顶形态完成后,向下突破颈线时,成交量不一定放大,但日后继续下跌时,成交量会放大;而头肩底形态向上突破颈线时,若没有较大的成交量出现,可靠性将大为降低,甚至可能出现假的头肩底形态。

华工科技(000988)于2016年1月至3月,股价在16元附近构筑颈线,3月初价格放量突破颈线,完成头肩底形态。后来股价上涨到20元之上,投资者在右肩附近要果断买入,持股待涨(见图10-72)。

图10-72 华工科技头肩底

3)复合头肩

股价变化经过复杂而长期的波动所形成的形态可能不只是标准的头肩形态,会形成所谓的复合头肩形态。这种形态与头肩形态基本相似,只是左右肩部或者头部出现多于一次。其形成过程也与头肩形态类似,分析意义也和普通的头肩形态一样,往往出现在长期趋势的底部或顶部。复合头肩形态一旦完成,即构成一个可靠性较大的买进或卖出的时机。

◇ **案例分析**

梦网科技技术分析——头肩顶形态理论应用

如图 10-73，梦网科技（002123）股价在 2021 年 5 月中旬开始震荡上行，在经过一段上涨后，于 2021 年 7 月中旬至 2021 年 9 月初，近两个月的时间构筑了一个头肩顶形态。该形态不但宣告了该股的上涨行情暂时告一段落，还具有良好的涨跌幅预测功能。由图可见，在股价向下突破颈线后，其下降幅度与头肩顶高度基本一致。

图 10-73　梦网科技日 K 线走势图（2021 年 4 月 26 日—2021 年 9 月 30 日）

2. V 形

V 形（见图 10-74）是比较常见、力度极强的反转形态，往往出现在市场剧烈波动之时，底部或顶部只出现一次。

V 形可分为以下三类。

(1) 正 V 形，是指在持续下跌到相对低位后，突然急速回升，在图上形成一个正 V 形。如 1994 年 7 月的上证指数 325 点开始的反转、2003 年 1 月上证指数 1311 点开始的反转皆为正 V 形反转。

(2) 倒 V 形，是指当价格一路上升到达相对高位后，突然掉头急速下跌，在图形上形成一个倒 V 形。

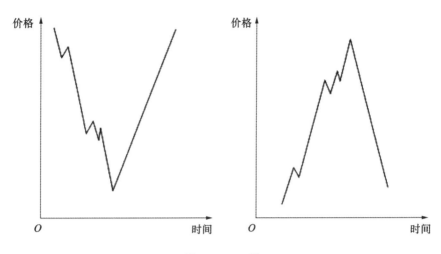

图 10-74 V 形

(3) 伸展 V 形,是指在正 V 形或倒转 V 形走势形成之后,横向波动一段时间,然后再继续其正 V 形走势,实战中的 V 形反转大多属于伸展 V 形。

派林生物(000403)从 2018 年 7 月 16 日见顶后开始下跌,途中有过缓跌和急跌的情况,2018 年 10 月突然大幅下跌,10 月 19 日 V 字形底部出现一根低开高走的大阳线,股价开始走出一波凌厉的上升行情,同时成交量放大,走出一个 V 形反转(见图 10-75)。

图 10-75 派林生物 V 形

中油工程(600339)从 2018 年 5 月 21 日见顶后开始倒 V 形反转(见图 10-76),顶部成交量急剧放大,投资者应该在顶部十字星附近及时止盈出局,做好波段操作。

佛山照明(000541)从 2020 年 5 月 29 日见顶后开始倒 V 形反转(见图 10-77),顶部出现大阴线,投资者应该及时止盈出局。

图 10-76 中油工程倒 V 形

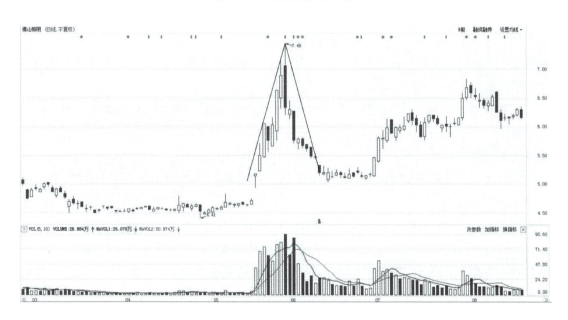

图 10-77 佛山照明倒 V 形

3. 双重顶和双重底

双重顶和双重底就是市场上众所周知的 M 头和 W 底,是极为重要的反转形态,它在实际中出现得也非常频繁。与头肩形态相比,就是没有头部,只是由两个基本等高的峰或谷组成。图 10-78 是这种形态的简单形状。

从图 10-78 可以看出,双重顶底一共出现两个顶底,也就是两个相同高度的高点或低点。下面以 M 头(图 10-78 左)为例说明双重顶形成的过程。

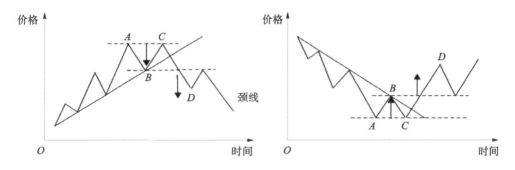

图 10-78 双重顶和双重底

在上升趋势过程的末期,股价急速上升到第一个高点 A,建立了新高点之后受阻回跌,成交量放大。受上升趋势线的支撑,这次回档将在 B 点附近停止,成交量随股价下跌而萎缩。往后就是继续上升,股价又回至前一峰顶附近 C 点(与 A 点几乎等高),成交量再度增加,却不能达到上一个高峰的成交量,上升遇到阻力,接着股价掉头向下,这样就形成 A 和 C 两个顶的形状。

M 头形成以后,有两种可能:一是未突破 B 点的支撑位置,股价在 A、B、C 三点形成的狭窄范围内上下波动,演变成下文将要介绍的矩形;二是突破 B 点的支撑位置继续向下,这种情况才是双重顶反转突破形态的真正出现。前一种情况只能说是一个潜在的双重顶反转突破形态出现了。

以 B 点作平行于 A、C 连线的平行线(图 10-78 左中的第二条虚线),就得到一条非常重要的直线——颈线。A、C 连线是趋势线,颈线是与这条趋势线对应的轨道线,它在这里起支撑作用。

一个真正的双重顶反转突破形态的出现,除了必要的两个相同高度的高点以外,还应该向下突破 B 点支撑。

双重顶反转突破形态一旦得到确认,同样具有测算功能,即从突破点算起,股价将至少要跌到与形态高度相等的距离。这里的形态高度,是从顶点到颈线的垂直距离,即从 A 或 C 到 B 的垂直距离。图 10-78 左中右边箭头所指的将是股价至少要跌到的位置,在它之前的支撑都不足取。

总结起来,双重顶反转形态一般具有如下特征:

(1)双重顶的两个高点不一定在同一水平,二者相差少于 3% 就不会影响形态的分析意义;

(2)向下突破颈线时,不一定有大成交量伴随,但日后继续下跌时,成交量会扩大;

(3)双重顶形态完成后的最小跌幅度量方法,是由颈线开始,至少会下跌从双头最高点到颈线之间的距离。

双重底(见图 10-79、图 10-80)的情形与双重顶完全相反。需要注意的是,双重底的颈线突破时,必须有大成交量的配合,否则可能为无效突破。

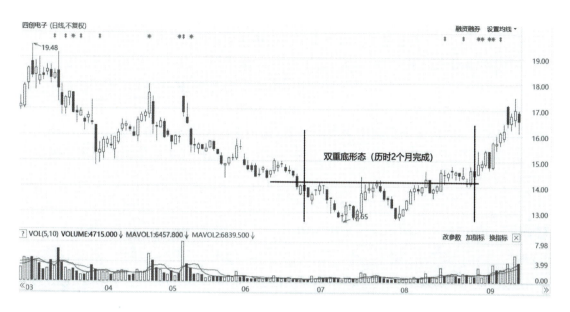

图 10-79　四创电子(600990)双重底日 K 线图(2012 年)

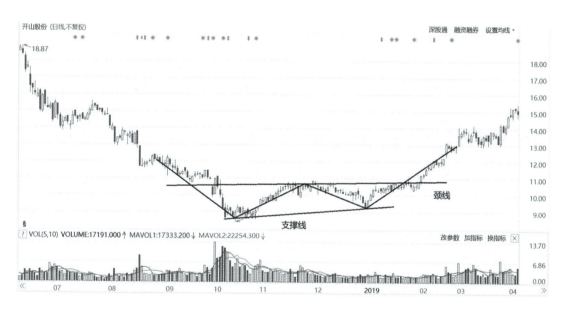

图 10-80　开山股份(300257)双重底日 K 线图(2019 年)

◆ **特别提示**

　　股市中有一个铁律:颈线就是股市的生命线,当指数或股价站稳在颈线上方时,投资者可以看多做多;当指数或股价有效跌破颈线时,投资者应看空做空。

◇ **案例分析**

富临精工技术分析——双重顶形态理论应用

图 10-81 显示的是 2021 年 6 月 1 日至 2022 年 2 月 11 日的日 K 线图。富临精工(300432)股价自 2021 年 6 月底开始进入上升通道,在经过了一段上升走势后,于 2021 年 9 月初至 2021 年 11 月中旬,构筑了一个典型的双重顶形态。该形态宣布了该股上涨行情暂时告一段落,股价突破颈线反转向下,此后持续下跌。截至 2022 年 2 月 11 日,该股收盘价 23.30 元,距离前期最高点下跌幅度达 59%。

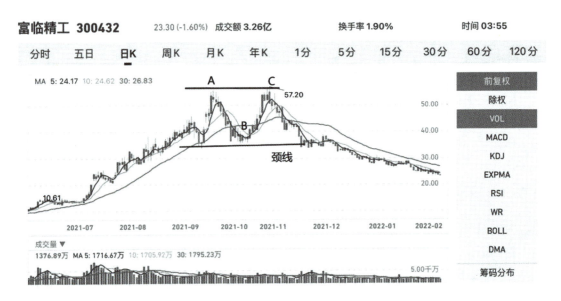

图 10-81　富临精工日 K 线走势图(2021 年 6 月 1 日—2022 年 2 月 11 日)

4. 三重顶底形态

三重顶底形态是双重顶底的扩展形态,也是头肩顶底的变形,从严格意义上讲,它是由三个一样高或一样低的顶或底组成。与头肩形态的区别是头的价位回缩到与肩差不多相等的位置,有时甚至低于或高于肩部一点。从这个意义上讲,三重顶底与双重顶底也有相似的地方,只是前者比后者多"折腾"了一次。

出现三重顶底的原因是由于没有耐心的投资者在形态未完全确定时,便急于跟进或跳出;走势不如人意时又急于杀出或抢进;等到大势已定,股价正式反转上升或下跌,仍照原预期方向进行时,投资者却犹豫不决,缺乏信心,结果使股价走势比较复杂。

图 10-82 是三重顶底的简单图形。它的颈线差不多是水平的,三个顶底也差不多是相等高度。

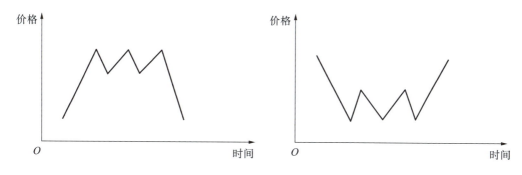

图 10-82　三重顶底

应用和识别三重顶底的方法主要是用识别头肩形态的方法。与一般头肩形态最大的区别是，三重顶底的颈线和顶部（底部）连线是水平的，这就使得三重顶底具有矩形的特征。比起头肩形态来说，三重顶底更容易演变成持续形态，而不是反转形态。另外，三重顶底的顶峰与顶峰或谷底与谷底的间隔距离和时间在分析时不必相等；此外，如果三重顶底的三个顶底的高度从左到右依次下降或上升，则三重顶底就演变成了直角三角形态。这些都是我们在应用三重顶底时应该注意的地方。

广日股份（600894）在 2016 年 4 月 6 日股价达到最高价位 17.05 元，随后进入下降轨道，在 5 月进入三重底形态，在 7 月中旬放量突破三重底的上沿，进入拉升行情（见图 10-83）。

图 10-83　广日股份三重底

5. 圆弧形

将股价在一段时间的顶部高点用折线连起来，每一个局部的高点都考虑到，有时可以到一条类似于圆弧的弧线，盖在股价之上；将每个局部的低点加在一起也能得到一条弧线，托在股价之下,如图 10-84 所示。

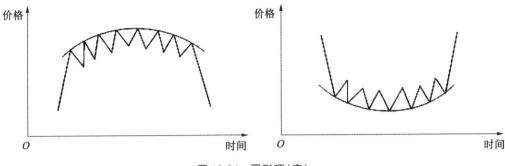

图 10-84　圆形顶(底)

圆弧形又称为碟形、圆形或碗形等,它是一种可靠的反转形态,在实际中并不常见,但是一旦出现则是绝好的机会。它的反转深度和高度是不可测的,这一点同前面几种形态有一定区别。

圆弧形具有如下特征:

(1)圆弧形完成后,行情多属爆发性,涨跌急速,持续时间也不长,一般是一口气走完,中间极少出现回档或反弹;

(2)在整个圆弧形的形成过程中,成交量往往也会同步形成圆弧形,成交量都是两头多,中间少。越靠近顶或底成交量越少,到达顶或底时成交量达到最少。在突破后的一段,都有相当大的成交量;

(3)圆弧形的形成所花的时间越长,今后反转的力度就越强,越值得人们去相信这个圆弧形。一般来说,应该与一个头肩形态形成的时间相当。

彩虹股份(600707)在 2008 年 7 月至 2009 年 2 月形成了历时超过 6 个月的圆弧底(见图 10-85),在形态内交易量较小。投资者在圆弧底形态结束后要果断买进,成交量明显放大是验证向上突破信号的重要标志。

图 10-85　彩虹股份圆弧底

6. 喇叭形

喇叭形(见图 10-86)也称扩大形或增大形。喇叭形是大跌的先兆,一般出现在投机性很强的个股上。当股价上升时,投资者受到市场炽热的投机气氛或谣言的影响,疯狂地追涨,成交量急剧放大;而下跌时,则盲目杀跌,正是由于这种原因,造成了股价的大起大落。喇叭形正是人们过度投机心理在图形上的反映,它暗示升势已经穷尽,下跌一触即发。这种形态在实际中出现的次数不多,但是一旦出现,则极为有用。

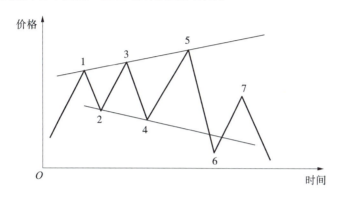

图 10-86　喇叭形

从图 10-86 可以看出,由于股价波动的幅度越来越大,形成了越来越高的三个高点,以及越来越低的两个低点。这说明当时的交易异常活跃,成交量日益放大,市场已失去控制,完全由参与交易的公众的情绪决定。在这个混乱的时候进入证券市场是很危险的,进行交易也十分困难。在经过了剧烈的动荡之后,人们的情绪会渐渐平静,远离这个市场,股价将逐步往下运行。

一个标准的喇叭形态应该有三个高点、两个低点。股票投资者应该在第三个峰(图 10-86 中的 5)调头向下时就抛出手中的股票,这在大多数情况下是正确的。如果股价进一步跌破了第二个谷(图 10-86 中的 4),则喇叭形完全得到确认,抛出股票更成为必然。

股价在喇叭形之后的下调过程中,肯定会遇到反扑,而且反扑的力度会相当大,这是喇叭形的特殊性。但是,只要反扑高度不超过下跌高度的一半(图 10-86 中的 7),股价下跌的势头还是会继续的。

喇叭形具有如下特征:

(1)喇叭形一般是一个下跌形态,暗示升势将到尽头,只有在少数情况下股价在高成交量配合下向上突破时,才会改变其分析意义;

(2)在成交量方面,整个喇叭形期间都会保持不规则的大成交量,否则难以构成该形态;

(3)喇叭形走势的跌幅是不可预测的,跌幅一般都会很大;

(4)喇叭形基本上很少出现在底部,原因是在投资意愿不强、气氛低沉的股市中,不大可能出现这种冲动和不理性的行情。

二、持续整理形态

持续整理形态不改变股价运动的基本走势,市场仅仅在股价某一水平做出必要的调整,调整完成后,股价仍将沿着原来的趋势继续运动。整理形态主要有三角形、矩形、旗形和楔形等。

1. 三角形

三角形主要分为三种:对称三角形、上升三角形和下降三角形。以下我们分别对这三种整理形态进行介绍。

1)对称三角形

对称三角形大多发生在一个大趋势进行的途中,它表示原有的趋势暂时处于休整阶段,之后还要随着原趋势的方向继续行动。见到对称三角形后,股价今后走向最大的可能是沿原有的趋势方向运动。

图 10-87 是对称三角形的一个简化图形,这里的原有趋势是上升,所以,三角形完成以后是突破向上。从图中可以看出,对称三角形有两条聚拢的直线,上面的向下倾斜,起压力作用;下面的向上倾斜,起支撑作用。正如趋势线的确认要求第三点验证一样,对称三角形一般应有六个转折点(如图 10-87 中的 A、B、C、D、E、F 各点)。这样,上下两条直线的支撑压力作用才能得到验证。

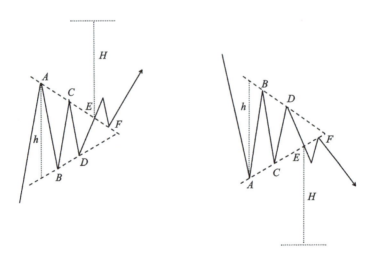

图 10-87 对称三角形

对称三角形只是原有趋势运动途中的休整状态,持续的时间不会太长。如果持续时间太长,保持原有趋势的能力就会下降。一般来说,突破上下两条直线的包围,继续既定方向的时间要尽量早,越靠近三角形的顶点,三角形的各种功能就越不明显,其投资指导意义就越弱。根据经验,突破的位置一般应在三角形的横向宽度(三角形的顶点到底的高度)的

1/2～3/4 的某个位置,不过这有个大前提,必须认定股价一定要突破这个三角形。如果股价不在预定的位置突破三角形,则对称三角形态可能会转化成别的形态。

向上突破时,必须有较大成交量的支持,成交量增加幅度越大,突破的可信度越高。向下突破时,可以有较大成交量增量,也可以没有成交量增量。没有成交量增量突破也可能成立,但是如有大成交量的配合,向下突破就更为可信。

对称三角形被突破后,也有测算功能。以上升趋势为例,这里介绍两种测算价位的方法。

方法一:如图 10-88 所示,从 C 点向上带箭头直线的高度,是未来股价至少要达到的高度。箭头直线长度与 AB 连线长度相等。AB 连线的长度称为对称三角形的高度。从突破点算起,股价至少要运动到与形态高度相等的距离。

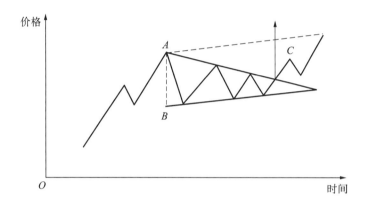

图 10-88　三角形的测算功能

方法二:如图 10-88 所示,过 A 点平行于下边直线的平行线,即图中斜虚线,它是股价今后至少要达到的位置。

从几何学上可以证明,用这两种方法得到的两个价位绝大多数情况下是不相等的。前者给出的是个固定的数字,后者给出的是个不断变动的数字,达到虚线的时间越迟,价位就越高。这条虚线实际上是一条轨道线。方法一简单,易于操作和使用;方法二更多的是从轨道线方面考虑的。

另外,虽然对称三角形一般是整理形态,但有时也可能在顶部或底部出现而导致大势反转,这是三角形在实际应用时要注意的问题。

金枫酒业(600616)股价经过前期的上涨,于 2007 年 1 月底至 3 月底形成一个对称三角形(见图 10-89),并于 3 月 27 日开始突破对称三角形的上边线,继续原来的上涨趋势。

2)上升三角形

上升三角形是对称三角形的变形。两类三角形的下方支撑线都是向上倾斜,不同的是上升三角形的上方阻力线是一条水平直线。

在对称三角形中,压力和支撑都在逐步加强,多空双方实力相当。在上升三角形中就不同了,压力线是水平的,没有变化,而支撑线是越抬越高。与对称三角形相比,上升三角形有更强烈的上升意识,多方比空方更为积极。通常以三角形的向上突破作为这个持续过程终止的标志。

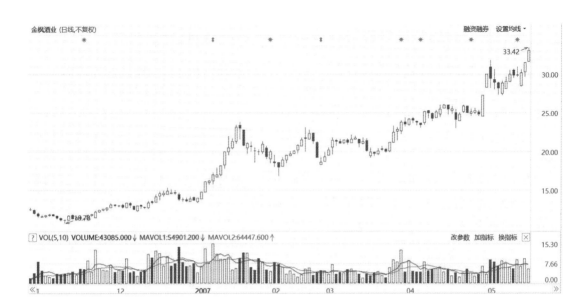

图 10-89　金枫酒业对称三角形

如果股价原有的趋势是向上，遇到上升三角形后，几乎可以肯定今后是向上突破。如果原有的趋势是下降，则出现上升三角形后，前后股价的趋势判断起来有些难度，一方要继续下降，保持原有的趋势，另一方要上涨，双方必然发生争执。如果在下降趋势处于末期时（下降趋势持续了相当一段时间），出现上升三角形还是以看涨为主。这样，上升三角形就成了反转形态的底部。

上升三角形在突破顶部的阻力线时，必须有大成交量的配合，否则为假突破。突破后的升幅量度方法与对称三角形相同。图 10-90 是上升三角形的简单图形表示以及测算方法。

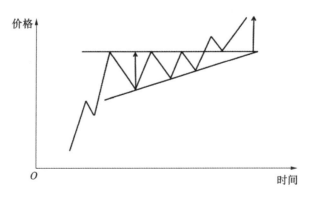

图 10-90　上升三角形

佛山照明(000541)在 2015 年 4 月初放量大涨，随后走出一波上升三角形（见图 10-91）整理行情，5 月下旬放量突破该形态，出现一波大涨行情。投资者应在放量突破的初期大胆介入或持股待涨。

图 10-91　佛山照明上升三角形

3)下降三角形

下降三角形(见图 10-92)同上升三角形正好反向,是看跌的形态。当股价下跌一定阶段后,反弹高点会逐步降低,但每次下探的低点都几乎处于同一水平位置,反弹时成交量不能放大,下跌时成交量要大。下降三角形的形成是由于卖方抛出意愿强烈,不断将价格压低,而买方只将买单挂在一定的价格之上,在水平支撑线附近苦苦抵抗。如果用两条直线将上边的高点和下边的低点连在一起,则形成一个向下倾斜的三角形。股价会在该三角形内运行一段时间,当运行到下边线 2/3 的位置后,就会跌穿下边线,并会继续下跌。下降三角形在未跌破水平支撑线之前,不能轻易判定下降三角形成立。该图形的看空指示信号相当强,出错的概率很低,所以一旦股票走势形成下降三角形,就要果断卖出股票。

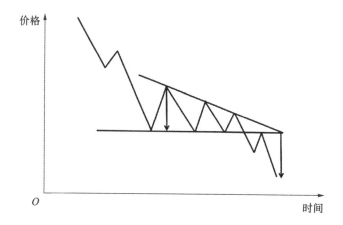

图 10-92　下降三角形

浦发银行(600000)在 2008 年 5 月下跌过程中形成了下降三角形(见图 10-93)的整理形态,股价跌破下降三角形的下边线之后进入一个长时间的低迷期。

图 10-93　浦发银行下降三角形

*ST 丰华(600615)2019 年 4 月见顶后出现了快速下跌的行情,并在 4 月底至 5 月初出现了连续一字跌停的暴跌走势。进入 5 月下旬后,该股跌势减缓,随后进入下降三角形整理的行情中。在 7 月上旬创出 6.60 元的最低价后股价的波动低点基本保持在水平位置,而反弹的高点却在不断降低,形成了明显的下降三角形整理形态。在整理形态的末期,股价波动幅度变小,成交量也极度萎缩,这说明行情已经见底。在 9 月 9 日,该股以带长下影线的小阳星突破下降三角形的上边线,之后出现短暂两天的回踩,但仍站在三角整理上边线的上方,此时激进的投资者可以果断抄底。9 月 12 日,该股放量收出大阳线突破下降三角形整理形态的上边线,投资者可加仓买入。随后该股走出一波可观的超跌反弹行情(见图 10-94)。

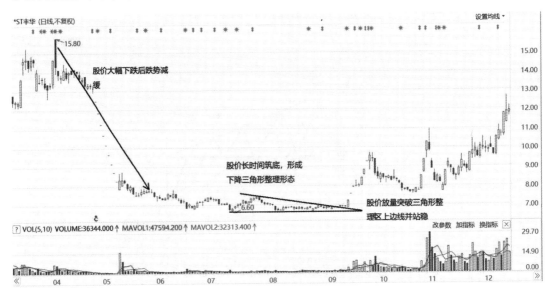

图 10-94　*ST 丰华下降三角形的突破

2. 矩形

矩形也被称为箱形，是一种典型的横向盘整形态，股票价格在两条横着的水平直线之间上下波动，作横向延伸的运动。其形成原因是股价涨到某个位置时，总是遭到空方的打压而回落；股价回落到某个位置时，又获得多方的支撑而反弹，随着时间的推移，形成两条明显的压力线与支撑线。两条水平直线构成矩形，也就是箱形，股价在一段时间内会在箱体中波动，形成矩形整理。经过一段时间矩形整理后，股价会沿原趋势变动。图10-95是矩形的简单图示。从图10-95可以看出，矩形在其形成的过程中极可能演变成三重顶底形态，这是我们应该注意的。在对矩形和三重顶底进行操作时，通常要等到突破之后才能采取行动，因为这两个形态今后的趋势方向完全相反。

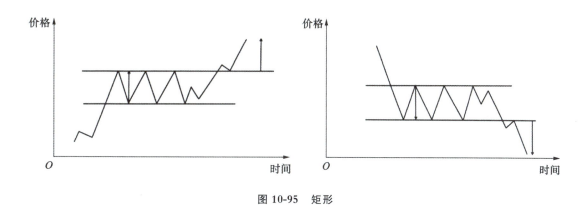

图10-95　矩形

矩形的突破也有一个确认的问题。当股价向上突破时，必须有大成交量配合才能确认，而向下突破则不必有成交量增加；当矩形突破后，其涨跌幅度通常等于矩形的宽度。面对突破后股价的反扑，矩形的上下界线同样具有阻止反扑的作用。

矩形为我们提供了一些短线操作的机会，投资者可在箱体内来回博差价，在矩形的下界线附近买进、上界线附近抛出，反复高抛低吸，实施箱形操作法。

股价一旦突破矩形整理，无论是上涨还是下跌，其走势都会很陡很急，涨跌幅都会很大。

保利发展（600048）在2011年11月底至2012年3月中旬形成矩形，其中A、C、E、G是波段低点，可短线进入；B、D、F是波段高点，可及时抛出（见图10-96）。投资者只要能把握住该规律，便可从中赚取差价。

京粮控股（000505）2020年7月2日至2021年5月31日的K线图显示，在2020年10月底开始进入矩形形态，与12月底形成向上假突破。因为四根阳线均不够强劲，成交量没有有效放大，随后每次冲高成交量均未有效放大，股价随之回落（见图10-97）。

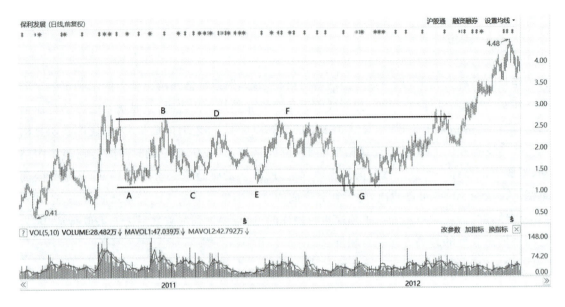

图 10-96　保利发展矩形

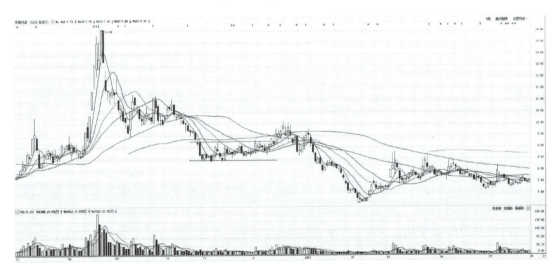

图 10-97　京粮控股跌破矩形

 **3. 旗形和楔形**

旗形和楔形是两种常见的持续整理形态，出现的频率很高。它们都是一个趋势的中途休整过程，休整之后，股票价格会保持原来的走势。这两种形态的特殊之处在于，它们都有明确的形态方向，且形态方向与原有的趋势方向相反。

1) 旗形

从几何学的观点看，旗形应该叫平行四边形，它的形状是一上倾或下倾的平行四边形，如图 10-98 所示。

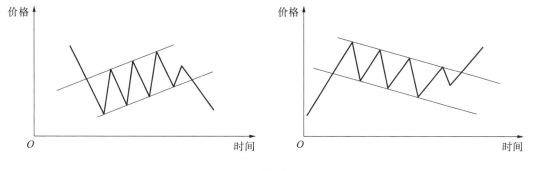

图 10-98　旗形

旗形大多发生在市场极度活跃、股价运动近乎直线上升或下降的情况下。在市场急速而大幅的波动中,股价经过一连串紧密的短期波动后,形成一个稍微与原来趋势呈相反方向倾斜的平行四边形,这就是旗形走势。它可分为上升旗形(见图 10-98 左)和下降旗形(见图 10-98 右)两种。

旗形的上下两条平行线起压力和支撑作用,两条平行线的某一条被突破是旗形完成的标志。

旗形也有测算功能。旗形的形态高度是平行四边形左右两条边的长度。旗形被突破后,股价将至少要走到形态高度的距离,大多数情况是走到旗杆高度的距离。

应用旗形时,应注意以下几点。

(1)旗形出现之前,一般应有一个旗杆,这是由于价格作直线运动形成的。

(2)旗形持续的时间不能太长,时间一长,保持原来趋势的能力将明显下降。旗形持续的时间通常短于 3 周,短的可能是 5 天,长的可达 3 至 5 周,甚至 8 周。

(3)旗形形成之前和被突破之后,成交量都很大。在旗形的形成过程中,成交量显著渐次递减。股价一旦突破旗形整理,无论是上涨还是下跌,其走势都会很陡很急,涨跌幅都会很大。

五矿稀土(000831)2020 年 3 月下旬至 4 月底形成小双底,随后股价走出了一波上升行情,涨幅接近 30%,5 月下旬开始用时一个月走出旗形整理形态,同时旗杆附近成交量明显放大,旗形整理时成交明显萎缩。

6 月 30 日股价接近旗形整理结束后,开始又一波拉升,走出几根放量阳线,到 7 月 2 日收盘价已经突破前期旗形整理的最高价位,次日股价小幅跳空高开再收出一根放量阳线,可以确认旗形整理被突破,波段投资者可以大胆介入或持股待涨(见图 10-99)。

2)楔形

将旗形中上倾或下倾的平行四边形变成上倾或下倾的三角形,就会得到楔形,如图 10-100 所示。楔形可分为上升楔形和下降楔形两种。

上升楔形(见图 10-100 左)是指股价经过一次下跌后产生强烈技术性反弹,价格升至一定水平后又掉头下落,但回落点比前次高,然后又上升至新高点,再回落,在总体上形成一浪高于一浪的势头。如果把短期高点相连,则形成一向上倾斜直线,且两者呈收敛之势。下降楔形(见图 10-100 右)则正好相反,股价的高点和低点形成一浪低于一浪之势。

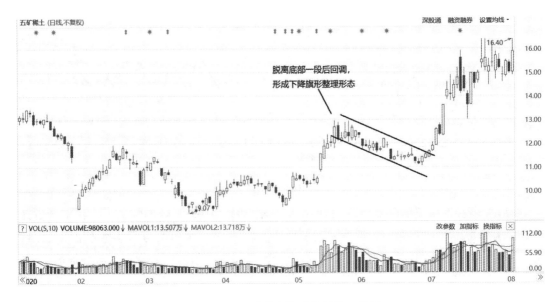

图 10-99　五矿稀土旗形整理日 K 线图

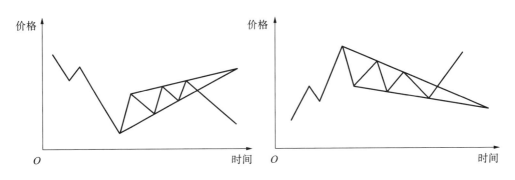

图 10-100　上升楔形和下降楔形

同旗形一样,楔形也有保持原有趋势方向的功能,股价运动趋势的途中会遇到这种形态。上升楔形表示一个技术性反弹逐渐减弱的市况,常在跌市中的回升阶段出现,显示股价尚未见底,只是一次跌后技术性的反弹,一般以向下突破告终。下降楔形常出现于中长期升市的回落调整阶段,向上突破居多。

楔形形成所花费的时间较长,一般需要 2 周以上的时间方可完成。

在楔形形成过程中,成交量渐次减少;在楔形形成之前和突破之后,成交量一般都很大。

楔形偶尔也出现在顶部或底部而作为反转形态,这种情况一定是发生在一个趋势经过了很长时间、接近尾声的时候。

珈伟新能(300317)近几年来,都处于长期大幅下跌走势中。跌至 2020 年 5 月下旬,该股走出盘整筑底行情,成交量极度萎缩。7 月 1 日开始,股价突然向上大幅跳空连拉两个涨停板,脱离底部区域。之后股价震荡上升,在 7 月 14 日到达波段高点后,股价开始回调。开始时调整幅度较大,随着时间的推移,价格波动逐渐缩小,同时成交量也不断缩减,走出一个下降楔形整理形态。调整至 8 月 12 日,收出一颗小阴十字星,次日拉出涨停大阳线,突破楔形整理区的上边界,同时成交量放大(见图 10-101)。这说明股价有可能向上突破,投资者可以在股价突破后大胆抄底。

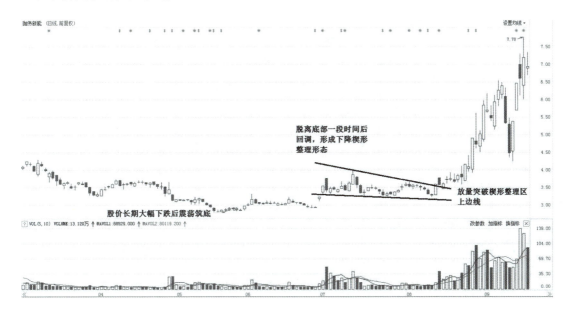

图 10-101　珈伟新能楔形

三、缺口

缺口,通常又称跳空,是指由于受到利好或利空消息的影响,股价大幅上涨或下跌,致使股价的日K线图出现当日成交最低价超过前一交易日最高价或成交最高价低于前一交易日最低价的现象,从而在股价趋势图上留下一段没有任何交易的真空区域。

缺口的出现往往伴随着向某个方向运动的一种较强动力。缺口的宽度表明这种运动的强弱。一般来说,缺口愈宽,运动的动力愈大;反之,运动的动力愈小。不论向何种方向运动所形成的缺口,都将成为日后较强的支撑或阻力区域,不过这种支撑或阻力效能依不同形态的缺口而定。通常情况下,如果缺口不被迅速回补,则表明行情有延续的可能;如果缺口被回补,则表明行情有反转的可能。

缺口分析是技术分析的重要手段之一。有关的技术分析理论常将缺口划分为普通缺口、突破缺口、持续性缺口和消耗性缺口,突破缺口又分为向上突破缺口和向下突破缺口,如图 10-102 所示。

1. 普通缺口

普通缺口经常出现在股价整理形态中,特别是出现在矩形或对称三角形等整理形态中。由于股价仍处于盘整阶段,因此,在形态内的缺口并不影响股价短期内的走势。普通缺口有

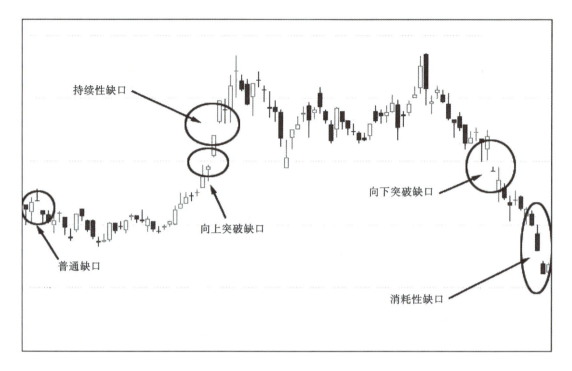

图 10-102 缺口的几种形态

一个比较明显的特征:它一般会在 3 日内回补,且成交量很小,很少有主动的参与者。如果不具备这些特点,就应考虑该它是否属于普通缺口形态。普通缺口的支撑或阻力效能一般较弱。

普通缺口的这种短期内必补的特征,给投资者短线操作带来了一个简便机会,即当向上的普通缺口出现之后,在缺口上方的相对高点抛出证券,待普通缺口回补之后买回证券;而当向下的普通缺口出现之后,在缺口下方的相对低点买入证券,待普通缺口回补之后再卖出证券。这种操作方法的前提是必须判明缺口是否为普通缺口,且证券价格的涨跌是否达到一定的幅度。

普通缺口的市场含义如下:

(1)普通缺口表明买卖双方力量暂时均衡,但这种短暂的均衡随时可能会被市场买卖双方力量的重新分配所打破;

(2)普通缺口无规律可循,可以散布在任何一种形态之中的任何一个区域;

(3)普通缺口短期内必定会被封闭;

(4)普通缺口的支撑或阻力效能较弱。

2. 突破缺口

突破缺口是证券价格向某一方向急速运动,跳出原有形态所形成的缺口。突破缺口蕴含着较强的动能,常常表现为激烈的价格运动,具有较强的分析意义,一般预示行情走势将要发生重大变化。

突破缺口的形成在很大程度上取决于成交量的变化情况,特别是向上的突破缺口。若突破时成交量明显增大,且缺口未被封闭(至少未完全封闭),则这种突破形成的缺口是真实突破缺口。若突破时成交量未明显增大,或成交量虽大,但缺口短期内很快就被封闭,则这种缺口很可能是假突破缺口。

突破缺口具有以下特点:

(1)突破缺口打破了原有的平衡格局,使行情走势有了明显的发展方向;

(2)突破缺口的股价变动剧烈,成交量明显增大;

(3)突破缺口出现之后,一般都会再出现持续性缺口和消耗性缺口;

(4)突破缺口一旦形成,较长时间内不会被封闭。

一般来说,突破缺口形态确认以后,无论价位(指数)的升跌情况如何,投资者都必须立即做出买入或卖出的指令,即向上突破缺口被确认立即买入,向下突破缺口被确认立即卖出。突破缺口一旦形成,行情走势必将向突破方向纵深发展。

◇ **特别提示**

在大势回暖后,当某只股票出现第一个向上跳空缺口,且成交量随之放大时,及时追进将有较大的胜算。

3. 持续性缺口

持续性缺口是在证券价格向某一方向有效突破之后,由于急速运动而在途中出现的缺口。它是一个趋势的持续信号,表明证券价格的变动将沿着既定的方向发展变化。持续性缺口产生的时候,交易量不一定会增加,如果增加的话,则通常表明一个强烈的趋势。持续性缺口一般不会在短期内被封闭,因此,投资者可在持续性缺口附近买入或卖出证券,而不必担心是否会被套牢或者踏空。

持续性缺口在技术分析中意义很大,它可以用来测算获利空间,其度量方法是,持续性缺口开始上涨或者下跌的幅度等于突破缺口到持续性缺口之间的距离。

持续性缺口具有以下特点。

(1)持续性缺口是一种二次形态的缺口。由于持续性缺口是在证券价格向某一方向发生突破之后中途出现的缺口,因而是一种二次形态的缺口,它只能伴随突破缺口的出现而出现。换言之,若证券价格未发生突破,则不存在持续性缺口,因此,持续性缺口比较容易辨别。

(2)持续性缺口能衡量证券价格未来的变动方向和变动距离。

(3)持续性缺口一般不会被封闭。

(4)持续性缺口具有较强的支撑或阻力效能。一般来说,向上的持续性缺口具有较强的支撑效能,而向下的持续性缺口具有较强的阻力效能。这种支撑或阻力效能在日后仍旧能够得到体现。

 4. 消耗性缺口

消耗性缺口一般发生在行情趋势的末端,表明股价变动的结束。若一轮行情走势中已出现突破缺口与持续性缺口,那么随后出现的缺口就很可能是消耗性缺口。判断消耗性缺口最简单的方法就是考察缺口是否会在短期内封闭,若缺口封闭,则消耗性缺口形态可以确立。消耗性缺口容易与持续性缺口混淆,它们的最大区别是:消耗性缺口出现在行情趋势的末端,而且伴随着大的成交量。

消耗性缺口表明行情走势已接近尾声,市场进入整理或反转的可能性大增。因此,投资者在上升行情出现消耗性缺口时应及时卖出证券,而在下跌趋势中出现消耗性缺口时买入证券。

消耗性缺口具有以下特点。

(1)消耗性缺口是一种二次或者三次形态的缺口。消耗性缺口是一种伴随突破缺口与持续性缺口而出现的缺口,因而是一种二次或三次形态的缺口。一般来说,在突破缺口与消耗性缺口之间总会出现一个或几个持续性缺口,紧接着突破缺口而出现的消耗性缺口比较鲜见。

(2)消耗性缺口的产生一般伴随有巨大的成交量。消耗性缺口产生于市场的疯狂或恐慌之中。在上升或下跌趋势的末端,投资者由于投资获利或投资亏损的示范效应,拼命挤进购买者和抛售者的行列,使成交量急剧增大。

(3)消耗性缺口在短期内必会封闭。由于消耗性缺口的产生主要源于投资者的不理智冲动,当这种不理智冲动得到市场的启示之后很快就会有所纠正。这样,消耗性缺口就会在这种纠正中得以完全封闭。

(4)消耗性缺口是一种表明市场将要转向的缺口形态。消耗性缺口的产生,表明市场买方或卖方的力量已经消耗殆尽,已无力再维持证券价格的上升或压迫证券价格下跌。市场多空力量对比也开始发生转换,市场也因此孕育出反转的契机。

厦门象屿(600057)从 2017 年 2 月下旬起处于下跌趋势中,从 5 月中旬到 7 月中旬,股价在相对低位,进行横向整理的筑底,一旦股价突破这个底部区间,就会迎来一波上涨走势。7 月 18 日和 19 日连续两个交易日均收出了中阳线,而 7 月 20 日,股价突然大幅跳空高开高走,形成一个非常明显的突破缺口。这表明低位的横盘整理已经结束,投资者应果断买入,持股待涨,股价将迎来大涨行情。在股价跳空高开高走形成突破缺口时,成交量也明显放大,这标志着突破缺口的形成,如果此时大胆追涨跟进,后续有望获得可观的收益(见图 10-103)。

鄂尔多斯(600295)在 2017 年 8 月下旬开始加速冲高,股价一度达到 19.45 元以上,随后股价在 16 元至 18 元的相对高位,进行了将近一个月的高位横向整理。9 月 14 日,股价低开低走,收出一根大阴线,触及了箱形整理的箱底位置。次日低开低走,形成一个向下跳空的缺口,跌破了箱形整理区,表示股价的高位整理已经结束,该股将进入下跌行情中。随后在经过 4 个交易日的平稳运行后,再次向下低开低走,形成一个向下的缺口,与前面的突破缺口对应形成持续性缺口,这意味着下跌趋势不可避免(见图 10-104)。

图 10-103 厦门象屿突破缺口

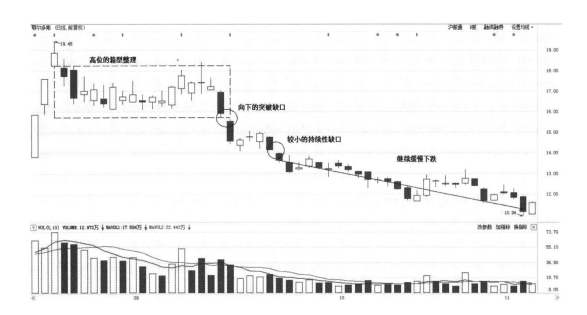

图 10-104 鄂尔多斯突破缺口

第五节 波浪理论

◇ 知识链接

大自然的涨潮和退潮有着自身的规律。涨潮时,有打到岸上的波浪(推动波)和退下去的波浪(回档波);退潮时,也有退下去的波浪(推动波)和打到岸上的波浪(回档波)。而这一大自然的规律被艾略特发现,并运用到证券市场的技术分析上,形成一套完整的技术分析理论——波浪理论。投资者了解和掌握波浪理论有助于更好地理解市场波动的规律,并可以更好地预测和抓住投资机会。

一、波浪理论的定义

波浪理论起源于 20 世纪 30 年代,该理论认为:不管是股票价格还是商品价格的波动,都与大自然的潮汐、波浪一样,一浪接着一浪,周而复始,具有相当明显的规律性,并具有周期循环的特点。这个周期的过程就是八浪结构(上升是 5 浪,下跌是 3 浪),波浪理论的最大优点是能提前预测到顶和底,投资者可以根据波浪理论来预测价格未来的趋势,做好波段操作。但它又是最难掌握的技术分析方法,真正能够准确数浪的人非常少。

二、波浪理论的价格基本形态——八浪结构图

波浪理论的价格基本形态是八浪结构图(见图 10-105),无论趋势是上涨还是下跌,八浪的基本形态结构是不会变化的。这八浪分为主浪和调整浪。方向相同的浪,幅度或高度大的为主浪。图 10-105 中的 1 浪、3 浪、5 浪就是主浪。主浪是波动的主体,调整浪是对主浪的调整补充。

三、数浪规则

(1)在实际走势中,第 3 浪应该是三个上升浪中最陡的一浪,持续的时间最长,累计涨幅也最大。

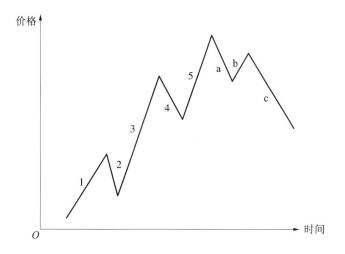

图 10-105　八浪结构图

(2)第 4 浪的浪底应高于第 1 浪的浪顶。

(3)如果在整个浪形循环中,第 2 浪以简单的形态出现,那么第 4 浪往往会以较为复杂的形态出现,关键是认清第三浪。

(4)在操作中,第 5 浪往往有股价见顶的信号,有顶背离特征。投资者要逢高卖出,务必做好止盈。

(5)b 浪可能是多头陷阱,更可能是出逃的机会,要把握好大趋势。

(5)c 浪跌幅最大,破坏性最强,持续时间较长。

四、斐波那契数列与波浪的数目

构成斐波那契数列的基础非常简单,由 1、2、3 开始,产生无限数字系列,而 3 是 1 和 2 的和数,以后出现的一系列数字,全部依照这一原则进行,两个连续出现的相邻数字相加,等于后面的一个数字,如 3 加 5 等于 8,5 加 8 等于 13,8 加 13 等于 21……直至无限数字。表面上看,这一系列数字非常简单,背后却蕴藏着神奇的规律,这个数列也被称为斐波那契数列。

在波浪理论的范畴里,多头行情由一个上升浪代表,可划分为五个小浪,或者进一步分为 21 个次级浪或者 89 个细浪;在空头市场中,可以由一个大的跌浪代表,同样大的跌浪也可以划分为 3 个波段,或者再划分为 13 个低一级的波浪,甚至 55 个细浪。波浪的细分和合并如图 10-106 所示。

数字 2,3,5,8,13,21,34……就是斐波那契数列中的数字。它们的出现不是偶然的,这是波浪理论的数字基础,正是有了斐波那契数列中的数字,才有了神奇的波浪理论。

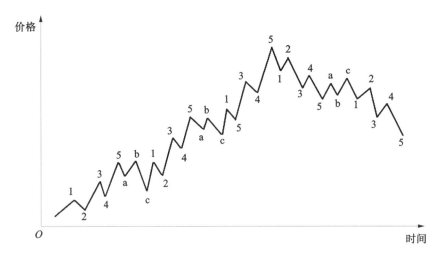

图 10-106 波浪的细分和合并

五、波浪理论的缺陷

(1)波浪理论最大的不足是应用比较困难。虽然波浪理论从理论上讲永远正确,但在应用中由于"浪中有浪",让人无所适从,这导致每一个波浪理论家,包括艾略特本人,很多时候都会面临如何数浪的困扰——难以界定一个浪是否已经完成以及另外一个浪是否已经开始。有时甲看是第一浪,乙看是第二浪。投资者看错的后果可能十分严重。一套难以确定的理论用在风险巨大的股票市场,错误运用该理论会让投资者损失惨重。

(2)怎样才算是一个完整的浪,也无明确定义。在股票市场的升跌次数绝大多数不按五升三跌(五升是指 1~5 浪,三跌是指 a、b、c 浪)这个机械模式出现。具体数起浪来难度很大,随意性、主观性太强。

(3)波浪理论有所谓伸展浪,有时五个浪可以伸展成九个浪。但在什么时候或者在什么准则之下波浪可以伸展呢?艾略特却没有明言,这加大了数浪的随意性和主观性。

(4)波浪理论难在浪中有浪,浪可以无限伸延,亦即升市时可以无限上升,都是在上升浪之中,一个巨型浪,几十年都可以。下跌浪也可以跌到起点,跌势未完就仍在下跌浪中。

针对波浪理论的不足,投资者运用波浪理论时要牢记两点:一是要将基本分析和技术分析综合起来判断;二是在判别不清浪形级别与位置的时候,就选择等待。投资者只做看得懂的行情,这是证券投资成功的关键。

第六节 量价关系理论

◇ 知识链接

量价关系理论，最早见于美国股市分析家葛兰威尔所著的《股票市场指标》。葛兰威尔认为成交量是股市的元气与动力，成交量的变动，直接表现股市交易是否活跃，人气是否旺盛，而且体现了市场运作过程中供给与需求间的动态实况。没有成交量的发生，市场价格就不可能变动，也就无股价趋势可言，成交量的增加或萎缩会表现出一定的股价趋势。

在技术分析中，研究量与价的关系占据了极为重要的地位。成交量是推动股价上涨的原动力，市场价格的有效变动必须有成交量配合。量是价的先行指标，是测量证券市场行情变化的温度计，通过其增加或减少的速度可以推断多空战争的规模大小和指数股价涨跌之幅度。这里分别介绍成交量变化的规律及常用的量价关系理论。

一、成交量变化八个阶段的规律

将一个圆周八等分，依次以直线连接圆周上的八个点，将最下面的一根线段标记1，然后逆时针依次将线段标记2至8，加上横坐标"成交量"纵坐标"股价"，这样我们就得到一个完整的成交量变化八个阶段的规律图（见图10-107）。

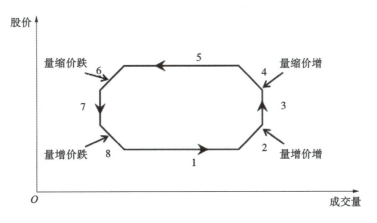

图10-107 成交量变化八个阶段的规律图

成交量变化八个阶段的规律的具体内容如下。

(1)量增价平,转阳信号:股价经过持续下跌的低位区,出现成交量增加股价企稳现象,此时一般成交量的阳柱线明显多于阴柱,凸凹量差比较明显,说明底部在积聚上涨动力,为中线转阳信号,可以适量买进持股待涨。有时也会在上升趋势中途出现"量增价平",则说明股价上行暂时受挫,只要上升趋势未破,一般整理后仍会有行情。

(2)量增价升,买入信号:成交量持续增加,股价趋势也转为上升,这是短中线最佳的买入信号。

(3)量平价升,持续买入:成交量保持等量水平,股价持续上升,可以在此期间适时适量地参与。

(4)量减价升,继续持有:成交量减少,股价仍在继续上升,适宜继续持股。即使锁筹现象较好,也只能是小资金短线参与,因为股价已经有了相当的涨幅,接近上涨末期了。有时在上涨初期也会出现"量减价升",可能是昙花一现,但经过补量后仍有上行空间。

(5)量减价平,警戒信号:成交量显著减少,股价经过长期大幅上涨之后,进行横向整理,不再上升,此为警戒出货的信号。此阶段如果突发巨量天量拉出大阳大阴线,无论有无利好利空消息,均应果断抛出。

(6)量缩价跌,卖出信号:成交量继续减少,股价趋势开始转为下降,为卖出信号。此为无量阴跌,底部遥遥无期,一直跌到多头彻底丧失信心斩仓认赔,爆出大的成交量(阶段8),跌势才会停止,所以在操作上,只要趋势逆转,应及时止损出局。

(7)量平价跌,继续卖出:成交量停止减少,股价急速滑落,此阶段应继续坚持及早卖出的方针。

(8)量增价跌,弃卖观望:股价经过长期大幅下跌之后,出现成交量增加。即使股价仍在下落,也要慎重对待极度恐慌的"杀跌",所以此阶段的操作原则是持股观望。低价区的增量说明有资金接盘,后期有望形成底部或反弹的产生,应果断买入。若在高价区趋势转跌的初期出现"量增价跌",则更应果断地清仓出局。

二、成交量与股价趋势的一般关系

在量价理论里,成交量与股价趋势的关系可归纳为以下八种。

(1)价升量增,价格反映市场方向,成交量反映市场对这一方向的认同程度,价升量增则是市场认同后市上升,投资者大量参与,后市向好。

(2)价升量减,股价随成交量递减而回升,显示出股价上涨原动力不足,缺乏成交量的配合,股价随时可能下跌。

(3)股价创新高,但成交量没有创新高,则此时股价涨势较可疑,股价趋势中存在潜在的反转信号。

(4)股价随着成交量递增而逐渐上升,然后成交量剧增,股价暴涨(井喷行情),之后是成交量大幅萎缩,股价急速下跌。这表明涨势已到末期,趋势即将反转。反转的幅度将视前一轮股价上涨的幅度大小及成交量的变化程度而定。

(5)股价随成交量的递增而上涨的行情持续数日后,出现大的成交量,而股价没有同时向上,表明股价在高档卖压沉重,此为股价下跌的先兆。股价连续下跌后,在低档出现大成交量,股价却并未随之下跌,则表明行情即将反转上涨,是买进的机会。

(6)在一段长期下跌形成"波谷"后,股价回升,成交量却并没因股价上升而放大,股价上涨乏力。之后,股价再度跌落至先前"波谷"附近,若此时的成交量低于前一个"波谷",则表明股价即将上涨。

(7)股价下跌相当长一段时间后,会出现恐慌性抛盘。随着日益增加的成交量,股价大幅下跌。继恐慌性卖出后,预期股价可能上涨,同时因恐慌性卖出后所创的低价不可能在极短时间内突破,故恐慌性抛盘后,往往标志着空头市场的结束。

(8)股价向下跌破股价形态趋势线或移动平均线,同时成交量急剧增加,是股价下跌的信号。

◆ 知识链接

成交量有以下五种形态。

1. 放量

放量一般发生在市场趋势发生转折之处,市场各方力量对后市分歧逐渐加大,导致成交量比前一段时间明显放大。

2. 缩量

缩量是指市场成交极为清淡,大部分人对市场后期走势十分认同,意见十分一致。这里又分两种情况:一是市场人士都十分看淡后市,造成只有人卖,却没有人买,所以急剧缩量;二是市场人士都对后市十分看好,只有人买,却没有人卖,所以又急剧缩量。

3. 堆量

当主力意欲拉升时,常把成交量做得非常漂亮,几日或几周以来,成交量缓慢放大,股价慢慢推高,成交量在近期的K线图上,形成了一个状似土堆的形态,堆得越漂亮,就越可能产生大行情。相反,在高位的堆量表明主力已不想玩了,在大举出货。

4. 天量

天量是指当天的股票交易数量特别巨大,创出历史新高,在高位时常常天量见天价,在这种情况下要注意控制仓位,逢高卖出,及时止盈止损。

5. 地量

地量通常是指当成交量在一个周期内比上一个或者上几个周期内的成交量处于相对很低的金额和数量,表示股票的成交情况处于较为低迷的状态,这时要勇于逆势分步建仓。

◇ 案例分析

价量分析案例集锦

量价关系的核心是量,这是股市操盘的关键。

1. 高位无量要持股待涨(以三特索道(002159)为例)

高位指的是股价处于或接近历史高位,高位无量横盘走势,是典型的上涨中继形态(见图10-108),此时不宜轻易出局。

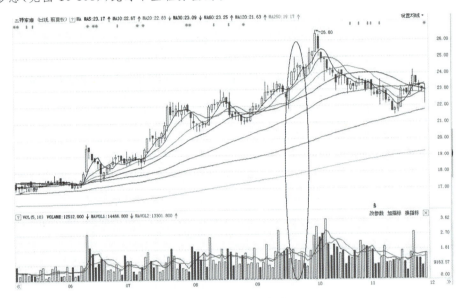

图 10-108　三特索道

2. 高位放量要分步卖出(以莱茵生物(002166)为例)

个股在高位经历了一段较大涨幅后,股价已经处于高位,但成交量不断增加,股价却停滞不前(见图10-109),表明此时大概率是主力开始出货。

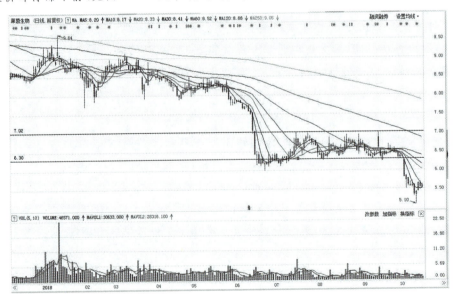

图 10-109　莱茵生物

3. 低位无量要逢低买入,持股待涨(以中远海控(601919)为例)

无量是因为主力还未做好拉升准备,一旦放量就会大幅拉升(见图10-110)。

图 10-110　中远海控

4. 低位放量大胆买入(以威海广泰(002111)为例)

低位放量是好事,通常是资金介入吸筹,后期上涨概率较大(见图10-111)。

图 10-111　威海广泰

5. 量增价平果断减仓(以弘业股份(600128)为例)

成交量有效放大,但股价不成比上涨,通常是转阴的信号(见图10-112)。

6. 量增价升要果断买入(以广汇能源(600256)为例)

量增价升是比较常见的买入信号,投资者应果断买入(见图10-113)。

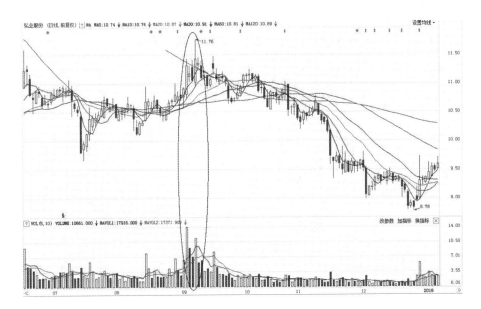

图 10-112　弘业股份

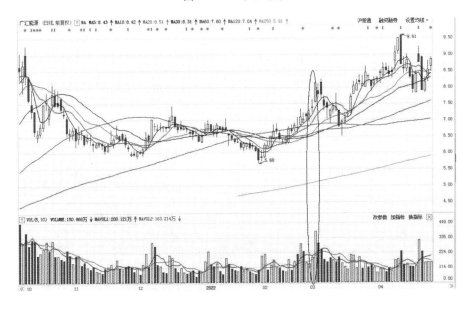

图 10-113　广汇能源

高位放量有以下三种陷阱形态。

一是放量当天见到最高价。比如发布重大利好,投资者纷纷买进,推动股价快速拉升,随后的行情中一旦出现放量滞涨,股价当天就会见顶回落。这种形态是主力借利好出货。一旦有人接盘,机构就会毫不犹豫地抛出所有筹码。

二是放量后小幅上涨,股价小幅顶部震荡,但就是不上攻。这是主力最后的出货。等到散户投资者意识到的时候已经晚了,会让一批人逐渐被套。

三是二次或者多次放量见顶,这种形态表明主力手中筹码比较多,或者主力之间在接力炒作。

案例分析

案例一

天孚通信(300394)2015年10月走势

天孚通信2015年10月走势见图10-114。

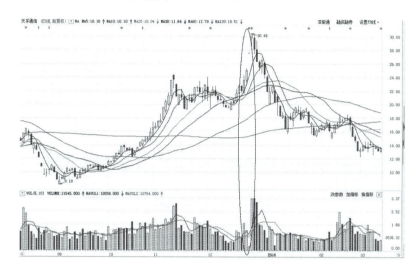

图10-114 天孚通信

投资者应注意事项：

(1)股价低位启动，至今涨幅已非常大，主力获利可观；

(2)12月23日出现消息面利好刺激，"股票获险资举牌"，成功推动股价继续上涨；

(3)利好出现后，股价上涨，伴随成交量快速放大，明显就是主力资金趁机出货所为。

操作要点：

股价拉高至高位时，伴随利好消息出现，此时因重点关注量能变化，如放出巨量，则大概率是主力资金借机出货，投资者应果断减仓。

案例二

广百股份(002187)2016年3—5月走势

广百股份2016年3—5月走势见图10-115。

如果主力持仓有限，通常不敢把行情拖得时间太长。在此过程中，主力充分利用人们的量增价升惯性思维，在拉升的同时不断地大手笔对敲，持续放出大的成交量，以制造买盘实力强劲的假象，引诱场外跟风盘进入，最终达到趁机出货的目的。当主力持仓比例不多时，多会采用放量对倒拉升手法，这样既可以节约主力资金，又可以激发市场的人气。

投资者应注意事项：

图 10-115　广百股份

(1) 股价低位启动拉升,成交量温和放大;

(2) 某一交易日股价小幅上涨,但成交量异常放大,又没有任何利好消息刺激;

(3) 股价小幅上涨,当日成交量相对前期大阳线时成交量放大超倍,此情况多为主力对倒筹码,趁机出货所为。

操作要点:

股价窄幅波动,但成交量异常放大,此时需警惕主力对倒筹码找机会出货,投资者应果断卖出。一旦放量后紧接着出现缩量的情况,则是主力减仓的信号。

案例三

同德化工(002360)2016 年 4 月下旬逆市放量上涨走势

同德化工 2016 年 4 月下旬逆市放量上涨走势见图 10-116。

有些股票可能长时期在一个平台或一个箱形内盘整。有一天在整个大盘放量下跌,市场一片惨烈之时,该股却逆势飘红,放量上攻,形成"万绿丛中一点红"的反常走势。这时,许多人会误认为,一定是有潜在的重大利好要公布,于是会有一些投资者盲目大胆跟进。事实上这种陷阱很容易使那些颇有短线操盘实践经验的人上当。

投资者应注意事项:

(1) 大盘处于弱势调整期间,股价逆势走强,却并未有任何利好消息刺激;

(2) 股价逆势走强伴随成交量异常放大,此多为主力拉高股价,趁机找人接盘所为。

操作要点:

个股在没有利好消息刺激的情况下,出现逆市大涨的走势,大概率就是主力资金拉高出货,一旦高位滞涨,投资者应及时减仓。

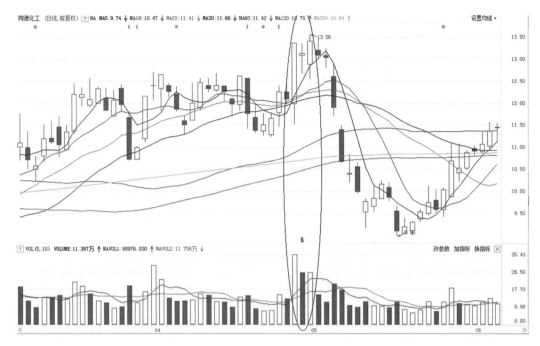

图 10-116　同德化工

（资料来源：雪球 2020 年 5 月 26 日《中国股市真正的王者指标——成交量：熟读它，知买卖，大道至简》）

三、涨跌停板制度下量价关系分析

在涨跌停板制度下，量价分析的基本判断如下。

（1）涨停量小，将继续上扬；跌停量小，将继续下跌。

（2）涨停中途被打开次数越多、时间越久、成交量越大，反转下跌的可能性越大；同样，跌停中途被打开的次数越多、时间越久、成交量越大，反转上升的可能性越大。

（3）涨停时间越早，次日上涨的可能性越大；跌停时间越早，次日下跌的可能性越大。

（4）封住涨停板的买盘数量大小和封住跌停板时的卖盘数量大小，说明买卖盘力量大小。这个量越大，继续当前走势的概率越大，后续涨跌幅度也越大。

另外，要注意庄家借涨跌停板制度反向操作。比如，他想卖，先以巨量买单挂在涨停位，因买盘量大集中，抛盘措手不及而惜售，股价少量成交后收盘涨停。自然，原先想抛的就不抛了，而这时有些投资者以涨停价追买，此时庄家撤走买单，填卖单，自然成交。当买盘消耗得差不多时，庄家又填买单挂在涨停位，以进一步诱多；当散户又追入时，他又撤买单再填卖单……如此反复操作，以达到高挂买单虚张声势诱多，在不知不觉中悄悄高位出货。反之，庄家想买的情况也是如此。所以，在此种场合，巨额买卖单多是虚的，不足以作为判断后市继续先前态势的依据。判断虚实的根据为是否存在频繁挂单、撤单行为，涨跌停是否经常被打开，当日成交量是否很大。

案例分析

案例一

切线理论运用实例——支撑线的应用

如图 10-117、图 10-118、图 10-119 显示，四川双马（000935）、恒邦股份（002237）和合兴包装（002228）三只股票分别显示了上升趋势中的支撑线、下跌趋势中的支撑线和横盘趋势中的支撑线。这些支撑线的作用是能够较为清晰地展示出行情走势的一些特点，当股价逼近支撑线时即为买点，当股价逼近阻力线时即为卖点。

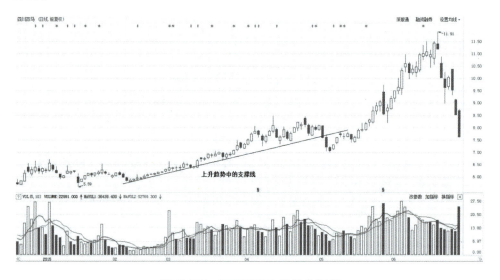

图 10-117　四川双马日 K 线走势图

图 10-118　恒邦股份日 K 线走势图

图 10-119　合兴包装日 K 线走势图

案例二

切线理论运用实例——压力线的应用

如图 10-120 所示,国网英大(600517)在压力线压制下,成交量逐步萎缩,股价处于下跌探底过程。压力线有利于投资者发现股票拐点的出现,进而有利于把握逢高出货的时机。

图 10-120　国网英大日 K 线走势图

案例三

反转形态和整理形态的运用实例

1. 广汽集团(601238)技术分析——头肩顶形态理论应用

如图 10-121 所示,广汽集团股价从 2020 年 10 月 9 日开始上涨,经过半个月的加速上行后,在 2020 年 10 月 23 日至 2021 年 1 月 4 日这一阶段,用两个多月的时间构筑了一个头肩顶形态。该形态不但宣告了该股的上涨行情暂时告一段落,还具有预测股价下跌幅度的作用。由图 10-121 可知,在股价向下突破颈线后,其下降幅度与头肩顶高度基本一致。

图 10-121　广汽集团日 K 线走势图

2. 中航高科(600862)技术分析——双重顶形态理论应用

图 10-122 显示的是中航高科在 2021 年 5 月 26 日至 2021 年 10 月 15 日的日 K 线图。该图显示,公司股价自 7 月 6 日开始上涨,经过一段上升走势后,于 2021 年 8 月 2 日至 2021 年 9 月 1 日,构筑了一个典型的双重顶形态。该形态宣布了该股上涨行情暂时告一段落。股价突破颈线反转向下,下跌深度将超过双重顶形态的高度 H。

3. 万盛股份(002467)技术分析——矩形整理形态理论应用

图 10-123 显示了万盛股份 2016 年 5 月 29 日至 2016 年 11 月 24 日的股价走势,该图显示,从 2016 年 8 月初开始,该股价格在 a、b 两条虚线之间的区域波动,形成矩形整理形态,价格波动区间为 23.67～25.84 元。多空双方经过近两个月的反复拉锯后,最终多方占优势,股价突破矩形的上界。

图 10-122　中航高科日 K 线走势图

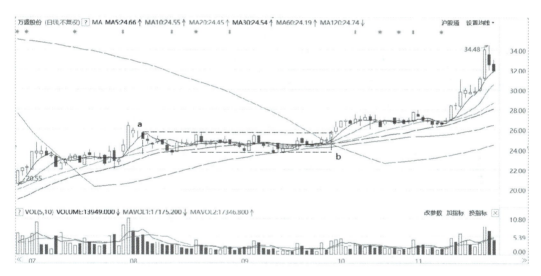

图 10-123　万盛股份日 K 线走势图

◇ 本章小结

本章主要介绍了技术分析及其相关理论，包括技术分析概述，以及道氏理论、K 线理论、切线理论、形态理论、波浪理论和量价关系理论，并重点介绍了它们的应用，同时通过实际案例分析了相关典型形态。

技术分析有三大基本假设：市场行为涵盖一切信息；价格沿着趋势运动；历史会重演。其四大基本要素为价、量、时、空。

道氏理论是证券投资技术分析的理论基础,它主要有六个基本规则,其基本目的在于通过分析变化莫测的证券市场,从中找出某种周期性的变化规律,来识别股价变动特征,据以预测股价未来的走势。道氏理论的最伟大之处在于其宝贵的哲学思想,这是它全部的精髓。

K 线理论反映了股票的价格变动情况,多根 K 线的组合构成各种形态。

切线理论是帮助投资者识别大势变动方向的较为实用的方法,它主要包括压力线和支撑线、趋势线和轨道线,以及黄金分割线和百分比线。

形态理论通过研究股票价格的轨迹,分析和挖掘出多空双方力量的对比结果,对投资者具有一定的指导意义。在形态理论中,主要介绍了反转突破形态、持续整理形态和缺口。

波浪理论认为不管是股票价格还是商品价格的波动,都具有相当大的规律性,展现出周期循环的特点,任何波动均有迹可循。投资者可以根据这些规律性的波动预测价格未来的趋势,在买卖策略上加以应用。

在技术分析中,量价关系研究具有重要意义。量价关系理论介绍了成交量与价格趋势的一般关系,以及涨跌停板制度下的量价关系。

技术分析只是前人的经验总结,也有其局限性。因此,对技术分析不要寄予厚望,应综合运用各种分析方法或指标对行情进行研判,得出合理的结论。

◇ 名人名言

耐心等待确定信号的出现,避免高风险的模糊不清阶段的盲目投资。

——伯妮斯·科恩

当股市处于下降通道时,我卖出保守的股票而购入其他类型的股票;当股市回升时,我就卖出成长型和周期型的股票中已经盈利的股票,再把资金投向保守的股票上。

——彼得·林奇

我能躲过灾难,是因为我每次都抛得过早。新高孕育新高,新低孕育新低。谁活得最久,才活得最逍遥,才赚得最自在。

——伯纳德·巴鲁克

不在成交量大增之后买进,不在成交量大减之后卖出。

——威廉·江恩

回撤往往在缺口处停止。当价格开始上扬时,这只股票的交易额越小,情况越乐观。

——安德烈·科斯托兰尼

股票市场是有经验的人获得更多金钱、有金钱的人获得更多经验的地方。

——朱尔

市场头部和底部是极端情绪下的产物,它们超越所有理性的预期。

——安东尼·贾利亚

要想获得成功的投机,一定要在理性的投资分析之后。

——乔治·索罗斯

技术因素涵盖了一切信息,不管是已知的还是未知的,内幕的还是公开的。

——拉里·威廉姆斯

由股市造成的错误迟早会由股市自身来纠正。

——本杰明·格雷厄姆

◇ 复习题

一、选择题

1. 技术分析适用于( )。
   A. 短期的行情预测　　　　　　B. 周期相对比较长的证券价格预测
   C. 相对成熟的证券市场　　　　D. 预测精确度要求不高的领域

2. 基本分析的优点有( )。
   A. 能够比较全面地把握证券价格的基本走势,应用起来相对简单
   B. 同市场接近,考虑问题比较直接
   C. 预测的精度较高
   D. 获得利益的周期短

3. 与头肩顶形态相比,三重顶形态更容易演变成( )。
   A. 反转突破形态　　　　　　　B. 圆弧顶形态
   C. 持续整理形态　　　　　　　D. 其他各种形态

4. 进行证券投资技术分析的假设中,( )是从人的心理因素方面考虑的。
   A. 市场行为涵盖一切信息　　　B. 历史会重演
   C. 价格沿趋势移动　　　　　　D. 投资者都是理性的

5. ( )认为收盘价是最重要的价格。
   A. 形态理论　　　　　　　　　B. 波浪理论
   C. 切线理论　　　　　　　　　D. 道氏理论

6. 和黄金分割线有关的一些数字中,有一组最为重要,股价极容易在由这组数字产生的黄金分割线处产生支撑和压力,这一组是( )。
   A. 0.382、0.618、1.191　　　　B. 0.618、1.618、2.618
   C. 0.618、1.618、4.236　　　　D. 0.382、0.809、4.236

二、简答题

1. 如何理解技术分析的三大假设?
2. 试述道氏理论的主要内容。
3. 应用 K 线组合分析应注意哪些问题?
4. 试析在涨跌停板制度下量价分析的基本判断。

三、论述题

1. 与基本分析相比,技术分析有哪些特征?在运用技术分析时,应注意哪些问题?
2. 试析头肩顶形态的形成过程及特征。

四、案例分析题

运用形态理论对山东药玻(600529)日 K 线走势图(见图 10-124)和江化微(603078)日 K 线走势图(见图 10-125)进行分析。

图 10-124　山东药玻日 K 线走势图

图 10-125　江化微日 K 线走势图

第十章
复习题
答案解析

第十一章　证券投资主要技术指标分析

知识目标

理解技术分析的分类、优点、局限性、使用中注意的问题和与基本分析的比较,掌握移动平均线、平滑异同移动平均线、相对强弱指标、威廉指标、随机指数、动向指数、乖离率指标、能量潮、布林线等指标的用法。

能力目标

了解技术分析的三大假设及其四大要素,熟悉 K 线类、形态类、切线类、指标类、波浪类和周期类这六大分类,重点掌握主要技术指标的含义、应用法则,并能将其熟练运用于实际行情的解读和研判。

情感目标

通过本章的学习,认识技术分析对证券投资分析的重要性,体会不同指标相结合运用于不同股票的场景,激发学生对证券投资分析的兴趣。

学习重难点

通过本章的学习,需重点掌握:
(1)技术分析的分类;
(2)技术分析与基本分析的比较;
(3)各指标的运用法则。

基本概念

技术分析　移动平均线　平滑异同移动平均线　相对强弱指标　威廉指标　随机指标　动向指标　乖离率指标　能量潮指标　布林线

◇ 导入案例

一名36岁的中年妇女,在2016年经历失业后,认真学习股票知识,决定做价值投资。在股市交易中,她前期投入高达10多万元,并且还使用信用卡资金分期进行补仓,她先后购入中信建投、沃森生物和星源材质等,但买卖时点判断错误,没有止盈,也没有止损,最后都是亏损的状态,甚至欠了17万元。这导致她短短五年中,经历了3次裁员,婚姻名存实亡,孩子无人陪伴,名下没有房产和汽车可以变卖。

■ 点评:股票投资有风险,当有闲暇、闲钱,并能够承担一定投资损失时可做一些股票投资。

购买股票之前,对公司要有足够的了解,购买之后,要时刻关注公司股价变化,注意调仓换股、止损止盈,切忌频繁操作、借钱炒股。

第一节 证券投资技术分析概述

技术分析是证券投资的一个重要的传统方法,是众多参与者多年经验教训的总结。它主要从市场行为本身出发,运用统计学、心理学等科学原理与方法,分析价格、成交量等已经发生的市场资料数据来预测证券市场的价格变动趋势。技术分析的使命是确定买卖的时间和价位。由于技术分析多用图表和各种技术指标作为市场分析的工具,故又有人称之为图表分析。

一、技术分析的三大基本假设

(一)市场行为涵盖一切信息

这个假设是技术分析的基础,如果抛开这一假设,技术分析所做出的任何结论都是无效的。其主要思想是:各种影响股票价格的内外在因素反映在市场行为上,而对于影响股票价格的具体因素则无须过多关注。市场行为包括价、量、时、空等四个方面,即股票的成交价、成交量、时间和空间等因素之间的相互关系。市场行为有多种表现形式,其中股票的成交价与成交量及价量关系是市场行为最基本的表现形式。

(二)价格有趋势,趋势有惯性

这一假设是进行技术分析最根本、最核心的因素。其基本思想为:证券价格的运动是按照一定的规律来进行的,证券价格的运动具有保持原来方向或沿着原来方向展开的惯性,即证券价格会以某种走势存在,并按照一定方向前进,直到受到外界影响。这是技术派专家最为看重的投资原则——顺势而为。"趋势"一词是技术分析的基石,只有承认这一规律,才能正确运用技术分析这个工具,研究价格图表从而识别趋势发展的形态,以便顺应趋势进行投资。

(三)历史会重演,但永远不会简单重复

这条假设是从人们的心理因素考虑的,反映了市场参与者的心理反应,它是进行技术分析的社会性因素。市场中进行交易的是人,心理学研究表明,人类的天性相当固执,而且在类似的情况下会产生既定的反应。因此,在市场具备相似情况和波动态势时,投资者倾向于采取相同的心理和行为进行应对,从而使市场的各种现象表现出与历史现象类似的特征,即历史重演。这里的历史重演不是指历史现象的简单重演,而是指历史规律和历史本质的不断反复作用。技术分析就是以历史预知未来,结合人们的心理、行为、投资环境特征与历史上类似的情况以及市场走势,进行分析和比较,从中找出规律,由此预测价格的未来走势。

当然,这三个假设前提也有不尽合理的地方。第一个假设认为市场行为包括了全部信息,市场行为反映的信息只体现在价格的变动中,同原始信息有差异,存在信息损失的情形。第二个假设认为股票价格循趋势变化,实际上证券市场中的价格变动常常被认为是最没有规律可循的,股票价格最终要受到其内在价值的影响,不可能沿某个方向波动太长时间。此外,价格变动还会受到许多预料不到的因素的影响,这也使价格的波动表现出无规律现象。在使用第三个假设时,应该注意到股票市场变化无常,不可能有完全相同的情况重复出现。

二、技术分析的四大要素:价、量、时、空

证券市场中,价格、成交量、时间和空间构成技术分析的基本要素,它们各自的具体情况和相互关系是进行正确分析的基础。

(一)价和量是市场行为最基本的表现

市场行为最基本的表现就是成交价和成交量。过去和现在的成交价、成交量涵盖了过

去和现在的市场行为。技术分析就是利用过去和现在的成交量、成交价资料,以图形分析和指标分析工具来解释、预测未来的市场走势。在某一时点上的价和量反映的是买卖双方在这一时点上共同的市场行为,是双方的暂时均势点。随着时间的变化,均势会不断发生变化,这就是价量关系的变化。一般来说,买卖双方对价格的认同程度通过成交量的大小得到确认。在价格处于低位时,认同程度大,成交量大;认同程度小,成交量小。而当价格已经进入高位时,成交量太大,则意味着买卖双方出现较大分歧。双方的这种市场行为反映在价、量上就往往呈现出这样一种趋势规律:价升量增,价跌量减。根据这一趋势规律,当价格上升时,成交量不再增加,意味着价格得不到买方确认,价格上升趋势将会改变;反之,当价格下跌时,成交量萎缩到一定程度就不再萎缩,意味着卖方不再认同价格继续往下降了,价格下跌趋势将会改变。一切技术分析方法都是以价、量关系为研究对象的,目的就是分析、预测未来的价格趋势,为投资决策提供服务。

(二)时间和空间体现趋势的深度和广度

在进行行情判断时,时间有着很重要的作用。一方面,一个已经形成的趋势在短时间内不会发生根本改变,中途出现的反方向波动,对原来的趋势不会产生大的影响。另一方面,一个形成了的趋势不可能永远不变,经过了一段时间又会有新的趋势出现。空间在某种意义上讲,可以认为是价格的一个方面,指的是价格波动能够达到的极限。在进行实际投资活动时,时空分析能帮助投资者把握变盘时间和空间,从而找到买卖时机。

三、技术分析方法的分类

从不同的角度对市场行为进行分析,寻找和发现其中不直接显露的实质内容,是进行技术分析最基本的出发点。由于侧重点和观测角度不同,技术分析的研究方式也不同。一般来说,技术分析方法可以分为以下六类:K线类、形态类、切线类、指标类、波浪类、周期类。

(一)K线类

K线类包含K线及K线的组合,其中以K线最为著名。其研究方法是侧重若干交易日的K线组合,以此推测股市多空双方力量的对比,进而判断股市中多空双方谁占优势。K线图是各种技术分析中最重要的图表,人们形象地把K线图比喻为投资者心电图,K线是其他技术分析方法的基础。

(二)形态类

形态类是根据价格在一段时间所走过的轨迹的形态来预测股票价格未来趋势的方法。从价格轨迹的形态,我们可以推测出证券市场处在什么样的大环境中,由此对我们今后的行为给予一定的指导。反转形态有 M 头、W 底、头肩顶、头肩底等,整理形态有矩形、旗形、楔形等。

(三) 切线类

切线类是按照一定的方法和原则,由股票价格的数据所绘制的图表画出一些直线,然后根据这些直线的情况推测股票价格的未来趋势,这些直线就是切线,切线主要是起支撑或压力的作用。切线的画法最为重要,画得好坏直接影响到预测的结果。目前,切线的种类主要有趋势线、通道线、黄金分割线、百分比线、甘氏线、速度线等。

(四) 指标类

指标类要考虑市场行为的各个方面,建立一个数学模型,给出数学上的计算公式,得到一个体现股票市场的某个方面内在实质的数字,这个数字就叫指标值。指标值的具体数值和相互间的关系,直接反映了股市所处的状态,能为投资者的操作行为提供指导方向。技术指标反映的东西大多是从行情报表中无法直接看到的。目前,股票市场上的技术指标数不胜数,常用的有相对强弱指标、威廉指标、随机指标、平滑异同平均线、能量潮指标、乖离率指标、布林线、动向指数等。

(五) 波浪类

该理论起源于 1978 年美国人查尔斯·J. 柯林斯发表的专著《波浪理论》。波浪理论的实际发明者和奠基人是艾略特,他在 20 世纪 30 年代就有了波浪理论最初的想法。波浪理论把股价的上下变动和不同时期的持续上涨、下跌看成是波浪的上下起伏。波浪的起伏遵循自然界的规律,股票的价格运动也遵循类似自然界波浪起伏的规律。波浪理论较之别的技术分析流派,最大的区别就是能提前很长时间预测到行情的底和顶,而别的流派往往要等到新的趋势已经确立之后才能看到。

(六) 周期类

循环周期理论认为,价格的高点和低点的出现在时间上存在一定的规律性。正如事物的发展兴衰有周期性一样,价格的上升也存在某些周期性特征。如果投资者能够掌握价格高低出现时间上的规律性,将会帮助其在实际买卖中获得更多的收益。

以上六类技术分析方法都经过了股市的实践检验。而且,这些技术分析方法可以相互借鉴。比如,在进行指标分析时,经常使用切线和形态学派中的一些结论和手法。但是,它们考虑问题的方式不同,有的注重长线,有的注重短线;有的注重价格的相对位置,有的注重绝对位置;有的注重时间,有的注重价格。

四、技术分析的优点、局限性及运用时应注意的问题

（一）技术分析的优点

(1)技术分析同市场接近,对市场的反应比较直接,分析的结果也更接近实际市场的局部现象,通过技术分析指导证券买卖见效快,获得收益的周期短。

(2)技术分析采用图表公式,是历史的继承,经长期实践修正,有一定的标准可供遵循,具有相当的稳定性和明显的规律性,有利于投资者从总体上把握市场。

(3)技术分析是一种理性分析,其结论比较客观,图表上显示的各种买卖信号,不可能因主观意愿而改变,使投资者在瞬息万变的证券市场保持客观冷静的态度。

（二）技术分析的局限性

(1)技术分析所用信息都是已经发生的,它相对滞后于行情的发展,对现实走势存在一定的时间差距,由此得出的买卖信号存在超前或滞后的可能,无法指导人们长期投资。

(2)技术分析有可能出现"骗线"现象,即数据图表得出的结论与实际不符,投资者如照此操作,则有可能掉入走势陷阱。这种现象的产生,一方面可能是大户机构有意而为,利用人们对技术分析结论的偏信,炮制出某种明显买入或者卖出的图形走势和指标值,从而达到自己轻松获利的目的;另一方面可能是市场各因素的相互作用而出现的异常现象,如机械地套用公式,就会得出错误的结论。

(3)技术分析虽然能判断出未来走势处于上升还是下降轨道,但很难准确预测每次行情波动的最高点与最低点,也难以揭示每次行情的确切时间。

(4)技术分析在一定程度上具有不确定性。如同样的技术指标在某一证券或某一市场上有效,在另一证券或另一市场上却失效;同样的技术数据在牛市是微量超买,但在熊市已是严重超买。

（三）运用技术分析应注意的问题

(1)与基本分析结合使用。我国的证券市场突发信息比较频繁,人为操纵的因素比较大,所以仅仅依靠过去和现在的图形数据来预测未来是不够的,还必须结合基本分析。

(2)以一两种技术分析方法为主,并辅之以多种技术分析方法或指标共同判断。任何一种技术分析方法或指标都是不完美的,具有一定的片面性,缺乏可靠性。应该全面考虑各种分析方法及指标对未来进行预测,最终得出一个合理的判断结论。

(3)理论与实践相结合。在使用技术分析方法时,要注意掌握各种分析方法的精髓,并根据实际情况做适当的调整。

五、基本分析与技术分析的比较

（一）技术分析的特点

与基本分析相比，技术分析主要有以下特点。

(1)技术分析运用公开的市场信息。公开的市场信息来自市场本身，包括价格、成交量和技术指标。而基本分析则运用来自市场之外的基本信息，包括收益、销售收入、增长率和政府政策等。

(2)技术分析的重点在于价格变动而不是价格水平。技术分析通过对价、量、技术指标等市场信息的分析，判断价格变动的趋势，决定投资或买卖的时机，它不考虑有价证券的价格水平是否有投资价值。而基本分析侧重于分析有价证券的内在价值，根据证券的内在价值判断价格水平是否偏高或偏低，从而做出买卖决定。

(3)技术分析侧重于买卖时机的分析，帮助投资者决定何时买卖；基本分析则侧重于证券内在价值的分析，帮助投资者决定买卖何种证券。

（二）基本分析与技术分析的主要区别

(1)对市场有效性的判定不同。以技术分析为基础的投资策略是以否定弱式有效市场为前提的，技术分析认为投资者可以通过对以往价格进行分析而获得超额利润；而以基本分析为基础的投资策略是以否定半强式有效市场为前提的，基本分析认为公开资料没有完全包括有关公司价值、宏观经济形势和政策方面的信息，通过基本分析可以获得超额利润。

(2)分析基础不同。技术分析是以市场上历史的交易数据（股价和成交量）为研究基础，认为市场上的一切行为都反映在价格变动中；基本分析是以宏观经济、行业和公司的基本经济数据为研究基础，通过对公司业绩的判断确定其投资价值。

(3)使用的分析工具不同。技术分析通常以市场历史交易数据的统计结果为基础，通过曲线图的方式描述股票价格运动的规律；基本分析则主要以宏观经济指标、行业基本数据和公司财务指标等数据为基础进行综合分析。

第二节 移动平均线

所谓技术指标分析，就是应用一定数学公式，对原始数据进行处理，得出指标值，将指标值绘成图表，从定量的角度对股市进行预测的方法。这里的原始数据指开盘价、最高价、最低价、收盘价、成交量和成交金额等。其本质是通过数学公式产生技术指标。技术指标是一种定量分析方法,它克服了定性分析方法的不足,极大提高了具体操作的精确度。尽管这种分析不是完全准确,但至少能在采取行动前给予数量方面的帮助。

◇ **特别提示**

> 对技术指标最好的应用方式不是看指标本身,而是看市场对这些指标的反应。

一、移动平均线的基本含义

移动平均线(MA)是由美国人葛兰威尔根据道氏原理而创立的,用以预测未来股价的运动趋势。简言之,它是连续若干个交易日的收盘价格的算术平均值。"若干个交易日"就是常说的时间参数,在运用中可以取 5 日、10 日、20 日、30 日等,也就是所谓的 5 日均线或 MA(5)、10 日均线或 MA(10)、20 日均线或 MA(20)、30 日均线或 MA(30)等。移动平均线的作用在于取得一段时间的平均股价的移动趋势,以避免人为的股价操作。其移动趋势虽然较慢,但能反映真实的股价变动。移动平均线是最古老、最典型的技术指标,也是投资者运用频率最高、操作最有效的投资工具。它帮助交易者确认现有趋势、判断将出现的趋势、发现即将反转的趋势。

二、移动平均线的特点

MA 的基本出发点在于消除股票价格随机波动的影响,用来描述价格运动的趋势。它具有以下特点。

(1)相对稳定性和滞后性。MA 是股价几天变动的平均值,因此,其结果会使某天大的价格变动"摊小"、某天小的价格变动"摊大",于是 MA 表现出相对稳定的特点。这种特点的优势是不被暂时的小波动所迷惑,劣势是价格在原有趋势已经反转时,反应迟缓,速度落后于大趋势,又具有滞后性。

(2)追踪趋势性。MA 描述的是价格运动的趋势,这决定了它将与股价图形中的趋势线在方向上保持一致,从而表现出追踪趋势的性质。MA 是对收盘价进行移动平滑的产物,这样做有两个效果:一是通过平均,抵消了一些偶然因素的影响,是 MA 消除了价格变化过程中的小波动,从而清晰地体现价格波动的总体趋势;二是通过移动平均,使 MA 始终处于一个实时更新状态,从而保证了 MA 所展示的主要趋势的及时性。

(3)助涨助跌性。当股票价格突破了 MA 时,无论是向上还是向下突破,价格都有继续向突破方向发展的趋势。投资者操作时要密切关注成交量是否明显放大,成交量若成倍放大,则意味着突破的有效性更强。

(4)支撑压力性。MA 在股价走势中起着支撑线和压力线的作用。MA 一旦被突破,支撑线和压力线很可能也被突破。投资者操作时要密切关注成交量是否连续明显放大,成交量若成倍放大数日,则意味着突破的有效性很强。

三、移动平均线的分类

移动平均线的种类很多,它的计算方法是将当天在内的最近一段时间的收盘价相加,再除以交易天数,得出当天的价格平均数。总的来说,可分为短期、中期、长期三类。

第一类是短期移动平均线。主要是 5 日和 10 日的。5 日的是将 5 天数字之和除以 5,求出一个收盘价的平均数,即 5 日平均线。由于证券交易所每周有 5 个交易日,所以 5 日线亦称周线。由于 5 日平均线在震荡行情中起伏较大,规律性不强,因而又诞生了 10 日平均线,它是主力机构和广大投资者应用最广泛的移动平均线。它能较为正确地反映短期内主力的平均成本价,可作为短线买卖的依据。

第二类是中期移动平均线。首先是月线,是 20 日移动平均线或 30 日移动平均线。其次是季线。由于其波动幅度较短期移动平均线平滑且有迹可循,较长期移动平均线又敏感度高,因而在反应总趋势上更为清晰。

第三类是长期移动平均线。分为半年线和年线,通常是用 120 日或 250 日的移动平均线。由于上市公司一年分两次公布其财务报表,有个别公司董事、监事与某些消息灵通人士常可先取得这方面的第一手资料,进行内幕交易,而投资者往往面临着业绩变脸的巨大风险。长期移动平均线是葛兰威尔专心研究与试验移动平均线系统后,非常看重的移动平均线,但在国内运用不甚普遍。年线是超级大户、中长线投资者操作股票时要重点参考的依据。

四、移动平均线的运用法则

(一)葛氏八大法则

关于 MA 的运用法则,最有名的是葛兰威尔法则,通常简称葛氏八大法则(见图 11-1)。葛氏八大法则中有四条是买入法则,有四条是卖出法则。其具体内容如下。

1. 关于买入信号的四种情形

(1)当 MA 从下降开始趋于平缓,股价自下而上穿越 MA 时(1 点处)。
(2)当股价位于 MA 下方,但 MA 仍保持上升趋势,不久股价又向上突破 MA 时(2 点处)。

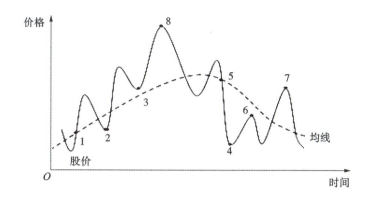

图 11-1 葛氏八大法则

(3)当股价持续上涨而远离 MA,然后突然下跌,但是在 MA 附近再度上涨时(3 点处)。
(4)当股价跌破 MA,并持续暴跌而远离 MA 时(4 点处)。

2. 关于卖出信号的四种情形

(1)当 MA 从上升开始趋于平缓,股价自上而下穿越 MA 时(5 点处)。
(2)当股价持续下跌而远离 MA,然后突然上涨,但是在 MA 附近再度下跌时(6 点处)。
(3)当股价位于 MA 上方,但 MA 仍保持下降趋势,不久股价又向下突破 MA 时(7 点处)。
(4)当股价上穿 MA,并持续暴涨而远离 MA 时(8 点处)。

(二)金叉与死叉法则

在实际运用中还有基于 MA 的两个重要概念,即黄金交叉和死亡交叉。

短期移动平均线从下方穿过中期移动平均线,接着又穿过长期移动平均线。随着短期移动平均线移至长期移动平均线的上方,中期移动平均线也穿越长期移动平均线,穿破的这一点称为黄金交叉点。坚挺的上升行情持续一段时间后,各条线涨势趋缓,首先是短期移动平均线从停滞状态的高点出现下降倾向,短期移动平均线从上向下先跌破中期移动平均线,接着又跌破长期移动平均线。随着短期移动平均线移至长期移动平均线的下方,中期移动平均线也跌破长期移动平均线,这一跌破的点称为死亡交叉点,意味着上涨行情的结束(见图 11-2)。

根据前人的研究成果,黄金交叉与死亡交叉的运用法则如下。
(1)出现黄金交叉即为买进信号,出现死亡交叉即为卖出信号。
(2)时间参数越大的两条 MA 出现黄金交叉时,股价发生回档的可能性及回档幅度将会越大;时间参数越大的两条 MA 出现死亡交叉时,股价发生反弹的可能性及反弹幅度也将越大。

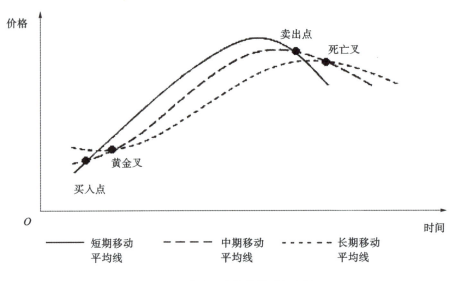

图 11-2 移动平均线的排列与交叉

（3）一般地说，当 MA(5)、MA(10)、MA(30) 三线出现黄金交叉时，可以判断目前行情为多头市场，可以积极买进；当 MA(5)、MA(10)、MA(30) 三线出现死亡交叉时，可以判断目前行情为空头市场，可大胆卖出。

（4）当出现黄金交叉时，股价经常发生回档现象，此为买进时机；当出现死亡交叉时，股价经常发生反弹现象，此为卖出时机。

◇ **特别提示**

在较长的一段时间内，分析大盘是否见底，观察平均股价比观察大盘指数往往更加有效，更能反映真实情况。

◇ **案例分析**

移动平均线金叉与死叉法则运用实例

如图 11-3 所示，宁德时代（300750）在 2021 年 9 月 13 日至 2022 年 1 月 11 日期间的股价日 K 线图，以 5 日 MA 和 10 日 MA 为例，在 A 点处（2021 年 9 月 30 日），5 日 MA 自下而上穿越 10 日 MA，称为"金叉点"，是明显的短线买入点；在 B 点处（2021 年 12 月 7 日），5 日 MA 自上而下跌破 10 日 MA，称为"死叉点"，是明显的短线卖出点。

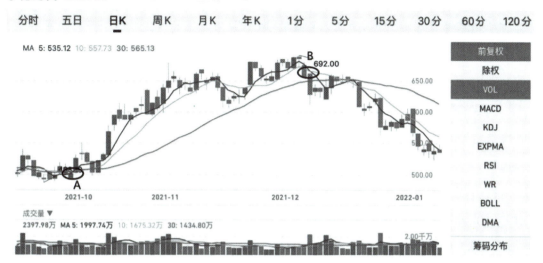

图 11-3　移动平均线金叉与死叉

第三节　平滑异同移动平均线

平滑异同移动平均线（MACD），是一种中、长线技术指标，是由双指数移动平均线发展而来。它利用两条速度快慢不同的指数平滑异同移动平均线来计算二者之间的正负差（DIF），据此作为研判行情的基础，然后求其 DIF 之 9 日平滑异同移动平均线。MACD 实际就是运用快速与慢速移动平均线聚合与分离的征兆来研判买入与卖出的时机。MACD 的变化代表着市场趋势的变化，K 线的时间不同，其 MACD 代表不同的"中、长周期"中的涨跌趋势。

一、MACD 的构造原理

MACD 同 MA 类似，也是对价格进行平均处理，消除小的和次要的内容，体现和保留价格趋势的本质性的东西。快慢两条指数平滑线之差体现了价格与平均价格之间的相对关系。与 MA 相比，MACD 除掉了 MA 所面临的信号出现频繁的问题，增加了发出信号的要求和限制，从而降低了假信号出现的机会。因此，其信号更可靠，是一种较好的判别走势的技术分析手段，有"指标之王"的美誉。

◇ **特别提示**

在市场没有明显趋势而进入整盘时，MACD对未来价格上升和下降的幅度不能给予明确的估算，操作意义减弱。投资者这时如准备操作，要及时调低时间单位，以使该指标对投资者提供明确的买卖信号。

二、MACD 的计算

MACD 由正负差(DIF)和异同平均数(DEA)两部分组成。DIF 是核心，DEA 是辅助。DIF 是快速移动平均线与慢速移动平均线的差值。快速和慢速的区别在于进行指数平滑时采用的参数大小不同，快速是短期的，慢速是长期的。现以通行的参数 12 和 26 为例，对 DIF 的计算过程进行介绍。

（一）平滑系数的计算

平滑系数的计算公式如下：

$$平滑系数 = \frac{2}{1+时间周期}$$

时间周期一般快速线取为 12，慢速线取为 26，EMA 为指数平滑移动平均值，由此计算平滑系数可得：

$$12 \text{ 日 EMA 的平滑系数} = \frac{2}{12+1} = 0.1538$$

$$26 \text{ 日 EMA 的平滑系数} = \frac{2}{26+1} = 0.0741$$

（二）EMA 的计算

EMA 是指数平滑移动平均值，相关计算公式如下：

今日 EMA＝平滑系数×(今日收盘指数－昨日的指数平均值)＋昨日的指数平均值

$$12 \text{ 日 EMA} = \frac{2}{13} \times (今日收盘价 - 昨日的 EMA) + 昨日的 EMA$$

$$= \frac{2}{13} \times 今日收盘价 + \frac{11}{13} \times 昨日的 EMA$$

$$26 \text{ 日 EMA} = \frac{2}{27} \times 今日收盘价 + \frac{25}{27} \times 昨日的 EMA$$

（三）DIF 及 DEA 的计算

DIF 的计算公式如下：
$$DIF = 12日EMA - 26日EMA$$
DEA 为 DIF 的平滑值，即 MACD 值，通常计算 DEA 值取 9 天的平滑移动值：
$$此时的平滑系数 = \frac{2}{9+1} = 0.2$$
$$DEA = 今日的 DIF \times 平滑系数 + 昨日的 DIF \times (1 - 平滑系数)$$
$$= 今日的 DIF \times 0.2 + 昨日的 DIF \times 0.8$$

三、MACD 的运用法则

(1) DIF 与 DEA 均为正值，则属多头市场。DIF 向上突破 DEA 是买入信号，DIF 向下跌破 DEA 只能认为是回档，可暂时卖出获利。DIF 和 DEA 均为负值，则属空头市场。DIF 向下突破 DEA 是卖出信号；DIF 向上突破 DEA 只能认为是反弹，可暂时补空逐利。

(2) DIF 向上突破 MACD(DEA) 与 0 轴均为买入信号，若在 0 轴以下交叉，则适宜空头平仓。若 DIF 在 0 轴之下连续两次向上突破 MACD，则意味着行情可能会出现大涨，可伺机买进。

(3) DIF 向下突破 MACD(DEA) 与 0 轴均为卖出信号，若在 0 轴以上交叉，则仅适宜多头平仓。若 DIF 在 0 轴之上连续两次向下跌破 MACD，则意味着行情可能会出现大跌，应注意及早卖出。

(4) 背离原则：若股价连续两次或三次创出新低，但 DIF 并不配合创新低时，行情可能由此企稳而筑底，即所谓的"正背离"，可逢低买进；若股价连续两次或三次创出新高，但 DIF 并不配合创新高时，行情可能由此为止做头，即所谓的"负背离"，可逢高卖出。

◇ 特别提示

为了避免因为过早抄底遭受亏损，不妨把目光转移到月线 MACD 上，当月线 MACD 在 0 轴上方出现金叉，或在 0 轴下方出现金叉，之后上穿 0 轴，在 0 轴上方运行时，再开始积极做多，这样能有效避免因盲目抄底导致被套的现象发生。在具体运用 MACD 时，高手说："逃顶看 MACD 周线，锁定风险看 MACD 月线。"这不仅是对持股的投资者说的，也是对持币的投资者讲的。另外，投资者在操作上在红柱子变长时可果断买入，若其变短则可卖出；反之，绿柱子变短时可考虑买入，绿柱子变长则持而观望。

◇ **案例分析**

平滑异同移动平均线运用实例

如图 11-4 所示,冀中能源(000937)在 2021 年 7 月 13 日至 2021 年 11 月 8 日期间的股价日 K 线图,以此为例来说明 MACD 指标的运用。其中 A 点,在低档区域 DIF 向上突破 DEA,发出买进信号,对应 A′点(9 月 6 日)为买入点;B 点,在高档区域 DIF 向下跌破 DEA,发出卖出信号,对应 B′点(9 月 29 日)为卖出点。

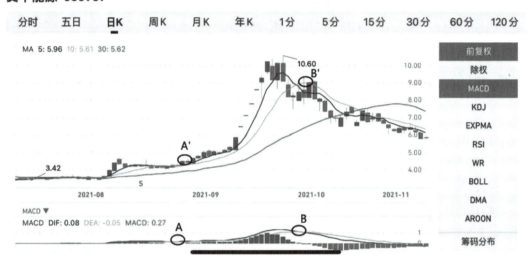

图 11-4 平滑异同移动平均线

第四节 相对强弱指标

相对强弱指标(RSI)由威尔斯·威尔德于 1978 年首创。其原理是通过比较一定时期内相邻两天之间收盘价格的平均上涨数值与平均下跌数值来分析市场买卖盘的方向和实力,进而判断未来市场的走势。它是短中线操作的先行指标。在股价技术图形中,RSI 设有两条线,即快线和慢线。一般地,快线的时间参数取为 6 日,即 6 RSI,而慢线的时间参数取为 12 日,即 12 RSI。

一、RSI 的计算公式

$$\mathrm{RSI}(n) = \frac{A}{A+B} \times 100$$

式中：RSI——相对强弱指标，一般有 6RSI、12RSI 两个；
　　A——连续 n 日内所有上涨日价差的和；
　　B——连续 n 日内所有下跌日价差的和；
　　n——时间参数，一般取 6 日、12 日。

二、RSI 的构造原理

RSI 的构造原理简单来说是以数学计算的方法求出买卖双方的力量对比。譬如有 100 个人面对同一件商品，如果 50 个人以上要买，竞相抬价，商品价格必涨；相反，如果 50 个人以上争着卖出，价格自然下跌。

从数学上看，A 表示 n 天中价格向上波动的大小，B 表示向下波动的大小，$A+B$ 表示价格总的波动大小。从公式上看，RSI 的取值在 0～100 之间。实际上，RSI 表示向上波动在总的波动中所占的百分比。占的比例大就是强市，占的比例小就是弱市。RSI 从一段时间内价格的变动情况，根据价格涨跌幅度显示市场的强弱，进而推测价格未来的变动方向。

三、RSI 的运用法则

(1) RSI 大于 80，表示市场已经出现超买现象，价格随时会因买势减弱而回跌，此时应该卖出。

(2) RSI 小于 20，表示市场已经出现超卖现象，价格随时会因为卖势减弱而回升，此时应该买入。

(3) RSI 大于 50，表示市场买方力量强于卖方力量，后市看强；RSI 小于 50，表示市场卖方力量强于买方力量，后市看弱。

(4) RSI 连续在 50 附近上下波动，表示市场买卖双方力量均衡，局势不明，多为市场盘整期。

(5) 当 6RSI 在高档自上而下跌破 12RSI 时，为卖出信号；当 6RSI 在低档自下而上突破 12RSI 时，为买入信号。

(6) 如果在高档股价连续两次创出新高而 RSI 并未相应创新高时，出现顶背离现象，此为卖出信号；如果在低档股价连续两次创出新低而 RSI 并未创出新低时，出现底背离现象，此为买进信号。

（7）若 RSI 在形态上出现低点位置一波比一波高的情形，则表明行情将处于一段上市趋势之中，此时的每一次回档都可以买入；若 RSI 在形态上出现高点位置一波比一波低，则表明行情将处于一段下降趋势之中，此时的每一次反弹都是卖出时机。

（8）在极强势市场中，当 RSI 在高档出现指标钝化现象而连续"碰顶"（即向上限 100 逼近），且碰顶次数达到 3 次以上时，应当逢高清仓。

（9）在 RSI 发生指标钝化现象时，应结合其他技术指标加以综合研判。

◆ 特别提示

当日 K 线中的相对强弱指标出现了持续一个月的下降通道，而大盘仍为上升通道，这种长时间的背离形态表明大盘短期头部即将出现。

◆ 案例分析

相对强弱指标(RSI)运用实例

如图 11-5 所示，古井贡酒(000596)在 2020 年 12 月 3 日至 2021 年 5 月 17 日期间的股价日 K 线图，以此为例来说明相对强弱指标的运用。图中 A 点处，股价创新高，6RSI 为 86.58，超过 80，表示市场处于超买状态，对应的 A′点为卖出点（2021 年 1 月 5 日）。图中 B 处，6RSI 为 15.54，小于 20，说明市场处于超卖状态，对应的 B′处（2021 年 3 月 9 日）为买进点。

图 11-5　相对强弱指标

第五节 威廉指标

一、基本含义

威廉指标(W％R)全称威廉超买超卖指标,由拉里·威廉斯于 1973 年提出。威廉指标是利用摆动点来度量股市的超买超卖现象,可以预测循环期内的高点或低点,它是着重分析市场短期行情走势的技术指标。与相对强弱指标不同的是,前者重视累计值的比较,而后者则直接以当日收市价与 n 日内高低价位之间的比较,来判断短期内行情变化的方向,因此,它是一种更为敏感的指标。在实际股价图形中,W％R 值分布在 0~100 之间,以 50 为中界线,0 在顶部形成天线,100 在底部形成地线。

二、计算公式

假设,C 为当日收市价,L_n 为 n 日内最低价,H_n 为 n 日内最高价,则有

$$W\%R = \frac{H_n - C}{H_n - L_n}$$

式中,n 为所选时间参数,一般设为 10 日或 20 日。现具体以表 11-1 说明对于威廉指标的计算。

表 11-1 威廉指标的计算

日期	收盘价	最高价	H_3	最低价	L_3	W％R(3)
1	9.30	9.35	—	9.25	—	—
2	9.20	9.28	—	9.18	—	—
3	9.23	9.25	9.35	9.20	9.18	70.59
4	9.25	9.27	9.28	9.13	9.13	70.20
5	9.37	9.37	9.37	9.22	9.13	0

三、应用法则

威廉指标计算结果与强弱指标、随机指标相似,计算出的指标值在 0 至 100 间波动。不同的是,威廉指标的值越小,市场的买气越重;威廉指标的值越大,市场卖气越重。具体应用法则如下。

(1)当 W%R 达到 80 时,市场处于超卖状况,股价走势随时可能见底。因此,80 线一般称为买入线,投资者可以伺机买入;当 W%R 达到 20 时,市场处于超买状况,走势可能即将见顶,20 线也称卖出线。

(2)当 W%R 从超卖区向上爬升时,表示行情趋势可能转向,一般情况下,当 W%R 突破 50 的中轴线时,市场由弱市转为强市,是买进信号;相反,当 W%R 从超买区向下跌落,跌破 50 的中轴后,可确认由强市转为弱市,是卖出信号。

(3)当 W%R 向上触及天线(W%R=0)达到三次以上时,为卖出信号;当 W%R 向下探及地线(W%R=100)时,为买进信号。

(4)由于股市气势的变化,超买后还可更超买,超卖后亦可更超卖。因此,当 W%R 进入超买或超卖区,行情并非一定立刻转变。只有确认 W%R 明显转向,跌破卖出线或突破买入线,方为正确的买卖信号。

(5)在使用威廉指标对行情进行判断分析时,可同时使用 RSI 配合验证。一般地,当 RSI 自下而上突破 50 中界线时,若 W%R 同步向上突破中界线,则表明行情转势是可信的,否则需要结合其他技术指标进行研判;当 RSI 自上而下跌破中界线时,研判方法同此。

如图 11-6 所示,长安汽车(000625)从 2021 年 5 月 7 日至 9 月 27 日期间的股价日 K 线图,以此为例说明威廉指标的应用。在 6 月 17 日 A 点处和 7 月 28 日 B 点处对应的 A'和 B'两点的 W%R 均在 80 以上,处于超卖状况,投资者应择机买入。在 8 月 20 日 C 点的 W%R 在 20 以下,处于超买状况,走势可能见顶,投资者应及时卖出。

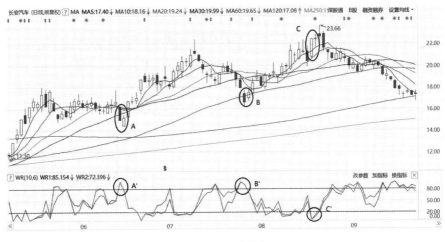

图 11-6 威廉指标

第六节 随机指标

一、基本含义

随机指标(KDJ)是由美国人乔治·拉恩首先提出的。它综合了相对强弱指标、移动平均线等的优点,结合快速移动均线、慢速移动均线和辅助线等来研判短期行情的趋势。在计算过程中主要研究高低价位与收市价的关系,即通过计算当日或最近的最高价、最低价及收市价等价格波动的真实波幅,反映价格走势的强弱和超买超卖现象。在实际图表中,KDJ 表现为三条曲线,即 K 线、D 线和 J 线。其中,K 线移动快速,对股价变动十分敏感,D 线移动缓慢,对股价变动较为迟缓,而 J 线是对买卖信号进行确认的反应线。随机指标对于研判中长期行情作用不大,但它是颇为有效的短期技术分析工具。

二、计算公式

(一)非成熟随机值(RSV)的计算

相关计算公式如下:

$$\mathrm{RSV} = \frac{P_t - L_n}{H_n - L_n} \times 100$$

式中:P_t——今日收盘价格;

H_n——最近 n 日内的最高价格;

L_n——最近 n 日内的最低价格;

n——时间参数,一般取为 9。

RSV 说明当日收盘价处于 n 日内最高、最低价位幅度内的位置百分比。RSV 越大,说明越接近最高价。

(二)随机快速线 K 值和随机慢速线 D 值的计算

相关计算公式如下:

$$今日\,K\,值 = \frac{2}{3} \times 昨日\,K\,值 + \frac{1}{3} \times 今日\,RSV$$

$$今日\,D\,值 = \frac{2}{3} \times 昨日\,D\,值 + \frac{1}{3} \times 今日\,K\,值$$

K、D 的初始值一般定为 50。

（三）计算附加线 J 值

相关计算公式如下：

$$J\,值 = 3 \times D\,值 - 2 \times K\,值$$

三、运用法则

(1) KDJ 中三个指标的取值范围都是 0～100，可以划分为三个区域。一般而言，K、D 取值在 20 以下为超卖区，在 80 以上为超买区，其余范围则为徘徊区；J 的取值在 0 以下为超卖区，在 100 以上为超买区，其余范围则为徘徊区。

(2) 当 K 线由上升趋于走平时，是卖出警告信号；反之，K 线由下降趋于走平时，是买进信号。

(3) 当 K 值大于 D 值，表明价格处于上涨趋势，当 K 线向上突破 D 线，则为买入信号。

(4) 当 K 值小于 D 值，表明价格处于下跌趋势，当 K 值向下突破 D 线，则为卖出信号。

(5) 当 K、D 值处于高档（至少 50 以上），并连续两次形成依次向下的峰，而股价继续上涨时，即为"顶背离"现象，是卖出信号；当 K、D 值处于低档（至少 50 以下），并连续两次形成依次向上的谷，而股价继续下跌时，即为"底背离"现象，是买进信号。

(6) 当 J 值小于 0 或小于 10 时，股价将会形成底部，应伺机买进；当 J 值大于 100 时，股价将会形成头部，应逢高卖出。由于 J 线的买卖信号不常出现，因此一旦出现，其可靠性相当高。

(7) KDJ 用于发行量与成交量均较大的股票，可靠性更高。

(8) 当 KDJ 出现高位钝化现象，而 K 线又两次穿越 D 线时，可视为明显的卖出信号；当 KDJ 出现低位钝化现象，K 线两次穿越 D 线时，可视为明显的买进信号。K 线和 D 线在 50 左右交叉时为盘整行情，此时该指标不能当成明显的买卖信号。

(9) 在平衡市或箱体震荡行情中，随机指标只要进入超买区，就需要准备卖出。一旦出现高位钝化，就应该坚决清仓出货。但是在主升浪行情中，随机指标的应用原则恰恰相反，当随机指标反复高位钝化时，投资者可以坚定持股，最大限度地获取主升浪的利润。而当随机指标跌入超卖区，投资者要警惕主升浪行情即将结束。

◇ 案例分析

随机指标运用实例

如图11-7所示,芒果超媒(300413)在2021年1月22日至2021年3月28日期间的股价日K线图,以此为例来说明随机指标的使用。图中A点处,K线从80以上自上而下跌破D线,发出卖出信号,对应A′点(2021年1月25日)为卖出点;B点,K值和D值均在20以下,处于超卖区域,且K线自下而上突破D线,发出买进信号,对应B′点(2021年3月24日)为买入点。

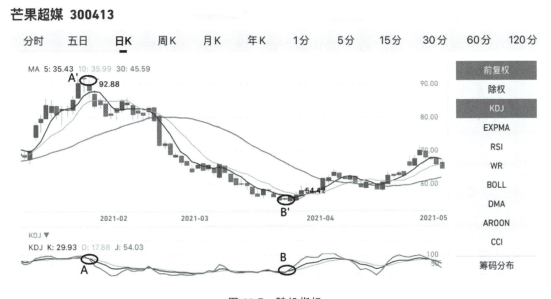

图11-7 随机指标

第七节 动向指数

一、基本含义

动向指数(DMI)是美国技术分析大师威尔斯·威尔德创造的一种中长期股市技术分析方法。它是通过分析股票价格在涨跌过程中买卖双方力量均衡点的变化情况,即多空双方的力量的变化受价格波动的影响而发生由均衡到失衡的循环过程,从而提供趋势判断依据的一种技术指标。它包括+DM、-DM、ADX、ADXR 四个指标值。+DM 表示上涨动向值,-DM 表示下跌动向值,ADX 表示平均动向值,ADXR 表示平均动向值评估值。动向指数的功能是通过指标交叉时发出的买卖信号来研判行情是否开始启动。

二、计算公式

动向指数的相关计算公式如下:

$$今日\ ADXR = (今日\ ADX + 7\ 日前\ ADX)/2$$
$$今日\ ADX = (今日\ DX + 昨日\ ADX \times 6)/14$$
$$DX = 100 \times DI\ 差 / DI\ 和$$
$$DI\ 和 = +DI(7) + [-DI(7)]$$
$$DI\ 差 = +DI(7) - [-DI(7)]$$
$$+DI(7) = 100 \times [+DM(7)/TR(7)]$$
$$-DI(7) = 100 \times [-DM(7)/TR(7)]$$

式中:ADXR——平均动向值评估值,一般从第 14 天开始计算;

ADX——平均动向值,一般从第 8 天开始计算;

+DI——上涨动向值,一般以连续交易日数 7 为参数;

-DI——下跌动向值,一般以连续交易日数 7 为参数;

+DM(7)——连续 7 个交易日的+DM 值之和;

-DM(7)——连续 7 个交易日的-DM 值之和;

TR(7)——连续 7 个交易日的 TR 值之和;

+DM——$P_1 - P_1'$;

-DM——$P_2 - P_2'$;

TR——$\max(|P_1 - P_2|, |P_1 - P_0|, |P_2 - P_0|)$。

其中:+DM——上涨动向变动值,且当+DM 小于 0 时,+DM=0;

-DM——下跌动向变动值,且当-DM 小于 0 时,-DM=0;

TR——真实的价格波动值;

max——若干个数字中最大的一个;

P_0——昨日收盘价;

P_1——今日最高价;

P_2——今日最低价;

P_1'——昨日最高价;

P_2'——昨日最低价;

$|X-Y|$——X 与 Y 之差的绝对值。

三、应用法则与注意事项

 1. 应用法则

（1）+DM 越大，表示买盘积极，上涨势头强烈；-DM 越大，表明做空力量强大，下跌势头明显。

（2）当+DM 自下而上突破-DM 时，为买进信号，此时，若 ADX 也向上攀升，则上升趋势更为强劲。

（3）当+DM 自上而下跌穿-DM 时，为卖出信号，此时，若 ADX 也向下续探，则下跌趋势较为凶猛。

 2. 注意事项

使用 DX 进行研判时，投资者应注意以下几点。

（1）DX 活动区间在 0～100 内，如果 DX 趋向 100，表明多空某一方的力量趋于零；如果 DX 趋向零，表明多空双方的实力近似相等。

（2）DX 值越大，表明多空双方实力相差越悬殊；DX 值越小，表明多空双方实力越接近。

（3）一般来说，DX 值在 20 至 60 间，表明多空双方实力大体相等，轮换主体位置的可能性大。投资者此时易把握自己的位置，看准时机，空头转多头，或相反。

（4）DX 值穿破 60，表明多空双方力量拉开，多头或空头各方渐渐主动，或超买，或超卖。DX 值穿破 20，表明多空双方力量均衡，多空双方都主动回撤。在这两种情况下，投资者既不可过于急躁，又不可过于谨慎，要胆大心细，择机而动。

使用 ADX 进行研判时，投资者应注意以下几点。

（1）单一动向：股市行情以明显的动向单一向一方发展，不论是上升还是下降，ADX 此时会逐渐上升并持续一段时间。面对这种单一动向，投资者可顺其操作，即加入多头，或加入空头。但需注意，长时间的跟风也会造成损失。

（2）牛皮动向：当股市指数新高、新低点反复交叉，忽升忽降时，ADX 会表现为递减态势。当 ADX 逐降到 20 以下时，+DI 和-DI 呈现横向走势，投资者应暂停交易，伺机而动。此时，DMI 动向指标仅供参考，不能完全依此入市。

（3）反转动向：当 ADX 由升转降，高于 50 以上时，说明行情反转来临。如果在涨势中，ADX 在高点由升转降时，表明顶部到顶，涨势将收场，投资者应调整多头；反之，在跌势中，ADX 也在高点由升转降时，表明底部到底，跌势将收场，投资者应调整空头。

第八节 乖离率指标

乖离率指标(BIAS)是从葛氏八大法则派生出的技术分析指标,是通过计算市场指数或收盘价与某条移动平均线之间的差距百分比,反映在一定时期内价格与其移动平均线(MA)偏离程度的指标,如果价格偏离移动平均线较远,便会引发价格出现强烈回归移动平均线的可能性。乖离,指市场指数或收盘价与移动平均价之间的差距。乖离率,是用百分比来表示价格与 MA 间的偏离程度(差距率)。乖离率曲线,是将各 BIAS 值连成线,得到的一条以 0 值为横向中轴的上下波动的曲线。乖离率可分为正乖离率和负乖离率,股价在移动平均线之上为正乖离率,反之则为负乖离率。

BIAS 是测算股票价格与移动平均线偏离程度的指标,其基本原理是:如果股价偏离移动平均线太远,不管是在移动平均线上方或下方,都有向移动平均线回归的要求。

一、BIAS 的计算公式

相关计算公式如下:

$$\text{BIAS}(n) = \frac{C_t - \text{MA}(n)}{\text{MA}(n)} \times 100\%$$

式中:C_t——n 日中第 t 日的收盘价;

$\text{MA}(n)$——n 日的移动平均数;

n——BIAS 的参数。

分子表示价格与移动平均价的绝对距离,可正可负;除以分母后就是相对距离。一般来说,参数选得越大,允许股价远离 MA 的程度就越大。

二、BIAS 的应用法则

1. 从 BIAS 的取值大小和正负考虑

一般来说,正的乖离率愈大,表示短期多头的获利愈大,获利回吐的可能性愈高;负的乖离率愈大,则空头回补的可能性也愈高。在实际应用中,一般预设一个正数或负数,只要 BIAS 超过这个正数,就应该感到危险而考虑抛出;只要 BIAS 低于这个负数,就可以感到机会可能来了而考虑买入。问题的关键是找到这个正数或负数,它是采取行动与静观的分界线。这条分界线与三个因素有关,即:BIAS 参数、所选择股票的性质以及分析时所处的时期。表 11-2 给出了 BIAS 分界的参考数字。

表 11-2　BIAS 分界的参考数字

日数	买入信号(%)	卖出信号(%)
5 日	−3	3.5
10 日	−4.5	5
20 日	−7	8
60 日	−10	10

根据有关人员的经验总结,如果遇到由于突发的利多或利空消息而产生股价暴涨暴跌的情况,可参考以下数据分界线。

对于综合指数:BIAS(10)>30% 为抛出时机,BIAS(10)<−10% 为买入时机。

对于个股:BIAS(10)>35% 为抛出时机,BIAS(10)<−15% 为买入时机。

2. 从 BIAS 的曲线形状方面考虑

BIAS 形成从上到下的两个或多个下降的峰,价格却在继续上升,是抛出信号;BIAS 形成从下到上的两个或多个上升的谷,价格却在继续下跌,是买入信号。

3. 从两条 BIAS 线结合方面考虑

当短期 BIAS 在高位下穿长期 BIAS 时,是卖出信号;短期 BIAS 在低位上穿长期 BIAS 时,是买入信号。

值得注意的是,乖离率究竟达到什么程度才是买入或卖出的最佳时机,并没有统一的标准。

第九节　能量潮指标

一、能量潮指标的含义及计算公式

能量潮指标(OBV)是由美国著名技术分析大师葛兰威尔继葛氏八大法则之后创立的又

一大技术指标。它根据每天价格的变化情况,将每日的成交量按照正负方向进行累计,从而预测未来行情的演变趋势。若当天的收盘价高于前一日的收盘价,总成交量为正值;反之,则总成交量为负值;若平盘,则总成交量为零。在实际应用时,OBV用来判断大盘或个股的顶背离或底背离现象较好。在实际股价图形中,OBV曲线经常出现N字波。

葛兰威尔认为,成交量是股市的元气,股价只不过是它的表现特征,成交量的变动通常领先于股价变动。OBV是短线操作的指标,不适合于长线证券投资。

OBV的计算公式为:
$$今日 OBV = 前一交易日 OBV + sgn \times 今日成交量$$
式中,sgn是符号函数,其数值由下式决定:

sgn=+1,今日收盘价≥昨日收盘价

sgn=-1,今日收盘价<昨日收盘价

二、构造原理

OBV的构成,是根据潮涨潮落的原理。把股市比喻成潮水涨落的过程,如果多方力量大,则向上的潮水就大,中途回落的潮水就小。潮涨潮落反映多空双方力量对比的变化和潮水的最终去向。衡量潮水大小的标准是成交量,成交量越大,潮水的力量就越大;反之,潮水的力量就越小。可以将每天的成交量理解为潮水,潮水的方向由当天的收盘价与前一日的收盘价的比较而决定:

若今收盘价≥前收盘价,则这一潮水是属于多方的潮水;

若今收盘价<前收盘价,则这一潮水是属于空方的潮水。

三、运用法则

(1)一般来说,若OBV线呈上升趋势,则表明股价将会出现一波上涨行情,其间如果出现股价回档现象,应采取买进策略;若OBV线呈下降趋势,则表明股价将会出现一波下跌行情,其间如果出现股价反弹现象,应采取卖出策略。

(2)当股价上涨而OBV线下降时,表明能量不足,预示行情可能发生反转,应是卖出信号。

(3)当股价下跌而OBV线上升时,表明买气旺盛,股价可能将止跌回升,是买进信号。

(4)当股价上涨而OBV线同步缓慢上升时,表明股市继续看好。

(5)当OBV线暴涨,无论股价是暴涨或回跌,表明能量即将耗尽,股价可能反转。

(6)当股价进入盘整状态,OBV线将会率先发出突破信号,一旦发生突破,其有效性较强。

(7)一般地,OBV 线经常以 N 字波作为分析中介,结合背离原理来研判未来行情的发展。

(8)当 OBV 线累计出现 5 个逐渐上升(下降)的 N 字波时,视为短期回档(反弹)信号。

(9)当 OBV 线累计出现 9 个逐渐上升(下降)的 N 字波时,视为中期回档(反弹)信号。

(10)当 OBV 线出现不规则小型 N 字波,且小型 N 字波持续横向盘行达到 21 天之后,一般意味着股价将会向上突破,为买进信号。

第十节 布林线指标

一、布林线指标的定义

布林线指标(BOLL)是由约翰·布林提出的。他利用统计学原理,将股价的波动范围用三条曲线分为四个区域,其上下限范围不固定,随股价的变动而变化。这三条曲线分别为上轨线(压力线)、中轨线(股价平均线)和下轨线(支撑线),上轨线和中轨线之间称为强势区,中轨线和下轨线之间的带状通道称为弱势区。

二、布林线指标的计算公式

相关计算公式如下:

$$中轨值\ MA = \sum_{i=1}^{n} C_i / n$$

$$上轨值\ UP = MA + D \times m_1$$

$$下轨值\ DW = MA - D \times m_2$$

式中:C_i——收盘价;

$\sum_{i=1}^{n} C_i$——连续 n 个交易日的收盘价之和;

D——由 C_i 与 MA 建立的样本方差;

n——时间参数,一般取值为 5、10、20 等;

m_1——上倍数,一般取 2 或者 3;
m_2——下倍数,一般取 2 或者 3。

三、布林线指标的运用法则

(1)股价在中轨线上方运行时属于较安全状态,投资者可以放心持有股票;股价在中轨线下方运行时属于较危险状态,投资者应逢高卖出。

(2)当股价自下而上突破上轨线时,为获利卖出信号;当股价自上而下跌破下轨线时,可分步买入。

(3)当股价在中轨线附近徘徊时,表明股价趋势不明,投资者应持币观望。

(4)当布林线开口逐渐变小时,表明股价的涨跌幅度逐渐变小,多空双方力量趋于一致,股价将选择方向进行突破,并且开口越小,股价突破的力度越大,突破的时间越近。

(5)当股价在强势区向上运行时,一般预示着上涨趋势明显,投资者应积极买进;当股价在弱势区向下运行时,一般预示着下跌行情,投资者应果断卖出。

◇ **案例分析**

布林线指标的应用案例

如图 11-8 所示,以岭药业(002603)在 2019 年 4 月 10 日,股价向上突破上轨,随后股价下跌调整,时间长达两个月。直到 2019 年 6 月 6 日,股价向下跌破下轨线,随后拉出两根放量阳线,上涨趋势才逐渐明朗。

图 11-8　以岭药业布林线

如图 11-9 所示,中体产业(600158)在 2017 年 11 月 13 日,开口变小,K 线改变原来趋势,开始加速向下运行。2018 年 1 月 30 日,开口变大,K 线保持原来趋势,继续向上运行。

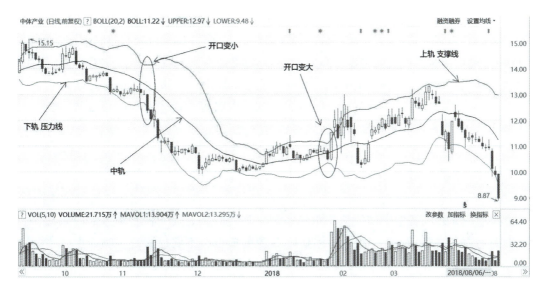

图 11-9 中体产业布林线

第十一节 证券投资的心理行为误区与调节

一、证券投资心理行为误区

投资心理行为误区是指在投资活动中,面对市场上大量的信息,一些投资者不能对信息进行正确的分析和判断,从而产生错误的投资选择,做出错误的投资决策。

在实际的投资中,证券投资心理行为误区主要表现在以下几个方面。

1. 赌博心理

有些投资者没有正确的投资理念,总把股票投资等同于赌博,带着赌博的心理来参与证券投资。此类投资者发财心切,渴望把握住几种股票,以便摇身变成百万富翁。他们一旦在股市获得小利即欣喜若狂,想把所有资本都投到股票上;而当在股市失利时,往往失去理智,孤注一掷,最后倾家荡产。此类投资者经常赔钱,因为他们是完全根据直觉行事的,往往把"宝"押在特定的品种和时段上,事实上这种认识是错误的。股市的特点就是高风险、高收益,想要获利就需要经得起时间的考验,投资者如果以赌博心理入市和购买股票,其本金容易大起大落,最终很可能会被股市的高风险所击倒。

2. 羊群心理

羊群效应是指经济中个体的从众跟风心理。羊群本质上是一种非常散乱的族群,平时都是盲目地左冲右撞,但是一旦头羊跑起来,其他的羊也会不假思索地一哄而上,羊群效应就是指人的从众心理,从众心理很容易导致盲从,而盲从往往容易导致失败。

在证券投资中,羊群心理主要是指在股市实战操作过程中,个体投资者在市场上受环境诱导、气氛影响,以及来自其他投资者的情绪和心理上的感染,而放弃自己原有的计划和主张,并采取与其他投资者相同或相似的操作方式进行投资活动。在大盘持续上涨、其他投资者购股踊跃时,形成一种过分乐观的心理,在热情高涨之中盲目追涨;在大盘持续下跌、其他投资者看空后市时,形成某种极端恐慌的心理,在情绪低落之中盲目做空,进一步跌杀而卖出所持股票。这类投资者往往会为别人抬轿而自蒙损失。2013 年 8 月 16 日 11 时 5 分开始,上证指数突然出现了大幅拉升,暴涨的起因是光大证券操盘手乌龙指,引起中石化等多只权重股瞬间集体涨停。许多跟风的投资者高位追涨买入,很快被套牢。

3. 过度贪婪

贪婪是一般投资者在股市实战过程之中的共同心理,是对利润最大化的追逐。过度贪婪在市场中的具体表现为:投资者在欲买进某一支自己看好的股票时,仅仅是因为贪图几分钱的便宜价格,却因之而未能成交,而股票的价格随后马上涨了许多,因此,错失了投资获利的机会。投资者在欲卖出某一支自己已看跌的股票之时,仅仅是为了多卖几分钱,结果却因之而未能成交,股票的价格也随即下跌了许多,因此,失去了避险的良机。正是因为投资者缺乏技术分析能力,导致过度贪婪心理,因此常常在实战中,因为错失良机而方寸大乱,心浮气躁,匆忙之中,极容易产生错误的判断结果。

4. 过度自信

心理学家通过实证观察发现，人们在形成自己的判断时，经常对自己的判断过于自信，高估自己成功的机会，这种心理现象被称为过度自信。投资者在连续经历几次成功之后，很容易产生过度自信的现象。过度自信的投资者有如下表现：① 过度自信使投资者低估了市场风险，从而持有较高风险的投资组合；② 过度自信使投资者对基础信息做出错误估计，从而造成股票市价远离其基础价值；③ 过度自信使投资者对自身的能力确信无疑，其交易相当频繁，他们更倾向于买入（卖出）过去的赢者组合（输者组合），从而犯下经验主义错误。在证券市场中，投资者对市场缺乏敬畏和过度自信是投资失败的主要原因。

5. 犹豫心理

许多投资者尽管熟悉某些证券投资的技巧，也有一定的经验，并制定了自己的投资计划和策略，但投资者参与证券市场操作时往往会犹豫不决，结果使宝贵的投资机会丧失，计划流产。例如，他可能已经分析到股价会转升为跌，准备抛出股票，但准备出手时却被别人的乐观情绪所感染，认为股价还要继续上涨，于是放弃行动；相反，当股票下跌已接近谷底，计划买入时，因见市场抛售风暴正盛，可能又停止行动。一般而言，投资者不敢承担投资风险才会导致犹豫心理，在犹豫中错过买入良机。

二、投资心理行为误区的调节

在投资市场上，真正的敌人其实是自己。要战胜自己，就必须不断地培养和锻炼自己的心理素质，培养独立的判断力，走出投资心理中的误区。投资者可从以下几个方面对投资心理行为误区进行调节。

1. 制订详细的投资计划和树立明确的投资目标，并坚决执行和努力实现

要想保证自己的投资取得成功，制订一个详细的计划是保证不发生失误的首要条件。正如彼得·林奇在《战胜华尔街》一书中所指出的那样："如果你能执行一个固定的投资计划，而不理睬市场所发生的变化，你会得到丰厚的回报。"制订投资计划的最大好处在于，它可以使投资者提高投资的客观性，减少情绪性，从而在变幻莫测的市场中不随波逐流，始终坚持自己的投资理念。而且一旦制订投资计划，投资者就很容易评估各方面的情况，比如投资计划是否符合市场逻辑，是否存在个人偏见，在发生意外情况时应该采取哪些对策。

在证券投资中，投资者还需树立明确的投资目标。明确的投资目标有助于投资者把自己的精力从外部转向自身，这样在投资出现问题时，就不会仅仅从外部寻找原因，怨天尤人，

而会更好地审视自己,从自身寻找原因,总结经验教训,更好地完善自己,以使自己更加成熟,投资行为更加理性。

◇ 特别提示

投资高手与一般投资者在操作上的一个重要区别是:前者有严密、周到的计划,并能严格按照计划进行操作;而后者大多没有计划,即使有了计划也不会按照计划进行操作,随意性很强。

2. 保持平常心态,克服过度贪婪和狂热

股市如潮,有涨有跌,涨多了就要回调,跌多了就要反弹。虽然介入投资市场的目的都是为了赚取投资收益,但投资毕竟有风险。因此,投资者在购买股票时,除了需要了解证券投资的知识和成功经验,具备某些会计和数学上的技巧,更重要的是保持理智的心态,善于控制自己的情绪,避免过度贪婪和狂热,以理智来衡量一切,逐步达到处惊而不乱的境界。在对各种资料、行情走势的客观认识的基础上,经过细心比较、研究,再决定投资对象并且入市操作。这样既可避开许多不必要的诱惑,少做一些错误决策,又能增加投资获利机会。

3. 培养独立的分析与判断能力

对于理性投资而言,严谨的态度比技巧更重要。每位投资者的潜意识和性格里,存在着一种投机的冲动,而投资者必须具备自我决断力,不应盲从他人建议。约翰特里思在《金钱的主人》一书中反复强调:"在市场中获得成功没有什么秘诀,对于成功的投资者来说,要有个显著的投资态度,也就是说在关键时刻会相当仔细地进行研究,甚至可以说是在显微镜底下进行研究。"在证券市场,投资是一项高度技巧性的行为,投资者不要被周围环境左右,不要因为未证实的流言而改变决心,要有自己的分析与判断,决不可随波逐流。如果投资者没有根据地做出判断、决策,并固执己见,其在市场中往往会遭遇失败。

◇ 阅读材料

《阿尔法经济学》想要告诉你,如何战胜市场

市场有效性如何影响资产配置?根据噪声交易理论,"韭菜"是否贡献了市场的超额收益?在充满噪声的价格发现过程中,如何战胜市场?

"噪声交易者"和"投资者情绪"的普遍存在,以及套利限制,三者共同影响了市场有效性。《阿尔法经济学》这本书从"价格是否能够有效反映资源和资产的稀缺程度"、"噪声交易者如何影响市场价格",到"投资者如何突破限制战胜市场获取超额收益",极具实用性。

《阿尔法经济学》一书是由斯坦福大学商学院李逸群教授和 MIT 斯隆管理学院苏子英副教授合著，由北京大学张然副教授翻译的一本著作。

Alpha 是指超额收益或财务收益率，是主动投资者获取信息并进行套利活动赢取资本超额收益的动力来源。Nomics 是指获取超额收益的经济学。之所以命名为阿尔法经济学（Alphanomics）而非阿尔法金融学（Alphafinance），其主要原因在于该书归根结底是一本关于资源配置的专著，价格和与之相关的定价机制和价格发现过程贯穿整本书的脉络。

资源配置过程中市场参与者和决策者最需要的信息，是资源或资产的稀缺程度，而市场价格是资源和资产相对稀缺程度的信号。定价机制和价格发现机制使得偏离均衡的价格再次回归，或者价格再次走向偏离，这决定了市场参与者的投资策略选择是主动型还是被动型。

对我们来说，比超额收益是来自错误定价还是风险补偿这个问题更重要的是，突破因市场扭曲而存在的套利限制以获取超额收益。如在缺乏做空机制的条件下，即便具备高效率的超额信息，信息套利操作也难以避免效率损失。此外，能否借到想要卖空的股票，在融资融券业务被高度监管的中国市场，交易成本将制约套利交易。融资限制和套利资本金的约束也是普遍存在的，使得错误定价难以消除。

作者认为，那些从事信息套利活动所面临的成本和风险的经验性指标都可以反映套利成本。主动投资者面临的套利成本包括以下几类：① 交易成本，与建仓、平仓相关的成本，包括经纪人佣金、价格滑点、买卖价差等；② 持有成本，与维持头寸相关的成本，受到诸如套利头寸的持有时间和卖空成本等因素的影响；③ 信息成本，与获取、分析和监控信息相关的成本。套利成本低的市场价格接近基本面价值。如在交易成本和信息成本相对较低的股指期货、封闭式基金和交易型开放式基金市场中，估值相对简单，交易成本较低，资产往往有类似的替代品，这些资产的价格与基本面价值密切相关。

当套利成本很高时，市场中股价主要由噪声交易者决定。噪声交易者众多的市场资产价格波动越大，价格与基本面价值关联较弱。市场价格是噪声交易者和理性套利者在成本约束下相互作用的结果，这种情况下收益率可能是不可预测的，股价可能大幅偏离基本面价值。

无论是价值投资者还是噪声交易者，在套利交易上都是一致的，不同点在于对信息的反应速度和市场条件以及长短线布局。套利是如何实现的？套利交易者模型从以下三个方面展开：① 投资者情绪或非基本面驱动的价格压力；② 公司基本面或证券估值；③ 套利约束。投资者情绪是风险和收益的来源，席勒认为噪声的来源是外生的，有些投资者容易被市场潮流所影响。

主动投资者需要哪些方面的信息？首先是关于基本面的信息。该书讨论了价值投资的本质，并从估值的角度理解市场的有效性。价值投资者通常购买那些价格低于内在价值的股票，并抛售或卖空价格高于内在价值的股票，即通常所说的股票的安全边际。

作者认为廉价只是价值投资的一部分。公司的真正基本面价值主要由两个部分组成：现有价值和未来增长。最优的基本面投资者会在给定廉价水平下选择优质股票，即那些拥有低杠杆、强偿债能力、持续高增长的公司即是拥有较高未来剩余收益现值的公司。价值投资是否会因为套利而失效？价值效应长期存在的原因是因为价值股是风险更高的股票，而较高未来收益是承担这一风险的补偿，价值股比成长股更安全。

投资者如何突破限制战胜市场获取超额收益？如果说有效市场假说因噪声交易导致市场有效性失灵，那么是什么导致了噪声交易的失灵？这个问题决定了主动投资者战胜市场的障碍边界。作者认为最重要的是识别和利用错误定价。

高风险股票未来获得正收益和负收益的概率都更大，如果一个预测信号能够增大极端正收益的概率，同时减小极端负收益的概率，那么这个信号更可能来自错误定价而非风险补偿。

作者还提到了预期收益的检验和预测过程中值得投资者注意的非常规现象。首先是后续盈余公告窗口期收益。当价格没有准确、及时反映未来现金流状况时，股票价格会偏离基本面价值。随着后续盈余信息逐渐被披露，错误定价也会被逐渐纠正，价格逐渐回归基本面价值。因此，当投资策略的超额收益集中在后续盈余公告窗口期附近时，超额收益来自错误定价的可能性较大。其次，仅仅利用收益率和风险指标是难以区分风险补偿和错误定价的，因为超额收益总是可以归因于尚未识别或无法观测的风险因子的补偿。作者列举了一些不依赖于市场价格但又能反映投资者预期修正的代理变量，如分析师盈余预测和评级可以作为投资者对公司业绩预期的代理变量。最后，作者认为，检验投资策略的超额收益时，应该考虑数据处理和研究设计的细节，以免超额收益的统计显著性被放大。相关的方法有：区分退市偏差和幸存者偏差；计算扣除交易成本后的收益来提高预测的科学性；还应当关注错误定价的显著性，如有些投资策略年化收益率很高，但适用性有限或者只能在偶然事件中才能应用，这就意味着这些策略赚取超额收益的可能性不大。

(资料来源：财新网，2019年9月25日 作者 吴金铎)

■ **点评：**

价值投资者要具备估值定价的能力，不断提高信息处理能力，及时发现知名上市公司在退市或并购中的投资机会，这样才能在龙头公司股价出现暴跌时勇于逆向投资，做好长线投资，取得超额投资收益。

第十二节 证券投资策略与技巧

一、常见的证券投资策略与技巧

证券投资是一种技巧性很强的活动。投资者要想获得丰厚的投资利润,除了自身的素质外,需要掌握一些投资策略与技巧,下面介绍不同市况中的证券投资策略与技巧。

1. 弱市证券投资策略与技巧

(1)买进超跌股,以博差价。在弱市中,要选一些跌无可跌的低价股,个股近一个月从高点起总跌幅至少30%,最好配合最近半年内从最高点计算跌幅达到50%,这样的股票一般会走出反弹或补涨行情,建仓的时间要选在急跌后。投资者在这里要防止崩盘股,若个股急跌后没有企稳迹象,则不宜介入。

(2)买入低位窄幅整理中放量突破的股票。运用这一条,可考察三个要素:量比、短期均线、价位。首先要看量比指标,当日成交量放大,最好是突破最近一段时间的最大量;其次要看5日线和10日线的方向,如果这两条均线同时抬头向上,且两条均线值的差价不大,个股出现短、中线爆发行情的概率非常大;最后要分析个股价位,看价格是否处于低位或相对低位,因为这样的股票上涨空间相对较大。

(3)基于强者恒强的道理,重视连续暴涨型股票。这是一种短线思路,当连续大涨(最好是连续涨停)的股票,出现速度快、幅度大的快速回落的时候,往往是个不错的买点。投资者运用此法操作时,需注意整个大盘上涨股票占所有股票的比例、个股涨跌的速度和幅度,做短线切忌选择涨跌缓慢、涨跌幅不大、走势凝重的股票。

(4)看准时机抢反弹。这是专门对基本上已经空仓且技术水平较高的中小投资者而言的,实际上是用少数资金参与抢反弹。需要说明的是,反弹是有前提的,无论大盘还是个股,最有希望形成反弹的条件,就是放量急跌,而无量的盘跌,只会越盘越跌,所以在没有把握或者把握不大的情况下,宁可不抢反弹。

(5)留住强势股。摸清几只龙头股的股性、最高价和最低价,集中精力只做这几只强势股票。

(6)控制仓位,轻仓为宜。在弱市中,风险往往较大,因此不宜重仓持股。即使看好某只股票,也要善于规避股票下跌风险,可采取分批买入的方法,不能轻易满仓。投资者若对后市走势不确定时,可暂时离场,等待反转时机。

◇ **特别提示**

永远保持你的账户上有多余的现金,这样你有机会买入突然暴跌到很低价位的强势股。

2. 震荡市证券投资策略与技巧

(1)波段操作,获取短期收益。股指在某个区间反复震荡,形成箱形整理,投资者可根据这种特征,在这个区间的底部积极买入,在顶部则可逢高了结。需要注意的是,在震荡盘整格局中,不宜进行过短时间的波段操作,这种波段在盘整中的频率不宜超过两次,否则失误的概率极大。

(2)控制好仓位,主动应对风险。具体来说,大盘处在箱体震荡中或调整初期,以保持四成至六成仓位为宜,手中股票逢高及时减仓,急跌时果断买进,见好就收。大盘稳步上升时可保持七成仓位,待手中股票都获利时,可增加仓位。在大盘阴跌处于低迷时,不要抱有侥幸心理,要及时止盈,落袋为安,轻仓或空仓等待大盘向上突破后的投资机会。

(3)顺应大势,调整持仓结构。投资者可以将一些股性不活跃、盘子较大、缺乏题材和想象空间的个股逢高卖出,选择自己熟悉的、有新庄建仓、股性活跃、是目前市场热点、未来有可能演化成主流板块和领头羊个股。

◇ **特别提示**

在震荡市中投资,首先要排除杂念,选准个股;其次要敢于买卖;再次是控制持仓比例,留有余地。

3. 多头市场投资策略与技巧

一般来讲,多头市场通常包括四个阶段,在不同阶段应采取不同的投资策略。

(1)在多头市场的第一阶段,大多数股票的价格会摆脱空头市场的过度压抑而急剧上涨,整个股市的指数升幅较大,通常占整个多头市场行情的50%左右。对应的投资策略是,迅速将留存的观望资金投入股市,特别是投向一些高风险股和领涨股。高风险股由于有走向破产的可能性,因而在空头市场可能被打击得最为惨重,股价极易跌到极低的、非正常的价位。而一旦多头市场出现,投资者信心恢复,这类高风险股就会迅速恢复正常的股价水平。此外,在多头市场行情展开之时,往往会涌现出领涨个股或领涨板块,它们有时就是大盘走势的风向标,投资这些领涨个股的收益会远远大于市场的平均水平。

(2)在多头市场的第二阶段,市场指数的升幅往往超过多头市场行情的25%,股票选择变得更为困难。在此阶段,大多数风险股已涨到接近其实际应有的价格水平,与其他股相比,已不再具有投资价值。此时选股必须基于长期展望来考虑,相应的投资策略是,将资金主要投资于成长股,特别是小流通市值的成长股。此时,人们普遍看好市况并对经济前景持乐观态度,而小流通市值企业具有更大的成长性,极易吸引大量买盘介入,在此刺激下其股价会出现大幅的攀升。

(3)在多头市场的第三阶段,股价的涨幅往往少于整个多头市场行情的25%,而且只有极少数股票在继续上升。对应的投资策略是,慢慢卖出次等成长股,将部分资金转移到具有多头市场里维持价位能力的绩优成长股;或将部分资金抽出转现。在此行情中,股市涨落大部分已告结束,这时买卖股票必须具有选择性,只能买进绩优成长股,以及那些在未来经济困境中仍能获益的顺应大势股。

(4)在多头市场的最后一个阶段,该涨的股票已经基本上涨得差不多了,因此能赚到一两成就算很幸运了。此时只有绩优成长股和少数可在经济困境中获利的股票才能继续上涨。对应的投资策略是,最好将持有的股票全部脱手以观变化,将其投放在收益较安稳的各种债券和存款上,以便在空头市场完结时进行新一轮的投资。

◇ 知识链接

源和资产黄鑫细述"不做清单"

中国企业家、投资家段永平有一个著名的"不为清单"。作为资深价值投资者,源和资产总经理、投资总监黄鑫也有自己的"不做清单"。最近,黄鑫在深圳举行的金融投资汇活动上分享了他的"不做清单"。

在18年的投资实践过程中,黄鑫逐渐总结出了12条"不做清单"。一是不做杠杆。不用杠杆,时间是投资的朋友;用杠杆,时间是投资的敌人。二是不做择时。面对复杂的世界,简单化是最有效的应对方法。如果研究公司基本面需要考虑十个因素,增加择时策略后,需要考虑成倍的影响因素,则会大大增加投资的难度。同时,也因为不做择时,对选股的要求就更高,投资人需要以更加严格的标准筛选股票,才能经得起市场风浪的考验。三是不做波段。不做波段实际上是在控制自身的贪欲,是心灵的修行,只求挣企业价值创造的钱,而不贪图市场博弈的钱。同时,做波段需要多次考虑买入、卖出的时点,增加了决策难度。四是不买新股。投资的成功取决于信息尽可能完整、充分和真实,新股公司的运作时间较短,不足以证明自身的优秀。五是不买二流公司。由于马太效应不断强化,二流公司与一流公司的差距会越来越大,投资一流公司更容易获得超预期的结果。六是不买"烟蒂股"。"烟蒂股"即低估值的平庸股票。"烟蒂股"往往存在价值陷阱,这些企业商业模式平庸,向上发展难度较大。七是不买复杂的公司。商业模式越复杂,留给竞争对手的破绽就越多,企业的内在管理难度也越大。一般来说,优秀公司凭借大单品就能在市场立足。八是不买纯粹技术型公司。技术容易外泄、扩散或被超越,对于技术型公司来说,客户缺少忠诚度。作为投资者,对技术公司也缺少认知优势。不过,以技术为依托,如果公司在品牌、渠道、市场等方面构建了全方位竞争优势,则另当别论。九是不买现金流差的公司。公司的价值在于未来自由现金流的折现,现金流差意味着商业模式差、竞争力弱、产业地位低。同时,现金流差需要不断地进行资本补充,会摊薄投资者的权益。十是不买竞争格局差的公司。企业的长期价值主要取决于供给方,而不是需求方。在巴菲特的投资词典里没有需求好、市场空间大、爆发式增长等词语,只有反复出现的护城河、竞争优势。拥有独门生意格局的公司优于寡头垄断公司,更优于充分竞争型公司。十一是不买政策非友好型公司。要非常注意研究企业、国家和社会这三方的相互依存关系,企业的盈利必须长远,有利于社会福祉和国家利益。十二是不买资本运作型公司。伟大的公司都把客户利益排在第一位,其次是员工利益,最后才是股东利益。只有客户利益至上,员工利益也得到保障,股东才能真正地长期受益。

(资料来源:《上海证券报》2021年6月21日 作者 何漪)

点评:

成功的投资者要有自己的投资理念和投资信仰,要会理性分析,这样才能避免不必要的诱惑和干扰,远离陷阱。

◇ 阅读材料

关于提升金融学本科生证券投资能力的思考

一所大学的毕业生收入水平的高低是衡量其办学质量的一个重要指标,办好大学需要大量的经费支持,商界精英、顶级富人给母校的捐款也是优秀校友们评价大学办学质量的重要指标。

一、放眼全球,近20年来成为顶级富人最重要的路经是参与证券市场

对中国顶级富人创富过程的研究发现,2021年新财富500富人榜的上榜者中,仅有66人的旗下没有上市公司,占比13.2%,86.8%的富人是通过资产证券化来实现自身财富的爆炸式增长。即便在没有上市公司的66人中,也有30人旗下公司发行了债券,并公开披露了企业经营状况。可见,中国新财富500富人榜的上榜者中,有92.8%参与了证券市场。

从全球范围看,财富有向富人集中、贫富差距加剧的趋势。中外富人的财富增长主要来自资本的增值,包括公司利润、股利、利息、租金和其他资本收入,富人财富的增速或净资产收益率(ROE)往往大大超出所处区域GDP的增速,这导致富人的财富增长远远超过了普通百姓,从而造成了贫富差距拉大。

中外富人的财富分布或资产配置,主要集中于持有其创办公司的股权。富人拥有的公司,几乎都是高成长公司,其营业收入、净利润增长往往远超当地GDP增速。

中国首富钟睒睒的农夫山泉的股票ROE高达41.6%,马化腾的财富主要来自腾讯控股,该股票的ROE也高达28%。

总之,从中外富人的财富分布特征看,不难发现富人的财富大多与证券、证券市场有关,证券投资是催生富人的沃土,而中国普通老百姓的财富主要集中在房产上。金融学本科生如何提升证券投资能力,与顶级富豪实现财富共舞,对推动金融学实践教学改革有着重要的现实意义。

二、证券投资者能成为富人的主要原因是通过独立思考,勇于做长期投资、逆向投资,并抓住了大牛股

金融学本科生应该多了解那些世界级的证券投资大佬,如"股神"巴菲特、"金融大鳄"索罗斯、"投资之父"邓普顿等,他们都在世界著名大学学习过经济学,都是长期投资、逆向投资大师。

巴菲特是宾夕法尼亚大学经济学学士,哥伦比亚大学经济学硕士。1968年5月,当美国股市一路大涨之时,他几乎清空了巴菲特合伙人公司全部的股票。次年6月,美国股灾发生了,到1970年5月,其每种股票又大跌50%以上。随后,在1970—1974年美国股市低迷走熊期间,巴菲特开始大量买进行业龙头股,如华盛顿邮报公司股票,10年后该股涨了20倍。1980年,他买进可口可乐7%股份,到1985年,其股票单价翻了5倍。

巴菲特的公司也由一家纺纱厂,成长为庞大的投资金融集团。其公司的股票从1965年至1998年,股价平均每年增加20.2%,其股票投资回报率高达433倍。若时间再放长一些,1965—2006年,巴菲特旗下的伯克希尔公司净资产年均增长率高达21.46%,累计增长率高达361156%;而同期美国标准普尔500指数年均增长率10.4%,累计增长率6479%。

巴菲特正是靠着长期投资与逆向投资这两大利器,在2008年的福布斯排行榜上成为世界首富。近十多年来,其财富长期位居福布斯全球富豪榜前6名。2021年4月,91岁高龄的巴菲特以960亿美元的财富位居福布斯全球富豪榜第6名。

"投资之父"邓普顿在94岁时(2006年)被《纽约时报》评为"20世纪全球十大顶尖基金经理人",在证券投资领域,他创造了许多长期投资的奇迹:从1万美元到220亿美元,并在股市崩溃之前高价卖出。

值得注意的是,"股神"巴菲特和"投资之父"邓普顿都师从了影响他们一生的老师——格雷厄姆,此人因1934年出版了《有价证券分析》这部经典著作,成就了他证券分析大师和华尔街教父的地位。

看看大牛股复权后的年K线图,不难发现,若以8年、10年、20年、30年、40年或更长时间来分析,大牛股的年K线虽然也会有很大幅度的震荡,但在上涨的趋势里,其最低价与最高价的涨幅之大,远远超出人们的想象。

截至 2020 年 9 月 28 日收市,若用大牛股的股票最高价除以最低价(皆为股票后复权价),微软(1986 年上市)为 2846 倍,苹果(1984 年上市)为 1463 倍,腾讯(2004 年上市)为 845.1 倍,茅台(2001 年上市)为 292.8 倍,亚马逊(1997 年上市)为 2691 倍,格力(1996 年上市)为 465.2 倍,隆基股份(2012 年上市)为 73.58 倍,特斯拉(2011 年上市)为 116.9 倍。

三、成功证券投资者应具备的素质与不亏战法探析

2012 年 5 月 13 日,西南财经大学中国家庭金融调查与研究中心发布的《中国家庭金融调查报告》显示,中国家庭对股市的参与率仅为 8.84%。其中,炒股盈利的家庭仅占 22.27%,亏损的家庭占 56.01%,高达 77.73% 的炒股家庭没有从股市中盈利。

报告显示,中国证券投资者学历高低与赚钱多少没有必然关系:没上过学与小学学历的炒股盈利者高达 70.37%,初中学历的这一比例为 9.84%,中专/职高学历的这一比例为 20.59%,大专/高职学历的这一比例为 25.4%,本科学历的这一比例为 19.31%,硕士研究生学历的这一比例为 22.22%。

通过对报告的分析发现,炒股赚钱需要在证券投资的实践中不断总结经验教训,随着投资者参与年限的增加,证券投资者的赚钱比例也会不断提高。

在 2019 年美国福布斯财富前 400 名的富豪中,金融业的富豪高达 90 人。而中国的超级富豪中出自金融业的很少,其主要原因是我国 IPO 发行定价偏高,且上市公司治理水平较低,热衷于配股或定向增发,A 股的上市公司的回购规模目前每年还在 1000 亿元左右。美国股市近十多年不断上涨的一个重要动力就是上市公司回购自家股票的资本规模庞大。从 2008 年至 2018 年,美国上市公司花费了高达 5.1 万亿美元用于股票回购。股票走牛是美国富人的主要赚钱途径,因此,美国上市公司高管非常热衷于股票回购。令人遗憾的是,我国上市公司高管在股票走牛后却大量减持公司股票,他们这种赚钱方式对 A 股走牛非常不利。

正是因为 A 股投资者赚钱不易,提升金融学本科生的证券投资能力才显得十分重要与迫切。

(一)成功证券投资者应具备四项基本素质

一是会独立分析大盘走势。在中国投资股票首先要重视趋势分析,学会趋势投资,因为中国股市的股价波动频率和震荡幅度远远大于美国股市,在大势低迷或方向不明朗时就贸然加仓是非常危险的。

二是会挑选出好股票,并进行长期投资。优秀的上市公司通常有四个特征:① 所处行业是高景气、高增长行业;② 公司有好的产品与好的商业模式,公司的业绩较好或成长性较好;③ 公司管理层顾及小股东权益,不会热衷于配股、定向增发或高价大量减持股票;④ 有理想的竞争门槛或"护城河"。

三是懂得及时止损。一般来说,当股价运行到前期盘整区间的低点时,要果断卖出止损,要相信技术分析;当股价低于买价的 12% 时,要认赔止损出局。

四是能控制住节奏与仓位,做好波段操作。不同的股票有着不同的节奏,能掌握股票波动的节奏,才能控制住操作节奏与投资风险。另外,股票仓位的高低非常影响操作心态,每个人要针对自己的风险承受能力,结合关注的股价指数走势,做好止盈与波段操作。

(二)证券投资的不亏战法探析

结合中外成功证券投资者的经验教训,证券投资的不亏战法主要包括以下内容。

一是坚持看专业报刊,能独立思考,看清大趋势,既要顺势而为,又不能随波逐流。从1978年开始,美国人均GDP突破1万美元,此后,社会贫富差距越拉越大。40多年来,美国财富前10%人群拥有70%以上的财富,且他们的财富份额占比总体呈上升趋势,而财富中间40%人群与后50%人群的财富份额占比总体呈下降趋势或低位震荡。2019年,中国人均GDP首次超过1万美元,近年来居民家庭财富积累速度明显加快,但是中国月收入低于2000元的人数仍然高达9.46亿人(2019年北京师范大学中国收入分配研究院相关数据)。要想摆脱贫困,就要具有超强的逆向思维能力,勇于逆向投资,抓住大牛股后长期持有,并能顺势而为,做些中短线的波段操作。

二是要研究公司基本面,善抓热点与龙头股。在2021年第三季度中国A股的十大牛股,其3个月的股价涨幅高达199%~673%。证券投资者每天要观察研究热门行业、板块的轮动节奏与波动规律,总结其投资逻辑,及时抓住龙头股。

三是掌握必要的技术指标,建立自己的交易策略和证券价值评判体系。只有学好技术指标分析,才能及时抓到理想的买卖点,从而提高证券投资收益率。每个人的性格、风险承受能力、收入水平和阅历的差异很大,只有建立了适合自己的证券交易策略和估值定价体系,才能在波涛汹涌的资本市场把控好风险,发现被低估的大牛股,创造出财富,实现不负时代、不负自己、不负金融学专业的财富自由。

(资料来源:《楚天学术》2021年第29辑《关于提升金融学本科生证券投资能力的思考》作者 蔡金汉)

◇ 大师策略

跻身第6位千亿富豪,巴菲特到底是怎么赚钱的?

彭博数据显示,沃伦·巴菲特的净资产已经超过1000亿美元,跻身千亿富豪俱乐部的第6位成员,其他5位分别是亚马逊CEO贝佐斯、特斯拉CEO马斯克、微软联合创始人比尔·盖茨、路易威登集团首席执行官阿诺特、脸书联合创始人扎克伯格。据福布斯统计,巴菲特的净资产几乎全部来自其所持有的伯克希尔公司1/6的股份。

50多年间,伯克希尔公司从默默无闻到举世瞩目,股东大会人数也从1981年的22人变为5万人。"股神"巴菲特到底是如何赚钱的?

1. 搭上一辆飞驰的列车

有人曾给我们留言:"美国才有巴菲特,A股可没有。"将巴菲特的成功归因于美股牛市,只说对了一半。一方面,巴菲特确实搭上了美股这辆飞驰的列车,1965年巴菲特接管伯克希尔公司时的道琼斯指数处于900点,而现在已经超过34000点(截至2021年4月19日),翻了30多倍。另一方面,美国也只有一个巴菲特、一个伯克希尔,投资理念在世界上早已带来了深远影响。

许多人听说过可口可乐的案例,但可能不清楚其中的细节。《美股70年》的分析指出:1988—1994年美股的必需消费板块表现最为耀眼,而1988年正是巴菲特开始大量买入可口可乐公司股票的时候。这段时间,必需消费板块超额收益显著,一是由于可口可乐公司、宝洁公司等拓宽了海外市场,营收和利润增长迅猛;二是由于其中许多行业的市场集中度在提高,"龙头"公司的销售净利率明显提升。

1988年、1989年、1994年,巴菲特分别加仓并持有至今。借助于美国股市的腾飞,可口可乐公司估值与盈利提升的"戴维斯双击",1988—1998年从投资成本12.99亿美元一路升值到134亿美元,也是可口可乐为巴菲特贡献收益的最重要的时期。虽然1998年后可口可乐涨幅较慢,曾出现股权市值与估值下滑,但它到现在都是巴菲特的重仓,让巴菲特累计赚取了100多亿美元。

这就像在飞驰的列车上做长跑,在顺流行舟时安马达。巴菲特曾多次强调,他做长线投资的基石就是国家经济的发展,但在具体的宏观因素面前却是"不可知论者"。巴菲特表示,他不太关心具体的宏观经济因素,抱着正确的公司才是关键:"只要是好生意,别的什么东西都不重要。只要把生意看懂了,就能赚大钱。"

2. 保险业与"浮存金"

巴菲特的伯克希尔公司成为"财富累积制造机",更像是由各种成功要素不断相乘的过程。其中有一点被称作"最了不起的秘密"——浮存金。伯克希尔的主营业务是保险业,在收取保费后,保费的绝大部分都会进入预备金,以应对未来可能的理赔需求,从而形成浮存金。只有当保险过期或理赔解决后,浮存金的成本才能最终确定。

浮存金大大加快了伯克希尔的获利速度。巴菲特的搭档查理·芒格幽默地说:"我们就像是知道了一件大事的刺猬。我们发现:如果能用成本为3%的浮存金,去购买每年能获利13%的公司,那这不是一个极为理想的投资方式吗?"巴菲特和芒格总结过公司的运营模式,他们认为:只要拥有低成本的浮存金、优秀的获利能力和偶尔进行的好交易,伯克希尔公司就不会遇到什么问题。

关于浮存金的优势,兴证全球基金曾在2012年巴菲特股东大会现场向巴菲特提问。巴菲特的回答和他的一贯思路一致,承认低成本的浮存金的确是伯克希尔公司成功的关键因素,并以此为豪。巴菲特指出,伯克希尔公司的成功是天时地利配合的结果,并且公司已具备了先发优势。

(资料来源:《中国证券报》2021年5月12日 作者 黄可鸿)

二、江恩理论

 1. 基本概念

江恩理论是以研究监测股市为主的理论体系,它是由20世纪投资大师威廉·江恩结合自己在股票和期货市场上的骄人成绩和宝贵经验提出的,是通过对数学、几何学、宗教、天文学的综合运用建立的独特分析方法和测市理论,包括江恩时间法则、江恩价格法则和江恩线等。

江恩理论认为股票、期货市场里也存在着宇宙中的自然规则,市场的价格运行趋势不是杂乱的,而是可通过数学方法预测的。其实质是在看似无序的市场中建立了严格的交易秩序,可以用来发现何时价格会发生回调和将回调到什么价位。

 2. 主要内容

(1)股价波动是支配市场循环的重要法则。股价波动的形式是上升与下跌。当股市由上升转为下跌时,25%、50%、75%等是重要的支撑位。当股市从低位启动时,1.25、1.5、2等是股价重要的阻力位。

(2)时间是循环周期的参考点。20年、30年、60年及以上为长期循环。1年、2年、3年……15年为中期循环。其中30年最重要,因为含有360个月,是一个完整圆形的度数。短期循环为24小时、12小时……甚至可缩小到4分钟,因为一天有1440分钟,地球自转一度为1440除以360,得出4分钟。

(3)10年是一个重要的循环。由10年前的顶部(底部)可预测10年后的顶部(底部)。此外,7年也是一个转折点,因为7天、7周、7个月都很重要。

(4)在5年的升势中,先升2年,跌1年,再升2年。到第59个月注意转折。在5年的跌势中,先跌2年,升1年,再跌2年。处于长期上升(下跌)时,一般不会超过3年。

(5)在上升的趋势中,如果以月为单位,调整不会超过2个月。如果以周为单位,调整一般在2~3周。在大跌时,短期的反弹可以维持3~4个月。

(6)将360度圆形按月份分割,来计算股市循环。

 3. 造成投资损失的因素

江恩认为,有以下三种情形可以让投资者遭受重大损失。

(1)在有限的资本上过度买卖,即操作过分频繁。在市场中的短线和超短线要求有很高的操作技巧,投资者在没有掌握这些操作技巧之前,频繁做短线常会导致不小的损失,甚至会做丢大牛股。

(2)投资者没有设立止损点以控制损失。很多投资者遭受巨大损失就是因为没有设置合适的止损点,结果任其错误无限发展,损失越来越大。因此学会设置止损点以控制风险是投资者必须学会的基本功之一。还有一些投资者,甚至是市场老手,虽然设了止损点,但在实际操作中没有坚决执行,结果因一念之差,遭受无法挽回的巨大损失。

(3)缺乏市场知识,是在市场买卖中遭受损失的重要原因。一些投资者并不注重学习市场知识,而是凭主观意识进行投资决策,不会辨别消息的真伪,盲目跟风,结果被不良主力误导,遭受巨大的损失。还有一些投资者仅凭书本知识来指导实践,生搬硬套,造成巨大损失。江恩强调的是市场的知识,实践的经验,而这种市场的知识往往要在市场中摸爬滚打相当长时间,通过大量独立思考、痛定思痛之后才会真正有所体会。

4. 江恩二十一条买卖法则

(1)每次入市买卖,损失不应超过资金的十分之一;
(2)永远都设立止损位,减少买卖出错时可能造成的损失;
(3)永不过量买卖;
(4)永不让所持仓位转盈为亏;
(5)永不逆市而为,市场趋势不明显时,宁可在场外观望;
(6)有怀疑,即平仓离场,入市时要坚决,犹豫不决时不要入市;
(7)只在活跃的市场买卖,买卖清淡时不宜操作;
(8)永不设定目标价位出入市,避免限价出入市,而只服从市场走势;
(9)如无适当理由,不将所持仓平盘,可用止损位保障所得利润;
(10)在市场连战皆捷后,可将部分利润提取,以备急时之需;
(11)买股票切忌只望分红收息(赚市场差价第一重要);
(12)买卖遭损失时,切忌赌徒式加码,以谋求摊低成本;
(13)不要因为不耐烦而入市,也不要因为不耐烦而清仓;
(14)赔多赚少的买卖不要做;
(15)入市时设下的止损位,不宜胡乱取消;
(16)做多错多,入市要等候机会,不宜买卖太密;
(17)做多做空自如,不应只做单边;
(18)不要因为价位太低而吸纳,也不要因为价位太高而看空;
(19)永不对冲;
(20)如无适当理由,避免胡乱更改所持股票的买卖策略;
(21)尽量避免在不适当的时候金字塔式加码。

三、正确选股与选时

1. 选股

证券市场投资,选择恰当的投资对象对投资者而言十分重要,选择恰当的股票往往会得到比大市提供的时机更多的获利机会。但是,选择合适的股票要求投资人具有丰富的知识、智慧和经验,其难度较大。下面从短线和中长线两方面介绍如何选股。

1)短线选股

短线投资者一般持股时间不长,短则一两天,长则一两周;一般不太关心个股的业绩和潜质,只关心个股近期会不会涨,会涨多少。所以短线炒手的选股方法更倾向于技术分析,尤其是盘面分析。短线选股应注重以下几个方面。

(1)走势较强。所选择的个股走势要比大盘强,即涨幅高于大盘,但下跌时抗跌性强,回落慢,而且会脱离大势,走出自己的独立行情。结合均线来研判,应选择出现金叉或多头排列的个股。

(2)有强主力介入,成交量大。如果个股在盘中有经常性大手笔买单,关键处有护盘迹象,成交活跃,则短线投资者可介入,对底部放量的股票尤其应加以关注。

(3)有潜在题材。短线炒手喜欢炒朦胧题材,至于是否真实并不考虑,只要市场认同。

(4)是目前市场的炒作热点。做短线最忌买冷门股,市场中总是不乏一些短期热点和相对强势板块。如 2011 年 3 月 11 日,日本地震导致核泄漏危机,使得抗辐射类药物成为市场热点,相关股票的短期表现十分强势。又如,利比亚战争带来的资源类股票、黄金股等板块的短期投资机会。投资者选股时若能抓住股市热点,则可获得较好的收益。

(5)是强势板块中的龙头股。在某一热点板块走强的过程中,有些个股通常有大资金介入背景,有业绩提升为依托,它们在上涨时冲锋在前,回调时走势抗跌,是板块中的龙头,投资这类股票的短期收益也会比较可观。

(6)注意上市公司公告中蕴藏的个股机会。投资者可以从上市公司不定期的公告中找出对该公司重大经营活动、股权重组等对个股价格有重大利好的信息内容。值得注意的是,在决定是否根据相关信息买入股票前,必须结合该股最近一段时期的走势分析,因为不少个股的股价已经提前反映了公布的利好信息,这时就要相当谨慎。

(7)娴熟运用各种技术分析工具以帮助优化买入时机。将各种技术分析工具结合起来使用,能有效识别技术陷阱。可结合技术指标、形态理论进行选股。从技术指标来看,应回避出现见顶和卖出信号、已进入超买区的股票,尽量选择技术指标刚刚发出买入信号的股票。从形态上来看,可高度关注 W 底、头肩底、圆弧底等。W 底、头肩底、圆弧底放量突破颈线位时,应是买入时机。

◇ **阅读材料**

深度剖析方舟投资创始人凯瑟琳·伍德的投资棋局

重仓押注特斯拉,投资比特币……2020年的财富风口似乎都在ARK Invest(方舟投资,下称ARK)创始人凯瑟琳·伍德的投资棋局之中,华尔街推崇其为"女版巴菲特""科技股女股神"。

2016年,特斯拉股价暴跌之际,几乎所有分析师都在看衰特斯拉,ARK逆势重仓特斯拉,并成为特斯拉的最大"奶王"。现在,ARK累计持有38.47亿美元市值的特斯拉股票。

凯瑟琳·伍德如何实践"颠覆式创新"的投资理念,成功布局特斯拉和比特币?从中,我们又可以学到什么?深潮TechFlow为大家剖析"女王"的投资棋局。

一、特斯拉背后的女人

2018年8月8日,特斯拉CEO马斯克发布内部信,称"正考虑以每股420美元总价713亿美元的价格将特斯拉私有化,并且已找到充足的资金来源"。

内部信一出,大众哗然。舆论的压力如潮水般向马斯克袭来,特斯拉董事会、投资者以及SEC轮番轰炸,但马斯克似乎心意已决:对于特斯拉这样一家怀抱长期使命的公司,上市公司身份实在太碍手碍脚。

一旦决议通过,特斯拉将再度变成一家私有公司,这意味着特斯拉没有股价顾虑、不必对抗做空,更不必定期发布财报对外披露数据,公司运营也会更自由。

然而,突如其来的一封公开信,马斯克不得不格外重视。

这封公开信来自凯瑟琳·伍德——ARK的创始人。

在公开信中,凯瑟琳·伍德措辞激烈,强烈反对特斯拉私有化,并且重申,特斯拉是一只很有投资价值的股票,"每股4000美元才是特斯拉应有的目标价"。

她认为,对于具有光明前景的特斯拉而言,马斯克提出的每股420美元私有化价格是对特斯拉的严重低估,从而剥夺很多投资者参与公司成功的机会。

马斯克表示,他和董事会在阅读凯瑟琳·伍德的信件后,影响了他们的决定。迫于压力,马斯克在特斯拉官网上发表公开信正式宣布特斯拉放弃私有化。

凯瑟琳·伍德的话当然值得马斯克重视。

从2014年,ARK成立之初,便是特斯拉的铁杆拥趸,持仓公司中特斯拉排列第五。

在对特斯拉投资的过程中,ARK基本不参考其他分析师的评级,只相信自己的判断。

2016年,特斯拉股价大跌11%,几乎所有分析师调低特斯拉评级的时候,ARK将其特斯拉头寸增加了两倍。

2017年,特斯拉大涨46%时,仍有68%的分析师看跌,而ARK将持股量扩大了至少13倍。

作为特斯拉最大的"奶王",凯瑟琳·伍德每年要做的事情,就是为特斯拉的股价画上一个天价的大饼。

凯瑟琳·伍德多次在公开场合唱多特斯拉。2018年2月,特斯拉股价还在270美元附近徘徊时,凯瑟琳·伍德就表示:特斯拉未来5年的目标价格是每股4000美元。

2020年1月,凯瑟琳·伍德在CNBC节目上称,她相信未来5年内,特斯拉股价有望超过6000美元。凯瑟琳·伍德表示,之所以这么看好特斯拉,是因为相信特斯拉不会失去电动汽车市场的主导地位。

而在一周之后,ARK发布了对特斯拉估值的更新,这次更为激进:预计到2024年,特斯拉的股价将达到7000美元,如果在牛市的情况下,特斯拉的股价将达到或超过15000美元。而在2020年底,特斯拉的股价将会突破1500美元。

当时,很多人嘲讽凯瑟琳·伍德盲目乐观,但现实狠狠扇了他们的脸。

2020年12月1日,特斯拉股价584美元,相当于1∶5拆股前的2920美元,年初至今累计上涨598%。如此看来,对照飞涨的特斯拉股价,凯瑟琳·伍德的想象力还是有些不足。

凯瑟琳·伍德为何如此看好特斯拉?

与大多数人理解的不同,在凯瑟琳·伍德看来,特斯拉不仅仅是一家电动车制造商,它还是一家自动驾驶汽车平台提供商。这是两种完全不同的估值模型。

"特斯拉比大多数人意识到要更加以软件为中心,而且供不应求的软件工程师都希望为特斯拉工作。"她表示。

在CNBC的采访中,她详细阐述了继续长期看好特斯拉的三个理由。

1. 电池成本

凯瑟琳·伍德认为,特斯拉正在沿着手机和笔记本电脑的成本曲线前行,特斯拉拥有更高效的电池,成本也在不断降低,这会进一步降低电动汽车成本。

2. 人工智能芯片

2019年,特斯拉推出了一款内置自动驾驶和冗余功能的内部人工智能芯片。

凯瑟琳·伍德表示其曾与一位曾在英伟达就职的分析师合作,分析师表示,特斯拉的人工智能芯片比英伟达能放在汽车上的任何产品都要领先4年。

3. 自动驾驶数据

虽然目前真正的自动驾驶汽车还不存在,但凯瑟琳·伍德认为,特斯拉将成为自动驾驶这个新兴领域的主导者,因为特斯拉现有的近70万辆汽车已经在收集数据了,并且已拥有100亿至120亿英里(1英里=1.609344千米)的真实世界驾驶数据。

"在自动驾驶平台和人工智能领域要想成为赢家,必须拥有最多最高质量的数据,而特斯拉就是这样的公司。"伍德如此表示。

截至12月2日,ARK投资基金及其旗下的三只基金ARKK、ARKW、ARKQ分别持有价值19.52亿、13.52亿美元、4.1亿美元、1.33亿美元的特斯拉股票,累计持有市值达38.47亿美元。

复盘凯瑟琳·伍德对特斯拉的投资策略,我们不难看出其对颠覆性创新的支持和拥护。而在这位"女王"的投资棋局中,除了特斯拉,还有一颗闪耀的棋子——比特币。

二、"女王"的比特币

2020年,灰度投资成为比特币牛市的旗手。翻开灰度投资比特币信托(GBTC)的股东名单,不难发现 ARK 的身影。

ARK 的投资基金以及管理的"下一代互联网 ETF"一共持有 1011 万股 GBTC,总价值为 2.4 亿美元。

对于灰度投资而言,凯瑟琳·伍德和她的 ARK 称得上是老朋友。

2015 年 3 月,灰度投资的比特币信托基金在场外交易市场 OTCQX 上市(代码为 GBTC)。半年后,ARK 公司旗下的 ARKW 宣布投资 GBTC,成为第一只投资比特币的公募基金管理公司,当时比特币价格仅为 250 美元。

2017 年,比特币迎来大牛市,ARK 6% 的 GBTC 仓位,迎来了 16 倍的涨幅,为 ARKK 的基金净值贡献了 25.84% 的收益。随后,比特币冲顶下跌,凯瑟琳·伍德选择将其拥有的 GBTC 悉数卖出,成功逃顶。

对比特币的研究,凯瑟琳·伍德比大多数人都要开始得早。"我们已经关注比特币很长时间了。事实上,在中本聪设计出比特币不久之后,我们就开始关注比特币了。现在比特币趋于稳定,所以我们选择投资它。"

2017 年,凯瑟琳·伍德还公开表示:"比特币是一个比苹果公司更大的想法。"在资本市场,看好一个行业或者一个公司的最好方式就是投资它。GBTC 给了凯瑟琳·伍德和 ARK 一个合规的投资通道。

时任 Grayscale 销售主管的迈克尔·索尼西恩说,ARK 不能直接持有比特币,因为美国国税局将比特币视为一种资产,但 ARK 可以持有比特币信托基金的股份。

凯瑟琳·伍德为什么看好比特币?这位"女王"是如何研究比特币的?这一切或许可以在 ARK 的投资策略报告中窥见一斑。

在 ARK2020 年投资策略报告《ARK's Big Ideas 2020》中,比特币被描述成"一场货币体系的演进",压轴出场。

报告中提到,在比特币诞生之前,一个非政府支持的货币体系似乎既不可行,也不可想象:货币发行与国家之间有着千丝万缕的联系;货币自由市场的缺失;国家对实物的剥削;黄金等非主权货币的局限性。

直到比特币的出现,货币寒武纪大爆发:私人部门开始引入资金;数字化原生非主权货币体系兴起;由公钥密码学促成的自我保管和主权财富所有权的可行形式出现。

因为比特币,世界正在见证一场主权和非主权货币体系之间的全球战争。

ARK 认为,比特币在这场战役中处于有利地位。

对于比特币未来的估值,ARK 采用了三种叙事逻辑进行对标。

第一种,货币非国家化。比特币作为一种潜在的交易媒介和货币非国家化的催化剂可能会在新兴市场迅速发展。如果比特币能够获得5%的市场份额,其市值将会达到1.1万亿美元。

第二种,数字黄金。比特币改善了黄金作为价值存储的局限性,它具有高度的便携性、严格的稀缺性和公开的可审计性。黄金的总市值为9万亿美元(2020年2月),比特币如果取代其15%的份额,那么比特币的市值将会是8000亿美元。

第三种,资产保护。合理配置比特币作为资产扣押保障的比例,应该与个人一生中资产被扣押的概率相近。目前全球高净值人群拥有的总财富金额为46万亿美元,如果按照资产冻结50年的概率5%去配置比特币,那么比特币的市值将会是2.3万亿美元。

正如凯瑟琳·伍德喜欢给特斯拉的股价不断描绘新的"大饼",11月,在接受媒体采访时,伍德也给比特币的价格画了一个更大的"大饼":"机构投资者的参与可能会使比特币的价格升至50万美元。"

三、"女王"成长路

凯瑟琳·伍德在她的整个职业生涯中似乎一直在为创办一家像ARK这样的公司做准备。

1981年,凯瑟琳·伍德以优异的成绩获得南加州大学的金融学学士学位,随后进入Jennison Associates,成为该公司的股票研究分析师。

"在那里的分析师都是终身制,他们不会放弃他们固有思维中的任何东西。"她回忆说,"所以我不得不四处奔波,寻找自己的方向,最终找到了那些被忽视的公司。"

她转战新兴的互联网股票,并开始关注无线通信领域,这让她见证了随着无线通信的崛起,新兴市场正悄然发生跨越式创新。

"我了解到,当分析师和投资组合经理认为某样东西太小或不能完全融入任何投资组合而不予考虑时,通常都是出现意外上涨的真正机会。"

违背所谓"共识"的潜力非常巨大,反其道而行往往可以获得巨大成功。

如今,她专注于找出五大创新领域中被忽视以及被误解的股票:DNA测序、新能源、人工智能、机器人技术和区块链技术。

如今,"颠覆性创新"已经是一个时髦的词,但凯瑟琳·伍德早早地领悟到这一词背后的意义。

2001年,她进入联博资产管理任投资总监,负责管理基金达50亿美元的投资组合,这让她得以大展拳脚,真正实践"颠覆式创新"的投资风格与投资理念。

ARK此后的投资组合也贯彻了这一投资理念。

特斯拉改变了传统汽车;Square改变了付款、借贷和投资方式;2U改变了学生访问在线课程的方式;Zillow改变了人们搜索、出租、买卖房屋的方式;Zoom改变了人们参与会议的方式……

(资料来源:深潮TechFlow,2020年12月4日)

■ 点评：

我们可以从本文看出一个金牌证券分析师的专业素质主要包括以下几点：

(1)学生时代好好学习专业知识,努力成为"学霸",毕业后尽早接触证券市场,多与高手交流;

(2)有人脉资源,多与上市公司高管交流,能独立思考,能估值定价;

(3)有冒险精神,判断力和洞察力非凡,观点富有前瞻性。

2)中长线选股

股谚曰:"炒股就是炒未来。"它道明了中长线选股的关键在于成长性。因此,与短线选股不同的是,中长线选股注重的是基本面。中长线选股可从以下几个方面考虑。

(1)上市公司所属行业。中长线投资应选择有拐点出现或发展前景良好、国家政策重点支持等行业,如"十二五"规划提出的七大新兴产业中的新能源、新材料、高端装备制造、节能环保等行业。对所属行业有垄断性,科技附加含量高,在细分市场上占有很大份额,市场进入有封闭性壁垒的上市公司,应尤其加以关注。

(2)市盈率高低。一般而言,选股时市盈率越低越好。但对于朝阳行业,由于对未来业绩的高预期使其市盈率普遍偏高。若目光放长远些,该高市盈率会随业绩的迅速提高而大幅降低,则当前市盈率并不为高。因此,对朝阳行业的市盈率高低可适当放宽。

(3)上市公司业绩增长情况。上市公司业绩增长情况可从每股收益、净资产收益率、毛利率等方面进行考察。一般而言,这些指标值越大,增长越快,表明公司业绩增长状况良好,发展潜力大,值得中长线投资。

(4)主营业务情况。中长线投资应选择主营业务清晰、突出的上市公司,且利润主要来源于主营业务,而非出让资产或股权收益等偶然所得。偶然所得带来的业绩大幅增长,是不持久的,不值得中长线持有。

(5)上市公司管理层素质。一个成功的长线投资者在选股的时候,除了要对上市公司所属行业、业绩状况、公司产品及市场等基本面进行分析外,通常还要考察管理层素质。管理层是公司的掌舵者,他们决定着公司的战略发展方向和内部资源配置。在同样条件下,优秀的企业管理者可以使企业发展得更快,利润增长得更多,这样的上市公司股票才是中长线投资者应选择的。

(6)可选择机构重仓股建仓,如基金重仓股、QFII重仓股、社保重仓股等。机构在买入这些股票时,都有研究团队对上市公司基本面进行过研究,是准备长期持有的。投资者买这些股票是利用他们的研究成果来指导自己投资。此外,普通投资者因为资金额较小,在与机构博弈中,具有进出股市快的优点。

◆ 特别提示

中长线投资一定要立足成长性,而不仅仅是绩优。应关注未来业绩,而非现在业绩。

◇ **大师策略**

谁能想到，股神巴菲特也会割肉！卖掉航空股，快速止损

巴菲特割肉了！

一个月内，经历了抄底，割肉。这让人大呼意外。

2月底美股刚开始暴跌的时候，巴菲特就开始抄底达美，买了4530万美元，价格在45美元左右。3月上旬说不会卖，结果，4月初就割肉了。割肉价格在23~26美元之间。

3月10日，巴菲特接受雅虎访谈，谈到了美股熔断、新冠肺炎疫情、负利率、航空股以及对石油走向的判断。在采访中，巴菲特特意说了一句："我不会卖出航空公司的股票。"

结果，4月初就卖了。

4月4日消息，巴菲特的伯克希尔公司周五表示，本周已出售了其持有的约18%的达美航空股份和4%的美国西南航空股份，因新冠肺炎疫情将航空业推入可能是有史以来最大的危机。

根据提交给监管机构的文件，伯克希尔公司以约3.14亿美元出售了近1300万股达美航空的股票，并以约7400万美元出售了约230万股西南航空的股票。

巴菲特相当于割肉1/5的达美航空仓位。这部分仓位，即便是2016年三季度买，现在卖也是亏钱离场。当时最低价也在29美元。

如今，巴菲特依然持有达美航空股票超过6000万股，市值10亿美元。此前达美航空曾是巴菲特的前十大重仓股。

"如果你想成为百万富翁，你可以先成为千万富翁，然后再买入航空股。"巴菲特曾经说过。

巴菲特曾在航空股上吃过大亏，并"发誓"绝不再碰航空股。当时他认为，航空公司自始至终都没有建立持久的竞争优势，快速扩张期间根本无法产生收益。

2016年第三季度之前，巴菲特曾在航空股吃过多大亏。但在2016年三季度，他来了个180度大转弯，斥资近15亿美元购入美国三大航空公司股票，此后持续坚定看好，还进行了加仓。达美航空周五表示，预计该公司第二季度收入下降90%，而此前的预期为下滑52%。公司每天要消耗超过6000万美元。2020年4月，巴菲特止损航空股，割肉银行股，共计亏掉3000亿元。

巴菲特这番操作，算是及时止损。在投资生涯，巴菲特也不是百战百胜的，也经历过一些止损，但是如此快速的止损，在人们的印象中这是第一次。由此可见，巴菲特的应变速度还是非常快的。

■ **点评：**

巴菲特能在危急时刻果断止损航空股，并及时增仓苹果股票，展示了一个投资大师高超的调仓换股水平和坚定的投资信仰。

如果没有芒格　巴菲特还会是巴菲特吗？

新一季巴菲特直播课开学了！为了迎接5月的2021巴菲特股东大会，今年我们邀请了多位价值投资之道的重量级嘉宾，每晚七点用一个小时来聊聊巴菲特和价值投资那些事。首期直播课聊聊今年回归的芒格，巴菲特曾说："我在投资上经常犯错，芒格总能指出我的错误。"比巴菲特还聪明的芒格是谁？二人长达63年的友谊又为巴菲特的投资带来哪些变化？本期邀请到银杏环球资本创始人张峰、重阳投资合伙人舒泰峰和汇添富基金首席理财顾问刘建位，为大家解析穷查理的智慧宝典。

今年股东大会有个重大的改变，会场从巴菲特的老家奥马哈转移到了洛杉矶，为什么要跑到洛杉矶去呢？刘建位表示，巴菲特为方便97岁的芒格，专门从千里之外赶来，让芒格可以在家门口参加股东大会。

芒格和巴菲特身上有哪些共同点？

张峰：大家看巴菲特、芒格，都认为是学"股神"，学赚钱，其实我觉得他们两位的一个很大的共识是先求智慧，再求财富。智慧一旦得到，可能整个生活方方面面都会很融通，这跟他们在中西部奥马哈，在零售小店的成长经历分不开。

芒格就读过密歇根大学的数学系，数学好的人是不是投资也做得好？

刘建位：我觉得芒格的经历，是我们见过的做投资的人中最丰富的，芒格说你必须精通每一个学科的基本思维模型才能真正理解这个世界，你才能够真正理解这个公司。我原来对这个不懂，说芒格是天才啊，后来看他就是这样一路成长的。大二19岁入伍，他到新墨西哥州学的物理学。后来他学热力学、气象学，部队想把他培养成气象专家。退役之后他申请到哈佛法学院学习法律，法律要跟人打交道，学人心理。等他出道之后做律师，他给企业提供法律服务，知道很多企业家的业务。入股电力公司，自己做房地产，买过印刷厂。做商业之后，他开始投资。你想一想这个投资范围更广，把他过去的理科、文科、法律知识都用上了。芒格各个学科都学习，工作都涉及了，我后来想正是芒格基于自己的学习跟工作经历才能让他提出需要多学科知识的多元思维模型。同时这个人还有一个特色，他说对于知识，别人都是在学校里面学，他大部分是用到马上自学，自学能力非常强。芒格对这个世界的最大贡献就是他提出来的多元思维模型，这正好跟他的多姿多彩的学习经历、投资工作经历有关。

什么是格栅思维、多学科交叉思考模式？芒格是怎么做到的？

舒泰峰：很多人有一个误解，觉得投资就是经济学、数学的事儿，实际上不是。投资可能是超综合的工作，需要你具备很多不同思维方式与学科背景，不光是经济学，还包括心理学等。有一句话我印象特别深，芒格说，如果一个人手上只有一把铁锤时，他看什么都是钉子，他就拿这个东西去敲一下，这是一个很重要的一个局限。你最好有螺丝刀、扳手、钳子，这样才能解决多个问题。多学科就是多工具，所以说格栅思维就是多学科交叉。

芒格说长时间持股,享受投资带来的乐趣,把剩下的时间省下来用到生活中,这是一种盲目自信吗?

刘建位:行业数据去年基金涨很多,但是后来蚂蚁基金推出一个用户盈亏分布,竟然发现去年80%的"基民"是亏钱,后来发现这些人都是频繁交易坐不住。反过来,我们公司一个基金我后来看了看,有两个基金经理,这个基金经理业绩差不多,这个没有锁定,另外一个要锁定两年。没有锁定那个,大部分"基民"是亏的;锁定的那个,大部分"基民"赚了钱。巴菲特说,其实你找到好公司,以合理价格买入,坐着不动,一直持有,只要公司一直给你赚钱,股价会一直上涨。芒格说的就是这个,找到好公司就持有,然后一直拿着,等着公司慢慢给你创造好的业绩。只要公司业绩增长,它一定也会增长。剩下的时间用来干什么?好好享受生活。投资的最终目的不是为了享受生活吗?补充一下,芒格还有一句话特别重要,他说投资只是处世艺术的一种,我们在这个世间需要大智慧,投资只是你生活的一部分。

张峰:长时间持股的一个前提,是他的标准非常高。选择长期持有之前,他花大量的时间做研究。而且他的标准比大部分人都要高,他的标准除了大部分投资人都强调的产业、财务分析外,很强调对道德的选择。他本人跟巴菲特都是对道德有高要求,所以他其实真正重仓股票一生就三个,但这三个拿了一生。

(资料来源:腾讯新闻,2020年4月;第一财经,2021年4月)

■ 点评:

从上述两个案例,我们可以看出两位投资大师具有以下特点:
(1)爱学习,爱交际,是"学霸";
(2)专业分析能力强,有智慧,爱研究;
(3)有信仰,对所选股票的掌门人的道德水准有自己的偏好;
(4)能长期持股,也能及时止损。

◇ 特别提示

随着股票市场的大扩容,截至2021年5月,中国的上市公司已经有3865家,选股的难度也越来越大。其实,选股最好只选"自己最熟悉的一些股票"。

 2. 选时

投资股票,选股固然是很重要的一环,不过即便是好股票,也有下跌的时候。由于股票价格每个交易日都在变化,所以如何把握买卖时机就显得尤为重要。选时技巧也要随着证券市场的发展变化而及时更新调整,投资者常用的选股技巧包括买进和卖出两个方面。
1)选时买进的技巧
(1)绩优股的股价低于同类其他股票时,应买进。

(2)当上市公司扭亏为盈时,应买进。

(3)在上市公司增资时,应买进。

(4)在股票市价跌至公司净资产额以下较多时,应买进。

(5)公司即将处理闲置资产或被兼并时,应买进。

(6)股价跌至谷底,再也难以下跌时,应买进。

(7)利好消息在股市盛传时,应买进。

(8)利空预期全部兑现之时,应买进。

(9)盘整多时,浮筹已基本消化之时,应买进。

(10)不确定消息造成股价暴跌之时,应买进。

(11)政策及股市外围条件(即经济复苏,政府将出台重大利好政策)有利于股市发展之时,应买进。

(12)股市成交量很小,大家很少谈论股票之时,应买进。

2)选时卖出的技巧

(1)股市中有50%的股票上涨,有30%的股票下跌,其余20%的股票价格平稳时,应卖出。

(2)上市公司的股票市价升至其公司资产额的两倍时,应卖出。

(3)股市涨势呆滞或停止时,应卖出。

(4)股市升势放缓或由升转跌之时,应卖出。

(5)股价到达最高峰时,成交量却萎缩,意味着暂时没有买气。在此价位卖出的压力会到来,应卖出。

(6)股价上涨后,成交量放大而股价并没有继续上涨时,应卖出。

(7)如果某热门股票大幅上涨8~20天,这叫热门的极点顶部,要立即卖出。

(8)如果某股票宣布拆分后,已经上涨1~2个星期,上涨20%~30%,则要考虑卖出。

(9)当每个人都知道一只股票会继续上升,情绪极度兴奋时,要考虑卖出。

(10)如果某股票上涨,而同行业的其他重要股票没有同步上涨,则要考虑卖出。

(11)当股票在上涨的第三波上创出新高时,要考虑卖出。

◆ **特别提示**

在证券投资领域,时机只偏爱有准备的头脑。投资者应关注市场变化,对各种事态保持高度的专业敏感性,时刻准备对市场变化做出反应。

◆ **案例分析**

案例一

移动平均线(MA)运用实例

如图11-10所示,中铝国际(601068)在2021年5月13日至2021年10月21

日期间的股价日 K 线图,这里以 5 日 MA 为例,A(2021 年 6 月 1 日)、B(7 月 28 日)、C(9 月 13 日)、D(10 月 15 日)四点是对应于葛氏八大法则中买进法则的买入点。图中以 10 日均线为例,故 A、B、C、D 四点均为短线操作的买入时机。

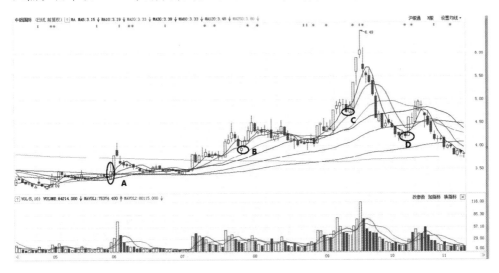

图 11-10　中铝国际移动平均线

如图 11-11 所示,新湖中宝(600208)在 2019 年 11 月 7 日至 2019 年 12 月 18 日期间的股价日 K 线图,这里以 5 日 MA 为例,E(2019 年 11 月 7 日)、F(2019 年 11 月 19 日)、G(2019 年 11 月 29 日)、H(2019 年 12 月 18 日)四点是对应于葛氏八大法则中卖出法则的卖出点。图中以 5 日均线为例,故 E、F、G、H 四点均为短线操作的卖出时机。

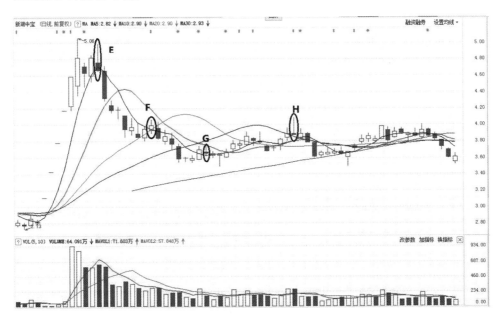

图 11-11　新湖中宝移动平均线(一)

如图 11-12 所示,潍柴动力(000338)在 2010 年 9 月 7 日至 2010 年 11 月 30 日期间的股价日 K 线图,这里以 5 日 MA 为例,A(10 月 8 日)、B(10 月 27 日)、C(11 月 5 日)、D(11 月 22 日)四点是对应于葛氏八大法则中买进法则的买入点。图中以 5 日均线为例,故 A、B、C、D 四点均为短线操作的买入时机。

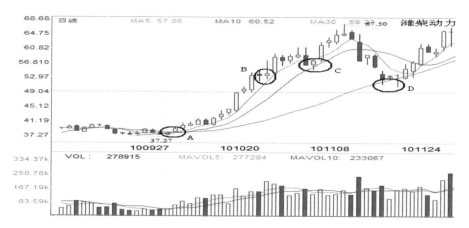

图 11-12　潍柴动力移动平均线

如图 11-13 所示,新湖中宝(600208)在 2010 年 7 月 21 日至 2010 年 11 月 17 日期间的股价日 K 线图,这里以 5 日 MA 为例,E(8 月 9 日)、F(8 月 27 日)、G(9 月 8 日)、H(11 月 3 日)四点是对应于葛氏八大法则中卖出法则的卖出点。图中以 5 日均线为例,故 E、F、G、H 四点均为短线操作的卖出时机。

图 11-13　新湖中宝移动平均线(二)

如图 11-14 所示,四川路桥(600039)在 2021 年 11 月 2 日至 2022 年 1 月 11 日期间的股价日 K 线图,以 5 日 MA 和 10 日 MA 为例,在 A 点处(2021 年 11 月 24 日),5 日 MA 自下而上穿越 10 日 MA,称为金叉点,是明显的短线买进点;在 B 点处(2021 年 12 月 10 日),5 日 MA 自上而下跌破 10 日 MA,称为死叉点,是明显的短线卖出点。

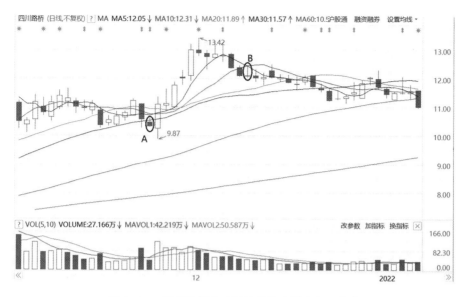

图 11-14　四川路桥移动平均线的金叉点与死叉点

案例二

平滑异同移动平均线（MACD）运用实例

如图 11-15 所示，锦江酒店（600754）在 2021 年 8 月 23 日至 2021 年 12 月 15 日期间的股价日 K 线图，以此为例来说明 MACD 指标的运用。其中 A 点，在低档区域 DIF 向上突破 DEA，发出买进信号，对应 A′点（9 月 29 日）为买入点；B 点，在高档区域 DIF 向下跌破 DEA，发出卖出信号，对应 B′点（11 月 19 日）为卖出点。

图 11-15　锦江酒店平滑异同移动平均线

案例三

相对强弱指标(RSI)运用实例

如图 11-16 所示,中航沈飞(600760)在 2021 年 6 月 17 日至 2021 年 9 月 16 日期间的股价日 K 线图,以此为例来说明 RSI 指标的运用。图中 A 点处,6RSI 小于 20,市场处于超卖状态,对应的 A′处(7 月 5 日)为买进点;在 B 点,6RSI 在低档自下而上突破 12RSI,发出买入信号,则对应地在 B′点可以买进加仓;图中 C 处,6RSI 在高档自上而下跌破 12RSI,发出卖出信号,对应的 C′点为卖出点。

图 11-16 中航沈飞相对强弱指标

案例四

随机指标(KDJ)运用实例

如图 11-17 所示,中直股份(600038)在 2020 年 12 月 8 日至 2021 年 3 月 30 日期间的股价日 K 线图,以此为例来说明 KDJ 指标的使用。图中 A 点处,K 线从 80 以上自上而下跌破 D 线,发出卖出信号,对应 A′点(2021 年 1 月 8 日)为卖出点;B 点,K 值和 D 值均在 20 以下,处于超卖区域,且 K 线自下而上突破 D 线,发出买进信号,对应 B′点(2021 年 3 月 16 日)为买入点。

图 11-17　中直股份随机指标

◇ 本章小结

移动平均线是连续若干个交易日的收盘价格的算术平均值，其作用在于取得一段时间的平均股价的移动趋势，以避免人为的股价操作。其移动趋势虽然较慢，但比较能反映真实的股价变动。移动平均线的运用法则主要有葛氏八大法则和金叉与死叉法则。

平滑异同移动平均线是一种中、长线技术指标，它实际就是运用快速与慢速移动平均线聚合与分离的征兆来研判买入与卖出的时机。

相对强弱指标是通过比较一定时期内相邻两天之间收盘价格的平均上涨数值与平均下跌数值来分析市场买卖盘的方向和实力，进而判断未来市场的走势，它是短中线操作的先行指标。

威廉指标是利用摆动点来度量股市的超买超卖现象，直接以当日收市价与 n 日内高低价位之间的比较，来判断短期内行情变化的方向，是一种更为敏感的指标。

随机指标结合快速移动均线、慢速移动均线和辅助线等来研判短期行情的趋势，是较为有效的短期技术分析工具。

乖离率指标是价格与移动平均的偏离程度，其基本原理为：如果股价偏离移动平均线太远，不管是在移动平均线上方或下方，都有向移动平均线回归的要求。

能量潮指标是由美国技术大师葛兰威尔继葛氏八大法则之后创立的又一大技术指标。它根据每天价格的变化情况,将每日的成交量按照正负方向进行累计,从而预测未来行情的演变趋势。在实际应用时,能量潮指标用来判断大盘或个股的顶背离或底背离现象较好。

江恩理论是由投资大师威廉·江恩提出的以研究监测股市为主的理论体系,包括江恩时间法则、江恩价格法则和江恩线等,他提出的二十一条买卖法则对投资者极具指导意义。

◇ 名人名言

我会把注意力放在那些已知且重要的事情上,而不是大盘下一步的走势。

——雪拜·戴维斯

价值投资最重要的,就是能以最低的价格,买到潜在价值最高的东西。

——罗伯·山朋

如果你没有持有一种股票 10 年的准备,那么连 10 分钟都不要持有这种股票。

——沃伦·巴菲特

你必须设定长期的投资目标,以避免因短期的失利使挫折感油然而生。

——肯尼斯·李

我买卖股票,并非根据我对经济景气的预期,只有价位对的时候,我才会买。

——麦克·普莱斯

如果你想赚大钱,你必须善于等待。宁愿看起来很傻,也不愿没有耐心地随波逐流。

——查理·芒格

顺应趋势,花全部的时间研究市场的上涨趋势,如果保持一致,利润就会滚滚而来。

——威廉·江恩

如果你对于市场超过 50% 的下跌不能泰然处之,你就不适合做投资。

——沃伦·巴菲特

股市已经在一片看好声中,你将付出很高的价格进场。

——沃伦·巴菲特

◇ 复习题

一、选择题

1. OBV 线表明了量与价的关系,最好的买入机会是( )。

A. OBV 线上升,此时股价下跌　　　　　　B. OBV 线下降,此时股价上升

C. OBV 线从正的累积数转为负数　　　　D. OBV 线与股价都急速上升

2. 下面的指标中，根据其计算方法，理论上所给出买卖信号最可靠的是（　　）。

A. MA　　　　　　　　　　　　　　　B. MACD
C. OBV　　　　　　　　　　　　　　　D. KDJ

3. 某股上升行情中，KD 指标的快线倾斜度趋于平缓，出现这种情况，则股价（　　）。

A. 需要调整　　　　　　　　　　　　　B. 是短期转势的警告信号
C. 要看慢线的位置　　　　　　　　　　D. 无参考价值

4. 股市中常说的黄金交叉，是指（　　）。

A. 短期移动平均线向上突破长期移动平均线
B. 长期移动平均线向上突破短期移动平均线
C. 短期移动平均线向下突破长期移动平均线
D. 长期移动平均线向下突破短期移动平均线

5. MACD 指标出现顶背离时应（　　）。

A. 买入　　　　　　　　　　　　　　　B. 观望
C. 卖出　　　　　　　　　　　　　　　D. 无参考价值

6. 表示市场处于超买还是超卖状态的技术指标是（　　）。

A. KDJ　　　　　　　　　　　　　　　B. BIAS
C. RSI　　　　　　　　　　　　　　　D. W％R

二、简答题

1. 简述葛兰威尔法则的具体内容。
2. 试述平滑异同移动平均线的运用法则。
3. 相对强弱指标的运用法则有哪些？
4. 简述随机指标的运用法则。
5. 简述江恩理论的主要内容。

三、论述题

1. 投资者在证券投资中如何对心理行为误区进行调节？
2. 如何进行中长线选股？

四、案例分析题

如图 11-18 所示，试运用 MACD 指标对中国医药（600056）的股价日 K 线图（2021 年 10 月 26 日—2022 年 1 月 26 日）进行分析，找出该股的买卖点。

图 11-18 中国医药

第十一章
复习题
答案解析

参 考 文 献

[1] 陈汉平,蔡金汉.证券投资学[M].北京:北京大学出版社,2011.
[2] 徐伟川,赵宏,王乐.证券投资学[M].微课版.长沙:中南大学出版社,2022.
[3] 吴晓求.证券投资学[M].5版.北京:中国人民大学出版社,2020.
[4] 何平林,李涛.证券投资分析[M].北京:清华大学出版社,2017.
[5] 王国胜,金铁.中国新股民炒股权威指南——看盘实用技巧必读[M].北京:中国青年出版社,2012.
[6] 田文斌.证券投资分析[M].3版.北京:中国人民大学出版社,2020.
[7] 中国证券业协会.中国证券业发展报告(2021)[M].北京:中国市政经济出版社,2021.
[8] 戈登·亚历山大,威廉·夏普.证券投资原理[M].倪克勤,邹宏元,解川波,译.成都:西南财经大学出版社,1992.
[9] 罗伯特·A.哈根.现代投资学[M].郭世坤,胡光明,孙永红,等译.北京:中国财政经济出版社,1992.
[10] 杰弗里·C.胡克.华尔街证券分析:股票分析和公司估值:第2版[M].林东,刘潇然,译.北京:机械工业出版社,2018.
[11] 约翰·S.戈登.伟大的博弈:华尔街金融帝国的崛起[M].祁斌,译.北京:中信出版社,2005.
[12] 本杰明·格雷厄姆.聪明的投资者:第4版[M].王中华,黄一义,译.北京:人民邮电出版社,2011.
[13] 乔治·索罗斯.金融炼金术[M].孙忠,侯纯,译.海口:海南出版社,1999.
[14] 彼得·林奇,约翰·罗瑟查尔德.战胜华尔街[M].刘建位,徐晓杰,李国平,等译.北京:机械工业出版社,2007.
[15] 查理斯·P.金德尔伯格.经济过热、经济恐慌及经济崩溃——金融危机史[M].朱隽,叶翔,译.3版.北京:北京大学出版社,2000.
[16] 拉尔夫·艾略特.艾略特波浪理论:13种股价结构形态[M].李隽薇,江海,译.成都:四川人民出版社,2019.

与本书配套的二维码资源使用说明

  本书部分课程及与纸质教材配套数字资源以二维码链接的形式呈现。利用手机微信扫码成功后提示微信登录,授权后进入注册页面,填写注册信息。按照提示输入手机号码,点击获取手机验证码,稍等片刻就会收到4位数的验证码短信,在提示位置输入验证码成功,再设置密码,选择相应专业,点击"立即注册",注册成功(若手机已经注册,则在"注册"页面底部选择"已有账号? 立即登录",进入"账号绑定"页面,直接输入手机号和密码登录)。接着提示输入学习码,须刮开教材封面防伪涂层,输入13位学习码(正版图书拥有的一次性使用学习码),输入正确后提示绑定成功,即可查看二维码数字资源。手机第一次登录查看资源成功以后,再次使用二维码资源时,在微信端扫码即可登录进入查看。